Exemplaire magasins

HISTOIRE
UNIVERSELLE

PAR

AGRIPPA D'AUBIGNÉ

ÉDITION PUBLIÉE POUR LA SOCIÉTÉ DE L'HISTOIRE DE FRANCE

PAR

Le Baron Alphonse DE RUBLE

TOME SIXIÈME

1579-1585

A PARIS
LIBRAIRIE RENOUARD
H. LAURENS, SUCCESSEUR
LIBRAIRE DE LA SOCIÉTÉ DE L'HISTOIRE DE FRANCE
RUE DE TOURNON, N° 6

M DCCC XCII

HISTOIRE UNIVERSELLE

PAR

AGRIPPA D'AUBIGNÉ

IMPRIMERIE DAUPELEY-GOUVERNEUR

A NOGENT-LE-ROTROU.

HISTOIRE
UNIVERSELLE

PAR

AGRIPPA D'AUBIGNÉ

ÉDITION PUBLIÉE POUR LA SOCIÉTÉ DE L'HISTOIRE DE FRANCE

PAR

Le Baron Alphonse DE RUBLE

TOME SIXIÈME

1579-1585

A PARIS
LIBRAIRIE RENOUARD

H. LAURENS, SUCCESSEUR

LIBRAIRE DE LA SOCIÉTÉ DE L'HISTOIRE DE FRANCE
RUE DE TOURNON, Nº 6

M DCCC XCII

EXTRAIT DU RÈGLEMENT.

Art. 14. — Le Conseil désigne les ouvrages à publier, et choisit les personnes les plus capables d'en préparer et d'en suivre la publication.

Il nomme, pour chaque ouvrage à publier, un Commissaire responsable, chargé d'en surveiller l'exécution.

Le nom de l'éditeur sera placé en tête de chaque volume.

Aucun volume ne pourra paraître sous le nom de la Société sans l'autorisation du Conseil, et s'il n'est accompagné d'une déclaration du Commissaire responsable, portant que le travail lui a paru mériter d'être publié.

Le Commissaire responsable soussigné déclare que le tome VI de l'édition de l'Histoire universelle d'Agrippa d'Aubigné *préparée par* M. le Baron Alphonse de Ruble *lui a paru digne d'être publié par la* Société de l'Histoire de France.

Fait à Paris, le 25 août 1892.

Signé : Lud. LALANNE.

Certifié :

Le Secrétaire de la Société de l'Histoire de France,

A. DE BOISLISLE.

LES HISTOIRES

DU

SIEUR D'AUBIGNÉ

LIVRE NEUVIÈME

(*Suite*)

(LIVRE IV DU TOME II DES ÉDITIONS DE 1616 ET DE 1626).

Chapitre VI.

Prise des armes à la guerre qu'on appella de Montaigu.

Pource qu'à la main gauche de ce département le feu s'esprit le plus, nous vous dirons de cette branche que Pons[1] et Sainct-Jean-d'Angéli receurent le commandement rejetté des Rochelois, comme vous verrez. L'advertisseur[2], tombé malade à Sainct-Jean, s'estant[3] fait donner des pilules pour le contrefaire, ne laissa pas d'aller à l'exécution de Montaigu, qui fust prise par un moyen assez nouveau. Le gascon de Pommiers[4],

---

1. Pons (Charente-Inférieure), sur la Seugne.
2. Aubigné?
3. Ce membre de phrase jusqu'à *ne laissa pas...* manque à l'édition de 1618.
4. Peut-être Philippe de Guillet, s. de Pomiers, enseigne de la compagnie d'Albert de Gondy, duc de Retz (Montre du 15 juillet 1578, f. fr., vol. 21537).

duquel nous avons parlé au discours de Luçon, avoit familiarité avec les mortes-payes de Montaigu. Ils le convièrent à quelques voleries sur les chemins de Nantes, ce qu'il accepta par le conseil des entrepreneurs, et qui, plus est, se trouva à destrousser un marchand de deux cents escus, qui depuis lui furent rendus.

Ce compagnon, rusé et persuasif, exhorta les mortes-payes à ne faire plus ces petits coups, par lesquels ils pouvoyent estre descouverts et ruinez, comme par un plus grand. Pourtant il leur promit de les tenir advertis d'un marchand, qui, au retour de la foire de Fontenay[1], logeoit tousjours à Vieille-Vigne[2], près la demeure de Pommiers.

Il les advertit donc à poinct nommé, adjoustant qu'ils estoyent quatre marchands ensemble, et par ainsi qu'il faloit venir pour le moins autant. A ce mandement ne faillit de se trouver Urban, qui commandoit au chasteau, accompagné de cinq autres. Tout cela estant au guet en la forest de Grala fut investi par Vrignaye[3] et Goupilière, accompagnez de huict ou neuf. Ces voleurs, menacez de mort s'ils ne faisoyent ouvrir la poterne du chasteau à l'heure et en la façon qu'ils avoyent accoustumé d'y rentrer, donnèrent le mot de *Matelot*[4], qu'ils avoient laissé pour faire ouvrir la porte. Tout cela fut gardé en une maison jusques à

---

1. Fontenay-le-Comte (Vendée).
2. Vieille-Vigne (Loire-Inférieure), sur les bords de l'Ognon.
3. Le s. de la Vergnaye, gentilhomme poitevin cité dans une lettre du comte du Lude (*Arch. hist. du Poitou*, t. XIV, p. 140, note).
4. L'édition de 1618 ne donne pas ce mot.

la nuict d'après que La Boulaye, Bastarderaie et celui qui leur faisoit prendre les armes, ayant donné à Pommiers cinq bons hommes, mènent Urban lié. Et ne furent si tost à la poterne, qu'ayant respondu au « *qui va là ?* » — « *Matelot* » — et faict parler Urban, que Pommiers se jetta dans le guichet demi-ouvert. Ainsi fut pris le chasteau[1], où La Boulaye fut bien estonné, quand, de tant d'amis qu'il avoit conviez, il se trouva dix-septiesme. Encor falut-il, de ce petit nombre, saisir la ville, dans laquelle il y avoit un assés grand peuple; et, entre cela, plus de six vingts capables de tirer une arquebuzade. Il fut bon aux entrepreneurs de donner en la ville avant jour, pource qu'estans contez ils estoyent perdus. Ainsi le bruit fut partisan du petit nombre, et, presque tous les hommes s'en estant fuis, on se trouva plus empesché à garder qu'on n'avoit esté à conquérir[2].

Je ne veux point desmordre cette prise que je ne m'estende un couple de mois dans le bas Poictou, tant pour n'interrompre trop souvent mes discours que pour vous faire en ce lieu une leçon de guerre civile. Le pays, estonné de la prise de Montaigu, sçeut en mesme temps que les Rochelois observoyent la paix. Un bruit court que ceux qui s'estoyent jettez en cette forteresse n'y estoyent que pour garentir leurs vies contre les prévosts qui les couroyent de tous costez,

---

[1]. Le château de Montaigu fut pris par les réformés vers le 15 mars 1580 (*Chroniques fontenaisiennes*, p. 206).

[2]. La ville de Montaigu fut surprise par les réformés peu après le château. Une lettre du roi au s. du Lude, en date du 28 avril 1580, signale le fait comme un fait récent et discute les moyens de reprendre la ville (Copie; coll. Anjou et Touraine, vol. 11, n° 4648).

à cause du faict de Limoges, où la plus part estoyent exécutez en effigie, leur procès ayant esté faict avec celui de Prinçai et de Bouschet. Outre cela, il y en avoit d'appelez aux grands jours de Poictiers, qui lors achevoyent[1] et qui se retiroyent en grand effroi sur la prise des armes.

Ces bruits intimidèrent si bien le pays que Tabarière[2], qui avoit promis à La Boulaye de prendre sa lieutenance, demeura coy en sa maison. Tant y a que les preneurs, ayans esté quinze jours sans pouvoir amasser trente hommes, tindrent conseil, où presque tous résolurent de se maintenir sagement, comme ils disoyent, sans prendre prisonniers ni faire acte d'hostilité. « Par là, disoyent-ils, le pays sera pour nous et on ne nous attaquera point. » La Valière et un autre[3] furent seuls de contraire opinion, disans : « Ou quittons ceci comme canailles et gens qui ont fait une grande sottise, ou faisons la guerre à toute outrance. Et, pour la faire, appelons des gens de guerre, lesquels ne nous viendront jamais trouver pour estre compagnons de la sagesse, qu'ils nommeront peur. Les gens de bonne maison ne se voudront point associer avec des gibbiers de prévost, qui monstrent, à leurs actions, ne se sentir pas avouez. »

Ces deux voix furent estouffées et les principaux gentilshommes de cette bande firent porter leurs licts sur les tours pour y prendre leur repos et repas, et, quant aux munitions de gueule et de guerre, ils y

1. C'est-à-dire qui se terminaient.
2. Le s. de la Tabarière, capitaine d'origine poitevine, honorablement cité dans les *Lettres de Henri IV*, t. IX, p. 316.
3. Cet *autre* est d'Aubigné lui-même.

mirent ordre par leur bourse, c'est-à-dire[1] povrement et misérablement.

Il vous peut souvenir comment, l'entreprise de Limoges estant descouverte fausse, on vint en diligence rompre celle qui estoit lors sur Montaigu, et, pource que les entrepreneurs de ce temps-là voulurent, de peur d'estre investis promptement, porter leurs munitions avec eux, ils avoyent dès lors caché dix caques de poudre dans un moulin à vent ruiné. Cela fut trouvé sec et entier sept mois après et commença le magazin.

Il y avoit dans la ville quinze ou seize gentilshommes de moyens[2], qui avoyent plusieurs pièces de grands chevaux. Ils en envoyèrent pour deux mille escus à la Rochelle, pour les vendre et achepter des munitions; mais la Rochelle avoit des pensées bien différentes.

Le maire Thévenin, assisté de plusieurs riches, estoit en combustion avec le peuple; toute la ville divisée en deux partis, asçavoir de ceux qui vouloyent obtempérer aux princes en prenant les armes et de ceux qui se résolvoyent à maintenir la paix. Ils en vindrent aux mains[3], mais la dernière opinion fut la plus forte, et Thévenin mit en prison ceux de Montaigu qui estoyent venus à l'emploite[4]. Cela despleut aux partisans du roi de Navarre, qui s'esmeurent là-dessus encores une fois. Ceux-là, estans assemblez devant la

1. Ces mots jusqu'à la fin de l'alinéa manquent à l'édition de 1618.
2. C'est-à-dire : riches.
3. Cette escarmouche eut lieu le mardi 11 octobre 1579. On appela ce jour *le mardi de la folie* (Delayant, *Hist. de la Rochelle*, 1870, t. I, p. 315).
4. *Emploite,* emplette.

maison du maire, demandèrent qu'on mist hors les prisonniers et d'entrer en garde tambour battant. Thévenin, voyant que les plus forts de la ville avoyent accouru à son logis, se moqua des autres, disant : « Qu'a faict ce tambour pour le battre? Il n'a point failli, mais, s'il avoit battu la quaisse, il seroit battu. » Pourtant le peuple, aidé des ministres, fit délivrer et renvoyer vuides les prisonniers.

En cet estat furent ceux de Montaigu six sepmaines, sans pouvoir amasser plus de trente-six hommes de guerre. Ils vindrent donc par force à essayer le conseil de La Valière et son compagnon[1], qui eust permission de mener à la guerre vingt sallades et dix arquebuziers à cheval, ne laissant dans la ville que La Boulaye, cinq maistres et la vailletaille. Nos trente chevaux, partis devant jour, enfilent en trois troupes trois chemins de Nantes, un jour de marché. Puis, s'estant ralliez, trouvent qu'ils avoyent soixante et tant de prisonniers à cheval. Ils rompent trois ou quatre églises, arborent deux bannières en cornettes et vont mettre dans la prairie, à main droicte de Pillemil[2], leurs prisonniers en bataille, gardez par lesdits arquebuziers à cheval et un de deux trompettes qu'ils avoyent. Les vingt salades, qui venoyent de prendre la Janière et un procureur du roi, ayans appris par eux que quelques gentilshommes de la compagnie de Vaudré[3] se sauvoyent dans le fauxbourg, l'enfilèrent tout du long, quelques-uns passans la tour de Pillemil jusques au commencement du pont; et furent long

---

1. Le compagnon de La Valière était d'Aubigné lui-même.
2. Pirmil (Loire-Inférieure), au sud de Nantes.
3. Le capitaine Vaudrey appartenait à la maison de Mouy.

temps là avant que ceux de la tour leur envoyassent quelque mauvaise arquebuzade. Ce butin amené à Montaigu, cette mesme troupe ne fit que changer de chevaux pour faire une autre course sans passer la Sèvre. A ceste fois, ils adjoustèrent au pillage le bruslement de six ou sept églises. Sur cette nouvelle, Montaigu se vid dans dix jours quatorze cents soldats. Landereau, avec les Roches-Bariteaux et la troupe du bas Poictou, qu'ils appelloyent la Ligue, ne se vint plus pourmener devant Montaigu pour monstrer des cordeaux à ceux de la garnison, comme ils faisoyent auparavant.

Voilà cette ville esquipée en guerre. On ordonne en la ville les compagnies du gouverneur de Jarrie, celui duquel nous avons parlé dans le siège de Poictiers, de Mosquart, de Nesde[1], de la Serpente et Jamoneau, desquels quelques-unes ne se parfirent pas. Au chasteau fut mis Vrignais avec une compagnie de six vingts hommes, quelques autres petites troupes mal complettes, comme celle de chevaux légers de Grand-Ri[2], et les arquebuziers à cheval de Deffites. Tout cela, comme aussi tout le reste de la garnison, presta serment de rendre obéissance hors les murailles à Aubigné, qui n'avoit nulle charge au dedans. Landereau avoit commencé à fortifier Sainct-Georges[3]. Ceux de Montaigu, ayans mis leurs forces aux champs, firent quitter cela premièrement. De là[4], ils se ren-

---

1. Le capitaine Nesde, commandant à Montaigu, se nommait Pidou.
2. Guillaume de Grandris, s. de Grandchamp.
3. Saint-Georges-de-Montaigu (Vendée), au sud de Montaigu.
4. Var. de l'édit. de 1618 : « ... *de là ils* prennent d'effroi le château de l'Abergement, grand et assez bon ; puis ils tournent

dirent redoutables à la campagne. En cet estat nous les lairrons, ayant changé leurs discrétions ruineuses en une insolente et nécessaire témérité.

Chapitre VII.

De la Gascongne et prise de Cahors.

Bien estonnez furent les princes, quand d'une si grande quantité d'entreprises rien ne réussit que Montaigu et la Fère[1], de laquelle nous parlerons avec son siège, quand nous aurons compté de la Guyenne. Voici les premières nouvelles de ces pétards qui ont tant faict parler d'eux, et qui n'avoyent encor esté essayez, sinon en un meschant chasteau de Rouargue, qui n'a peu nous donner son nom. Nous[2] avons aussi Challar[3] en Givaudan, où on fit pétard d'une sonaille de vache. J'ai ouy dire aux premiers pétardiers qu'ils avoyent inventé cette machine en contemplant des tapisseries, où ils voyoyent des petites artilleries r'accourcies, bandées de cercles de fer, comme de faict les premiers que nous eusmes estoyent ainsi faicts; les uns pour pendre à l'estrier avec le tirefonds, les autres

vers Mortagne, escallent de nuit le château; et ces troupes se parfirent et rafraischirent dans la ville. En mesme temps, ils marchent vers la Garnache, où quelques gentilshommes s'estoient retirez, escallent la ville, prennent le chasteau d'effroi; et de force prisonniers (qu'ils espéroient y trouver) n'empoignèrent rien que le ministre. *En cet estat...* »

1. La Fère (Aisne), sur l'Oise.

2. Cette phrase, jusqu'à : *J'ay ouy dire...*, manque à l'édition de 1618.

3. Entreprise du capitaine Mathieu Merle, baron de Salavas, sur Chanac (Lozère), mai 1580 (De Thou, liv. LXXII). L'*Histoire du Languedoc* (t. V, p. 381) complète le récit de de Thou.

à la fourchette en contrepoussant. Depuis on les a faicts simplement de fonte bien choisie. On en a faict d'estaing et de plomb, meslez d'une autre drogue, et ceux-là ne sont pas les pires. On a aussi inventé diverses sortes de mesches, desquelles je trouve le papier artificiel la meilleure, pource que vous retenez un conterolle de mesme papier, qui vous marque le poinct du coup ; cette invention du capitaine Chanson, lieutenant de l'artillerie en Poictou. De plus, on a apporté le madrier pour les barrières, et les crapaux pour les grilles; et encor ont appris les pétards de se jouer à faire sauter les tours et les murailles, aussi bien que les portes et les fenestres. De mesme pays encores sont sorties les saucisses et autres artifices, qui ont porté malheur à ceux qui à leurs despens les ont essayez.

Celui qui en a faict le premier coup de marque a esté le roi de Navarre sur Cahors ; surprise honorable sur toutes celles de ce siècle, pource que le combat y dura cinq jours et cinq nuicts. Ceux qui ont escript cette histoire y en mettent un d'avantage, et partant la déduction y estant bien utile, autant que celle d'une moyenne bataille.

Ce prince, irrité du mauvais succès de tant d'entreprises, mais bien plus de quoi les deux tiers de son parti ne vouloyent aggréer sa prise d'armes, pour relever les cœurs des siens, fit recognoistre Cahors par un capitaine du vicomte de Gourdon[1], et par les

---

[1]. Antoine, vicomte de Gourdon, baron de Puylagarde, d'une ancienne famille du Quercy, fils de Flotard de Gourdon et de Marguerite de Cardaillac, chevalier de l'ordre, capitaine de cinquante hommes d'armes des ordonnances, mort en 1616. Il avait

capitaines Gendarme et Jean Robert, le premier de Rouargue, et le second de Cajard[1], l'un et l'autre pétardiers.

Ceste ville capitale de Querci, assise sur la rivière du Lot, fors du costé de la Barre, est toute environnée d'eau, à peu près de l'assiete de Poictiers. Elle a trois ponts sur la rivière, l'un qui porte le nom de Chelandre, qu'on tient pour certain basti entièrement par Cæsar, un autre du costé de Montauban, qui s'appelle le Pont-Neuf, le troisiesme estant hors de commodité. Les entrepreneurs débatirent sur le dessein. Enfin ils se résolurent sur le Pont-Neuf, qui a à chasque bout de soi un portail, bien accommodé d'ailleurs, mais sans pont-levis. A cause de cela on avoit basti au milieu du pont deux demi-esperons, qui se flanquoyent bien.

Il y avoit autour du roi de Navarre force capitaines de mérite, qui le destournoyent tant qu'ils pouvoyent de ceste entreprise grandement périlleuse, tant pour estre besoin de rompre deux portes et une barrière, avec deux pétards seulement, que pour y avoir dedans quinze cents soldats, et une compagnie de gend'armes, qui fit monstre le jour devant l'entreprise. Ils adjoustoyent à cela la grande valeur et créance du lieutenant de roi, nommé Vezins[2], lequel nous vous

---

épousé successivement Paule de Coste, Marguerite du Maine et Isabeau de Montbartier.

1. Cajarc (Lot), sur le Lot.
2. Jean de Vesins, seigneur de Roddier-Charri, frère d'Antoine de Vesins, capitaine protestant, sénéchal de Quercy, gouverneur de Cahors, et lieutenant d'Honoré de Savoie, marquis de Villars. Une lettre de ce capitaine au roi, antérieure de quelques semaines aux événements, de Cahors et du 16 février 1580, trace

avons faict cognoistre. En un mot, ils lui faisoyent voir le dedans plus fort que le dehors.

A tout cela le roi de Navarre, de qui la vertu et l'honneur guerrière commença à se démonstrer en ce temps-là, s'opiniastra en son dessein; et s'y achemina le cinquiesme de may[1], mit pied à terre à un quart de lieue de la ville, fit son ordre ainsi[2] :

Il donna aux pétardiers six soldats de ses gardes bien choisis. A trente pas d'eux marchoit le baron de Salignac[3], accompagné de Sainct-Martin[4], capitaine des nouvelles gardes, et de dix-huict bons hommes. Roquelaure[5], commandant une troupe gaillarde, la

un lamentable tableau de l'état de la province et des environs de la ville (Copie; f. fr., vol. 15562, f. 50).

1. Beaucoup d'historiens se sont trompés à la suite de de Thou et de d'Aubigné en fixant au 4 et 5 mai 1580 la date de l'assaut et de la prise de Cahors par le roi de Navarre. La correspondance de ce prince a éclairci les doutes accumulés par des assertions contradictoires. La vérité est qu'il parut le 28 mai 1580 sous les murs de Cahors et qu'il prit la ville le 31 après un combat acharné. Il demeura à Cahors jusqu'au 9 juin (*Lettres de Henri IV*, t. I, p. 302).

2. Sully (*OEconomies royales*, liv. XI) donne de grands détails sur le siège et la prise de Cahors, à laquelle il assistait. De Thou n'est pas moins détaillé (liv. LXXII).

3. Armand de Gontaut, baron de Salignac par sa femme, Jeanne de Salignac, ou plus probablement leur fils, Jean de Gontaut, né en 1553, capitaine et négociateur au service du roi de Navarre, mort le 11 octobre 1610. Le comte Théodore de Gontaut-Biron a publié l'*Ambassade en Turquie de Jean de Gontaut-Biron, baron de Salignac*, in-8°, 1878. M. Berger de Xivrey et son successeur confondent souvent Jean de Gontaut-Salignac avec la Mothe-Fénelon-Salignac.

4. Charles Le Clerc-Saint-Martin, capitaine protestant.

5. Antoine de Roquelaure, fils de Géraud de Roquelaure et de Catherine de Bezolles, né en 1543, était maître de la garde-robe du roi de Navarre, et chevalier de ses ordres en 1595. Quelque temps avant la mort de Henri IV, en 1610, il devint

plus part de la maison du roi de Navarre, soustenoit Salignac ; lui l'estoit de Terrides[1] et du vicomte de Gourdon avec mille arquebuziers. L'entreprise faillit d'estre rompue par un grand orage, et les furieux esclairs et coups de tonnerre qui survindrent.

Le premier pétard ayant joué à la première porte, le trou s'y fit plus bas que la barre, si mal à propos qu'il falut rompre les bandes qui demeurèrent, mais en fin les soldats les esbranlèrent si bien avec halebardes qu'estant entrez, le baron de Salignac, joinct à eux, emporta la garde des deux ravelins ; et poursuivit si bien sa poincte que, malgré les arquebuzades qu'on tiroit, Jean Robert porta le dernier pétard à la dernière porte de la ville. Cettui-là joua si bien qu'il coucha la porte tout de son long sur le pavé. Ce grand bruit mit toute la ville en armes, horsmis ceux qui firent les paresseux, croyans que ce fust le tonnerre. Cette première troupe des six courut devant le baron de Salignac, comme pour recognoistre, mais ils furent arrestez au premier canton ; et là un des six, nommé de Court[2], duquel nous avons parlé, mis par terre.

maire de Bordeaux et maréchal de France. Il mourut à Lectoure le 9 juin 1625.

1. Géraud de Lomagne, vicomte de Terride, frère d'Antoine de Lomagne, commandant pour le roi de Navarre dans le bas Quercy et le Lauraguais.

2. Probablement un des membres de la maison de Cours, dont le chef, François de Cours, s. de la Salle, était le fidèle serviteur du roi de Navarre. Voyez *Maisons historiques de Gascogne*, t. I, p. 293. M. Tamizey de Larroque a consacré à ce capitaine une savante note (*Documents relatifs à l'hist. de l'Agenais*, 1875, p. 153). Berger de Xivrey cite un s. de la Salle, gentilhomme gascon, qu'il appelle aussi *M. de les Bartes* (*Lettres de Henri IV*, t. I, p. 111). Peut-être est-ce le même.

A cent pas de là parut Vezins avec quarante gentils-hommes et trois cents arquebuziers[1]. Roquelaure, ayant doublé le pas, ne fit plus que mesme troupe avec le baron. Ce fut des deux costez à qui porteroit les arquebuzades à bout-touchant. Des coups de traict il falut venir aux coups de picques. Là Vezins blessé[2], ceux de la ville s'estonnoyent et estoyent en route sans les blessures des trois capitaines assaillans, Salignac, Roquelaure et Sainct-Martin, et aussi sans un renfort d'hommes armez et de bons arquebuziers, du costé de la ville. Aussi les assaillans furent bien à propos rafraîchis par Terride et le vicomte de Gourdon. L'opiniastreté des attaquez apporta de l'estonnement à ceux du vicomte de Gourdon, si bien que plus de cinq cents estoyent ressortis de la ville. Le peuple de Cahors, à tel spectacle, reprit un merveilleux courage, si bien que, se resserrans et reschauffans l'un l'autre, ils poussoyent rudement vers la porte Terride et[3] les siens.

Le roi de Navarre estoit desjà pressé par ses conseilliers de remonter à cheval, quand les forces de la vicomté de Turenne arrivèrent, harassées d'avoir faict quatorze lieues en deux traictes. Aussitost Chouppes[4],

1. L'édition de 1618 porte 3,000 arquebusiers.
2. Jean de Vesins fut tué d'un coup d'arquebuse au plus fort du combat (De Thou, liv. LXXII).
3. Var. de l'édit. de 1618 : «... *Terride* et le vicomte de Gourdon. *Le roi...* »
4. Pierre de Chouppes, seigneur de Chouppes, conseiller et chambellan du roi de Navarre, gentilhomme ordinaire de sa chambre, époux de Jeanne de Ségur-Pardaillan, en 1588. Il devint plus tard lieutenant général du roi de Navarre en l'absence de Turenne en Limousin. L'instruction qui lui fut confiée au commencement de sa charge est conservée dans le vol. 15563,

qui les conduisoit, eut commandement de donner par le trou du pétard, où il eut pour premier obstacle la foule des fuyards, qu'il fallut rompre et forcer. Mesmes les capitaines qui se vouloyent sauver lui crièrent qu'il s'alloit perdre pour néant, et que tout estoit perdu. Chouppes, leur ayant respondu des injures, s'avance dans la ville, voit ensemble six cents arquebuziers des ennemis, lesquels à la veue de ce rafraîchissement se veullent couvrir d'une barricade. Il fallut faire pose, tant pour démesler les nouveaux venus de la route des autres, comme aussi pour prendre haleine. Le roi de Navarre, pressé plus que devant de faire retraicte, après avoir respondu que la mort lui seroit plus douce avec les siens, en faisant son devoir, qu'après les avoir abandonnez estre couvert de déshonneur, marcha avec son reste. Et cependant Chouppes, avec cinquante gentilshommes et trois cents arquebuziers qu'il avoit amenez, donne furieusement à la barricade, où il fut attendu jusques aux coups d'espée. Les habitans ployèrent à cet effort et, poursuivis l'espée dans les reins jusques dans la maison de ville[1], ne la peurent garnir en leur désordre; si bien qu'avec peu de résistance, ils la perdirent, et avec elle trois canons et une

---

f. 300 du fonds français (copie sans date). Pierre de Chouppes a écrit des Mémoires, encore inédits, que nous nous disposons à publier.

1. Le souvenir des meurtres perpétrés à Cahors en 1572, après la Saint-Barthélemy, excita tellement les troupes du roi de Navarre qu'elles commirent de cruelles représailles. Voyez le récit de de Thou (liv. LXXII) et celui de Brantôme (t. I, p. 273). Une lettre de l'évêque de Rodez au roi, du 3 juin 1580, certifie les pillages, les meurtres, les crimes des vainqueurs (Orig., f. fr., vol. 15563, f. 52).

coulevrine. Chouppes, y ayant jetté quelques hommes, mande au roi de Navarre que tout se r'allioit vers le collège, et qu'il s'y avançoit. Le messager ne porta l'advis guères loin, car ce prince ne perdit plus de veue Chouppes. A l'abri du collège, les habitants, qui estoyent encores de 2,000 à 2,500 hommes ensemble[1], tenoyent plus des deux tiers de la ville ; et cela barriqué, et retranché durant les autres combats, si bien que les attaquans ne purent faire pour le reste du jour que se loger devant le collège et faire, la nuict, quelques approches en perçant les maisons. Il y avoit un grand différent d'avantages entre les deux partis, en ce que ceux de la ville se resserroyent par nécessité, et les autres s'espandoyent pour le pillage, si bien que, sous un moindre capitaine que ce roi, la moitié des deffendants eussent faict sauter les murailles à leurs pillards. Mais ce prince, présent à tout, appelloit et nommoit chacun par son nom, envoyoit des capitaines par la ville r'amener leurs hommes à coups d'hallebardes, et non sans en tuer quelques-uns, se souvenant bien des commandements qu'il avoit donnez, et à qui.

Au matin du second jour, on gaigna jusques à dix pas de la porte du collège, et falut employer la journée et la nuict suivante en approches assez dangereuses, pour les grandes escoupeteries que faisoit ceste multitude.

Le troisiesme jour, à soleil levant, fut monstré au roi de Navarre un secours de quatre cens hommes qui gaignoyent païs vers la porte de la Barre, fauxbourg séparé de la ville, et aussi fort qu'elle. A cet accident

---

1. L'édition de 1618 porte 1,200 ou 1,300 hommes.

le conseil fut court, et la résolution prompte : asçavoir de combattre ces nouveaux venus encores séparez, et avant qu'ils approchassent du collège. Chouppes eut ceste commission, qui ne put r'allier des siens que cent arquebuziers et vingt gentilshommes, ce qui estonna beaucoup de refformés; lesquels, voyans leur salut consister en un combat tant inégal pour eux, pressèrent plus que jamais leur chef de quitter le jeu, mais les responses furent pareilles aux premières. Chouppes, voulant aider sa foiblesse de quelque ruse, passe le pont de Chelandre, et se met sur la piste des ennemis pour approcher d'eux en guise d'un secours nouveau, et pour mieux faire poussa devant un capitaine Cassinat, qui, approché à quatre-vingts pas, respondit *Vezins* au *qui-vive*. Cette confiance dura jusques à dix pas du voisinage, où les katholiques commençans de s'allarmer, les refformés chargèrent les deux cents, qui n'estoyent pas encore entrez au faubourg, si vivement qu'il en demeura plus du tiers sur la place; et puis donnèrent au reste, entre les maisons, dans une rue estroicte, où les autres deux cents, ayans eu loisir de prendre quelque ordre et mesmes renforcez par ceux du lieu, arrestèrent au commencement sur le cul les refformés. Mais, dans l'espesse fumée qui s'amassoit en lieu serré, et mesmes pour s'estre mis le feu en quelques fourniments à cause de la presse, le capitaine Nesde et un sergent, qui y mourut, firent quelque jour dans ceste foule à coups de hallebarde, ceux-là bien suivis par les gentilshommes. Ceux du secours, après avoir perdu les plus opiniastres, quittèrent le fauxbourg. Sur cet effroi Chouppes fit gagner à ses gens deux monastères, l'un de Chartreux, et l'autre de religieuses; là où ils prirent haleine en s'accommodant pour garder ce qu'ils avoyent acquis.

Le quatriesme jour, le roi de Navarre, ayant tousjours cependant travaillé comme il pouvoit, sur le soir tint conseil, pour emporter au matin le collège; ce qui se fit plus rudement qu'auparavant. Le feu fut mis aux deux portes de devant et derrière, aussitost à celle de devant, sous la fumée de celle de derrière. Nesde, se doubtant que le feu auroit chassé d'une fenestre qu'il voyoit ceux qui la deffendoyent, y porte une eschelle, et estant entré, lui troisiesme, fit quitter la porte à ceux qui tuoyent le feu, puis l'ouvre et donne moyen à ses compagnons d'entrer. Ce fut à sauter les murailles du collège du costé de la grand'rue pour gaigner quatorze barricades, qui y estoyent faictes avec quelque loisir. Le roi de Navarre, s'estant reposé dans le collège et r'allié ce qu'il avoit espars cà et là, prend résolution avec tous les capitaines d'emporter ceste grand'rue à quelque prix que ce fust. Ceux qui avoient deffaict ce secours en voulurent la poincte, où ils donnèrent fort brusquement, jusques à ce que leur chef fût porté par terre d'un coup de pierre. Là trop de gens faisans les officieux pour le relever, ce roi, qui menoit la première troupe après, n'ayant que ses gardes devant soi, et en pourpoint comme eux, emporta la meilleure de leurs barricades. Sur la perte de laquelle, la nuict et le matin d'après, qui fut le cinquiesme jour, tout s'estonna et gaigna le dehors de la ville, la laissant paisible aux conquérans, si abbatus du combat de cinq jours qu'ils ne pouvoyent plus desmarcher[1].

1. Une lettre de Biron au roi, en date du 12 juin 1580, fournit

Le roi de Navarre monstra ses pieds à plusieurs, tous fendus et saignants en quelques endroits. Il eut soin de faire enlever ses morts, qui estoyent en tout septante hommes. Entre les plus regrettez, pour avoir bien faict à tout, fut la Motte-Bregion, de Poictou.

Chapitre VIII.

Suitte de guerre en Guyenne.

De Cahors, le roi de Navarre vint faire la guerre aux forces qui se levoyent en Armagnac pour joindre le mareschal de Biron[1], et pour les incommoder estoit jour et nuict à cheval. Il deffit quelques troupes naissantes auprès de Vic-Fezançac[2], et de là à quelques jours, passant près Beaumont-de-l'Aumagne[3], où il avoit fait quelques légères charges auparavant[4], il rencontra deux compagnies de gens de pied qui furent

des détails nouveaux sur le siège et la prise de Cahors (Orig., f. fr., vol. 15563, f. 83).

1. Bien que le maréchal de Biron fût le représentant du roi en Guyenne, il n'avait encore officiellement que le titre de lieutenant du roi de Navarre. Ce fut le 21 juillet 1580 qu'il reçut le titre de lieutenant général et commandant en chef pour le roi en Guyenne (Copie auth. sur parchemin; coll. Clairambault, vol. 955, f. 127).

2. Vic-Fezensac (Gers), sur la Losse.

3. Le roi de Navarre était à Casteljaloux le 30 avril 1580, à Lectoure le 9 mai et était revenu à Nérac le 12 mai. Ce fut probablement entre le 30 avril et le 9 mai qu'il passa à Vic-Fezensac et à Beaumont-de-Lomagne.

4. La ville de Beaumont-de-Lomagne fut punie, au mois de décembre de cette même année, de la résistance que par deux fois elle avait opposée au roi de Navarre. Elle fut prise et pillée par des partisans huguenots et une partie des habitants fut massacrée. Le *Journal de Faurin* fixe la date de la prise de Beaumont-de-Lomagne (édit. Pradel, p. 114) au mois de décembre 1580. Le *Journal de Syrueilh* (1873, in-4°) donne quelques détails.

promptement chargées par ses coureurs. Mais, pource que les hayes et voisinage de la ville donnèrent avantage aux arquebuziers et moyen de se r'allier, mesmes que quelques soldats du lieu parurent au secours des autres, le prince y donna en personne et en gros, et mena battant et tuant les plus paresseux à gaigner le fossé.

Telles diligences se firent tellement redouter que le mareschal de Biron, prest à se mettre aux champs[1], dressa le corps de son armée dedans Marmande[2], et le roi de Navarre, pour l'approcher, vint se jetter à Tonins[3]. Et de là, s'estant résolu de cercher le coup d'espée, il marche avec trois cents bons chevaux, et rien que ses deux gardes, qui faisoyent soixante arquebuziers. Il alla dresser son embuscade à la garenne de Tonnins, où ayant logé ses bandes, il découple le baron de Lezignan[4], avec vingt gentilshommes choisis, qui va donner des coups d'espée jusques dans les portes de Marmande, et ne perd la ville de veue que chassé d'arquebuzades, avec quelques gentilshommes blessez.

1. Le maréchal de Biron était parti de Bordeaux le 20 juin 1580 et s'était mis en campagne. Il attendit, aux environs de la Réole, la réunion de toutes ses troupes (*Journal de Syrueilh*, publié par M. Simon, p. 80).

2. Le 8 juillet 1580, le maréchal de Biron était à Marmande avec son armée. Le 13, il s'empara de Gontaut (*Ibid.*).

3. Tonneins (Lot-et-Garonne). Le roi de Navarre y arriva entre le 2 et le 8 juillet 1580. Il y passa la journée du 9 juillet.

4. Henri de Lusignan, fils de Jean de Lusignan, capitaine de cinquante hommes d'armes des ordonnances, plus tard gouverneur de la ville de Puymirol. M. Tamizey de Larroque a publié plusieurs lettres de ce capitaine et lui a consacré une savante note (*Documents inédits sur l'histoire de l'Agenais*, p. 178 et suiv.).

Yollet[1], avec un valet de chambre, sans sçavoir le dessein de son maistre, s'estoit avancé pour sçavoir le premier des nouvelles de Lezignan. En peu de temps il le void revenir un peu viste, et après lui une poussière, qu'il estima ne pouvoir estre que de l'armée. Croyant donc que le mareschal auroit esté trouvé en bataille, il dépesche le valet de chambre au roi, et lui mande sous le nom de Lezignan qu'il avoit l'armée sur les bras et qu'il estoit perdu, s'il ne se retiroit en toute diligence. Les meilleurs capitaines d'auprès de ce prince le forcèrent à prendre cet advis. Et partant, commanda promptement de marcher, et à ses deux gardes, veu l'avantage du pays, de demeurer derrière et le suivre ; ce que fit Divetière, commandant la nouvelle garde. Mais La Porte, vieil et ferme soldat, pria quelqu'un de dire à son maistre qu'il estoit mieux logé, pour son service, qu'il ne seroit ailleurs à cheval, et en confusion ; et ainsi ne partit point. Sur ce poinct, arrivoit de Languedoc Constans, pour les affaires que nous déduirons au chapitre suivant, qui conseilla de laisser une vingtaine de bons hommes pour tendre la main à Lezignan. Il fut creu et envoyé à Lons, pour l'assister et trier les vingt à cest effect. Ceste troupe n'eut pas loisir de brider le casque qu'ils voyent arriver Lezignan, meslé de ceux de Biron. Eux vont pour le desgager, selon que le chemin assez large le permettoit. Mais tout cela estoit crevé de ceste fleur de gen-

---

1. Pierre de Malras, baron d'Yolet, frère de François de Malras, époux de Gasparde de Taillac, fille de Balthazar, s. de Margerides, en 1572, gentilhomme ordinaire du duc d'Alençon en 1576, maître d'hôtel de Catherine de Navarre en 1578, maréchal de camp en 1580, mort le 25 août 1586.

tilshommes gascons, qui, tous frais venus, avoyent eu commandement de mesler sans taster ; et aussi sentoyent-ils à leurs trousses cinq ou six cents chevaux, pour succéder à leur gayeté. Mais le capitaine La Porte, avec trente soldats des meilleurs de la France, attendit à bout-touchant les plus importuns de ces coureurs, et se meslant, pour trier les siens d'avec les autres, arresta sur le cul toute ceste colère, service pour lequel il ne fut jamais aimé de son maistre depuis, pource que Lezignan, irrité de n'avoir pas trouvé l'embuscade au lieu promis, parla de cet affaire hautement ; maintenant que, sans ce coup de soldat, la retraicte d'un roi estoit fuitte, et les portes de Tonnins le premier arrest. Biron y perdit quelques gentilshommes, entr'iceux le jeune Fumel[1], et un des L'Estelles[2], sept ou huict chevaux morts, et les blessez ayans fermé le chemin. Lezignan y perdit le baron de Moncaut[3]. Yollet, appellé pour recevoir réprimende, s'excusa sur le soin de la personne royale, et que de son temps les rois, se gardans pour la fin, laissoyent aller aux embuscades les fols et les chevaux-légers[4].

1. D'Aubigné commet ici une erreur, ou *le jeune Fumel* avait un frère, François de Fumel, lieutenant du maréchal de Biron, en place de Pierre de Massès, s. de Condom (Montre du 20 octobre 1580, f. fr., vol. 21537).

2. Sur ce capitaine, Tamizey de Larroque émet diverses hypothèses (*Notice sur Marmande,* in-8º, p. 80, note).

3. Blaise de Laurière, seigneur et baron de Montcaut et de Sainte-Colombe, gentilhomme de la chambre du roi, mestre de camp d'un régiment d'artillerie, gouverneur de la ville et citadelle de Layrac. Voyez sur ce personnage une note de M. Tamizey de Larroque (*Notice sur Marmande,* 1872, p. 80, note).

4. Cette escarmouche, livrée aux portes de Marmande, est

Chapitre IX.

De Languedoc.

Constans arrivant, comme nous avons dit, de Languedoc, rendit conte de sa charge, ainsi que nous dirons. C'est qu'ayant trouvé Chastillon, retiré à Millaut, à cause de la peste de Montpellier[1], il le fit retourner à Sommières, à une assemblée qui fut convoquée en ce lieu[2], pour les affaires qui couroyent. Là ayant donné ses lettres et desduit les nécessitez qui contraignoyent le roi de Navarre à prendre les armes, les raisons du jour qu'il avoit choisi, le péril où estoit sa personne et tout le parti si on l'eust voulu différer d'avantage, l'ordre qu'il avoit donné tant dehors que dedans le royaume pour informer chacun de la justice de ses armes, sommé tous les partisans de se joindre à lui, comme le seul moyen pour garentir de ruine inévitable les églises en général, et chacun en particulier.

Ceste harangue fut diversement receue selon la différence des esprits qui composoyent l'assemblée. Les pasteurs et gentilshommes, qui avoyent assisté aux traictez faicts avec la roine mère, et ceux qui avoyent esté aux assemblées générales convoquées par le roi de Navarre, estoyent instruits comment on vouloit arracher les villes aux refformés pour les désarmer, et venir plus facilement à bout de ce qui restoit.

---

racontée avec beaucoup d'autres détails par Sully qui y assistait (*OEconomies royales*, liv. XII).

1. La peste dura à Montpellier jusques en août 1580.
2. Assemblée de Sommières (avril ou mai 1580).

Ceux-là se r'allyoyent avec Chastillon, Lecques[1], Porquerez[2], Chambaut[3], presque toute la noblesse du pays, les principaux pasteurs, comme Payen[4] et Gasques[5], avec tout le tiers estat, pour, sans contredict, approuver la prise des armes et les résolutions qu'on leur envoyoit.

Pour la dernière paix de l'année 1577, les refformés avoyent choisi les plus capables de leurs jurisconsultes pour composer la chambre, mi-partie en Languedoc, entre ceux-là Clauzonne[6] et Vignolles[7] ; le premier desquels avoit eu grande réputation entre les fronts d'airin. Ces deux, et avec eux tous ceux qui avoient quelque estat en la justice, firent une brigue ouverte par toute la province, et par le moyen de Serres[8],

1. Antoine du Pleix, s. de Gremian et de Lecques.
2. Hérail-Pagès, s. de Porcairez.
3. Jacques de Chambaud, vicomte de Privas, s. de Vacherolles et autres lieux, gentilhomme de la chambre du roi, mestre de camp de cavalerie, souvent nommé dans les *Mémoires d'Eustache Piémond*.
4. Jean Payen était ministre de l'église de Montpellier.
5. Une lettre du roi de Navarre, datée du 16 décembre 1588, nous fait connaître que le s. de Gasques était député du bas Languedoc (*Lettres de Henri IV*, t. II, p. 406).
6. Guillaume Roques, seigneur de Clausonnes, un des chefs du parti protestant dans le haut Languedoc (*Hist. du Languedoc*, t. V, 330 et suiv.). On le retrouve en 1583 à Montauban (*Lettres de Henri IV*, t. I, p. 508).
7. Benjamin de Vignolles, fils de Paris de Vignolles, et de Jacqueline de Constant, est signalé dans une note de M. Berger de Xivrey comme chevalier de l'ordre du roi et maître d'hôtel du comte de Soissons (*Lettres de Henri IV*, t. I, p. 586).
8. Jean de Serres, ministre de Nîmes, historien que nous avons souvent cité, frère d'Olivier de Serres, le grand agronome. M. Dardier, qui lui a consacré une savante notice biographique, a publié une lettre de Jean de Serres au roi de Navarre, du 15 avril

ministre, qui avoit dix mille escus à solliciter en cour, gagnèrent grande quantité de pasteurs, pour s'opposer à la prise des armes. Et fut si puissante cette faction que, trois mois et demi durant, il n'y eut au bas Languedoc que Aigue-Mortes, Lunnel et Sommières qui fissent la guerre avec Chastillon. Ces deux partis s'eschauffans dans le parti donnèrent un grand avantage au mareschal de Montmorenci, mais il ne s'en prévalut point ; ce que plusieurs attribuèrent à ce que ses affaires n'estoyent pas bien à la cour.

Sur ce rapport faict à Tonnins, Constans, redespesché pour courir aux remèdes du Languedoc, le trouva en l'estat que nous dirons. Nismes demeuroit non seulement neutre, mais panchoit du costé du mareschal contre Chastillon, à la persuasion des justiciers et de la pluspart du consistoire. Il arriva que les katholiques surprirent un petit fort nommé la Calemette[1], d'où ils faisoyent des courses dommageables jusques dans les portes de Nismes sans respect de la neutralité. Cela mettant en colère ceux qui perdoyent à ce passetemps, fit résoudre les plus mauvais garçons de la ville de tendre la main à Chastillon ; à cela aidant une assemblée que Constans fit convoquer en Alez[2]. Tant y a que

---

1580, relative aux événements qui nous occupent (*Revue historique*, juillet 1883, p. 317).

1. La Calmette (Gard), sur la route de Nîmes à Alais.

2. L'assemblée convoquée à Alais fut réunie au mois de mai 1580 et non au mois d'août comme le porte l'*Histoire du Languedoc*, t. V, p. 383. L'assemblée reconnut la prédominance du roi de Navarre et la lieutenance de François de Chastillon. Le procès-verbal de la réunion, daté du mois de mai, est conservé en copie dans le vol. 15563 du f. fr., f. 51. Les résolutions de l'assemblée ont été publiées par le comte Delaborde (*François de Chastillon*, p. 442).

les soldats, tous despitez de s'estre bandez contre leur mestier, receurent en leur ville Chastillon, lequel, sans y faire longue demeure, assiège la Calemette et la prit en trois jours[1]. Ce fut ce qui donna branle à tous les dioceses, et qui les mit à la guerre et à la réunion.

Par ainsi le mareschal de Montmorenci, n'ayant plus de couverture pour se tenir coi, résolut de se mettre aux champs avec forces. Il assembla de cinq à six mil hommes de pied, tira quatre canons et deux coulevrines de Béziers, et son armée estant composée, il l'employa premièrement pour le siège de Villemane[2]. De quoi Chastillon adverti mit en quatre jours quatre cens cinquante chevaux et cinq mille hommes de pied aux champs. Et s'estant avancé vers Cornon-Terrail[3], il y fit ferme pour joindre autres troupes qu'il attendoit de divers lieux. Durant tel séjour le régiment de Montbazin[4], qui estoit à Fabregues[5], entre Montpelier et Gigean, fut mandé par le duc de Montmorenci pour aller joindre l'armée à Villemane. De Cornon-Terrail, comme on ouyt le bruit des tambours, qui battoyent aux champs, par confiance à la force du régiment, Chastillon commanda Constans, auquel il venoit de donner sa cornette blanche, de prendre quelques-uns pour aller voir que c'estoit. Comme il fut sixiesme, entre ceux-là Carlincas, La Tour et Larrois, le régiment, se hastant de passer la plaine, pource qu'ils voyoyent

1. Prise de la Calmette par les réformés, juillet ou août 1580 (*Hist. du Languedoc,* t. V, p. 383).
2. Villemagne (Hérault), non loin de l'Orb.
3. Cournonterral (Hérault), sur le Caulason.
4. Guillaume de la Vergne, s. de Montbazin, plusieurs fois cité dans les *Lettres de Henri IV.*
5. Fabrègues (Hérault), sur le Caulason.

Chastillon à cheval, les six passent et repassent les rangs à travers d'iceux, où ils blessent et tuent quelcun. Deux sergens donnèrent aux chevaux. Larrois y fut blessé; et tout le régiment, avec perte de la moitié des armes, se jettent dans les fossez de Gigean, et la nuict d'après se rendit au camp. Le lendemain, les forces qu'attendoit Chastillon estans arrivées, et lui ayant disposé de son ordre, comme croyant trouver l'armée en chemin, marche droit à Villemane. Mais le mareschal pressoit sa batterie, pour donner l'assaut avant l'arrivée de son ennemi; et cela mesmes fit doubler le pas aux secourans, auxquels l'armée, laissant la moitié de la ville desgarnie, permit de gagner la ville et quelques environs pour leur logis.

Chastillon entre en conseil pour se résoudre s'il attaqueroit le camp, assez bien retranché, dès ce jour-là, ou s'il remettroit au lendemain. Entre ce camp, qui estoit en lieu eslevé, et le logis des réformés, y a un grand vallon duquel le fonds est assez plein. Ceste petite pleine convia quelques-uns des nouveaux venus à s'y aller pourmener, sans ordre et sans commandement. Les katholiques aussi s'y en vont pour faire la bien venue. L'escarmouche commencée, les uns et les autres furent tellement soustenus qu'il en demeura peu aux drapeaux. Voilà en peu de temps plus de quatre mille arquebuzades et force gens morts et blessez. A ce bruit il falut quitter le conseil et trouva-t-on que les refformés avoyent congné les autres dedans leurs retranchements, tous sans ordre, jusques à donner du ventre aux gabions et s'en couvrir pour tirer entredeux. Les chefs coururent pour rompre les chiens, mais la nuict les sépara plus que leurs commandements, en laquelle Chastillon, rentré en conseil, résolut de donner aux tranchées au poinct du jour et adjouster la conduicte à la gayeté des siens. Le mareschal de Montmorenci prit un autre conseil de son costé. Car, ceste gayeté huguenotte lui ayant faict craindre le succès du lendemain, il fit, dès la nuict et sans bruit, desloger son artillerie au chemin de Meze[1], où, voulant retirer son reste, il observa la bienséance ; car, ayant passé un petit ruisseau, quelques costeaux et chemins estroits, il prit une commode place de bataille. Chastillon bat aux champs au poinct du jour, pensant exécuter sa résolution, puis, ne trouvant que le nid, il se met sur les pas de l'armée, laquelle, en peu d'heures, il affronta ; mais, en lieu où les uns ne pouvans aller aux autres, il se falut contenter de quelque légère escarmouche et aller cercher logis[2].

Au[3] commencement des choses déduictes en ce chapitre, Chambaut[4] prit le temps des affaires de Languedoc pour refaire à Sainct-Greve[5] les mesmes choses que nous vous avons contées de lui aux guerres précédentes. Il barriqua et retrancha la place, de laquelle il avoit cognu les défauts plus à propos qu'à la première fois, mais à moins de loisir et de plus foibles

---

1. Mèze (Hérault), sur les bords de l'étang de Thau.
2. L'escarmouche de Villemagne eut lieu au mois de septembre 1580, car elle est racontée au roi par le maréchal de Montmorency dans une lettre du 2 octobre, conservée à la bibliothèque de Toulouse (*Mémoires de Gaches,* p. 285, note de M. Pradel). C'est par erreur que l'*Hist. du Languedoc* la date du mois d'août (t. V, p. 383).
3. Le reste du chapitre manque à l'édition de 1618.
4. Le s. de Chambaud était gouverneur de Saint-Agrève.
5. Saint-Agrève (Ardèche), sur l'Érieux.

parapets; car le gouverneur de Lyon[1], qui avoit aussi esprouvé de quelle diligence il estoit besoin pour s'opposer à telles entreprises, esmeut quant et quant tout le pays, et, assisté de Montlor[2] et Montreal[3], chefs de la ligue, dans quatorze jours, eut formé le siège de la Grève[4].

Chambaut avoit dedans quatre cents hommes sous les capitaines Sautel, La Blache[5], Bayernel et Thierry, une compagnie à lui et quelques gentilshommes volontaires.

1. François de Mandelot, fils de Georges de Mandelot et de Charlotte d'Igny, né à Paris le 20 octobre 1529, époux d'Éléonore Robertet, mort à Lyon, le 24 novembre 1588. Il était déjà gouverneur de Lyon en 1572. La correspondance de ce personnage est très nombreuse. Nous citons ici quelques manuscrits conservés à la Bibliothèque nationale : f. fr., vol. 2704 (gros recueil de copies qui semble avoir été à son usage), 3320, 3379, 3408, 4631, 6628, 6629, 15550, 15551, 15555, 15567, 15568, 16016, V^c de Colbert, vol. 8 et 9, coll. Clairambault, vol. 1116.

2. Louis-Guillaume de Raymond-Mourmoiron, baron d'Aubenas, de Maubec et de Modène, comte de Montlord, gendre de Laurent de Maugiron, capitaine catholique, souvent nommé dans les *Mémoires d'Eustache Piémond*.

3. Guillaume de Balazuc, s. de Montréal, Senillac, Chazeaux et Lanas, gentilhomme de la chambre du roi, maréchal de camp et gouverneur du Vivarais, souvent désigné dans les documents du temps sous les noms de Cherillac ou de Serillac ou de Chemlac (*Mémoires de Piémond*, p. 583).

4. François de Mandelot, gouverneur de Lyon, secondé par les capitaines de la Tour-Saint-Vidal, gouverneur du Velai, et Tournon, gouverneur du Vivarais, investit Saint-Agrève le 16 septembre 1580 (*Hist. du Languedoc*, t. V, p. 383).

5. Jean de la Blache, nommé par le prince de Condé en 1577 gouverneur de Charmes (Ardèche), capitaine huguenot, ne doit pas être confondu avec François de Vallin, s. de la Blache, capitaine catholique, un des lieutenants de Laurent de Maugiron. Les deux capitaines sont cités dans les *Mémoires de Piémond*.

Lyon ayant fourni de canon à bon escient, les fortifications tumultuaires[1] furent bien tost en poudre, et mesmes les maisons de ceste villette estans percées tout à travers, les soldats n'avoyent logis que de petits fossez, desquels pourtant ils sortoyent aux assauts, quand les canons des assiégeans eussent tué des uns et des autres. Ils soustindrent par six fois attaque générale ; à la cinquième desquelles, Chambaut, blessé d'un esclat, ne laissa pas de se faire porter dans une chaire à toutes occasions. Et, ayant descouvert quelques gens mal menez et estonnez, qui practiquoyent un parlement, après avoir faict les braves défenses nécessaires en tel cas, ayant prolongé le siège jusques à six sepmaines contre toute apparence, et lui estant guéri, il prit encores la résolution du premier siège, met à sa teste un de ses meilleurs hommes, et l'autre au cul ; il fausse les tranchées de nuict, perce, fait fuir la cavallerie qui estoit en garde ; et, ayant gagné la vallée Sainct-Martin[2], refaict son ordre et entre au Chelat[3] au point du jour.

Le gouverneur de Lyon, ayant appris que les places qui doivent plus à la nature qu'au labeur se doivent plustost garder que razer, mit Sainte-Grève[4] entre les mains du comte de Tournon[5], à qui elle appartient.

1. *Tumultuaire*, construit avec précipitation.
2. Saint-Martin-de-Valanias (Ardèche), sur la Saliouve.
3. Le Chailard (Ardèche), au confluent de l'Érieux et de la Dorne.
4. Prise de Saint-Agrève par les catholiques, 25 septembre 1580 (*Hist. du Languedoc*, t. V, p. 384). Dom Vaissette cite un récit du siège de Saint-Agrève, imprimé à Lyon en 1581, petit in-8°.
5. Just-Louis, comte de Tournon, bailli du Vivarais et sénéchal d'Auvergne. Il était cousin germain du vicomte de Turenne

Chapitre X.

De l'entreprise de Blaye et autres.

Si les entreprises traversées de plusieurs accidents sont capables d'instruire les jeunes capitaines, je n'ai peu leur desrober celle de Blaye, bien que faillie par moi, qui en cela me soubmets aux gens de guerre et à leur jugement. Trois gentilshommes ou soldats de marque, nommez Nivaudière, Turtrie et La Leu, nourris en la maison du baron d'Hervaux[1], lors gouverneur de Blaye, sur quelques mescontentements receus de lui et ayans ouy estimer la garnison de Montaigu, s'y en viennent. Et, comme voisins de La Boulaye, à cause de la Tour d'Oiré[2], lui parlent du moyen de prendre Blaye, eux estans renvoyez pour cet affaire à Aubigné. La Boulaye et lui en lieu secret les entendirent, disans qu'ils estoyent de naguères à Blaye comme familiers amis, et l'un d'eux parent de Villiers y commandant et lieutenant du baron; qu'il n'y avoit dans le Petit Chastellet[3] que huict soldats d'ordinaire pour le plus, et tels quels, si bien qu'eux trois entreprendroyent bien d'en venir à bout, pourveu qu'asseurez d'estre secourus à propos; d'avantage qu'en discourant avec Villiers, ils lui avoyent faict quelque envie de servir le roi de Navarre, soit pour l'estime

---

et beau-frère du comte de la Rochefoucauld, principaux amis du roi de Navarre.

1. Le baron d'Hervaux, gouverneur de Blaye, est nommé le baron d'Arnault dans une relation que nous citons plus loin et qui est tirée du f. fr., vol. 15563, f. 90.
2. La Tour d'Oiré (Vienne), sur les bords de la Vienne.
3. Le Petit-Châtelet (Gironde), près de Blaye.

de ce prince ou pour son parti, dans lequel les soldats faisoyent mieux leur profit qu'en l'autre. Ils adjoustoyent que cet homme leur avoit donné espérance de s'y joindre avec eux, pourveu qu'ils eussent fait leur condition bonne avec quelque chef des réformés; par ainsi que, si on vouloit entendre à les soustenir bien au péril de leur vie, ils se rendroyent les plus forts dans le Chastelet. Aubigné ne leur fit pas tant de questions comme il avoit fait au capitaine Mas, seulement fut d'advis de commencer cet affaire après s'estre asseuré du temps[1] et de la façon d'y donner, en faisant resouvenir Villiers de leur proposition pour entrer au service du roi de Navarre; que, sur ce qu'il leur en avoit dit, ils s'estoyent avancez d'asseurer leur condition avec quelques chefs refformés, que, s'ils le trouvoyent en mesme résolution, leur affaire estoit très aisée; et, s'il estoit changé, qu'ils advisassent à la seureté de leur vie et de l'entreprise; que lui, ayant ceste commission, ne leur manqueroit pas d'une minute, estant observateur de ses paroles, mesmes au péril de la mort. La Boulaye ayant certifié cela mesme par son serment, ils remettent cela à une autre fois pour, après avoir bien étudié les circonstances, venir toucher à la main.

Deux entreprises, qui furent à peu de temps l'une après l'autre sur Montaigu[2], retardèrent le parlement

1. D'Aubigné, dans ses *Mémoires*, mentionne l'entreprise de Blaye, mais il ne donne aucun détail nouveau.
2. Montaigu (Vendée). Les réformés prirent Montaigu au milieu de mars 1580 (*Chron. Fontenais.*, p. 206). Tous les historiens du temps sont unanimes sur cette date. C'est par erreur que les *Arch. hist. du Poitou* (t. XIV, p. 115) ont attribué à l'année 1579 une lettre de Henri III qui rapporte cette surprise.

pour exécuter ce qui se présentoit de plus pressé. La première fut par un gentilhomme nommé de Butterie, enseigne de Jarrie[1]. Cestui-ci, esperduement amoureux de la sœur de Pelissonnière[2], ne refusa point d'acheter sa maistresse par la trahison de Montaigu; donna rendez-vous à toute la ligue de bas Poictou pour se trouver devant le chasteau deux heures après minuict, promettant, avec l'aide de quatre soldats, desquels deux estoyent de Genève, de couper la gorge au corps de garde du chasteau, demandant d'estre secouru quand il auroit, à la veue des entrepreneurs, jetté les morts par dessus les murailles et non plutost. Sur le soir de l'entreprise, quelcun ayant cognu à la mine de ce jeune homme qu'il avoit un grand débat en son âme et mesmes qu'il avoit un pourpoint de maille, cestui-là mesmes, qui avoit accoustumé de mener les compagnies à la guerre, commanda à La Butterie de tenir prests six bons hommes et qu'il se faloit desrober par la poterne du chasteau. De Butterie, saisi par Bastardraye, son cousin germain, par lui-mesmes interrogué et pressé, confessa tout et sans que son cousin lui promist la vie, bien qu'il en eust pouvoir. Des six qu'il avoit menez il n'avoit pas failli de choisir quatre des exécuteurs. La Boulaye, ayant fait prendre tout cela, n'oublia pas de faire exécuter tous les signaux que ces marchands descouvrirent : de sonner contre

---

1. Jairie, capitaine de gens de pied, appartenait au parti catholique. Il est nommé dans un état présenté au roi par le comte du Lude (*Arch. hist. du Poitou,* t. XII).

2. Le s. de Pélissonnière ou de la Pélissonnière, capitaine catholique, portait la cornette blanche du duc de Mayenne (Aubigné, *Mémoires,* ann. 1580).

une grille, d'allumer un feu sur le haut du donjon. Et, à l'arrivée des conjurez, qui ne manquèrent pas, les quatre soldats poignardez furent précipitez du haut du chasteau. Là de Butterie, attaché par un pied, se pourmenoit à leur veue, les encourageant. Toute la garnison, horsmis quelques-uns sur la muraille, faisoit semblant de présenter l'escalade au chasteau, mettoyent le feu au pont-levis ; ceux de dehors voyans les morts et les blessez contrefaits comme on les traînoit dessus la contrescarpe. Mais, quoiqu'ils vissent une farce bien jouée, ils firent sagesse de froideur, et de Butteric fut jetté après les autres.

La seconde entreprise sur Montaigu fut de Vrignez, qui, pour cinquante mille francs asseurez par le mareschal de Rets[1], devoit mettre le chasteau, où il commandoit, entre ses mains. La Boulaye adverti envoya quérir Vieillevigne[2] et Sainct-Estienne[3], et, leur ayant communiqué l'affaire, quoiqu'ils fussent parents de Vrignez, quelcun ayant saisi le corps de garde habilement, le marchand fut poignardé[4].

Ces deux accidents et le dernier faict de Limoges

---

1. Albert de Gondi, duc de Retz.
2. Jean de Machecou, s. de Vieille-Vigne, capitaine huguenot, signalé pour ses pillages et ses excès dans le diocèse de Luçon (*Hist. du Poitou,* par Thibaudeau, t. III, p. 521). Il est plusieurs fois nommé dans le *Journal de Généroux.*
3. Le s. de Saint-Étienne, capitaine huguenot, était le fils du s. de Vieille-Vigne (*Journal de Généroux,* p. 114). Il commandait à Montaigu une brigade de cavalerie (*Mémoires* de d'Aubigné, édit. Charpentier, p. 57).
4. Le s. de la Vergnaye fut tué par le s. de la Boulaye avant le 27 mai 1580, ainsi que nous l'apprend une lettre du comte du Lude au roi, de cette date, qui rend compte de cette affaire (*Arch. hist. du Poitou,* t. XIV, p. 140, note).

refroidirent quelque peu les entrepreneurs sur Blaye. Mais enfin la valeur de l'affaire les fit passer outre et résouldre qu'Aubigné prendroit de Montaigu quarante gentilshommes et deux fois autant d'arquebusiers à cheval, meneroit avec lui les trois qui le quitteroyent auprès de Sainct-Jean-d'Angeli pour aller à la besongne ; et que là, il se prepareroit les forces du pays, où il avoit crédit, pour se trouver sur la contrescarpe du chasteau le premier mercredi de juillet, à six heures du soir à point nommé, plustost tardant qu'avançant, y ayant bien plus de péril de paroistre un quart d'heure avant le coup faict qu'une heure après. Les trois promirent de jetter les morts par-dessus la muraille et le gouverneur mesmes s'il les refusoit, et puis qu'un des trois descendroit du bastion, qui est devant le Chastelet, pour donner asseurance aux secourans. Le ject des morts ne fut conté que pour rien, veu la leçon de Montaigu. Mais, sur la descente d'un des trois, tout fut juré et conclud, à la charge que la moitié des utilitez du gouverneur appartiendroyent à La Boulaye, bien qu'absent, pource qu'il faisoit la pluspart des frais.

En accomplissant tout ce que dessus, la troupe que nous avons dite s'achemine. Les trois la laissent à Briou[1] ; s'en vont passer à Angoulesme, où Nivaudière demeure malade. Les autres deux, poursuivans leur chemin et leur dessein, furent pris dans la garenne de Montendre[2], et menez prisonniers à Pons[3]. Aubigné, avec le tiers de sa troupe, s'y en court, et, comme il vou-

---

1. Brie (Charente-Inférieure), sur la route de Saint-Jean-d'Angély à Angoulême.
2. Montendre (Charente-Inférieure).
3. Pons (Charente-Inférieure), sur la Seugne.

loit payer deux cents escus pour la rançon de ces deux prisonniers, et les faire passer outre, le capitaine des preneurs lui demanda pardon du malheureux coup qu'il avoit faict, par lequel il avoit rompu ou eslongné le plus grand service qu'on peust rendre à la cause de Dieu. Vous pouvez penser si ceste honnesteté fut bien receue, joint à cela que tout le bruit de Ponts et du pays estoit desjà commun, qu'on avoit pris des hommes qui alloyent pour surprendre Blaye. Sainct-Mesme[1] escrivit de Sainct-Jean le mesme bruit, et qu'il n'estoit plus d'advis de prester des hommes pour faire jouer une mine esventée. Sur ce point, les deux prisonniers reçoivent un billet de Nivaudière, guéri et arrivé à Blaye, par lequel il conjuroit ses compagnons de chevir de leur rançon; que Villiers, qui bien avoit sçeu leur prise, la payeroit; que jamais ils n'avoyent estimé leur affaire si facile qu'il estoit, qu'il falloit seulement prolonger de huict jours et renouer le dessein comme il estoit. Sur ce billet les prisonniers, avec serments exécrables, promettent plus que jamais et sollicitent leur chef pour l'exécution. Lui leur remonstre leur péril d'entrer seulement dans le chasteau, sur le renom qu'ils avoyent dans tout le pays, d'y entrer pour le trahir. Au contraire, ils se font forts d'une telle amitié avec Villiers qu'ils l'auroyent trahi dix fois avant qu'il en eust creu l'une. Toutes ces asseurances, outre raison, donnoyent autant de crainte à l'entrepreneur, car ceste grande amitié lui debvoit causer autant de doubtes qu'elle donnoit aux autres de

1. Jean de Rochebeaucourt, seigneur de Sainte-Mesme, capitaine huguenot et gouverneur de Saint-Jean-d'Angély pour le prince de Condé.

seuretez. Les gouverneurs de Sainct-Jean et de Pons[1] protestoyent de ne lui donner point d'hommes. Bertauville, qui avoit grande créance au pays, fut le premier qui conforta Aubigné en la résolution d'y donner; et les garnisons de Sainct-Jean et de Pons desfoncèrent maugré leur gouverneur pour suivre. Celui de Pons, nommé Usson[2], s'y achemine. Les compagnons en partant adjoustèrent que les coureurs s'arrestassent au moulin de la Garde-Rolland, et que là on feroit du chasteau un signal d'un linceul attaché à une picque droicte, si les preneurs du chasteau estoyent fort pressez et abbatus, si les mortes-payes estoyent ignorans ou estonnez. Les troupes de l'entreprise ayans marché toute la nuict, se rafraichissent à Croupignac[3] jusques après midi. Aubigné, menant ses coureurs, arrive un peu avant six heures au moulin susdit, mais tant s'en falut qu'il pust voir le signal, qu'ils ne pouvoyent discerner une tour d'avec l'autre, à cause d'une vapeur qui se lève presque tous les jours une fois à la rencontre de tant d'eaux que douces que salées. Plusieurs chefs de trouppes s'escrièrent lors qu'il ne faloit pas aller plus avant sur la parole de personnes, ou très infidelles à leur ancien ami, ou à ceux qui les

---

1. La ville de Pons, depuis 1576, avait toujours eu une garnison réformée. Elle fut successivement gouvernée par le s. d'Usson, dont nous parlons plus bas, par Jean de Pons, s. de Plassac, et par Nicolas de Bonnefoy, s. de Bretauville (Audiat et Valleau, *Un paquet de lettres*, 1881, in-8°, p. 12, note).

2. Jean de Rabaine, s. d'Usson, capitaine huguenot, gendre du baron de Mirambeau. En 1574, il avait pris part aux surprises de Pons, Royan, Tonnay-Charente, Talmont, Saint-Jean-d'Angély, Rochefort et autres. Il avait reçu le gouvernement de Pons (*Ibid.*).

3. Courpignac (Charente-Inférieure).

employoyent maintenant, adjoustans que les manquements qui paroissent dès le commencement estoyent autant d'advertissements pour se garder d'estre empoignez. Celui qui conduisoit la besongne, engagé de sa foi, marchoit cependant et rencontra trente ou quarante laquais messagers et escholiers; c'estoit une battelée qui venoit d'estre deschargée dans les fauxbourgs de Blaye. Tous ceux-ci interroguez asseurèrent qu'il n'y avoit aucune esmotion dans la ville. Cela donna encores à crier contre le dessein, car tous ces gens mentoyent, l'affaire estant au point que nous allons dire. Aussitost que les deux compagnons furent arrivez et mesmes dès le jour devant, de la part d'Allas[1], de Xainctes, et de Congnac, estoyent venues lettres et messagers exprès, pour advertir comment les prisonniers n'avoyent rien payé à Pons, mais estoyent partis ayant donné espérance de faire un coup dont il seroit parlé; d'ailleurs que les forces de Sainct-Jean, Pons et Royan, joinctes à celles de Montaigu, marchoyent à l'entreprise. Il ne passoit aucune heure sans billets qu'on donnoit à Villiers, et lui à Turtrie pour les lire, pource qu'il ne lisoit pas. Quelquesfois les advis lui estoyent desguisez; quelquesfois on lui faisoit sçavoir l'entreprise, mais en termes généraux; tout cela mesprisé pour la confiance de Villiers en ses hostes. Mais ceux de la ville, n'estans pas tant aveugles, vindrent au chasteau sur les neuf heures, pour presser le gouverneur de regarder à ses affaires, lui déclarans que pour eux ils estoyent tous en armes. Ceux-là estans renvoyez, Villiers, qui avoit

---

1. Allas-Bocage (Charente-Inférieure).

disné de bon matin, se vint asseoir sur un lict, et
Turtrie, se mettant auprès de lui, le fit resouvenir des
propos qu'ils avoyent eus ensemble pour se mettre au
service du roi de Navarre. Villiers n'eut pas si tost
respondu qu'il estoit fort eslongné de cela, que Turtrie le tua de quatre coups de poignard, et en mesme
temps Nivaudière et Laleu en vont faire autant à trois
qui estoyent à la porte. Il n'en restoit plus dans le
Chastelet que trois, desquels l'un, qui estoit de leur
ancienne cognoissance, leur promit fidélité, les autres
deux furent mis dans une basse fosse. Cela achevé dès
les dix heures du matin, ceux de la ville, où quelques-
uns de Croupignac estoyent arrivez, ayans veu les
forces, s'en allèrent vers le chasteau environ midi, et
demandèrent d'entrer. On leur fit respondre par le
soldat nouvellement gaigné que la porte ne leur seroit
point ouverte, et qu'on sçavoit bien qu'ils vouloyent
surprendre le Chastellet pour le remettre entre les
mains de Lansac. Ceux de la ville, qui s'estoyent
assemblez au matin pour dépescher à Bordeaux, se
voyent encore ensemble, et résolurent de forcer le
chasteau. Comme ils l'essayèrent entre deux et trois
heures, font venir quelques charrettes chargées de
fagots, mettent le feu au pont-levis, et firent leurs efforts
jusqu'après quatre heures. Mais les trois compagnons
et le quatriesme adjoinct, qui faisoit son devoir en
apparence, les firent desmordre, et sur les cinq heures
estant renforcez de ceux de Bourg, de Sainct-Andreaux,
de Vitrezez et de Medo[1], ils se préparoyent à un plus

---

1. Bourg-sur-Gironde; Saint-André (Gironde), sur la Dordogne;
Guitres (Gironde), sur le Palais; le fort de Médoc (Gironde).

grand effort, quand l'alarme du dehors et la crainte que les fauxbourgs ne fussent pillez les firent employer aux barricades. A quoi ils eurent une heure seulement de loisir ; paroissant incontinent après six heures une grosse troupe de cavallerie au visage du plus proche des fauxbourgs, où Aubigné, se voyant accablé de reproches que son ambition l'aveugloit à faire perdre force gens de bien, se desrobba seul pour essayer à prendre prisonnier quelque soldat, de sept qui s'avançoyent fort dans le chemin. Il s'approcha si près qu'ils le tirèrent et il en entreprit un qui commandoit, en sautant un grand fossé, que guères de chevaux n'eussent osé franchir. Ce soldat s'opiniastra de façon qu'il ne put estre amené, aimant mieux demeurer sur la place. Durant cette course, le conseil se tint entre tous les chefs de troupe, où, après avoir discouru sur les fauxbourgs retranchez, et jugé que si les Blayois eussent eu peur de leur chasteau ils ne se fussent pas amusez à cela, il fut résolu de tourner visage, et Bertauville envoyé pour en advertir Aubigné. Lui, au contraire, se tournant vers la première troupe où estoyent les siens et quelques autres gentilshommes de bonne volonté ; après avoir dict : « Que ceux qui sont venus ici, pour l'amour de moi, facent comme moi ; il faut que ma vie aille quérir ma foi, où elle est engagée, » ils mettent pied à terre. Et fit là son unique faute : c'est qu'il se contenta de dire qu'on fist marcher son esquippage, et ne fit pas mettre dans sa troupe les deux eschelles, qu'il avoit fait porter jusques-là, et qui y demeurèrent, sur l'opinion qu'on n'alloit plus que piller les fauxbourgs.

Bertauville, voyant qu'on alloit donner aux barricades, s'y en vint, et à son exemple les deux Bois-Ronds[1], tous en pourpoint et à cheval. Tout cela vint essuyer les costez d'Aubigné, qui leur cria : « Vous y arriverez et retournerez les premiers. » Ceux-là donnèrent de la teste de leurs chevaux à la première barricade, et puis firent place aux gens de pied, qui l'emportèrent de plein saut, comme estant la dernière entreprise et la plus mal défendue. Il ne s'y perdit que deux hommes, et les capitaines Cercé et Mouvans, blessez. A l'autre se trouva deux cents qui la maintenoyent, outre qu'on fist avancer par les costez deux bonnes troupes. Il en resta encores une plus près de la ville, où ceux de Pons, menez par le capitaine Marçaut, donnèrent si gaillardement qu'ils la firent quitter, et retirer une grosse troupe d'arquebuzerie jusques par de là la porte. Cependant, après la seconde barricade, Aubigné huictième sort du fauxbourg, et s'en vint sur le bord du fossé à l'endroit du petit Chastellet, et là ayant deschargé sa rondache et son casque, qu'il ne pouvoit plus porter, sur un petit fumier, il prenoit autant d'haleine qu'il lui en faloit pour s'en retourner, ayant accompli sa promesse, comme croyant avec les autres n'y avoir plus rien dans le chasteau qui fust à eux. Comme donc quelques arquebuzades l'ennuyoyent, il reprenoit son casque pour le retour quand Nivaudière l'appela, lui criant qu'il fist ses affaires à son aise, et qu'ils n'avoyent point de haste jusques à minuict, qu'il envoyast une eschelle au bastion par laquelle un d'eux descendroit, et que

1. L'un des deux frères est Jacob de Saint-Léger, s. de Boisrond, qui se signala au siège de Jonzac en 1570. Il commandait un régiment en 1585 au siège de Brouage.

cependant on jetteroit le gouverneur mort. Ce fut à souspirer pour les eschelles laissées et à promettre deux cents escus à deux soldats pour les aller quérir. Il prit lors un effroi aux mortes-payes et habitans qui gaignoyent les bateaux pour s'enfuir, sans quelques vieux soldats qui les ramenèrent à l'attaque du chasteau. Ceux de dehors estans fortifiez sur la contrescarpe deffendoyent les trois parts de ce carré, disans toujours aux quatre compagnons qu'ils n'eussent soin que du devant. Aussi firent-ils quitter l'escalade après y avoir tué du dehors quelques-uns des assaillans. Sur ce point arrivent les deux eschelles, et Aubigné, ayant pris un pennache blanc pour marque, enflé de vanité, s'escria, en descendant dans le fossé et en jurant Dieu, qu'il estoit roi de Blaye. Voilà ce que je dis pour n'espargner point l'autheur, car Dieu le paya de sa folie, en ostant tout d'un coup le courage à ces mauvais garçons, desquels Laleu se jetta le premier dedans le fossé, si esperdu que, jettant ses armes, Aubigné ne le put arrester; et s'en courut sans prendre haleine à une grosse troupe de cavallerie que Husson tenoit dans les champs à huit cents pas de la place. Aubigné, qui avoit creu au commencement qu'il se fust jetté pour lui tenir promesse, ayant recognu l'effroy, passoit vers le bastion quand les autres deux firent le mesme saut; Turtrie le dernier avec les clefs du chasteau en la main. Cettui-ci, détestant contre ses compagnons, s'offrit à remonter le bastion; et cela se faisoit sans que le quatriesme, qui, ayant fermé la poterne du bastion, fit cognoistre à force d'arquebuzades que le nid estoit pris. Ce fut à retirer les morts et les blessez[1].

1. On conserve à la Bibliothèque nationale, dans le fonds fran-

Chapitre XI.

*Envoy du vicomte de Turenne en Languedoc;
escarmouche de Nérac.*

Quoique le roi de Navarre vit le mareschal de Biron en estat de lui faire quitter la campagne, si est-ce qu'il fut contraint de despescher le vicomte de Turenne en Languedoc, pour les brouilleries qui s'y passoyent[1]. La première besongne que le vicomte trouva en son chemin fut Sorèze[2], surprise par les katholiques pource que la division estoit telle en ces pays-là, notamment la noblesse et le tiers estat, qu'armez et veillans les uns contre les autres, ils estoyent nuds et endormis contre leurs ennemis. Voilà pourquoi il falut que le vicomte mist l'ordre entr'eux avant qu'essayer quelque désordre de l'autre costé. Il s'estoit faict une assem-

çais, vol. 15563, f. 90, une relation des événements de Blaye qui ajoute quelques détails au récit de d'Aubigné. Cette relation nous apprend la date de la tentative de surprise de Blaye, 17 juin 1580. Voyez aussi sur cet événement deux lettres du maire et des jurats de Blaye à Biron en date du 8 et du 26 juillet 1580 (*Arch. de la Gironde*, t. XIII, p. 468 et 469).

1. Le vicomte de Turenne, nommé lieutenant général du roi de Navarre en Albigeois, Lauraguais et bas Languedoc, arriva à Castres le 17 avril et y réunit une assemblée, qui, le 22 avril 1580, le reconnut pour chef du parti réformé. De Castres, Turenne se mit en campagne le 15 juin (*Hist. du Languedoc*, t. V, p. 382). Sur l'expédition de Turenne en Languedoc, voyez les *Mémoires de Bouillon*, édit. Buchon, p. 421, et le *Journal de Faurin*, dans la réimpression du tome III des *Pièces fugitives* d'Aubais, p. 102 et suiv., par M. Ch. Pradel.

2. La ville de Sorèze (Tarn) avait été prise par les catholiques, le 3 mars 1580, et fut reprise par les réformés le 14 septembre (*Journal de Faurin*, édit. Pradel, p. 98 et 111).

blée au bas Languedoc, où il arriva que ceux-là mesmes, qui n'avoient pas voulu recevoir la guerre au commencement, s'opposèrent à la paix sur l'espérance de cette armée d'Allemagne[1]. Telle résolution hasta le prince de Condé de venir dans le païs[2], mais les serviteurs du roi de Navarre, et entre ceux-là Constans, mesnagèrent tellement que, ce prince ayant amené Clervant[3] pour le mettre dans Aiguemortes, et Butrich[4] pour Pequais[5], tout demeura en incertitude jusques à l'arrivée du vicomte, lequel, en une assemblée, ramena à soi les esprits divisez, fit résoudre tous aux volontez du roi de Navarre, establit une grande police pour la

1. Le prince de Condé avait été chercher du secours en Allemagne, le 22 mai 1580, et en Angleterre un mois après (*Mémoires de La Huguerye*, t. II, p. 55 et suiv.). Voyez le chapitre suivant.

2. Condé n'arriva en Languedoc, après un voyage aventureux en Dauphiné (que La Huguerye raconte en détail, *Mémoires*, t. II, p. 65 et suiv.), que le 14 novembre 1580 (Aubais, *Pièces fugitives*, t. II; *Mémoires de Merle*, p. 18).

3. Claude-Antoine de Vienne, seigneur de Clervant, gentilhomme huguenot et agent dévoué du roi de Navarre, souvent nommé dans les *Mémoires de La Huguerye*.

4. Pierre Beutterich, conseiller et favori du duc Casimir de Bavière, mort le 12 février 1587, souvent nommé dans les *Mémoires de La Huguerye* et dans les *Archives de Nassau*, de Groen van Prinsterer. En ce moment même, il négociait à Phalsbourg, à Nancy, à Strasbourg, etc., au nom du parti réformé, sous le nom de *la Chouette* et signait de ce nom ses lettres diplomatiques. On conserve dans le f. fr., vol. 3902, f. 212 et suiv., la copie de dix lettres écrites par lui pendant la guerre de 1580. Ces lettres, écrites à mots couverts et où les personnages sont désignés sous des noms supposés, sont presque impossibles à comprendre.

5. Peccais (Gard). Toutes les salines du littoral de la Méditerranée avaient été affermées, le 11 juin 1579, pour deux ans, par ordre du roi, à Jean Richemer, citoyen de Bâle. On conserve dans le vol. 4597 du f. fr. un recueil de lettres du roi et de pièces relatives à cette affaire.

guerre, par laquelle il trouva moyen, les garnisons bien payées, d'entretenir à la campagne trois mil hommes de pied, quatre cents chevaux, trois canons et une coulevrine. Avec cet équipage, il gaigna la campagne sur Cornusson[1], la lui ayant faict quitter après quelque léger combat, reprit Sorèze et Briteste[2], qui avoit encores esté perdue depuis. A quoi il adjousta quelques maisons de gentilshommes qui faisoyent la guerre; toutes ces places indignes de nom[3].

Le roi de Navarre, cependant, ne faisoit pas ses affaires si aisément; car il fut contrainct, la campagne perdue, de se retirer à Nérac[4], où il n'avoit pas cent chevaux, sans l'arrivée du comte de la Rochefoucaut[5], qui lui en amena quelques quatre-vingts et deux cents arquebuziers à cheval en sept compagnies. Le mareschal de Biron, pour monstrer davantage le mauvais estat de ce prince, se vint loger sur le bord de Garonne, ayant passé l'eau aux ports de Saincte-Marie et d'Agen. A son desloger, se fit rencontre auprès de La Plume[6] de la troupe du comte de La Rochefoucaut, qui estoit allé à la guerre, et de celle de Saint-Orins[7], avec quelques volontaires qui faisoyent le mesme devoir.

1. François de la Vallette, s. de Cornusson, sénéchal de Toulouse.
2. Briatexte (Tarn), sur l'Adou. — Reprise de Sorèze et de Briatexte par Turenne, 14 septembre 1580 (*Hist. du Languedoc*, t. V, p. 384).
3. Voy. l'*Hist. du Languedoc*, t. V, p. 382 et 384.
4. Le roi de Navarre arriva à Nérac le 15 août et y resta jusqu'à la fin du mois.
5. François IV, comte de la Rochefoucauld, fils de François III tué à la Saint-Barthélemy, mort à Saint-Yrieix le 15 mars 1591.
6. La Plume (Lot-et-Garonne).
7. François de Cassagnet de Tilladet, s. de Saint-Orens.

A une traverse de chemin, les coureurs du comte arrivèrent dans le gros des autres les premiers, et, chargeans, mirent la troupe en confusion. Mais leurs coureurs, ayans pris à travers les champs, donnèrent si résoluement sur les refformez qu'ils les mettoyent en désordre sans les arquebuziers qui arrestèrent tout. A cela y eut sept ou huict gentilshommes blessez, deux tuez, neuf ou dix prisonniers. Entre ceux-là, un des Montcassins[1], qui fut après maistre de camp de Champagne. Le lendemain, le mareschal de Biron marcha devers Francisquas[2], et, avec quatre mil hommes de pied, six cents chevaux et deux coulevrines, vint prendre place de bataille sur le haut des vignes de Nérac[3], et se logea en croissant dans un champ fort incommode, pource que, de la ville, on alloit par rideaux de cent pas en cent pas jusques aux pieds de ceste cavallerie. Mais cet avantage ne fut point pris pour je ne sçai quelle épidémie de crainte, qui partout afflige les armées quelquesfois. Quelque gentilhomme[4],

1. René de Lussiac, seigneur de Moncassin, parent du duc d'Épernon, plus tard gouverneur de Metz et du pays Messin (1584).
2. Francescas (Lot-et-Garonne).
3. La date de l'escarmouche de Nérac ne nous est pas exactement connue; cependant on peut la fixer approximativement aux premiers jours de septembre 1580. Le roi de Navarre revint à Nérac le 15 août et en repartit le 1er du mois de septembre (Itinéraire de Henri IV dans le tome II des *Lettres*). A cette nouvelle, le maréchal de Biron, qui était à Auvillars depuis quelques jours (*Arch. de la Gironde*, t. XIV, p. 172), s'approcha de Nérac et livra le petit combat que d'Aubigné raconte. Biron en fait le récit au roi dans sa lettre du 7 septembre 1580 (*Ibid.*, p. 173). Sa lettre confirme en tout point la relation de l'*Hist. universelle*. Le *Journal de Syrueilh* (Bordeaux, 1873, in-4°, p. 85) donne quelques détails sur ce fait d'armes.
4. *Quelque gentilhomme* désigne ici d'Aubigné lui-même. Il parle

qui estoit venu de Montaigu, où la maladie estoit au rebours, rallia quelques quarante soldats. Ceux-là, ayans receu l'armée de plus loin que du costau, furent réduits à force d'infanterie à un des rideaux que nous avons dit, et l'opiniastrèrent deux heures durant. Au bout desquelles le mareschal, ayant fait tirer sa volée dans la ville, desmarcha pour aller prendre logis à Mezin[1]. La roine de Navarre, Madame[2], et les filles de la cour, estans venues dans des guérites pour avoir le plaisir d'une escarmouche, s'en allèrent mal édifiées et de la froideur de leurs gens et d'un coup de canon qui avoit donné demi brasse à la muraille, sous les pieds de cette roine[3]. D'autre costé, l'armée se contenta de fort peu, comme de la prise de Mezin et de deux autres bicocques, où ils n'osèrent laisser garnison[4].

Je ne puis laisser en arrière une maladie qui régna trois mois de ceste année-là, nommée la coqueluche[5],

dans ses *Mémoires* (année 1580) de l'escarmouche de Nérac. Sully y combattit aussi en simple volontaire à pied malgré la défense du roi de Navarre. Voy. le récit des *OEconomies royales,* ch. XIII.

1. Mezin (Lot-et-Garonne), entre les deux rivières de Losse et Lauboue. Le *Journal de Syrueilh* dit que Biron se retira à Montagnac (p. 86), et la lettre de ce capitaine, citée plus haut, confirme cette indication (*Arch. de la Gironde,* t. XIV, p. 173).

2. Catherine de Bourbon, sœur du roi de Navarre.

3. Ce coup de canon offensa la reine Marguerite plus qu'il ne lui fit de mal. Voy. ses plaintes contre Biron dans ses *Mémoires,* édit. Guessard, p. 169.

4. Le *Journal de Syrueilh* dit que Biron s'empara de Francescas, Montagnac, Monréal, Mezin, Sos, Vic-Fezensac, Cazenove, Astaffort, Fleurance et Montfort (p. 86). Sa correspondance, contenue dans le t. XIV des *Arch. de la Gironde,* énumère les villes prises.

5. La maladie dite *la Coqueluche* ou *Trousse-galant* parut en Gascogne et en Languedoc dans le milieu de l'été 1580. A Castres,

[1580] LIVRE NEUVIÈME, CHAP. XII.

laquelle plusieurs estiment estre marque infaillible de la peste pour l'année d'après, comme de faict elle n'y manqua pas. La vérité est que ceste corruption rendoit les villes toutes entières sans garde; et est chose très avérée que, si à Montaigu il y eust eu trente hommes sains, ils pouvoyent prendre Nantes et son chasteau; et, si à Nantes y eust eu dix hommes entiers, ils pouvoyent rendre le semblable à Montaigu.

Chapitre XII.

Surprise de la Fère[1].

On se servoit à la cour de la division des refformez pour en retenir plusieurs en leurs maisons et en avoir moins à combattre. Mais aussi, de leur costé, ils tiroyent de telles diversitez ces esmoluments, que plusieurs prenoyent le temps à propos pour faire quelque coup[2]. Entre ceux-là fut le prince de Condé, qui[3], avant que se retirer à Sainct-Jean, séjourna par ses maisons

elle se manifesta le 24 juillet, atteignit Damville et 800 hommes de son armée (*Journal de Faurin*, édit. Pradel, p. 108 et note). L'épidémie dura plusieurs mois et disparut après avoir fait d'innombrables victimes. Voy. le récit de de Thou (liv. LXXII), les *Mémoires de d'Antras*, p. 73 et 165, et le chap. XIII des *Œconomies royales* de Sully. On trouve, dans le t. IX des *Archives curieuses* de Cimber et Danjou, une pièce sur l'épidémie de coqueluche de 1580.

1. Surprise de la Fère par Condé, 29 novembre 1579. On conserve à la Bibliothèque nationale (Ve de Colbert, vol. 29, f. 433) un récit de la prise et de la reprise de cette ville. Voy. aussi les *Mémoires de La Huguerye*, t. II, p. 29 et suiv.

2. Var. de l'édit. de 1618 : « ... *quelque coup* en se déclarant; *entre ceux-là*... »

3. Les mots suivants, jusqu'à *séjourna*..., manquent à l'édition de 1618.

depuis may jusques en novembre. A cela lui aidant la négociation de la roine mère qui voulut mettre en usage la discorde semée entre les deux cousins, et, sur diverses espérances, attirer le prince à la cour.

Mais lui, résolu à la guerre, sur quelques promesses que lui avoyent faites des gouverneurs de Picardie, estima s'y pouvoir cantonner, assisté d'une brave noblesse, qui, encores pour lors, y tenoit son parti. Rien ne lui succéda que la Fère, la prise de laquelle se passa comme s'ensuit[1].

Le prince estant venu à Sainct-Jean-d'Angeli, en partit déguisé avec La Place[2] et un autre. Et[3] de là se trouva au rendez-vous à Mouy[4] où se rencontrèrent Jumelles[5], Gènes, Liramont et plusieurs autres gentilshommes, jusques au nombre de quatre vingts; pour de là se rendre au poinct du jour en une ferme d'abbaye, nommée les Loges, qui est entre Compiègne et Coussy[6]. Le prince, partant de Rieux[7], maison de Haucourt[8],

---

1. Cette phrase, jusqu'à *et de là...*, manque à l'édition de 1618.

2. Le s. La Place est le personnage qui donna un soufflet à La Noue à la Rochelle (Arcère, *Hist. de la Rochelle*, t. I, p. 477, note). Il ne faut pas le confondre avec Jean de la Place, ministre protestant à Montpellier.

3. Var. de l'édit. de 1618 : « Le rendez-vous fut donné à Mouï, *Jumelles...* »

4. Mouy (Oise), sur le Thérain.

5. Le s. de Jumelles, capitaine huguenot, commandait huit enseignes dans l'armée conduite par Jean de Hangest, s. de Genlis, devant Mons, en 1572. Il est plusieurs fois cité dans les *Mémoires de La Huguerye*.

6. Coucy-le-Château (Aisne).

7. Rieux (Oise).

8. François de Mailly, seigneur d'Haucourt, de Saint-Léger et de Rieux, nommé dans les *Lettres de Henri IV*, fut tué d'un coup de canon au siège de la Fère.

ne faillit pas d'y estre des premiers arrivez. De là il fait marcher devant Gènes avec cinq chevaux, qui estoit son train ordinaire. Cestui-ci, arrivé à la porte, y trouva neuf mortes-payes, lesquels il arraisonna jusques à ce qu'ils vissent paroistre Liramont, lui vingtiesme. Ce fut lors que les gardes coururent à leurs armes, mais trop tard, pource que les cinq les meslèrent si résoluement, qu'encores qu'ils rendissent du combat, ils ne peurent lever le pont, et Liramont se jetta dessus au poinct que ceux de la ville arrivoyent au secours. Le prince mesmes vint assez à temps pour porter la frayeur aux bourgeois et, donnant jusques à la place du chasteau, l'empescher d'estre gaigné par eux. Donc[1], quand il s'en fit maistre, il fit appeler les principaux, les rasseura, leur fit entendre que, par le commandement du roi et permission du roi de Navarre, ceste place lui avoit esté ordonnée pour sa demeure, leur donnant avec cela communication des lettres du roi[2]. Ce peuple appaisé, après les gardes posées aux portes et remparts, le prince fit curieusement porter toutes les armes au chasteau, où il prit son logis.

Dans peu de jours furent dressées en la ville les huict compagnies de Cormont[3], La Sale, sergent-major,

1. Ce membre de phrase jusqu'à *il fit appeler* ... manque à l'édition de 1618.
2. Une lettre du roi de Navarre à Henri III, datée du 24 janvier 1580, rappelle que la ville de la Fère avait été accordée par le roi au prince de Condé pour sa sûreté (*Lettres de Henri IV*, t. VIII, p. 157).
3. Antoine de Cormont, s. des Bordes, gentilhomme huguenot et serviteur du prince de Condé. C'est lui qui négocia la capitulation des reitres après le combat d'Auneau (1587). Sous Henri IV, il devint gentilhomme de la chambre et capitaine d'une compagnie

La Personne, fils du gouverneur de mesme nom[1], Hervilé, Persagni, Guitri[2], Jonquères[3], Rancogne et Louvancourt. Cette action estant sçeue à Paris, la roine y fit aller le prince de Conti[4] pour, sous cette ombre, faire recognoistre l'estat de la place par un Fougasse[5], gouverneur de ce prince. Et puis elle mesme s'achemina jusques à Choni[6] pour commencer un parlement qui dura deux mois, mais inutilement[7].

En febvrier le prince, voyant qu'il n'avoit autre

de chevau-légers. Il mourut après 1612 (*Mémoires de La Huguerye*, t. I, p. 112).

1. François de la Personne était grand maître de l'artillerie au camp des confédérés, en 1576. Il fut nommé gouverneur de la Fère, après la seconde fuite de Condé en Allemagne. Voyez plus loin, p. 51.

2. Jean de Chaumont, s. de Guitry, fils aîné d'Antoine de Chaumont et de Jeanne d'Assy, chevalier de l'ordre, capitaine de cinquante hommes d'armes, en 1590, et lieutenant général des armées du roi, mort en 1592.

3. Anne de Dompierre, s. de Jonquières, gentilhomme de Picardie et capitaine protestant, fils d'Antoine de Dompierre, premier page du roi de Navarre, capitaine au régiment de Parabère, en 1582, et maître de camp de ce même régiment en 1592.

4. François, prince de Conti, troisième fils de Louis de Bourbon, prince de Condé, et d'Éléonore de Roye, époux de Jeanne de Coesme, dame de Bonnestable, en 1582, et de Louise Marguerite de Lorraine en 1605, mort le 3 août 1614.

5. François de Fougasse, s. de Bertelasse, gouverneur du prince de Conti, agent secret de la reine mère (Lenglet-Dufresnoy, *Journal de L'Estoile*, t. V, p. 426).

6. Chauny (Aisne), sur l'Oise. Catherine de Médicis y était le 18 décembre 1579 (Lettre de cette date au roi; f. fr., vol. 3300, f. 20).

7. Dans son désir de reprendre la place de la Fère au prince de Condé, la reine mère chargea le cardinal de Bourbon de proposer au prince mademoiselle de Vaudémont, propre sœur de la reine Louise de Lorraine (Lettre de Catherine à Henri III du 18 décembre 1579; copie, f. fr., vol. 3300, f. 20).

place en Picardie et que dès lors on la menaçoit de siège, la voyant encores hors d'espoir de secours[1], estima n'estre point là sa place, et, avec espoir de faire mieux parmi les estrangers, entreprit le voyage d'Allemagne par la Flandre[2], duquel nous parlerons en son lieu; ayant auparavant tracé et commencé à la Fère quelques nouvelles fortifications, comme un ravelin devant la porte de Laon, un autre devant celle de Sainct-Quentin, un tiers devant la porte du parc et le quatriesme le long de la courtine, qui est entre le parc et le bastion de Luxembourg[3]. Toutes ces pièces destachées, peu eslevées, peu espesses, plus enflées de bois que de terre, et qui n'eurent guères qu'un gratis au lieu de fossé. Encores avant ce partement fut déclaré Mouï[4] lieutenant de roi, demeurant La Personne tousjours gouverneur particulier.

1. Condé, dénué de tout secours et de toute influence, s'adressa à la duchesse d'Uzès et la supplia de le recommander à la reine et d'intercéder en sa faveur auprès du roi. Voyez deux curieuses lettres qu'il écrivit à cette dame les 6 janvier et 14 février 1580 (Autog.; f. fr., vol. 3387, f. 15 et 38).

2. Le prince de Condé, craignant d'être assiégé dans la Fère, partit subitement le 22 mai 1580 avec trois gentilshommes, après avoir adressé au roi une sorte de manifeste qui est conservé en copie dans le vol. 29 des V^c de Colbert, f. 430.

3. Avant de partir pour l'Allemagne, Condé constitua un conseil de guerre, distribua des pouvoirs, prit des mesures pour la défense de la ville. Les copies de ces pièces et le procès-verbal du conseil de guerre, du 23 mai au 4 juillet 1580, sont conservés dans le vol. 4047 du fonds français.

4. Isaac de Vaudrey, s. de Mouy, plus tard représentant du roi de Navarre à Sedan, et lieutenant de Chastillon. Les lettres du prince de Condé qui lui donnent le gouvernement de la Fère, datées du 22 mai 1580, sont conservées en copie du temps dans le vol. 29 des V^c de Colbert, f. 432.

De plus, estoit arrivé La Motte Juranville, capitaine d'aage et d'expérience avec cinq compagnies, la sienne et celle d'Estivaux[1], Vaudizière, Attis et La Motte Sainct-Mars.

Cambrai estoit lors en l'estat que nous marquons au discours du Païs-Bas ; et y commandoit Inchi[2], que le prince alla visiter. Et lui donna les compagnies de Hervilé et de Persagni pour mettre dans Bouchin[3], ce qui servit à l'asseurance de son passage, quand il vouloit partir, mais affoiblit la Fère de deux bonnes compagnies et d'une grande commodité pour couverture et retraicte à ceux à qui le siège estoit de dure digestion.

Tant que le printemps dura, tous les coins de Picardie, de Champagne et de l'Isle de France furent pleins de coureurs, qui mesmes prirent des prisonniers au bout des fauxbourgs Sainct-Martin. L'ecclésiastique crioit contre ceste tolérance. Les jeunes gens de la cour se battoyent à la perche. Mais deux choses tiroyent en longueur le dessein du siège : premièrement, la crainte de la despense, laquelle lors se faisoit excessive par le roi en dons desmesurez, quelque partie à maintenir des capitaines contre les Guisards et à corrompre de ceux qu'ils avoyent gagnez ; mais beaucoup

---

1. Le s. d'Estivaux, capitaine du duché de Bouillon, servit plus tard à Jametz, sous les ordres de Robert de Schelandre, s. de Soumasane (*Mémoires de La Huguerye*, t. III, p. 217).

2. Baudouin ou Charles de Gavré, baron d'Inchy, fils du comte de Frezin. Le voyage de Marguerite de Valois à Cambrai l'avait attiré au parti du duc d'Anjou. Voy. le portrait que Marguerite de Valois trace de ce seigneur flamand (*Mémoires,* édit. Lalanne, p. 91).

3. Bouchain (Nord), sur l'Escaut.

davantage en la splendeur des mignons, auxquels il faschoit de voir employer leurs menus plaisirs en grosses nécessitez, et, partant, sollicitèrent les traictez de paix et le temps propre pour leur règne. L'autre raison estoit pource que le morceau de la Fère n'estoit pas trop aisé, à cause de son assiète et qu'il faloit attendre la seicheresse et l'esté. Mais enfin il falut oster ce déshonneur, et les mignons mesmes, lassez de reproches, se convièrent à y marcher au mesme temps que la paix se concluoit avec le roi de Navarre, tellement que le siège fut achevé quelque temps après la conclusion. Mais, le prince de Condé n'estant pas à un avec son cousin [1], les effets de ceste paix trainèrent après sa promulgation quelque temps que nous embrasserons dans ce livre, pour despescher le suivant des matières qui ne lui appartiennent point.

Chapitre XIII.

Siège et reprise de la Fère [2].

Pour chef, au siège, fut choisi le mareschal de Mati-

---

1. D'Aubigné insinue ici que le prince de Condé n'était pas d'accord avec le roi de Navarre, son cousin germain. Les *Mémoires de La Huguerye* font de fréquentes allusions aux différends des deux princes.
2. La Fère fut assiégée le 7 juillet 1580, mais, jusqu'au 22 du même mois, il n'y eut que de légères escarmouches à l'attaque des faubourgs (De Thou, liv. LXXII). Une note de M. Berger de Xivrey (*Lettres de Henri IV,* t. I, p. 314) place l'investissement du siège à la fin de juillet, et La Huguerye, au 18 du même mois (t. II, p. 58). Ce dernier annaliste donne d'amples détails sur la reprise de la ville. Le *Journal de L'Estoile* donne la même date que La Huguerye.

gnon[1], auquel on donna quatre principaux régiments de gens de pied : asçavoir celui des gardes commandé par Beauvois de Nangi[2], celui de Picardie, par Sérillac[3], celui de Champagne, par le jeune La Vallette, depuis duc d'Espernon, et celui de Jouannes, serviteur particulier de la maison de Guise, comme aussi estoit Sérillac. Car dès lors ceux de la Ligue avoyent obtenu que les forces qu'on employeroit seroyent mi-parties. On adjousta à ces gens de pied quatorze compagnies d'ordonnances, quelques autres compagnies de toutes sortes qui n'estoyent point sous régiments, grande quantité de pionniers, quarante pièces de batterie conduictes par le grand maistre La Guische[4]. Crèvecœur[5], lieutenant de roi en Picardie, et le comte de Chaune[6] marchèrent au camp, comme aussi de la cour le comte de Gramont[7], qui y fut tué; Arques[8], depuis duc de

1. Jacques de Goyon, comte de Matignon, né le 26 septembre 1525, maréchal de France et chevalier du Saint-Esprit en 1579, lieutenant général en Normandie et plus tard en Guyenne, mort le 27 juin 1597.
2. Antoine de Brichanteau, seigneur et marquis de Beauvais-Nangis, chevalier des ordres du roi, né en 1552, mort le 9 août 1617.
3. Ce Sérillac ne peut être François de Faudoas, s. de Sérillac, souvent nommé dans les *Lettres de Henri IV*, qui appartenait à la Réforme.
4. Philibert, s. de la Guiche et de Chaumont, fils aîné de Gabriel de la Guiche, grand maître de l'artillerie de France (1578-1596), gouverneur de Lyon en 1588. Il mourut en 1607.
5. François Gouffier, s. de Crèvecœur, frère de François Gouffier, fils de l'amiral Bonnivet, mort en 1594.
6. Louis d'Ongnies, comte de Chaulnes.
7. Philibert, comte de Gramont, né en 1552, eut le bras emporté durant le siège, en août 1580, et mourut peu après de sa blessure. Il avait épousé Diane d'Andouins, dite la belle Corisande.
8. Anne de Joyeuse, s. d'Arques, duc de Joyeuse, né en 1561,

Joyeuse, qui eut les dents brisées d'une mousquetade. Toute la noblesse de la cour y fut chassée et n'y souffrit pas beaucoup d'incommoditez, tant pour la belle saison, assavoir en juin, que par l'abondance de toutes choses, comme aussi n'ayans à craindre aucun secours ni courses du dehors; aussi l'appelloit-on le siège de velours.

Le vingtiesme de juin, l'armée marchant en bonne ordonnance partit de son logis pour se faire voir à la ville du costé de Laon. Les refformez les vindrent recevoir un peu loin, et opiniastrèrent tous les rideaux et petits avantages, tant qu'ils y perdirent douze hommes, et, parmi eux, le capitaine Rancongne, La Motte-Juranville blessé et inutile pour le siège. Le mareschal, sous la faveur d'une escarmouche, recogneut son gibier, remarqua entr'autres que le marets n'estoit point encores en estat d'y pouvoir travailler, et dit à ses plus familiers que, si cette ville eust esté garnie d'artillerie, que c'eust esté une dure besongne; aussi estoit-elle inaccessible partout, hors-mis par les deux poinctes, car elle est en ovalle. A la vérité, les terres qui affrontèrent les deux portes de Laon et de Saint-Quentin ne sont qu'à la mousquetade, et c'est le seul moyen qui rend la place prenable. Le chef de l'armée donc alla reposer deux jours dans son logis, pour revenir à bon escient former le siège, qui commença par l'attaque du fauxbourg de Saint-Quentin. Mouï, qui commandoit en la ville, prit à veüe de l'armée un défit de garder ce fauxbourg, qui eust bien donné de la peine si cette résolution eust esté prise à temps. Les assiégez donc firent tumultuairement une petite tenaille

mignon de Henri III, époux de Marguerite de Lorraine, sœur de la reine Louise, tué à la bataille de Coutras, le 20 octobre 1587.

à la teste, se contentans d'un fossé de neuf pieds, qui fournissoit les deux costez. Et, pource que cette rüe du fauxbourg estoit à la merci d'une montagnette, qui le commandoit à deux cents pas, il falut l'entrecouper de petites traverses, qui couvroyent chascune le créneau et le passage de l'autre. Cela s'exécuta tellement quellement, par les mains des soldats, qui avoyent pourchassé avant les canonnades.

Voilà donc le premier employ de l'artillerie, à battre en batterie la petite tenaille[1] et en ruine toutes les petites traverses. Tout cela estant mis en assés mauvais estat, on y donna plus pour recognoissance que pour assaut. Les assiégez eussent renvoyé cela sans un faux commandement porté par quelcun à qui l'affaire ennuyoit, et perdirent en se retirant un de leurs capitaines, fils du sergent-major, avec six ou sept de leurs soldats. Voilà quand et quand les régiments des gardes de Picardie logez à couvert dans ce fauxbourg. Celui de Champagne tint sa place au fauxbourg de Laon; Jouannes, derrière le chasteau. Les advenues plus esloignées furent remplies des compagnies sans régiment. Le principal et plus utile accès se trouva du costé de Saint-Quentin, pour attaquer le vieux ravelin qui couvroit la porte et empeschoit toutes approches au bastion de Vendosme[2]. A cela fut commencée une tranchée au commencement dans la terre ferme, mais après il n'y eut plus qu'une longue suitte de gabions, qui ne purent être remplis pource que la

1. *Tenaille*, terme de fortification, ouvrage composé de deux faces qui présentent un angle rentrant vers la campagne et qui sert à couvrir une courtine.
2. Le bastion de Vendôme était le fort qui protégeait les écluses de la ville (De Thou, liv. LXXII).

terre qu'on eust pris dans le marets eust mis le chemin en eau. Cela bien recognu par les assiégez, ils délibérèrent une sortie pour mettre le feu aux gabions, ce qu'ils firent à quelques-uns qu'ils eurent loisir de gouldronner. Mais cela estant mal aisé, ils se contentèrent d'en verser quelque vingtaine, et puis furent hazardeusement pressés sur leur retraicte ; et les assiégeans les ayans congnez rudement jusques au bord du fossé, non sans perte d'une part et d'autre, de là en avant ils y travaillèrent plus à leur aise, mais pourtant tousjours troublez, et principalement la nuict, de fausses sorties qui contraignoyent les gens de guerre d'être en la place des pionniers. Et par ainsi les approches demeurèrent longtemps à baiser la contr'escarpe, où ils n'avançoyent plus rien que de nuict. De là advint chose qui ne s'est guères veüe ailleurs ; c'est que, comme les assiégez jettoyent des torchons d'artifice pour tirer aux pionniers, on jettoit au loing ces feux à coups de canon. Le ravelin de Sainct-Quentin estant fait à la mode que nous avons dict, le fossé demi faict et sans contr'escarpe, les refformez furent contraincts de faire une petite avance en terre pour flanquer de plus près le fossé du ravelin en tirant à celui de la ville. Ce petit logis, qui n'estoit que pour sept ou huict soldats, estoit de si peu de montre que le canon ayant en vain essayé de l'oster, il y falloit venir pied à pied et y conduire leurs tranchées ; desquelles à mesme instant ils tirèrent encor deux branches, l'une pour faire joindre le chemin commencé au ravelin, et l'autre pour tourner au bastion de Vendosme, qui estoit revestu jusques au niveau de l'eau et pièce attachée, et pourtant à laquelle tendoyent les principaux desseins. Ceux qui deffendoyent le ravelin le réduisirent en sa mesme forme r'acourcie par le dedans, avec un fossé assés creux, et lequel, pour entreprendre moins, tiroit un flanc plus gras de la courtine de la ville; et encor, pour ruer de plus près, gaignèrent à la mesure que venoit le fossé de la ville une barricade, que la première ruine du ravelin devoit couvrir.

Quant à ceux qui gardoyent le bastion de Vendosme, ils le partagèrent en escharpe de bonne heure, et l'espaule qu'ils y firent estoit assés avantageuse. La batterie commença au ravelin, où ils tirèrent douze cents coups de canon le premier jour, le despouillèrent de deffenses. Mais, pource qu'il n'y en avoit point à l'endroit de la petite casematte de barriques, ils ne la peurent ni faire quitter ni aveugler; et pourtant, à l'attaque qu'ils firent pour l'emporter ou se loger, ils n'y peurent faire ni l'un ni l'autre, contraincts d'avoir recours à la maneuvre par laquelle, avec des fascines à foison, ils comblèrent le premier fossé et firent des gabions tellement renforcez que leurs cavaliers estoient de trois l'un sur l'autre capables de chascun quatre coulevrines. De cette façon, ils en firent, pour gourmander, l'un le bastion de Vendosme et tous les deux le ravelin. Mais ce qui fut le plus meurtrier fut la grande machine qui fut eslevée aux despens de la Valette vers la porte de Laon, du dessus de laquelle les coulevrines choisies voyoient et tiroyent par-dessus la ville au derrière de ceux qui deffendoyent le bastion de Vendosme. C'estoyent Jumelles, La Motte Sainct-Mars et Vignelles[1], qui avoyent quelques-uns des gardes

---

1. Benjamin, s. de Vignoles, chevalier de l'ordre du roi et

du prince. Pour le ravelin, Jonquère, Louvancourt et Roquehort en avoyent la deffense. Du bastion de Luxembourg[1], qu'on ne vouloit et ne pouvoit bien attaquer, le flanc tiroit une ligne de deffense à tout le costé du ravelin. On se contenta de mettre espaule et orillon en pouldre et d'emboucher de mesme façon l'autre flanc du bastion de Vendosme, qui deffendoit l'autre courtine. Ce fut là que parut la mauvaise estoffe de ces espaules, qui, à chaque canonnade, faisoyent sauteler ceux qui estoyent dessus. Pour un coup remarquable, Jonquère estant entre le capitaine Pré, son enseigne, et un caporal, un coup de canon tua le premier et le dernier; peut-être que la petite stature sauva celui du milieu.

Le grand ravelin estant tout ruiné et quitté, on trouva moyen de loger dans la ruine quelques petits canons r'acourcis et faits exprès. Avec cela fut mis en tel équipage le second, qui estoit petit, qu'il le falut quitter, mais non tant qu'il y eust place pour loger six hommes. Les derniers qui le quittèrent furent Jonquère, Montglas[2], Des Rosiers[3], les capitaines Belon,

maître d'hôtel du comte de Soissons (*Lettres de Henri IV*, t. I, p. 586). Il est souvent nommé dans les *Mémoires de La Huguerye* comme attaché au prince de Condé.

1. Les assiégeants attaquèrent le bastion de Luxembourg, le 15 août 1580 (De Thou, liv. LXXII).

2. Robert de Harlay, baron de Monglas, troisième fils de Robert de Harlay, s. de Sanci, capitaine dévoué au roi de Navarre. Sa femme, Françoise de Longuejoue, fut gouvernante des enfants de France, et lui-même devint premier maître d'hôtel du roi Henri IV, après son frère aîné, Nicolas de Harlay, s. de Sanci. Il mourut en 1607.

3. Le s. de Rozières, capitaine protestant et conseiller d'État, nommé dans les *Lettres de Henri IV*.

La Tour[1] et Montigni. Le moumon s'adressoit lors au bastion de Vendosme, duquel le fossé estoit comblé de fassines seulement, qui ne purent estre bruslées, tant à cause de l'eau que de la pauvreté des feux artificiels. Sur ces remplissages se représenta l'assaut à midi[2], auquel, encore que La Personne, gouverneur, avec le choix de ses hommes y fust, il falut céder, principalement pour le meurtre en eschine que faisoit le grand cavallier de delà la ville.

Or, on a blasmé les assaillants de n'avoir poursuivi davantage leur poincte, qui eust peu les rendre maistres de la ville, voyans le retranchement abandonné. Mais les canonnades de leur parti avoyent tué des plus avancez dans le bastion, et cela fit contenter le gros de faire un petit logement à la faveur de l'espaule; tout cela faute des signaux qu'on devoit avoir ordonnez aux canonniers pour tant de tirer et de cesser. Là demeurèrent sur la place trente-quatre hommes de la ville; entre ceux-là La Motte Sainct-Mars et Bordage, de Bretagne. L'eschec tomba sur la compagnie de Jonquère.

Mouy, estant conseillé de faire reveue des hommes de deffence qu'il avoit de reste, ne trouva plus que quarante nobles ou volontaires et trois cents trente soldats. Cela et avoir perdu ses flancs, nulle espérance de secours et le manque de munitions apprirent aux assiégez qu'il étoit temps de parler. Et, comme Pui-Gaillard[3],

---

1. Le s. La Tour est nommé dans les *Mémoires de La Huguerye* (t. III, p. 103) comme un des capitaines de la compagnie de Guitry.

2. Assaut et prise du bastion de Vendôme, 19 août 1580 (De Thou, liv. LXXII).

3. Jean de Léaumond, seigneur de Puy-Gaillard, précédem-

mareschal de camp général des armées de France, leur en donnoit tous les jours occasion, ils se laissèrent induire à ce qu'ils désiroient. Et fut conclue la capitulation le dernier jour d'aoust[1]; par laquelle ils sortirent vie et bagues sauves, enseignes laissées, mesche esteinte, la caisse desbandée, avec permission à ceux qui voudroyent aller trouver le prince de Condé de marcher vers Sedan, conduits par deux compagnies de gens d'armes, jusques à la frontière. A ceux qui se voudroyent retirer en leurs maisons, promesse de toute seureté et jouissance du bénéfice des édicts du roi comme s'ils n'avoient point pris les armes.

A la sortie de la ville, quelques soldats eschappèrent et commençoyent à piller et frapper, mais les chefs de l'armée, et sur tous Pui-Gaillard, se mirent à jouer de l'espée, si bien que cesté capitulation se peut conter entre celles qui ont été observées loyaument[2].

Je ne puis vous desrober deux accidents un peu estranges arrivez durant le siège. L'un est du capitaine Atis, lequel estant fort bon ami et compagnon de lict de Du Temps, avec lequel il profitoit en plusieurs sciences, notamment aux mathématiques. Ce jeune homme ayant esté tué au ravelin, enterré le même

---

ment maréchal de camp au siège de la Rochelle, mort en décembre 1584.

1. Reprise de la Fère par le maréchal de Matignon, 12 septembre 1580. D'Aubigné se trompe en plaçant cet événement au 31 août. De Thou (liv. LXXII), L'Estoile et tous les historiens, Berger de Xivrey (*Lettres de Henri IV*, t. I, p. 314) sont d'accord sur la date que nous indiquons. Une copie de l'acte de capitulation est conservée dans le vol. 4047 du f. fr., f. 103.

2. Le duc d'Aumale et le s. de la Valette voulaient qu'on traitât la ville avec plus de rigueur, et blâmèrent cette capitulation (De Thou, liv. LXXII).

jour avec les cérémonies des soldats. La nuict, Du Temps, estant dans son lict, s'éveille au bruit de la fenestre qu'on avoit poussée, void Atis qui entre par là. En sursaut il se veut lever. Atis l'en empesche et se jette entre les linceuls. Du Temps, ravi d'estonnement, s'efforce à croire avoir songé la mort et l'enterrement, et toutesfois demanda à son camerade : « Est-il possible que vous ne soyez point mort et que nous ne vous ayons point enterré ? » L'autre, ayant respondu à cela par mespris, convia son compagnon à dormir. Mais Du Temps, ayant touché une de ses jambes, plus asprement froide qu'un glaçon, sauta du lict en s'écriant : « Capitaine Atis, que vous estes froid ! » Après avoir esté une heure et demie en dispute, Atis repasse la fenestre disant qu'on lui reprochoit son coucher. Voilà comment nous l'a raconté Du Temps, plein de vie et d'honneur. D'autres y adjoustent que les valets virent entrer et sortir Atis, et d'autres qu'il y retourna plus d'une fois. J'en laisse dire l'advis aux théologiens.

L'autre conte est d'un de Meaux qui avoit amené quelques pionniers. Cestui-ci, passant le quinziesme d'aoust devant la place et portant quelques pastez à un commissaire, fut tellement estonné de trois arquebuzades, qu'on lui tira, qu'il quitta son chemin pour venir droit dans le ravelin. Puis, estant recueilli fort joyeusement à cause de ce qu'il portoit, il menaça de M. le commissaire ceux qui prenoient sa serviete. Jonquère l'ayant mené au logis de Mouy, qui en espéroit tirer force nouvelles, il n'en sçeut jamais tirer un mot. Si tost que cestui-ci fut cognu et nommé et qu'il se vid entre les mains de deux jeunes hommes desquels il avoit tué l'oncle et la tante aux massacres de Meaux (c'estoit un misérable qui à ce jour-là recevoit avec une dague ceux qu'on lui amenoit pour précipiter dans le fossé duquel nous avons parlé, et mesme fut remarqué pour avoir exécuté quelques enfans et femmes, qui faisoyent pitié aux autres massacreurs), il fut passé par les armes et jetté dans le fossé du ravelin. On conte à ce siège de morts, du dedans, à huict cents soldats et trente gentilshommes, du dehors, à deux mille tuez et presque autant que la maladie emporta.

Chapitre XIV.

Surprise, siège et reprise de Menerbe.

Menerbe[1], petite ville au pied des Alpes, entre La Coste et Meaubec[2], forte d'assiette comme estant précipiteuse[3] en la pluspart de sa closture, fut surprise[4],

1. Menerbes (Vaucluse), au pied des monts de Leberon.
2. La Coste et Maubec (Vaucluse), sur les bords du Caulon.
3. *Précipiteuse,* environnée de précipices.
4. D'Aubigné commet ici plusieurs inexactitudes. La ville de Menerbes appartenait au parti réformé, non pas seulement depuis *nostre dernière paix,* expression par laquelle il ne peut désigner que le traité de Bergerac (17 septembre 1577), mais depuis le 2 octobre 1573 (note du marquis d'Aubais dans les *Pièces fugitives,* t. I, p. 370). Elle était commandée par le capitaine Ferrier, qui, moitié de gré, moitié de force, était à peu près résigné à la livrer au parti catholique au mois de septembre 1577 (De Thou, liv. 66), lorsque le capitaine Saint-Auban pénétra dans la place, le 28 septembre 1577, s'empara du commandement et blessa gravement, à la suite d'une querelle personnelle, son coreligionnaire Ferrier (Perussiis, dans le t. I des *Pièces fugitives,* p. 205 et suiv.). De Thou dit même qu'il le tua, mais la suite du récit prouve que le grand historien s'est trompé.

incontinent après nostre dernière paix, par les menées de Sainct-Auban[1] et du capitaine Ferrier[2]. Ce dernier, par intelligences de deux soldats frères, qui s'appeloyent les Rochelles, et de son curé, corrompit quelques autres hommes de main; lesquels, ayans mené yvrongner un mareschal qui se tenoit près de la porte, partie par force, partie par le vin, se servirent des marteaux de sa boutique et de lui-mesmes pour briser les barres du portail; ce qui se trouvant plus dur et de plus de bruit à exécuter que l'on n'avoit pensé, le gouverneur, assez accompagné, y accourut et y fut tué[3], par le secours que ceux de Sainct-Auban y apportèrent à propos, estant entrez par un trou qu'ils avoyent faict à un flanc, et cela par le moyen du rat, lequel, comme nous avons faict du premier pétard, nous despeindrons à ceste première occasion. C'est un engin composé de cinq pièces, et lequel se peut porter en un sac ou estui fait exprès. Il a, premièrement, un fer courbé en forme de faucille, ou plustost de ce qu'aux marets du Poictou

---

1. Albert (suivant de Thou), Jacques (suivant Perussiis et Piémond) Pape de Saint-Auban, capitaine protestant.
2. Probablement Étienne Ferrier, capitaine protestant, dont on trouve la signature à côté de celle de Lesdiguières dans une requête au parlement de Dauphiné du 5 août 1575 (Roman, *Actes et correspondances de Lesdiguières*, t. I, p. 5). Un capitaine du même nom, peut-être le fils de celui dont parle d'Aubigné, capitaine protestant, devint, sous Henri IV, gouverneur de Menerbes. Une lettre du roi de Navarre, datée du 19 août 1591, témoigne des bons services qu'il rendait au Béarnais (*Lettres de Henri IV*, t. III, p. 467).
3. D'Aubigné raconte ici l'entrée de Saint-Auban à Menerbes, mais son récit est très inexact, à moins que, par une confusion possible, il ne raconte les incidents de la première prise de Menerbes par les réformés (2 octobre 1573).

on appelle un taillant. Ce fer, bien acéré, est propre à commencer par défaire le mortier qui est entre les pierres, et la pluspart en portent deux, usant du plus petit le premier, selon que la maçonnerie est plus ou moins joincte. Le second engin est le ciseau bien acéré et le tranchant droict d'un des costez, avec son talon en arrondissant. Le troisiesme est une barre faite en pince par un bout et par l'autre en douille, pour loger un pau avec lequel elle a plus de bransle, le pau et elle de chacun de deux pieds. Le quatriesme est une tarière en pierre et le cinquiesme une tenaille ou pincette bien acérée, faicte presque comme celles que les Parisiens et Lyonnois sont curieux d'avoir en leur foyer. Ceux qui ne vont pas loin y portent une longue barre de fer, d'un costé en pince et l'autre en poincte ronde, pour entrepousser le dernier rang de pierres au dedans. Ceux qui usent du rat portent aussi avec eux des limes sourdes, par le moyen du plomb qui les endosse, et quelque petit pétard d'une livre, quand leur pertuis se faict en des caves ou chambres qui ferment par le dedans.

Si quelcun dit que j'instruis à mal faire, je réponds que c'est plustost pour s'en garder.

La ville donc prise en ceste façon, après quelque léger pillage, s'accommoda comme estant eslongnée de ceux de son parti. Tout le pays, et surtout le Comtat de Venise[1], fut merveilleusement esmeu, tant par la sollicitation des parents du gouverneur mort que par les fugitifs de la ville, et encore plus pour l'intérest de tout le voisinage.

---

1. Le comté Venaissin.

En peu de temps il y eut force jalousies et changements au gouvernement. Valavoile[1] avoit fourni du prestre qui avoit commencé la menée. Le baron d'Allemagne[2] y avoit mené les premières forces et voulut chasser le capitaine piémontois, que Sainct-Auban y avoit laissé; mais lui fut mis dehors avec grand risque de sa vie. Les gens de guerre esleurent Ferrier, que Montbrun[3] en tira pour estre trop exact et rude au gré du pays à bien munitionner sa place, et cela par les menées de Sainct-Auban, qui voulut quitter ses autres places pour estre gouverneur. Les soldats y r'appelèrent Ferrier.

Toutes ces divisions furent appaisées par le siège[4]. Mais auparavant y eut diverses petites rencontres, pource que les Provençaux estoyent sans cesse aux embuscades à la veue de la ville, desquelles la plus notable fut entre Grillon[5], frère aisné du maistre de camp, et Estoublon[6], venant de Menerbe, où il avoit mis Valavoile en la place du capitaine Pontenet[7].

1. Antoine de Valavoire, s. de Valavoire, gouverneur de Saint-Maximin.
2. Le s. d'Allemagne, que nous avons déjà cité, appartenait à la maison du Mas. La seigneurie d'Allemagne est près de Digne.
3. Charles du Puy, s. de Montbrun, était mort à Grenoble le 13 août 1575. Son fils, Jean du Puy, s. de Montbrun, capitaine protestant comme son père, n'est né, suivant les généalogistes, qu'en 1568. Mais on trouve, dans les *Mémoires de Piémond*, un capitaine Montbrun, du Pont, qui guerroyait en 1576 (p. 44).
4. Siège de Menerbes par l'armée catholique, septembre 1577 (Aubais, *Pièces fugitives*, t. I, p. 206, Journal de Perussiis).
5. Le capitaine Crillon, frère de Louis de Balbes de Berton, s. de Crillon, le fidèle serviteur de Henri IV.
6. Le capitaine Grille, seigneur d'Estoublon en Provence.
7. Nous croyons qu'il faut lire *Poncenat*. Jean Borel, s. de Ponsonnas, ancien lieutenant de des Adrets, se fit plus tard catho-

Cestui-ci se destournant par Mure[1] pour esquiver les embuscades, quoiqu'il fust accompagné de deux cents chevaux, vid trois compagnies du Comtat à la main droicte de son chemin et deux à la gauche. Quelquesuns lui conseillans de regagner Mure, il aima mieux essayer le combat, où tout se mesla sans grande façon. Grillon estant tué d'abordée, l'effroi se mit par toute sa troupe, premièrement par les Italiens, et puis sur le reste. Estoublon ne fit pas grande poursuite ; se contentant de laisser sur la place trente hommes d'armes des deux nations, de huict prisonniers et de deux drapeaux qu'il emporta. Quelques forces d'Italie avancées qui, avec ceux du Comtat, faisoyent quatre mille hommes, deux mille cinq cents Provençaux joincts, le tout par les menées du cardinal d'Armagnac[2], on marcha au siège de Menerbe avec quinze pièces de toute artillerie ; ceux de dedans estans encore en division et voulans avoir Gouvernet[3] pour y commander. Les assiégeans, aussi peu unis, sans ordre et commandement, reserrèrent à l'envi la garnison dedans ses murs, firent diverses batteries de grands frais mais inutiles, si bien que les Provençaux s'y ennuyans laissèrent le commandement et la besongne entre les mains de Grimaldi[4], qu'on appelloit recteur de Car-

lique et servit en 1580 sous les ordres du duc de Mayenne (*Mémoires de Piémond,* passim).

1. Murs (Vaucluse).

2. Georges d'Armagnac, né vers 1501, fut successivement évêque de Rodez en 1529, cardinal en 1544, archevêque de Toulouse en 1562, puis d'Avignon en 1576. Il mourut le 2 juin 1585.

3. René de la Tour-du-Pin-Gouvernet, marquis de la Charce, capitaine protestant, lieutenant de Lesdiguières, né en 1543 à Gouvernet (Drôme), mort en décembre 1619.

4. Dominique Grimaldi, abbé de Montmajour-lès-Arles, fils de

pentras. Cestui-ci marcha avec patience et à pied de plomb, fit des tranchées autour de la ville avec des ridottes de cent pas en cent pas ; quelques-unes capables de loger cinq cents hommes.

Durant ce siège, qui fut de quinze mois et de vingt et un jours, se fit la paix de l'an septante sept[1], de laquelle les Italiens ne se vouloyent pas servir au commencement. Mais les assiégez, abandonnez de tout le monde, franchirent un soir les retranchements avec une invention de pont léger, forcèrent quelque corps de garde, seulement pour faire passer des messagers. Par là, le cardinal d'Armagnac, cognoissant que les vies des assiégez n'estoyent pas désespérées, et d'ailleurs sachant par Grimaldi qu'il faloit rafraîchir l'armée de la moitié, tant à cause des maladies que de l'envie de ceux qui y commandoyent, ceux d'Avignon et Grimaldi mesmes requirent le roi d'interposer son authorité, quoiqu'auparavant ils eussent promis d'en faire une justice exemplaire, si autres qu'eux ne s'en mesloyent[2].

Le roi donc escrivit à Chastillon pour y mettre ordre et lui en donna la commission à Mure. Les assiégez, abandonnez du parti refformé, se mocquèrent de l'asseurance de leur vie qu'on leur portoit ; et, après s'estre faicts prier, composèrent[2] à sortir femmes et tout bagage, une sepmaine de loisir pour le sortir, la mesche allumée, le tambour battant, enseignes desployées,

---

Jean-Baptiste, seigneur de Montaldeo, plus tard évêque de Savone et enfin archevêque d'Avignon en 1584, mort en 1592.

1. Paix de Bergerac, 17 septembre 1577.
2. Capitulation de Menerbes, 8 novembre 1578 (De Thou, liv. LXVI). Le 18 novembre, le roi approuva l'acte de capitulation à Ollinville, et le 9 décembre suivant la paix fut publiée dans la ville (Aubais, *Pièces fugitives*, t. I, p. 380).

ayans pour pleiges dans Mure, Ambres[1], le jeune Grillon, Blagnac[2] et La Grace[3], et, de plus, la somme de soixante mille livres distribuables à Sainct-Auban et à ses compagnons, et, outre cela, les biens de quelques povres soldats du Comtat, qui n'y vouloyent pas retourner, payez contant presque à leur estimation. Cela payé sur les quittances de vingt-huict qui estoyent en cette qualité. Tout achevé d'exécuter le vingtiesme de décembre mille cinq cents septante huict. On excusera bien si nous avons osé sortir de l'année du livre pour ne retourner point en lieu tant esgaré.

Chapitre XV.

De ce qui se passa en Poictou jusques à la paix.

Blaye estant faillie et les troupes de Montaigu s'estans retirées, ils se trouvèrent en peu de temps dans ceste ville jusques à quinze cents hommes, avec lesquels ils délibérèrent d'estendre leurs bordures, premièrement par un fort à Sainct-Georges[4], puis après par la prise de l'Abergement[5], assés grand chasteau, qui fut emporté par le moyen de deux soldats hazardeux, les-

---

1. Probablement François de Voisins, s. d'Ambres, lieutenant de la compagnie de Louis de Clermont de Bussy d'Amboise (Montre du 30 mai 1569, f. fr., vol. 21530).
2. *Blagnac* nous paraît une faute. Il faut probablement lire *Blagneux*. On trouve dans la province une famille Rivail de Blagneux d'où sont sortis plusieurs capitaines.
3. Guillaume de Patris, abbé de la Grace.
4. Saint-Georges (Vendée), sur la Maine.
5. L'Hébergement (Vendée), sur la ligne de Montaigu à Bourbon-Vendée.

quels, se jettans de plein jour sur le pont-levis, l'empeschèrent, et, bien suivis, emportèrent le reste. De là ils s'estendirent à Mortagne[1], qu'ils prirent par une escalade mise sur des rochers devers la rivière en une nuict fort noire, et, la sentinelle ne pouvant les ouyr à cause des freins de l'eau et du grand bruict qu'elle fait en cet endroict, ils trouvèrent dans la ville plusieurs commoditez qui leur firent grand bien au siège. Puis après ils emportèrent d'escalade la ville de Carnache[2] et le chasteau par effroy, tout se sauvant, hormis le ministre du lieu, qui fut seul leur prisonnier et quitte pour leur prescher, ce qui leur estoit nouveau, car le roi, permettant lors plus que jamais toute liberté en France pour les presches, les ministres estoyent contre eux, si bien qu'en estans dépourveus ils vindrent prendre par force, à Sainct-Fulgent[3], La Touche[4], ministre de Monschant[5], et l'emmenèrent à Montaigu, où lui, ayant veu des gens de guerre sans blasphèmes, sans garses, sans dez, sans querelles, sans pilleries, hormis ce qu'ils faisoyent au loing et sur leurs ennemis avec le droit de guerre, les prit en amitié et voulut demeurer jusques au siège. J'ai dict au loing, pource que les chevaux légers de cette garnison l'ont renvié par-dessus tous les coureurs du siècle courans vers

1. Mortagne (Vendée), sur la Sèvre-Nantaise.
2. La Garnache (Vendée), sur la route des Sables-d'Olonne à Nantes.
3. Saint-Fulgent (Vendée), sur la ligne de Fontenay à Montaigu.
4. Dominique de Losse, dit La Touche, ministre protestant de Saint-Fulgent et de Monchamps. Sur ce personnage, qui exerçait son ministère dans les deux paroisses, voyez Lièvre, *Hist. des protestants du Poitou*, p. 203.
5. Monchamps (Vendée), sur la Lay.

Rouan et Paris familièrement, si adextres et si discrets où il faloit qu'ils ont une fois logé vingt-sept chevaux en une maison de laquelle le devant faisoit front de veue en un fauxbourg, à soixante pas de la porte de la ville, trouvans moyen d'enfermer en une chambre quatorze personnes de la maison, les tenir sans bruit, et enserrans encore ceux de la ville qui y arrivoyent pour affaires, jusques au soir que les compagnons, ayans veu passer Pelissonnière, leur ennemi particulier, pour avoir quelques jours devant chargé et tué de sang froid Grand-Ri (il portoit la cornette blanche du duc du Maine), ils se mettent sur ses erres et le viennent charger dans le village de Ruperoux, où ils tuèrent la pluspart des siens. Il se sauva sur un cheval qui avoit un coup de pistolet au travers la jambe, et lui qui d'un autre avoit le bras en pièces.

J'ai voulu vous monstrer à ce logis la dextérité des galans. Mais encores ne peux-je vous taire qu'estans auprès de Glené[1] et qu'ayans veu de loing vingt chevaux qui marchoient serrez, le capitaine de ces coureurs[2] en choisit six pour les engager ; mais, comme il voulut mesler, trouva des gens qui eurent bien plustost la main au chapeau qu'au pistolet, qu'ils avoyent presque tous. C'estoit un synode d'où ils venoyent de s'assembler et les emmenoyent sans qu'eux osassent se déclarer. Enfin, estans recognus, ils en furent quittes pour reproches. Ces mesmes estradiots chargèrent deux compagnies de Ré et de la Rochelle, qui marchoyent avec enseignes desployées à la foire de Sainct-

---

1. Glénay (Deux-Sèvres), sur les bords de la Thouare.
2. D'Aubigné ?

Benoist[1] ; ils y laissèrent les armes et drapeaux. Telle estoit la division entre les refformés.

Le comte du Lude[2] eut lors commission de lever armée pour resserrer ces mal-faisans et commença par le régiment de Lancosme[3], lequel, ayant esté supplanté de Brouage, en tira ses bandes et dressa un régiment de deux mille hommes[4].

A ce mot, je m'attacherai plus à l'occasion qu'au temps, pour vous dire comment Sainct-Luc[5], nourri chèrement par le roi Charles, s'estoit rendu le troisiesme entre les mignons du roi Henri III. Sa grande faveur se changea en haine mortelle par un accident qui a esté conté diversement et duquel il s'est confessé à moi estant son prisonnier. Je ne veux estouffer l'acte notable, mais bien les particularitez les plus honteuses et les termes les plus fascheux. Ces mignons, car c'est

1. Saint-Benoît-sur-Mer (Vendée).
2. Gui de Daillon, comte du Lude, capitaine catholique, mort à Briançon, le 11 juillet 1585. Le comte du Lude reçut les ordres du roi en juin 1580. Voyez les nombreuses lettres du roi à ce capitaine pendant la guerre des Amoureux (*Arch. hist. du Poitou,* t. XIV).
3. Jacques Savary, s. de Lancosme, capitaine catholique, chef de bandes, puis colonel de gens de pied, figure en cette qualité dans le *Journal de Le Riche,* p. 329 et suiv., et dans la correspondance du comte du Lude, de 1576 à 1580 (*Arch. hist. du Poitou,* t. XIV, passim). Nous croyons qu'il ne doit pas être confondu avec Claude Savary, s. de Lancosme, lieutenant du capitaine Villequier (Montre du 13 avril 1581 ; f. fr., vol. 21537). C'est probablement ce dernier qui est cité dans les *Lettres de Henri IV.*
4. Lancosme commandait en outre une cornette de cent chevau-légers (*Journal de Le Riche,* p. 332).
5. François d'Espinay, s. de Saint-Luc, né en 1554, un des mignons de Henri III, plus tard un des fidèles serviteurs de Henri IV, qui le nomma grand-maître de l'artillerie, tué le 3 septembre 1591, au siège d'Amiens.

le terme du siècle, avoyent des familiaritez avec leur maistre que je ne veux ni ne peux exprimer. Ceste vie estant odieuse à un gentil courage comme Sainct-Luc[1], un jour, prenant Arques, depuis appelé Joyeuse, à part, ils entreprirent, avec le conseil de la dame de Rets[2], de percer un cabinet et de faire couler par la ruelle du lict, entre la contenance[3] et le rideau, une sarbatane[4] d'airain, par le moyen de laquelle ils vouloyent contrefaire un ange et faire couler en l'aureille de ce roi des menaces du ciel et quelques terreurs encontre son péché. Ils entreprenoyent cela sur un esprit affoibli par bigotteries, par songes estranges et terreurs ordinaires, qui le faisoyent cacher sous les licts, cercher les basses voûtes du Louvre au moindre tonnerre qu'il oyoit. Arques[5], voyant l'esprit de ce prince, accablé par ceste invention, en danger de se troubler ou blesser le corps, appréhenda la ruine de sa fortune, et, trompant ses compagnons, donna advis à son maistre; de quoi il s'est excusé depuis sur la crainte d'esteindre par la peur une âme que desjà toutes choses espouventoyent. Le roi ne put préparer sa vengeance si discrètement que le mareschal de Rets

1. Voyez le curieux récit de la confession de Sancy, chap. VII (*Journal de L'Estoile*, 1744, t. V, p. 220). Saint-Luc y est présenté comme une victime des débauches de Henri III.
2. Claude-Catherine de Clermont, veuve de Jean Annebaut, baron de Retz, épousa en 1565 Albert de Gondi, plus tard duc de Retz, morte le 25 février 1603. Elle était cousine-germaine de Brantôme.
3. On appelait « contenance » un rideau étroit placé au chevet du lit pour préserver du froid. (V. Gay, *Glossaire archéologique*.)
4. Sarbacane.
5. Cette partie de phrase, jusqu'à ces mots *et trompant...*, manque à l'édition de 1618.

ne fist dire en la salle du bal un mot dans l'oreille à Sainct-Luc. Ce mot lui fit gaigner les chevaux de poste, et avec eux Brouage en deux jours et demi, c'est-à-dire deux heures devant le courrier qui venoit faire armer les bandes de Lansac et de Lancosme[1] contre lui[2]. Il fut habile à succéder, et depuis opiniastre contre les grandes menaces qu'il receut. Le roi despescha par toute la France lettres jusques aux moyens capitaines, pour les sommer d'amitié contre Sainct-Luc. Il se maintint par la réputation de la place et par la faveur de la Ligue, à laquelle il commença de tendre la main[3].

Si j'ai laissé un peu longtemps Lancosme, son nom m'a empesché d'oublier ce conte; et puis, cependant, il aura dressé son régiment pour s'en venir le monstrer à Sainct-Jean-d'Angéli[4], où, du pont Sainct-

---

1. Le roi, en disgraciant Saint-Luc, avait donné le gouvernement de Brouage au s. de Lancosme. Voyez l'*Hist. de Saintonge*, par Massiou, t. V, p. 4.

2. La plupart des historiens du temps ont raconté cette anecdote et fixé à l'année 1579 la disgrâce de Saint-Luc. Ce ne put être qu'à la fin de l'année, car le roi, dans une lettre au s. du Lude, du 8 février 1580, parle de la « perfidie et ingratitude » de Saint-Luc comme d'un fait tout récent (Coll. Anjou et Touraine, vol. XI, n° 1659).

3. D'Épinay Saint-Luc, retiré à Brouage, s'efforça de s'y rendre redoutable et se dévoua à ses fonctions de gouverneur comme le meilleur des capitaines. Partie de sa correspondance officielle pendant l'année 1580 est conservée dans les vol. 15562 et 15563 du fonds français. Enfin, le 6 juin 1580, intervint une sorte de convention aux termes de laquelle le roi lui pardonna, fit relâcher sa femme et lui accorda en dédommagement un don de 20,000 livres. Cette pièce est conservée dans le vol. 15563 du f. fr., f. 79.

4. Le roi avait ordonné au comte du Lude de mettre le siège devant Saint-Jean-d'Angély, place forte qui appartenait au prince

Julien[1], qui estoit son logis, passer trois jours durant les après-disnées en assez gaillardes escarmouches ; à la dernière desquelles il fit quitter le champ le plus près du fauxbourg de Matta[2] à ceux de Sainct-Jean, si avant qu'il emplit des siens le fossé des jardins. Mais les refformez, ayans repris courage, resortirent par le bas du fauxbourg, et, enfilant le fossé, y tuèrent dix-huict hommes. A la vérité, il y en avoit lors plus de douze cents dans Sainct-Jean. Ce régiment donc[3] s'achemina à petites journées pour se rendre à Pouzauges[4], à la fin de septembre[5], au rendez-vous qu'avoit pris en ce lieu pour son armée le comte du Lude ; lequel, ayant joint d'autres compagnies de gens de pied, mais non en forme de régiment, sa compagnie de gens d'armes,

---

de Condé. Lancosme passa près de Saint-Maixent le 1er septembre 1580, en se rendant au camp des assiégeants. Le 7, les assiégés firent leur première sortie. Ces deux dates fixent à peu près la date du commencement du siège (*Journal de Le Riche*, p. 332 et 333).

1. Saint-Julien (Charente-Inférieure), sur l'affluent de la Boutonne.

2. Matha (Charente-Inférieure), sur la ligne de Saint-Jean-d'Angély à Angoulême.

3. D'Aubigné oublie d'expliquer ici que le comte du Lude avait renoncé au siège de Saint-Jean-d'Angély pour entreprendre celui de Montaigu. L'ordre du roi qui approuve ce changement de plan de campagne est daté du 14 septembre 1580 (*Arch. hist. du Poitou*, t. XIV, p. 148).

4. Pouzauges-la-Ville (Vendée).

5. Cette date est une des rares dates exactes données par d'Aubigné. Le comte du Lude avait en effet donné rendez-vous, à la fin de septembre 1580, à Pouzauges, aux gentilshommes du pays désireux de prendre part au siège de Montaigu (Lettre du comte du Lude au roi du 25 septembre 1580 ; *Arch. hist. du Poitou*, t. XIV, p. 150 et 152 et notes).

celle de Mortemar[1], des Roches-Bariteaux[2], de Chemeraux[3] et quelques autres, s'achemina à Sainct-Fulgent. En mesme temps, La Hunaudaye[4], avec sa compagnie de gens d'armes, celle du duc de Montpensier[5], de Goulennes[6], de Vaudré[7] et autres, huict compagnies d'arquebuziers et quelques chevaux légers, passa Loire à Nantes, le tout pour se rendre au siège de Montaigu.

Chapitre XVI.

Du siège de Montaigu[8].

Toutes les petites conquestes de La Boulaye et leurs garnisons prenoyent l'effroi et commençoyent à se desrober, quand il envoya une bonne troupe pour les lever honorablement et les conduire seurement. Il est bon de sçavoir comment Landreau et ses amis avoyent

1. René, baron de Mortemart, capitaine poitevin, né en 1528, chevalier du Saint-Esprit en 1580, mort en 1587.
2. Philippe de Châteaubriand, seigneur des Roches-Baritaud.
3. Mery de Barbezières, s. de Chemerault, mort le 5 mai 1609.
4. Pierre de Tournemine, seigneur de la Hunaudaye, lieutenant de roi en Bretagne.
5. Louis de Bourbon, duc de Montpensier, né le 10 juin 1513, mort le 22 septembre 1582.
6. Le s. de Goulaines, capitaine catholique, originaire des environs de Nantes.
7. Probablement *Vaudray*.
8. La ville de Montaigu appartenait à Claude de la Trémoille, duc de Thouars, alors mineur. Jeanne de Montmorency, dame de la Trémoille, sa mère, avait fait de vains efforts auprès du roi de Navarre pour obtenir la restitution de la ville. Les pièces relatives à cette revendication ont été publiées par M. Marchegay dans l'*Annuaire de la Société d'émulation de la Vendée*, 1857, p. 233.

en six mois ou jetté ou gagné des hommes dans Montaigu jusques à dix entreprises; desquelles chacune cousta la mort à quelques-uns[1]. Après la neuviesme et sur le bruit du siège, le conseil de la ville se résolut de juger, à la mine et à la façon de vivre, tous ceux qu'ils trouvoyent tristes, pensifs, conférans ensemble; et de ceux-là en choisirent trente qu'ils jettèrent sous la charge d'un capitaine Chesne dans l'Abergement. Ils choisirent si bien que Le Chesne, voyant qu'on lui avoit donné tous ceux de sa faction et un autre, nommé La Bourgongne, envoyé là mesme, et y trouvant tous les siens, s'estans confessez l'un l'autre et s'estans recongnus vingt-neuf traistres, ils chassèrent le trentiesme qui estoit un boulenger, lequel ne se trouva pas de leur menée, et, avec un coup d'espée sur la teste, l'envoyèrent à Montaigu. L'abandon que l'on faisoit de ces petites places refroidit si bien le courage des compagnons qu'il n'en arriva pas le tiers dans la ville, où encor, s'estans mis l'effroi par les remonstrances des gentilshommes du pays, quelques capitaines prindrent leurs quaisses et leurs tambours et firent un ban en ces termes : « A tous poltrons, à qui le siège faict mal au cœur, qu'ils ayent à vuider et on leur donnera passeport pour s'en aller à tous les diables. » Tant y a que, de quinze cents hommes qu'il y avoit, il n'y demeura que trois cents cinquante arquebuziers et quarante-cinq sallades. Le conseil de la ville partagea la noblesse, qui y estoit, en trois escouades,

---

1. Charles Rouault du Landreau avait déjà commencé, à la date du 14 mai 1580, quelques mouvements de troupes pour surprendre la ville de Montaigu (Lettre du comte du Lude au roi de cette date; *Arch. hist. du Poitou*, t. XIV, p. 137).

pour avoir tousjours un corps d'hommes armez au secours de ce qui seroit attaqué, sous les charges du gouverneur de Sainct-Estienne et d'Aubigné. Lequel aussi fut esleu lieutenant-colonel des compagnies de gens de pied : asçavoir de celle de Vrignez, poignardé, comme nous avons dit, à une des entreprises pour avoir vendu le chasteau au maréchal de Rets; ceste compagnie donnée après à Goupilière; celle de Jarrie, qui en avoit une dedans Poictiers au siège, et qui, au lever du siège, fit encor monstre de trois cents hommes; celle de Grand-Ri, laissée à son lieutenant; celle des capitaines Moquar, Jean Monneau, Nesde, et celle du gouverneur, que je mets la dernière pour avoir esté la moins complette.

Comme les troupes approchèrent[1], il y eut peu de nuicts qu'il n'y eust quelque corps de garde enfoncé. Aubigné partit avec quarante chevaux et alla charger une compagnie du régiment Des Bruères, comme il venoit au siège, tout contre le puits Nostre-Dame, avec quelques autres petits exploits. Tant y a que, ayant appris d'un capitaine Des Bruères, prisonnier, qu'on leur donnoit huict jours de loisir pour venir au siège, lui aussi ne hasta point son retour. Et lui arriva un soir chose qui sera attestée par six ou sept hommes d'honneur encores vivant : c'est que, estant couché sur la paillasse entre Beauvois de Chastelleraudois et Les Ouches de Melle, il fit la prière selon leur mode, en achevant laquelle, sur ces mots : *ne nous indui point en*

---

1. Un régiment de gens de pied passa, le 29 septembre 1580, sous les murs de Saint-Maixent en se rendant au siège de Montaigu (*Journal de Le Riche,* p. 333). Son passage fixe à peu près la date du commencement du siège.

tentation, il receut trois coups d'une main large, comme il en jugeoit au sentiment ; ces trois coups bien distinguez, si résonnans que toute la compagnie, à la lueur d'un grand feu, eut les yeux fichez sur lui dès le premier coup. Les Ouches, encor en vie quand j'escris, le pria de recommencer la prière, ce qu'il fit ; et, sur les mesmes mots, il receut trois autres coups plus grands que les premiers, aux yeux de tous, et quelques-uns s'estans approchez pour voir le prodige. J'eusse supprimé cet accident s'il eust esté sans tesmoins. J'en garderai les diverses interprétations pour les familières instructions de ma maison, estant la vérité que, le mesme soir, le capitaine Aubigné[1], mon cadet, venoit d'estre tué comme nous vous dirons.

Landereau, ayant sçeu que la troupe la plus redoutée de Montaigu en estoit dehors, pria Briandière[2], chef de soixante gentilshommes liguez et de la meilleure troupe de l'armée, de lui aider à presser le comte du Lude[3], pour, avec les forces qu'ils avoyent, aller commencer le siège et brider toutes les advenues pour n'avoir à faire qu'à ce qui étoit dedans. Ceux-là pressèrent tellement le siège que, le dernier samedi de septembre, l'armée gaigna le logis de Sainct-Georges[4],

1. Jean d'Aubigné, fils de Jean d'Aubigné, père de l'historien, et de sa seconde femme, Anne de Limours.
2. Le s. de la Briandière est signalé parmi les gentilshommes poitevins qui marchèrent au siège de Montaigu (*Arch. hist. du Poitou*, t. XIV, p. 157, note). Peut-être appartenait-il à la maison de Bernardeau, qui, au XVIIe siècle, possédait la seigneurie de la Briandière.
3. Le comte du Lude parut lui-même sous les murs de Montaigu à la fin de septembre 1580 (*Arch. hist. du Poitou*, t. XIV, p. 157, note).
4. Saint-Georges-de-Montaigu (Vendée).

la Barrillère, Mateflon, la Lande, la Bretonnière, la Borderie, les Oulières et la Patissière[1] ; Sainct-Georges pour le général, avec trois compagnies de cavallerie et six de gens de pied ; à la Barrillère cinq compagnies, asçavoir de Derville, Chemaux, le capitaine Jouannes, La Brosse[2] et Mespieds. Ces cinq compagnies sont nommées pource que les autres ne se battoyent pas souvent, estans distribuées trois à trois ou deux à deux en tous les lieux que nous avons nommez, le gros s'estant avancé vers le fauxbourg de la porte Jaillez. Les refformez s'amusèrent de ce costé-là à une escarmouche assez froide ; ce qui fut cause que tous les autres logements se firent sans combat.

Le dimanche, les assiégez ayans mis le feu dans le fauxbourg, le comte marcha pour le faire esteindre ; et là on se vid de plus près. Mais il n'y eut point moyen de gaigner les jardins du fauxbourg pour estre opiniastrez. Le lundi, l'armée estant venue à la Barillère, s'attaqua une meilleure escarmouche, reschauffée par le capitaine Péricart, qui amenoit au siège près de trois cents hommes. Le baron de Neubourg, son enseigne, donna si brusquement à la queue de l'estang qu'il enferma Sainct-Estienne avec vingt-cinq gentilshommes ; mais, comme ils estoyent prest de se rendre, l'enseigne de Jarrie, avec trente des siens, perça tout pour les desgager, et, comme il faisoit sa retraicte,

---

1. La Barillière, Mateflon, la Lande, la Bretonnière, la Borderie, les Oulières et la Patinière, villages autour de Montaigu (Vendée).

2. Peut-être Jean de la Brosse, d'une ancienne famille d'Anjou, qui appartenait au parti catholique. Son chef, Jacques de la Brosse, avait été lieutenant du duc François de Guise. Ce personnage n'est point nommé dans l'édition de 1618.

Landereau et Briandière, avec leurs troupes, prindrent la charge. Un vieil soldat, pressant l'enseigne de se retirer, lui cria : « Voici de la cavalerie. » La réponse fut : « Ce ne sont que des bestes de plus. » Ce jeune homme fit bien sauter la haye à tous ses arquebuziers. Mais lui, ne daignant quitter le chemin, eut Landereau sur les bras, lequel il abbatit par terre d'un coup d'espieu, son cheval pris par ceux de la ville. Et puis ceux qui suivoyent Landereau vengèrent sa cheute de quelques coups d'espée à travers le corps du jeune Aubigné, qui, estant recouru mais mort, fut enterré dans les sépultures des ducs de Thouars; chose qui a depuis esté agréable aux seigneurs. J'en dis beaucoup, mais c'est un frère; duquel vous sçaurez encor qu'au premier jour que La Hunaudaye[1] avoit paru avec deux cents lances et six vingts arquebuziers, cestuy-ci, avec trente hommes, encores soustenu de dix sallades, avoit apporté tel désordre aux six vingts arquebuziers et les avoit si rudement menez entre les jambes de leur cavalerie, que ces lanciers, ne pouvans pas venir à la charge à cause d'une haye, et se voyans desjà plusieurs hommes et chevaux blessez, pour prendre une place plus favorable, gagnèrent le chemin, que les dix chevaux enfilèrent à leur cul; et les trente arquebuziers, qui avoyent mis en fuite les six vingts, gaignèrent les costez des hayes et mirent tel effroi que tout s'en courut au galop demi lieue et plus; et les dix qui meslèrent dans le désordre en tuèrent plus qu'ils

---

1. René de Tournemine, s. de la Hunauldaye, partageait avec le comte du Lude le commandement de l'armée assiégeante (Lettre du roi du 5 décembre 1580; *Arch. hist. du Poitou*, t. XIV, p. 157 et suiv.).

n'estoyent et emmenèrent six prisonniers. Pour ce traict et quelques autres, l'aisné, partant pour aller à la guerre, dit à son cadet : « Tu as gaigné réputation de soldat, ne sois pas avare de ta vie, mais mesnager. » La response fut : « J'aurai bien tost le plaisir d'estre honoré ou celui de n'estre point. »

Durant ces choses, les quarante, ayans appris à Chemilli[1] par leurs prisonniers que le siège estoit commencé, se résolurent de s'y venir jetter, et, pour cest effect, vindrent repaistre à Villiers-Boivin[2], où ils prindrent quelques gens d'armes de Chemeraut et puis arrivèrent à veue de la ville sur la minuict. Le chef de ces estradiots[3], l'ayant veue bien ceinturée de feux, partagea à Davers et à Charbonnières[4], qui faisoit lors son apprentissage, à chascun dix soldats; et lui mit pied à terre avec dix autres et autant de carabins, laissant entre les mains de leurs valets, qui estoyent bien armez, les chevaux et les prisonniers qu'ils avoyent. En cet équipage, il prent résolution d'aller sentir les corps de garde de la Barillère ; mais, les trouvant trop bien garnis, il prit à main droicte du costé de Mateflon, où il n'y avoit que deux compagnies, donna de teste baissée sur celle qui estoit en garde à sa main droicte. Le corps de garde, après fort peu d'arquebuzades, gagna bien tost la maison. Avant qu'ils

1. Chemillé (Maine-et-Loire).
2. Vihiers (Maine-et-Loire).
3. *Le chef de ces estradiots* est d'Aubigné lui-même.
4. Peut-être Jean de Carbonnières, s. du Plessis, enseigne de Biron, en place de Charles de Saint-Angel (Montre du 20 octobre 1580, f. fr., vol. 21537). On trouve aussi un capitaine huguenot, de la maison de Beauchamp, seigneur de Grand-Fief en Charbonnières (note de M. Audiat).

fussent secourus, lui et ceux qui estoyent à pied ouvrirent une claye et ostèrent quelques branches pour enfiler le chemin, qui le mena sans contredict jusques à la contr'escarpe. Là il fut receu d'une sentinelle perdue, qui, sans parler, lui planta une arquebuzade dans l'estomach de sa cuirasse; et, comme il le recognut, lui apprit la mort de son frère.

Le conseil empescha toutes sorties jusques au dimanche; mais, ce jour-là, le comte du Lude vint faire la monstre générale de son infanterie dans le champ de la Barillère. Estant permis aux nouveaux venus de sortir, six soldats, bien en poinct, se coulent pardessous le rocher, montent dans le champ de la Barillère, demandent si on les vouloit recevoir, et quand et quand donnent chascun une arquebuzade dans le bataillon. Vingt ou trente gentilshommes, qui estoyent là, mettent les espées à la main et courent confusément aux six. Nesde, qui s'estoit avancé avec quinze, ayant tiré aux plus proches, reprent la pente du roc pour recharger. Lancosme[1] demande quatre cents arquebuziers; c'est-à-dire que tout s'esbranla, et voilà près de trois mil hommes de pied qui prennent la course dans la vallée, au fond de laquelle ils trouvent vingt gentilshommes la halebarde en la main, six vingts arquebuziers triez, et, un peu plus haut en gaignant vers la ville, Jarrie avec quatre-vingts en un lieu plus avantageux. Tous ces capitaines, qui avoyent pris leur course, ne se peurent ou ne voulurent pas s'arrester,

1. Le s. de Lancosme avait été adjoint au comte du Lude et détaché du siège de Saint-Jean-d'Angély par ordre du roi (Lettre du comte du Lude au roi du 25 septembre 1580; *Arch. hist. du Poitou*, t. XIV, p. 150, note).

que dix-huict ou vingt qu'ils estoyent, n'ayans armes que le satin, avec plus de quatre cents arquebuziers, ne meslassent les six vingts. Là se donnèrent force coups d'halebarde et coups d'espée. D'abordée le maistre de camp des refformez fut porté par terre entre les capitaines Chemaux et Jouannes, relevé par Charbonnière et Nesde, Derville et Courtigni blessez avec quinze ou seize des leurs croisez sur la place. Tout ce qui avoit couru gayement perdit sa colère au bout des espées des autres, si bien qu'ils leur donnèrent loisir de repasser le pré et se partager aux deux costez du chemin. Lors, toute la foule de l'armée estant arrivée, tout donne à l'envie les uns les autres, et au chemin et aux deux costez. Là fut blessé à mort Goupilières, et quatorze ou quinze de dedans tuez ou blessez, mais les hommes de main, qui estoyent là, bien soustenus par leurs arquebuziers, vindrent aux mains si heureusement que d'abordée ils mirent à leurs pieds trente mauvais garçons : entre ceux-là les capitaines Chemaux et Jouannes, frère du maistre de camp. Et, sur cette bonne bouche, remontèrent encores vers la ville quelques quarante pas, et puis, à un ormeau, qui estoit abbatu au chemin, fermèrent leur retraicte. Sur cet arbre les uns et les autres mirent les pieds. Un sergent de La Brosse, nommé La Borde, seul le passa et s'en desmesla en bon compagnon.

Les assiégeans, ayans recogneu l'opiniastreté et verdeur de leurs ennemis et voyans qu'ils ne pouvoyent avoir que quatre mil hommes, changèrent le dessein de siège en blocus seulement et refusèrent le canon qu'on leur préparoit à Nantes, ne pensans peut-estre pas avoir affaire à si peu de gens.

En ce siège de blocus se passèrent en quatre mois quarante ou cinquante escarmouches, fort peu desquelles se desmeslèrent sans coup d'espée, et, pour ce qu'il n'y va que de quatre cents hommes d'un costé, je n'en oserai particulariser que quatre[1]. Quelques gentilshommes, estans allé voir les capitaines Ponts[2] et Ages[3] à la Bretonnière, leur demandèrent moyen de donner un coup d'espée. Ceux-là vindrent avec quarante arquebuziers de chaque compagnie choisis auprès de la Lande, la rivière entre deux. Et là se mirent à l'escoupeterie avec Les Ouches, Nivaudière et quelques soldats qui estoyent de l'autre costé. Un des chefs de la ville[4] mande à Nesde qu'il le suivist avec vingt arquebusiers, et lui neuviesme passe l'eau. Et, s'estant coulé jusques où les capitaines Ponts et Ages estoyent, se voyant descouvert, il va aux mains avec ses neuf, mesle la première troupe qui estoit sur le bord de l'eau, et, sans la desmordre, va mesler à l'entrée d'un chemin quelques espées dorées qui firent ferme. Comme ils estoyent aux mains et que les premiers qui avoient fui se ralioyent pour venir au combat, Nesde arriva avec ses vingt bien à propos, et lors les assiégez, rompans tout, ne laissèrent sur la place que deux morts, mais emmenèrent ou tuèrent, pour espargner le foin, quarante-six chevaux, que[5] perdirent

1. L'édition de 1618 n'en particularise que trois.
2. Peut-être Charles d'Argye, s. de Pons, guidon de la compagnie du marquis de Villars (Montre du 5 septembre 1572, f. fr., vol. 21532).
3. Ce personnage est nommé Arragon dans l'édition de 1618.
4. *Un des chefs de la ville* est d'Aubigné lui-même.
5. La fin de l'alinéa manque à l'édition de 1618.

autant de volontaires qui, à l'ouyr de l'escarmouche, s'estoyent venus convier d'y prendre part.

Du mesme costé de la Lande, soixante arquebuziers de la ville ostèrent à cinquante arquebusiers, conduits par le capitaine Arragon[1], dix chartées de munitions et les vindrent passer à cent cinquante pas de la Lande. Les compagnies des blocus y accoururent. Les soixante, estants renforcées d'encor autant, font teste à droicte et à gauche à ceux qui s'avançoient et emmènent tout à Montaigu.

Il y eut une autre gaillarde escarmouche à la porte Jaillet, où l'ordre de dix hommes de commandement, qui en avoyent chacun vingt affidez et[2] marchoyent séparez pour recevoir les commandements, renversa plus de huict cens hommes jusques derrière leur blocus, pource que, dans le milieu de la confusion, ces dix faisans[3] un corps de deux cens bien serrez, avec une menace de vingt-cinq chevaux que La Boulaye et Sainct-Estienne amenèrent. A mesme temps, tout ce qui estoit confus fut réduict à la fuite.

La dernière des escarmouches fut la plus glorieuse, pource qu'elle se fit contre raison, sur le dessein de l'ennemi. Car telle estoit l'audace des assiégez sur les autres qu'ayans veu de dessus une tour loger sur le ventre quatre cents arquebuziers dans un bois à leur gauche, comme on va à la Barillère, et puis voyans venir Mespieds avec sa compagnie pour attaquer à la mode accoustumée en se retirant, les assiégez se plaignoyent de ne venir plus aux coups d'espée. Mais

---

1. Voyez la note 2 de la page précédente.
2. Ce passage, jusqu'à *renversa*, manque à l'édition de 1618.
3. *Faisans;* le sens exige *faisoient*.

celui qui commandoit aux sorties[1], ayant choisi cent cinquante hommes, parmi cela quinze ou seize armez, ayant envoyé les capitaines Paillez[2] et Mocquart avec soixante convier Mespieds à se retirer, lui prent sa course dans le bois et mesle tellement ceste embuscade qu'en faisant demeurer trente sur la place, il mène le reste dans le fossé de la Barillère; et, pource que les valets de la ville estoyent courus pour butiner au bois, on leur fit emporter le capitaine Sourcil, qui, pour avoir rendu plus de combat que les autres, fut enterré par les assiégez hors de la ville avec les enseignes et beaucoup d'honneur.

Les coureurs de Montaigu ne laissoyent pas, pour le siège, de faire des équipées assez loing; comme en ce temps-là neuf des leurs deffirent deux compagnies de gens de pied marchans dans un chemin creux, auprès de Pont-Rousseau[3]. Et les mesmes furent chargez par dix-huict chevaux de l'armée que les neuf tuèrent tous, horsmis le capitaine La Coste[4], qui[5], pour avoir porté le chef[6] par terre, et avoir très bien faict, fut sauvé par lui. Il a depuis servi à Fontenai. Tous les traits que nous disons faits hors d'apparence, par l'estime

---

1. D'Aubigné lui-même.
2. Ce capitaine ne doit pas être confondu avec Blaise de Villemur, baron de Pailhès, gouverneur du comté de Foix.
3. Pont-Rousseau (Loire-Inférieure), sur la route de Montaigu à Angers.
4. Un capitaine du nom de Lacoste est cité dans les *Lettres de Henri IV* (t. I, p. 491) comme maréchal des logis du roi de Navarre.
5. Ce membre de phrase, jusqu'à ces mots : *il a depuis servi...*, manque à l'édition de 1618.
6. *Le chef* désigné ici est d'Aubigné.

en laquelle estoyent les refformez de ce costé-là envers leurs ennemis. Mais, parmi ces choses qui seront louées, j'en ai une à dire qui sera blasmée des plus judicieux. C'est que Guébriand[1], du costé de La Hunaudaye, ayant envoyé demander un coup de lance, il arriva que celui qui receut le trompette[2], comme estant fortuitement préparé à cela, s'avança avec lui et lui mit le marché au poing, ce qui ne s'exécuta pas, pource que le chef de ce costé l'empescha. Les Poictevins de Sainct-Georges se firent de feste pour réparer ce deffaut. Cela vint par divers cartels que je supprime jusques là que, les assiégez estans deffiez pour se trouver dix des principaux dans le champ de la Barillère, qui est à dire entre les mains de leurs ennemis, avec espée et poignard, ces gens furent si francs du collier qu'ayans pris la parole de La Brosse et Mespieds, ils se vindrent mettre dix en chemise entre deux rangs de leurs ennemis, qui faisoyent six cents hommes au lieu dit et une heure avant l'assignation. Or, comme le cartel étoit signé par le comte et son conseil, aussi furent envoyés Lagot et Guimenière dudit conseil pour conter et visiter les combatans, et puis, ayant aggréé toutes leurs conditions, ils s'en retournèrent, comme ils disoyent, pour leur envoyer de quoi passer le temps. Mais, ayans demeuré là cinq heures, ils receurent une lettre d'excuse. Les soldats des compagnies, frémissans et crians la honte la plus évidente que jamais armée eust receu, se convièrent

---

1. François de Felles, seigneur de Guébriant, fils de François de Felles, seigneur de Guébriant et de la Cornillière, et de Claude Glé, dame de Saint-Thomas.
2. *Celui qui reçut le trompette* est d'Aubigné lui-même.

à tenir la place de leurs chefs, et, comme ils furent acceptez, les capitaines La Brosse et Mespieds se jettèrent entre deux et jurèrent avant se départir de se venir mettre dans le régiment de La Boulaye, que Monsieur avoit desjà prattiqué pour la guerre de Flandres; ces promesses leur estans permises pour le bruit certain de la paix.

Aussi fut-elle receue par le comte du Lude le lendemain, et, comme on disputoit à qui la feroit publier[1] le premier, le comte fit cet honneur à un capitaine des assiégez[2] d'en vouloir prendre son advis; et pourtant mit Roussière-Cul-de-Braye[3] en ostage pour lui. Le capitaine fit voir deux choses : l'une, que tous les mouvements et commencements de trevfes et parlements estoyent bien séans aux maistres de la campagne et non aux autres; d'ailleurs que par la paix les assiégez entroyent en l'obéyssance du comte, ne lui devant rien auparavant; que, pour leur première recognoissance, il estoit bien séant qu'ils receussent, non seulement la paix, mais encores de lui l'exemple de la paix. Entre autres discours, on lui demanda s'ils se

1. L'ordonnance d'exécution par le duc d'Anjou du traité de Fleix, en vertu duquel la ville de Montaigu devait être rendue au roi, fut criée sous les murs de la ville, par ordre du comte du Lude, le 21 janvier 1581. Cette pièce est publiée dans les *Arch. hist. du Poitou*, t. XIV, p. 162.
2. *Le capitaine des assiégez* est d'Aubigné lui-même.
3. René Girard de la Roussière, capitaine catholique, avait pris part aux guerres de religion du règne de Charles IX. En 1587, il était gouverneur de Fontenay pour la Ligue lorsque le roi de Navarre s'empara de cette ville. René de la Roussière était neveu par alliance du comte du Lude et avait été pendant quelque temps lieutenant de sa compagnie (Documents communiqués par Mme la marquise de Cumont).

prévaudroyent de l'appel des dix. Cestui-ci (quoique principal de la partie, comme[1], depuis le coup de lance accepté, ayant maintenu la querelle seul et deffié Landereau, lui à pied et armé en capitaine de gens de pied, contre l'autre monté et armé en capitaine de gens d'armes) respondit : « Si nostre chef nous traictoit à la rigueur des anciennes loix, n'ayant pas tenu à nous que la place ne soit perdue pour nostre gloire particulière, il nous feroit trancher la teste à tous dix[2]. »

Il est temps d'aller où nous sommes obligez par nostre ordre accoustumé, après un mot du Daulphiné, où le duc de Mayenne[3], ayant receu ses commissions, s'acheminoit[4] sur la fin de ceste guerre, avec peu de forces, pource que l'on estoit bien instruit à la cour de la division générale où estoyent les refformez de ceste province, qui s'employoyent les uns contre les autres. Et par là donnèrent de la besongne bien facile et de grande réputation à ce prince, comme nous ver-

1. La suite de la phrase, jusqu'à *respondit,* manque à l'édition de 1618.
2. Le duc d'Anjou, par lettres du 27 janvier et du 2 février 1581, avait prescrit au s. de Tilly, gouverneur d'Anjou, de prendre possession de Montaigu, de livrer la ville au comte du Lude, qui était chargé par le roi de la démanteler (*Arch. hist. du Poitou*, t. XIV, p. 163, 164 et notes). L'opération subit des retards par suite de la mauvaise volonté des réformés, et, à la date du 21 février, le traité de Fleix n'était pas encore exécuté à Montaigu (*Ibid.*, p. 168).
3. Charles de Lorraine, duc de Mayenne.
4. Le duc de Mayenne arriva à Lyon avant le 24 juillet 1580 et en partit le 23 août pour Grenoble. Il entra en campagne au commencement de septembre, fut blessé à l'œil, se retira à Romans, puis à Grenoble, partit de Grenoble le 29 septembre et mit le siège devant la Mure le 28 octobre (*Mémoires d'Eustache Piémond*, passim).

rons. Et, quelques remonstrances qu'on leur fist, ils aimoyent mieux devenir esclaves de leurs ennemis que compagnons de leurs frères; regardans plustost d'où estoit Lesdiguières[1], médiocre en moyens mais bon gentilhomme, que quel il estoit et quel il se montra, quand la nécessité chastia les orgueilleux, et quand ils eurent senti leur péril et leur devoir par leurs accidents et par l'industrie du vicomte de Turenne, comme nous vous dirons au livre suivant.

Chapitre XVII.

Liaison des troubles de France avec ceux des quatre voisins.

N'y ayant plus de seureté en Picardie pour le prince de Condé, dès qu'il vid les préparatifs du siège de la Fère, il passa en Angleterre[2], où il fut favorablement recueilli par la roine, et de là, pour prendre le chemin

---

1. Lesdiguières appartenait à une famille de petits gentilshommes qui, de temps immémorial, exerçait une charge de notaire. Voilà la cause de la jalousie passionnée que la haute noblesse du Dauphiné portait à ce capitaine (Roman, *Actes et correspondance de Lesdiguières,* introd., p. xxi). La jalousie alla si loin qu'une assemblée de réformés tenue à Bordeaux, près de Crest, en Dauphiné, au milieu de 1580, investit le jeune Montbrun, alors âgé de douze ans seulement, du commandement général du parti huguenot en Dauphiné, au détriment de l'illustre Lesdiguières (*Mémoires de Piémond,* p. 109, note).
2. Le prince de Condé se mit en route pour l'Angleterre un peu avant le 24 juin 1580, accompagné de neuf serviteurs, dont La Huguerye était l'un. Voyez les *Mémoires de La Huguerye,* t. II, p. 61.

d'Allemagne[1], vint aborder à l'Escluse[2], si bien qu'estant arrivé à Gand, le treizième juillet 1579[3], il y receut comme une espèce d'entrée, et, le mesme soir, se fit l'entreprise de Gand par le marquis de Roubay[4]. Nous en parlerons en son lieu. Seulement, en suivant le voyage du prince, nous dirons de lui qu'il se trouva une picque à la main des premiers à repousser les entrepreneurs, et que, deux jours après, estant parti pour Anvers, il ramena à Gand[5] les forces qui le conduisoyent pour se trouver à une seconde entreprise; et puis d'Anvers, après avoir conféré amplement avec le prince d'Orange et avoir recognu qu'il ne se pouvoit impétrer de secours pour la Fère, à cause des fusées que les Estats avoyent lors à desmesler, il tira à Francfort[6], pour y estre avant la foire d'automne. Là il traita avec le duc Casimir[7] et autres Allemans, pour

1. N'ayant rien obtenu de la reine d'Angleterre, Condé passa peu après en Allemagne (*Mémoires de La Huguerye*, t. II, p. 62).
2. L'Écluse, port du comté de Flandre.
3. D'Aubigné se trompe de date. Nous sommes en 1580. Condé arriva dans les Pays-Bas le 7 juillet 1580 (*Mémoires anonymes* publiés par M. Henne dans la coll. de la Société de l'hist. de Belgique, t. V, p. 292).
4. Robert de Melun, marquis de Roubaix, seigneur de Risbourg, plus tard lieutenant du prince de Parme, tué au siège d'Anvers en 1585.
5. Le prince de Condé, arrivé à Gand le 7 juillet 1580, défendit la ville contre les malcontents et en partit le 8 pour Anvers. Le 18 juillet 1580, il se mit en route pour la Hollande et pour l'Allemagne. Ses exploits à Gand sont racontés dans le tome V des *Mémoires anonymes,* p. 295 et suiv.
6. Le prince de Condé arriva à Francfort en septembre 1580 (*Mémoires de La Huguerye*, t. II, p. 64).
7. Jean-Casimir de Bavière, frère de l'électeur palatin. Les négociations du prince de Condé avec lui sont racontées dans les *Mémoires de La Huguerye*, t. II, p. 64.

avoir une armée au printemps suivant, avec des conditions nouvelles qui semblèrent dures au pays. C'estoit que le duc Cazimir auroit pour seureté et gage de ses payements entre ses mains, ou de gens à lui confidents, la ville d'Aiguemortes, avec le fort de Pecais. Cela estant ainsi conclud, il s'en revint par Genève, et puis par le Daulphiné, accompagné de Clervant et puis du docteur Beutrich. Nous verrons en suitte comment ce labeur fut rendu inutile par les mauvaises intelligences des deux cousins[1].

D'Italie on fit couler des forces dans Avignon, sur la jalousie que donna le passage du prince[2]. Depuis, ces mesmes bandes repassèrent par la Provence en Piedmont et de là à Insprug[3], pour aller trouver le duc de Parme aux Pays-Bas[4].

Le pape Grégoire XIII, sur ses derniers jours[5], receut par les mains de ceux de Lorraine la ligue de Péronne[6] renouvellée aux termes que nous avons déclarez. Tous les cardinaux partisans d'Espagne, ayans pris leur concert ensemble au logis du cardinal

1. Le roi de Navarre et le prince de Condé.
2. Condé, de retour d'Allemagne, passa en Dauphiné au commencement de novembre 1580 et arriva à Nimes le 14 du même mois (Aubais, *Pièces fugitives*, t. II; Mémoires de Merle, p. 18).
3. Inspruck.
4. Alexandre Farnèse, duc de Parme, fils d'Octave Farnèse et de Marguerite d'Autriche, fille naturelle de Charles-Quint, né en 1546, mort le 3 décembre 1592.
5. D'Aubigné se trompe de date. Le pape Grégoire XIII ne mourut que le 13 avril 1585.
6. La ligue de Péronne est bien postérieure à l'année 1580. Voyez le livre suivant.

Borromé[1], firent ligue dans le consistoire, pour faire au commencement approuver simplement, et puis authoriser celle de France. Mais le pape, assisté de fort peu de François et d'Italiens, refusa entièrement ce présent, de quoi il acquit beaucoup de haine du clergé. A ceste occasion, quand la nouvelle du désastre d'Affrique vint, on le chargea d'avoir favorisé l'entreprise de don Sébastien et d'avoir destourné les compagnies qui devoyent commencer la guerre en Irlande, pour les employer là. De mesme temps on fit courir partout un concordat de Magdebourg[2], mesnagé par ceux que nous alléguerons, mais le pape ne se désunit point[3].

Monsieur estoit lors à Tours, où lui furent envoyez nouveaux députez des Pays-Bas[4], pour lui faire accepter ce qu'il fit après. Mais il fut conseillé par Fervaques et Bussi[5] de ne desmarcher point hors de France, en laissant le roi de Navarre et son parti ennemis comme ils estoyent; que les refformez, engagez à la haine des Espagnols et des ligués, estoyent seuls capables de rele-

---

1. Saint Charles Borromée, cardinal et archevêque de Milan, fils du comte Gilbert Borromée et de Marguerite de Médicis, sœur de Pie IV, né le 2 octobre 1538, mort le 4 novembre 1584.

2. Transaction entre l'empereur et Joachim-Frédéric de Brandebourg, archevêque de Magdebourg, qui s'était marié avec sa cousine de Brandebourg sans vouloir renoncer à son archevêché.

3. C'est-à-dire *ne se démentit pas.*

4. Le duc d'Anjou, sur le conseil du prince d'Orange, avait été choisi comme duc de Brabant par les états des Flandres (juin 1580). Le 12 août, les états résolurent de lui envoyer une députation solennelle. Le 19 septembre, les députés du prince français et des états signèrent avec lui, au Plessis-lès-Tours, une convention qui est imprimée par Dumont, *Corps diplomatique,* t. V, p. 380.

5. Bussy était mort depuis le 19 août 1579.

ver son authorité en France, si besoin y eschéoit. Et ce fut pourquoi Monsieur se voulut mesler de ceste paix, comme d'ailleurs le roi aimoit mieux lui en laisser l'envie qu'à soi. Voilà sur quoi se fit le voyage de Libourne et de Coutras[1]. Et cependant, craignant que les Flamans cerchassent un autre chef, comme plusieurs avoyent l'œil sur la maison palatine et ailleurs, il fit marcher les forces qu'il avoit les plus prestes, dont quelques-unes, logées autour de Meulan[2] près Paris, furent chargées par les gardes du roi, qui, importuné et menacé par l'ambassadeur d'Espagne[3] et les chefs de la Ligue, print couleur pour les deffaire de quelques pilleries, comme ils en donnoyent assez d'occasion, mais, d'autre costé, pensa mériter la bonne grâce de ceux qui le pressoyent en faisant pendre quelques prisonniers devant le Louvre.

Le régiment de Combelle[4] fut le premier qui arriva

1. Le duc d'Anjou fut envoyé par le roi à Libourne, à Coutras et en Guyenne « pour écouter les plaintes et remontrances qui luy seront adressées. » Les lettres de commission du roi sont datées du 9 juillet 1580 et conservées en copie du temps dans le vol. 15553, f. 234 du fonds français. Partie de la correspondance du prince pendant cette mission est conservée dans ce même recueil et dans le vol. 6003 des nouv. acq. du f. fr.
2. Meulan (Seine-et-Oise), sur la Seine.
3. L'ambassadeur d'Espagne auprès de la cour de France était don Juan de Vargas depuis près de neuf ans. En juin 1580, Vargas mourut à Paris de la coqueluche (Rapport au roi d'Espagne de juillet 1580; Arch. nat., K. 1558, n° 142) et fut momentanément remplacé par don Diego de Maldonado, son premier secrétaire. La correspondance de Maldonado est conservée aux Archives dans les cartons K. 1558 et suiv.
4. Combelles, capitaine au service du duc d'Anjou, avait été lieutenant de la compagnie colonelle de Martinengo. La Huguerye parle de lui dans ses *Mémoires*, t. I, p. 7. Il était le frère cadet

en Hainaut avec quelque troupe de noblesse, qui marcha sous son aisle. Les bandes espagnoles, qui tenoyent le pied sur la gorge au pays, se rallièrent, et, sachans que les François estoyent logez à Barlemont[1], les vindrent attaquer le dix-huictiesme de may. Mais ces nouvelles bandes, ayans soustenu le premier effort, sortirent sur leurs assaillans, passèrent sur le ventre à ceux qui estoyent pied à terre et menèrent le reste deux lieues fuyant, avec perte de quatre cents hommes, la pluspart Espagnols naturels.

Chapitre XVIII.

De l'Orient.

Émir Evizamizire[2], fils du roi de Perse, despesché au Servan par son père avec quinze mille chevaux, assisté de Salmas[3], premier vizir, au commencement de l'an 1578, rencontra à l'entrée de Servan le bacha Caietas[4], gouverneur d'Ères, qui s'estoit mis à la campagne pour quelque convoi de vivres. Ces quinze mille chevaux tuent le bacha et tout ce qu'il avoit, emportent d'emblée Émir, deux cents canons[5] dedans, et

---

de Jean de Combelles, membre du conseil du duc d'Anjou (*Mémoires de Nevers*, t. I, p. 596).

1. Barlaimont, dans les Pays-Bas, sur la Sambre.
2. Émir-Hamze (c'est ainsi que le nomme de Thou), fils aîné du roi de Perse, Mohamed-Hodabendes, partit de Casbin pour se rendre dans le Schirvan (liv. LXVII).
3. Mizize-Salmas, grand vizir.
4. Le bacha Chaïtas, à qui Mustapha avait donné le gouvernement d'Ères.
5. Émir-Hamze envoya à Casbin les pièces d'artillerie dont parle

prennent cet équipage pour aller assiéger Sumachie.

Souvenez-vous que nous avons laissé Abdith Cheray[1], Tartare, après ses victoires se plongeant en délices aux plus agréables endroicts de la Perse, qui lui semblèrent si doux au pris des Palus Méotides, d'où il estoit parti, que lui et les siens à son exemple ne faisoyent plus aucunes factions. Il en advint que le prince de Perse, prenant son chemin par le logement des Tartares, enfonça les quartiers sans deffense, et, donnant au logis du général, l'emporta avec son reste et l'envoya prisonnier au roi son père à Casbin[2]. De là il assiège Sumachie[3] et Osman le bacha dedans; lequel, ne se voyant point capable de deffense, entendit à capituler dès la première sommation; demanda seulement trois jours par courtoisie, pour disposer de son équipage, à lui accordez par la capitulation. C'estoit que dans ce terme il attendoit le secours des Tartares, mais, cognoissant le malheur qui leur estoit arrivé, pensa diminuer le sien par une fuitte de nuit à Demicarpi[4], si forte d'assiète et d'artifice qu'il délibéra d'y attendre le prince Mirize, lequel, se contentant du recouvrement du pays perdu, ou de la pluspart, ayant mis bonne garnison en ses conquestes et puni quelques habitants de leurs laschetez[5], s'en

d'Aubigné pour en faire hommage au roi son père (De Thou, liv. LXVII).

1. Abdil-Chirai, frère de Cumans, roi de Tartarie.
2. Casbin, en Perse, dans l'Irac, près du mont Elwend.
3. Scamachie, capitale du Schirvan.
4. Temir-Capi, ville près de Scamachie.
5. Émir-Hamze, prince de Perse, traita les habitants d'Ères et de Sechi avec plus de sévérité que ceux de Scamachie parce qu'ils s'étaient rendus aux Turcs.

retourne à Casbin, où le père le receut triomphant[1].

Là estoit prisonnier dans le serrail Abdith Cheray, prisonnier de nom, mais en effect honoré de tous et caressé de toutes les princesses et autres[2], poussées à son amour par deux grands commandements; le plus grand, de son extrême beauté et adresse de corps et d'esprit; l'autre, par l'ordonnance expresse du roi, qui ne vouloit rien oublier à gagner ce cœur, et par lui le roi de Tartarie, et ainsi destourner un puissant secours à son ennemi, pour le faire sien en ces nécessitez. Il n'espargna rien à cela, jusques à l'offre de sa fille en mariage. Mais un autre amour aveugla le prisonnier et l'attacha à la roine de Perse; elle de mesme à lui, avec des privautez si descouvertes que les sultans et grands du royaume, les uns jaloux de l'honneur de leur maistre, les autres rivaux de mesme affection, conjurèrent la mort de ce jeune prince; l'exécutèrent dans le serrail[3]. De là vont poignarder la roine et la jettent par les fenestres[4]. Et, pource qu'après cette action ils ne se cachèrent point, on a présumé que celui qui avoit le principal intérêt en cet affaire y eust donné consentement. Ce fut à la fin de l'année à

---

1. Émir-Hamze revint à Casbin suivi de sa mère, la princesse Begum, qui l'avait accompagné dans son expédition (De Thou, liv. LXVII).

2. Abdil-Chirai se disait frère du kan des petits Tartares et s'était attiré les bonnes grâces de Mohamed-Hodabendes, surtout celles de la princesse Begum (De Thou, liv. LXVII).

3. « Notre langue, » dit de Thou (liv. LXVII), « n'a point de termes pour exprimer son supplice. »

4. De Thou révoque en doute la mort de la princesse Begum immédiatement après celle d'Abdil-Chirai. Ce qu'il tient pour certain, c'est qu'elle ne parait plus depuis au sérail (liv. LXVII).

laquelle Mustapha s'estoit retiré dans Erzeron[1], laissant faire la guerre aux autres bachas et se reposant de ses labeurs.

Au commencement de la suivante, ce général, renforcé de plusieurs bandes, qui vindrent devers Alep[2] et devers le Caire, s'en alla à Chars[3], sur le fleuve Euphrate; où il battit une forteresse de quatre-vingts tours, pour la perfection de laquelle, après la force, il n'oublia rien des délices, comme force canaux tirez du fleuve, des lieux pour les jeux publics et des estuves, avec toutes sortes de voluptez[4]. Cependant avoit esté despesché Assam bacha[5], pour secourir Tifli[6], assiégé par les Perses. Aliculi-Cham[7] et Simon[8] allèrent au-devant et firent un grand escarre à la teste d'Assam. Mais, le gros des Turcs arrivant au combat[9], Aliculi fut pris; qui servit bien puis après de bon guide à un retranchement que Simon fit entre les montagnes, où il arresta sur le cul l'armée d'Assam, et le ruinoit sans un passage que lui monstra son prisonnier.

1. Erzeroum, dans la Turquie d'Asie, sur l'Euphrate.
2. Alep, en Syrie, sur le Marsgras ou Goié. Elle passait pour la troisième ville de l'empire ottoman.
3. L'armée de Mustapha, en quittant le Caire, fit route vers la forteresse d'Hassan-Chalassi et arriva enfin à Chars en douze jours (De Thou, liv. LXVII).
4. L'armée de Mustapha termina les fortifications de Chars vers le 25 août 1579 (De Thou, liv. LXVII).
5. Hassan, bacha de Damas, fils de Mechmet, qui avait exercé à la Porte, pendant plusieurs années, la charge de grand vizir.
6. Tiflis, dans le Gurgistan, capitale de la Géorgie, sur la rive droite du Kur.
7. Alyculi-Chan, officier persan.
8. Simon-Chan, officier persan.
9. Le combat, engagé entre les Turcs et les Persans, se livra dans la forêt de Tomanis (De Thou, liv. LXVII).

Or, durant que Mustapha se reposoit à Erzeron, les courtisans de Constantinople lui taillèrent de la besongne, entr'autres Sinam bacha[1], qui, cognoissant Amurath pour le plus inconstant prince qui ait esté en plusieurs siècles, fit sçavoir à la Porte comment Mustapha, par son mauvais soin, avoit fait périr plus de 60,000 hommes, plus de morts de faim et de noyez que de péris en combat; de plus que cet homme, libéral de vies et avare de l'or, avoit faict trafic de toutes choses publiques, et sur tout des charges de l'armée, qu'il avoit fournies de gens mieux garnis de bourse que de cœur et d'entendement. Premièrement, on mit prisonnier le Desterdar, qui est le thrésorier, et le Niscangi[2], qui est le chancelier de l'armée. Ceux-ci ayans esté ouys et lui mandé, fut déclaré Mansul, qui est à dire sans charge; dont advint que cettui-ci, ayant passé quelque temps à crier et à hurler, en détestant les cruautez de Cypre, s'empoisonna et mourut enragé, son bien acquis au casena de l'empire[3].

Durant la guerre de Perse, Mahomet, bacha et grand vizir, celui mesmes qui causa la paix des Vénitiens, avoit empesché les efforts de la guerre qu'on avoit préparée en l'Europe, et en cela soulagé la dernière vieillesse de Maximilian et le désavantage que sa mort[4] porta aux frontières chrestiennes. Ce bacha estoit fort porté au soulagement de l'Europe; causa la paix avec

---

1. Sinam, bacha de la Porte, rival de Mustapha.
2. Le dephterdar et le nischanzin, trésorier et chancelier de Mustapha.
3. Mustapha, né en 1535, mourut le 7 août 1580. Voyez dans de Thou quelques détails sur sa mort (liv. LXXIII).
4. Mort de Maximilien II, fils de Ferdinand Ier, 12 octobre 1576. Il était né le 1er août 1527.

l'empereur et le roi d'Espagne. Mais, encor plus curieux de faire du bien aux François, il avoit empesché de nouveau une querelle d'Allemagne contre les Vénitiens, à cause de du Bourg [1], qu'ils avoyent pris et donné à l'ambassadeur françois [2]; Monsieur l'ayant despesché vers Amurath, durant son esloignement, et depuis estant content par ses appennages, l'ayant luimesmes décelé pour le faire prendre. Le mesme Mahomet chassa de Constantinople un autre du Bourg, qui, en récompense du tort faict à son parent, avoit impétré un tribut sur les marchandises des chrestiens. Or, il arriva que ce Mahomet avoit faict casser les troupes qu'Amurath à son entrée avoit descouplées vers la Transylvanie, et mesmement retrancher les janissaires. Un des cassez, jurant la mort du bacha, se mit dervis, qui sont religieux fort austères et vivent de l'aumosne des passants. Il se donna familiarité dans l'hostel de Mahomet, par les aumosnes qu'il en recevoit. Et ainsi, un jour d'audience, ce dervis se coula à la presse, et,

1. Le s. du Bourg était un intrigant qui, après avoir longtemps habité Constantinople, s'était mis au service du roi de Navarre et lui avait proposé de décider les Turcs à envahir l'Espagne et peut-être la France à la suite d'une descente à Aigues-Mortes. Le Béarnais ne fut pas longtemps la dupe de ce personnage. M. Berger de Xivrey lui a consacré une assez longue note d'après les *Mémoires de Mad. de Mornay*. (*Lettres de Henri IV*, t. I, p. 133.) Partie de la correspondance de ce personnage et de celle des ambassadeurs espagnols à son sujet est conservée aux Archives nationales dans le carton K. 1542.

2. Jacques de Germigny, baron de Germoles, maître d'hôtel ordinaire du roi, ambassadeur de France à Constantinople après les deux frères François et Gilles de Noailles. Partie de ses négociations est imprimée dans le tome I de *l'Illustre Orbandale*, in-4°, 1662. Partie est encore inédite, f. fr., vol. 4125, 4631, 6628, 16143; V^c de Colbert, 338.

se prosternant, présenta un papier. Le bacha, croyant qu'il demandast une aumosne, se baissa pour tirer sa bourse, et l'assassin tira de sa manche un cousteau, duquel il lui donna dans le petit ventre. Cestui-ci, appliqué à diverses géhennes et mené devant Amurath, qui le voulut interroger lui-mesmes, et encores à la mort, ne confessa jamais rien, sinon qu'il avoit eu une particulière vision du ciel pour tuer Mahomet, comme fauteur des chrestiens et qui avoit espargné leurs vies en plusieurs endroits. Cette mort arrivant au poinct que le général Mustapha fut dégradé[1], Sinam fut eslevé sans peine à l'estat de grand vizir de l'empire[2]; et puis, comme Cadislequier, receut l'enseigne impériale de la main d'Amurath pour aller en Perse[3] en la place de Mustapha[4], où il arriva au commencement de juin. Sa première action fut de faire une monstre générale à Civas[5], où il trouva l'armée fort débiffée, et pourtant, ayant despesché à Constantinople pour demander des forces de l'Europe, Amurath fit tenir un conseil notable et pour grands affaires, qu'ils appellent Ajac-Tiphan. Là fut conclud de continuer la guerre de Perse, et Sinam, ayant receu les forces demandées, les mena à Erzeron.

1. Mustapha, après la mort d'Achmet, aspirait à la charge de grand vizir, mais il fut disgracié à la suite d'intrigues du sérail.
2. Amurath envoya le Capigi-Bachi vers Sinam pour lui porter la nouvelle de sa promotion à la charge de grand vizir. Sinam se rendait alors à Archichelec pour gagner Tomanis (De Thou, liv. LXXIII).
3. Sinam était parti de Constantinople le 25 avril 1580 pour se rendre en Perse (De Thou, liv. LXXIII).
4. Mustapha avait été rappelé à Constantinople et y arriva au moment du départ de Sinam.
5. Sivar, l'ancienne Sébaste, dans l'Anatolie.

Le Perse, désireux de repos et adverti de la résolution que nous venons de dire, envoya un ambassadeur nommé Maxat[1] demander la paix[2], en quittant Tiflis et Chas et en sauvant pour soi le Servan. Tel fut le desdain de la paix du costé du Turc, qu'il mit en prison Maxat, et, par la crainte de la mort, lui fit promettre ce qu'il vouloit. Le maistre de l'ambassadeur, sçachant qu'il avoit sauvé sa vie aux despens de son honneur, envoya quinze hommes au-devant de lui, pour le prendre en une sienne maison, où il s'estoit relaissé pour la crainte ou pour le travail. Ces hommes, bien receus et festoyez, furent pris la nuict dans leurs licts et dévalez dans un puis sec par Maxat, qui, ayant ployé bagage, gagna un bateau et puis Constantinople, où il se rendit serviteur d'Amurath[3].

Sinam, de ce temps ayant l'armée du roi de Perse sur les bras, campée à Carachac[4], print place de bataille à Chialder, d'où, se contenant en ses avantages, il despescha au roi de Perse[5] pour l'advertir que par ses conseils les choses estoyent mieux disposées à Constantinople pour la paix que de coustume; ce qui

---

1. Mehemet-Hodabendes envoya à Sivas, où Sinam avait campé son armée, l'ambassadeur Maxud-Chan, sur les conseils des ministres Levent-Ogli et Salmas.

2. Voyez dans de Thou (liv. LXXIII) le discours de l'ambassadeur pour demander la paix, et la réponse de Sinam.

3. De Thou donne quelques détails sur la trahison de l'ambassadeur persan (liv. LXXIII). Lorsque la guerre de Perse fut terminée, Amurath donna à Maxud-Chan le gouvernement d'Alep, où il passa le reste de ses jours.

4. Carachach, non loin de Tauris.

5. Sinam renvoya à Mehemet-Hodabendes, roi de Perse, l'ambassadeur Haider.

fit despescher Hébrain-Cham[1], ambassadeur vers Amurath, auquel, de mesme temps, Sinam demanda congé de se trouver au traicté, comme voyant plus clair qu'aucun autre ce qui concernoit la paix ou la guerre. Durant qu'Hébrain traictoit, on fit à Constantinople de grandes magnificences pour circoncir les enfans du Grand Seigneur[2]; et avoit-on dressé un eschaffaut pour l'ambassadeur de Perse et sa suite, quand la nouvelle d'une grande deffaicte de Turcs, en l'absence de Sinam, arriva, sur laquelle on mit en pièces l'eschaffaut, et Hébrain avec sa suite dans un logis pestiféré, où la pluspart moururent.

Sinam avoit faict tout ce mesnage pour parvenir à estre grand vizir, plus courtisan que capitaine, et en vint à bout; mais receut ce desplaisir de voir mettre en sa place Mahomet bacha[3], qui n'estoit pas son ami. A l'arrivée de cettui-ci, comme il faisoit passer l'armée une rivière, sur l'intelligence d'un Géorgien renié, nommé Manuchiar[4], il fut chargé au pays de la Vefve[5],

---

1. Ibrahim-Chan, ambassadeur persan, arriva à Constantinople le 29 mars 1582, suivi d'un nombreux cortège (De Thou, liv. LXXVII).

2. Mahomet, fils d'Amurath, avait près de seize ans lorsqu'il fut circoncis le 28 mai 1582. Le 9 juillet suivant, les autres enfants du sultan furent circoncis. Voy. dans de Thou les détails de la fête (liv. LXXVII).

3. Mahomet bacha, proche parent de Mustapha, assassiné le 7 août 1580. Le sultan Amurath l'avait chargé du ravitaillement de Tiflis à la place de Sinam son ennemi (De Thou, liv. LXXVII).

4. Le Géorgien Mustapha-Manuchiar avait abjuré la religion chrétienne pour exclure son frère de la succession à la couronne (De Thou, liv. LXXVII).

5. Mustapha était fils d'une veuve très âgée qui régnait dans une province voisine de la Géorgie. Cette expression, *le pays de*

principalement par les Géorgiens que menoyent Tochomaqui, Émir et Cimero. Ces trois portants le tiltre de Cam et de chrestiens. Les Turcs y perdirent douze mil hommes, tout leur esquippage et 30,000 escus pour payer les garnisons de Tiflis, qui n'en pouvoit plus[1]. Mahomet, attribuant son désastre au Géorgien renégat et ayant résolu de le faire mourir, le fit venir en sa tente, ayant aposté des hommes pour lui sauter au collet. L'autre, qui s'en doubta, se fit suivre par une liste de mauvais garçons, auxquels il commanda de se jetter à lui, s'ils l'entendoyent crier. Manuchiar donc entre en la tente, receut une froide révérence, en rendit une plus froide, puis tourna vers l'entrée. Et, comme le bacha de Caramit[2] et le sechaja[3] de Mahomet le voulurent forcer, il jetta un cri et, à mesme temps, d'un coup d'espée, fendit la teste à ce dernier; d'un autre coup sur la teste aussi, abbatit à ses pieds le bacha[4] et mit Mahomet sur le pavé de cinq coups d'espée, le laissant comme mort[5]. Puis, à la faveur des siens qui estoyent entrez, se retira.

Tels discours arrivez vers Amurath le mirent en cholère contre Sinam ; lui, de se descharger contre le

---

la veuve, est claire dans de Thou, qui donne de longues explications (liv. LXXVII). Elle est incompréhensible dans d'Aubigné.

1. De Thou donne quelques détails sur la défaite des Turcs devant Tiflis (liv. LXXVII).

2. Le bacha de Cara-Hemid faisait partie de l'expédition de Tiflis, commandée par le bacha Mahomet.

3. Le Kihaïa dont parle d'Aubigné était le capitaine des gardes du bacha Mahomet. Il fut tué au Divan par Mustapha-Manuchiar.

4. De Thou rapporte que Mustapha-Manuchiar ne fit qu'effleurer l'oreille et la mâchoire inférieure de l'eunuque Hassan, bacha d'Amide.

5. Le bacha Mahomet guérit de ses blessures.

général Mahometh et de remémorer combien de fois, lors de son envoy, il l'avoit déclaré indigne de commander. Et puis, en passant oultre, dict hardiment à l'empereur que, s'il ne vouloit voir ses affaires ruinées en Perse, il faloit avancer sa personne vers Alep, et encor plus près du Persan, que telle approche contraindroit à la paix, pour la vigueur que ses forces en recevroyent[1]. Mais, à la vérité, c'estoit pour, en l'absence d'Amurath, commencer un dessein d'eslever Mahometh sur le throsne de son père. Or, la femme de Sinam n'eust pas plustost ce dessein au cœur qu'elle l'eut à la bouche et Amurath aux oreilles, par un rapport incertain, qui, espérant en son inconstance, lui fit despouiller Sinam de ses honneurs[2] et le bannit tost après[3].

Un mesme soupçon du roi de Perse contre son fils Abbas Mirizi[4] n'eut pas un succès pareil, car cette crainte, lui estant donnée par Salmas, vizir[5] de Perse, fit mettre le roi aux champs avec quatre vingt mil

---

1. Voyez dans de Thou la réponse arrogante de Sinam aux reproches du sultan Amurath.

2. Le sultan Amurath déclara Sinam « mansul, » c'est-à-dire déchu de tous ses honneurs, notamment de la dignité de grand vizir, et confisqua ses biens (De Thou, liv. LXXVII). Il donna sa place à Siasnes bacha, Hongrois, qui avait épousé une sœur d'Amurath.

3. Sinam fut d'abord relégué à Damotica, près d'Andrinoples, et transporté ensuite à Marmara, dans la Macédoine, sur le chemin de Constantinople à Raguse (De Thou, liv. LXXVII).

4. Abas Mirize, fils et successeur de Mahomet-Hodabendes, roi de Perse, vice-roi de Heri, l'ancienne Aracosie, sur les bords de la mer Caspienne.

5. Mirize-Salmas-Chan, premier ministre de Mahomet-Hodabendes, ennemi juré d'Abas-Mirize, avait marié sa fille à Émir-Hamze, fils aîné du roi de Perse.

hommes, le poussa à faire mourir le gouverneur du Servan et deux sultans, et s'en alloit rendre tous les plus grands piliers de son royaume, premièrement criminels du soupçon et puis de l'accusation et en tiers lieu de la prison, qui est le crime de prophétie et ne se pardonne point. Mais, tous les sultans et conseilliers d'estat qui suivoyent ce prince l'amenèrent par une sage remonstrance, premier que juger la question du droict et la mort méritée par son fils, à esplucher celle du faict. En cette recerche ils apprirent que jamais le prince Abbas n'avoit pris authorité ni tiltre que de vice-roi. Et puis s'offrirent à maintenir par la prison de tous que le vizir Salmas avoit forgé telle calomnie pour faire place par la mort de l'aisné au second son gendre, qui estoit le prince Émir. Cela bien recerché, Codobande[1] reprit son fils en grâce, dégrada Salmas et le fit pendre.

D'autre costé Amurath l'inconstant, ayant encores osté l'armée de Perse au bacha Mahomet, à son arrivée, envoya 30,000 ducats pour faire un fort à Reinan et conserver Cars[2]. Mais nostre Manuchiar, après les coups que nous avons dict, se repentant d'estre révolté, signala son retour aux chrestiens en chargeant Capigi[3] et un chaoux, qui conduisoit l'argent, et tua le convoy. Cela fut cause que Ferrand[4] pilla tout le pays

---

1. Mehemet-Hodabendes, roi de Perse.
2. Le bacha Ferhates avait reçu la mission de fortifier Reivan et d'assurer la route de Chars à Reivan.
3. Capigi bachi ou Capitzilar kikaïa.
4. Le bacha Ferhates avait été nommé généralissime de l'armée turque pour l'expédition contre les Perses sur la fin de l'année 1582 (De Thou, liv. LXXVII).

de Manuchiar, et, par intelligence qu'il eut avec les Turquomans de Perse, gastoit tout le pays, sans l'armée que le roi assembla à Tauris[1], qui effraya les Turquomans par la prise, aveuglement et mort de leur chef Émir Cham.

Sous ce trouble, Ferrand, qui avoit entrepris d'aller à Naecinan[2], fortifia en Géorgie Tamanis et Lori, où il laissa le bassa Hali. Manuchiar et Hali, avec peu de gens, mais bons et braves, combattirent au partir de là Ferrand, lui troussèrent une grand'partie de son avant-garde, et puis, ne pouvans avec quatorze mille faire impression dans 80,000, se démeslèrent sans confusion et laissèrent leurs ennemis assés contents de rompre le voisinage.

Ferrand voulut contenter ses troupes par le pillage de Géorgie[3]. Mais, au contraire, la licence les rendit si effrénez que, s'estans mutinez, ils le voulurent tuer. Et, après lui avoir faict souffrir toutes sortes d'outrages et d'injures près de Cliqua, coupèrent les cordes de ses pavillons, pillèrent ses thrésors, emmenèrent ses femmes et ses eunuques, et le contraignirent de se sauver à Erzeron, où il ne demeura guères sans sentir l'inconstance de son prince, qui le despouilla de sa charge et de son honneur, pour envoyer en sa place Ôsman bacha, que nous avions laissé à Sumachie et Demicarpi. Cela au terme que nostre livre prend fin.

1. Tauris, en Perse, capitale de la province d'Adherbijan.
2. Nacchivan, capitale de l'Arménie persane.
3. Mustapha-Manuchiar, sur les instances de son beau-frère Simon-Chan, venait d'abjurer le mahométisme. A cette nouvelle, le bacha Ferhates ravagea son pays, pour venger l'injure qu'il avait faite à la religion musulmane (De Thou, liv. LXXVII).

Chapitre XIX.

Du Midi.

Vous ne me sçauriez point de gré de vous amuser aux pirateries de la coste de Barbarie, ni à vous compter les desseins inutiles qu'avoit eu Juan d'Austrie sur Tunis. Mais vous et moi bandons sur le traict pour venir à ceste grande bataille des trois rois[1].

Sébastien de Portugal[2] voua le jour de Sainct-Jean à l'embarquement de son armée, qu'il se vid ensemble le vingt-sixiesme de juin, composée de treize cents voiles et entre autres douze galères pleines de noblesse, soixante vaisseaux chargez de gens de guerre, et de près de sept cents autres de charge[3].

Quelques jours furent employez en dévotions[4], selon les ordonnances d'un légat, exprès envoyé par le pape[5],

---

1. Dom Sébastien, roi de Portugal, Mulei-Méluc, oncle de Mulei-Mahomet et roi de Maroc, et Mulei-Mahomet, surnommé le Noir, qui prétendait être aussi roi de Maroc.

2. Sébastien, roi de Portugal, né à Lisbonne le 20 janvier 1554, fils du prince João et de Juana, fille de Charles-Quint, régnait depuis le mois de juin 1557. Il avait conçu le projet de recommencer les croisades et de reconquérir le tombeau du Christ. Le Maroc étant en proie à la guerre civile, Sébastien avait résolu de commencer la guerre aux Musulmans par l'Afrique.

3. Le 25 juin 1578, dom Sébastien embarqua sa flotte. Ses troupes étaient composées de 10,000 Portugais, 1,000 Espagnols, 3,000 Allemands, 500 Italiens et un grand nombre de gentilshommes volontaires (De Thou, liv. LXV).

4. La cérémonie de la bénédiction de l'étendard royal avait eu lieu le 14 juin 1578 dans la cathédrale de Lisbonne. Voy. le récit de Rebello da Silva, *Invasion du royaume de Portugal*, in-8°, 1864, trad. franç., p. 162.

5. Grégoire XIII.

bien garni d'indulgences pour ceux qui feroyent le voyage. Ce temps encores employé à establir sept gouverneurs[1] dans le royaume de Portugal, pource que l'oncle cardinal en avoit refusé l'administration[2].

L'armée vint mouiller à Cadis[3] le second de juillet. Et là séjourna quinze jours pour se fournir de ce qu'on trouva manquer après les ancres levez, et aussi pour recevoir deux régiments d'Andalouzie[4], qui s'estoyent enroollez pour l'embarquement avec la permission du roi Philippe. Estans embarquez à la mi-juillet, il envoye sa grand'flotte en Arzille[5], et lui, avec les galères seulement, prend la route de Tanger, où il sçavoit que Mulei-Hameth l'attendoit en bonne dévotion[6]. Je n'ai que faire de vous monstrer comment ce prince nègre envoya son fils au-devant, ni quelles furent les réceptions et aussi peu les grands et longs discours, par lesquels le roi deschassé mesla aux remerciements tout ce qui faisoit pour son droict, et à la conclusion lui offrant son frère en ostage. Mais Sébastien aima mieux pour lors le voir à la teste des bandes par terre jus-

---

1. Dom Georges d'Almeyda, archevêque de Lisbonne, dom Pedre d'Alcaçova, dom François de Saa et dom Juan de Mascarennas furent chargés de la régence du royaume en l'absence de dom Sébastien.

2. Le cardinal Henri, oncle du roi de Portugal, avait refusé la régence du royaume, s'excusant sur son grand âge.

3. Don Alfonse Perez de Gusman, duc de Medina-Sidonia, fit au port de Cadix une magnifique réception au roi de Portugal.

4. Les deux régiments d'Andalousie étaient commandés par don Alfonse d'Aguilar.

5. Arzille, dans le royaume de Fez, à trente-cinq lieues nord-ouest de Fez.

6. Mulei-Hamet, vice-roi de Fez, attendait la flotte portugaise dans un lieu appelé la Fiera del Giovedi.

qu'en Arzille, d'où il envoya ce jeune prince à Mazagan[1], place donnée entre les mains des Portugais, non toutesfois en qualité d'ostage, mais bien de seureté. Ce fut auprès d'Arzille que l'armée campa avec ordre et retranchement[2].

De tout ceci, le roi Abdel-Melech, bien adverti, après avoir discouru parmi ses privez sur le mauvais dessein de Portugal, pour l'infidelle et foible société de Mulei-Mahameth, il fit publier quelques édicts pour le pays contre les chrestiens, et puis déclaration de guerre contre tous ceux de ce nom-là, au grand contentement des Mores. Ayant faict les appresls de son armée à la mi-avril, il fit son rendez-vous général à une mosquée nommée Temoscna, lui marchant en litière, pour une grande débilité d'estomach qui l'accompagna jusques à la mort. Il acheva de joindre ses forces à une journée d'Alcaçar, et là fit reveue de cinq mille arquebuziers choisis, dix mille lanciers mores tels quels, deux mille argolets, et de 24,000[3] chevaux arabes, tout cela faisant près de 60,000 hommes de combat, mettant la principale espérance de ceste grande foule aux cinq mille arquebuziers. Tout cela s'avança fort lentement et en faisant plusieurs séjours jusques à tant qu'ils vindrent camper à Alquazarquibir[4].

D'autre costé, l'armée des deux autres rois desploya à une monstre générale à deux journées d'Arzille qua-

---

1. Dom Sébastien alla lui-même à Mazagan, suivi de Martin Correa de Silva.

2. Dom Sébastien perdit à Arzille environ 18 jours (Rebella da Silva, p. 182).

3. L'édition de 1718 porte 2,400 chevaux.

4. Alcazar Quivir, sur la côte de Barbarie, dans le royaume de Fez.

torze mille hommes de pied et deux mille[1] gens d'armes, pour tout ce qui avoit passé l'eau, avec trente six pièces de campagne bien attelées. Les autres ont mis en ce compte un bagage desmesuré et plusieurs compagnies de garses, de quoi nous n'avons que faire. Ces gens de pied estoyent composez de trois mille Allemans restans des cinq mille, de deux mille Espagnols, six cents Italiens, autant de la garnison de Tanger et les deux mille cinq cents avanturiers desquels il se fioit. Le reste estoyent Portugais, picques seiches et bisongnes[2]. Mulei-Mahamet et ses conseilliers tendoyent à temporiser près de l'Arache[3], tant pour estre favorisez d'une armée de mer, laquelle, avec la garnison de Mazagan, amusoit trois mille bons hommes, que pour une espérance qu'avoit tousjours Mahameth, que les forces de son ennemi se donneroyent à lui s'il les hallenoit. Abdel-Melech, de son costé, trouva moyen de négocier[4] avec don Sébastien et lui vouloit laisser prendre l'Arache, afin qu'il s'en retournast ayant faict quelque chose, mais les froideurs de son compagnon et de son ennemi ne peurent l'attiédir; si bien que, s'estant avancé le long du fleuve d'Alcaçar jusques au lieu où il joinct la rivière d'Arache, sans s'approcher de la ville, pour la crainte qu'avoit Mulei-Mahamet du contentement que son ennemi avoit espéré, la rivière

---

1. L'édition de 1618 porte 200 gens d'armes.
2. *Bisongnes*, recrues.
3. Larache, au royaume de Fez, à l'embouchure de la rivière de même nom.
4. Les deux princes Maures offraient au roi de Portugal une partie du Maroc, ce qu'ils possédaient et ce qu'ils ne possédaient pas. Le message de Mulei-Moluk est daté du 22 juillet 1578. Voy. le récit de Rebello da Silva qui a analysé ces négociations (p. 174).

empescha le combat le dimanche, comme aussi le temporisement perpétuel d'Abdel-Melech, lequel eust encores dilayé la bataille sans la peine qu'il avoit d'empescher ses Mores de se révolter, et mesmes qu'il lui avoit falu estre toute la nuict à cheval pour tenir en prison les compagnons.

Mais, le lundi, quatriesme d'aoust, on commença au poinct du jour à voir les Mores[1] avancez sur un haut terrier, plus pour recognoistre la contenance de l'armée chrestienne que pour la presser au combat. A leur veue, l'artillerie des chrestiens passa le gué en diligence, comme aussi, le passage estant large, les bataillons passèrent presque tous formez. Et ce fut pourquoi on les fit oblongs, à la charge de faire front de file pour les mettre en l'ordre que nous allons dire.

Toute l'infanterie ne fit qu'un corps carré, faisant pourtant à chaque bataillon face diverse, car, le premier avancé s'estendit en front, faisant la corne gauche et y fournissant les deux parts. L'autre s'estendit en file, faisant de sa teste et de son estroit le tiers du front, et de son long les deux tiers de la face de main droicte. Les autres deux, faisans tout de mesme, achevèrent le quarré, laissans au milieu un champ où print place le général accompagné de ce qu'il avoit d'eslite. Le bataillon de main gauche estoit des Allemans et Italiens, commandez par le comte d'Irlande[2]; celui de main droicte estoit des garnisons de Tanger commandées par Alvaro Perez de Tavora. Le bataillon qui fai-

---

1. Les Maures avaient à leur tête les capitaines Dogali-Algori de Grenade et Osarin de Raguse.
2. De Thou dit que les Allemands étaient commandés par Martin de Bourgogne, seigneur d'Amberg.

soit le coin de main gauche en arrière estoit d'Espagnols et Italiens, sous Alonzo d'Aquilar; le quatriesme estoit tout de Portugais, où commandoit Loys Cæsar; chascune forme estoit de trois mil hommes pour le moins; les quatre maistres de camp recognoissans pour colomnel Duarté de Menezès, gouverneur de Tanger. Les deux mil hommes d'armes furent partagez en quatre; à chascune cinq cents chevaux au milieu des lattes, horsmis celle de devant, qui avoit pris place à l'aile droicte, pource que tout le front estoit garni d'artillerie, au nombre de trente-six pièces. Nous avons laissé au roolle de l'armée Mulei-Mahameth et les siens en arrière; c'est pource que, n'ayant que mil hommes, moitié arquebuziers, moitié lanskenets, il print sa place en arrière le plus hors du combat dans le chemin où les deux rivières s'assemblent; desquelles celle de l'Arache fermoit le derrière de l'armée chrestienne, et celle d'Alcaçar costoyoit les deux, mais celle des Mores de si près qu'elle leur servoit de fossé.

Abdel-Melech, bien que demi-mort en sa lictière[1], aida[2] pourtant à son frère à former son armée et mettre la teste en un grand croissant, duquel les cornes s'estendoyent près de demi-lieue. Ce croissant du grand corps de ses Mores entremeslez de quelques files de gens de pieds; la pointe de main droicte estoit confortée par un quarré de 1,000 chevaux, lanciers, qui avançoyent encores à leur droicte; mille arquebuziers à cheval pour leur servir de carabins et ausquels ils

---

1. Abdel-Melech avait été empoisonné quelques jours auparavant. Voy. le récit de Rebello da Silva.

2. Mulei-Méluc quitta son camp le 2 août 1578 pour joindre ses forces à celles de son frère Mulei-Hamet.

se fioyent beaucoup; tout cela commandé par Mulei-Hameth[1], frère du roi. L'autre corne, qui faisoit la gauche, avoit mille arquebuziers à cheval d'avantage, qui estoyent en mesme posture que les autres, commandez par Mahameth Zarer, vice-roi. Au milieu du croissant et en arrière estoit le grand bataillon de tous les arquebuziers à pied; au milieu de cela le roi gardé de deux cents renégats halebardiers; aux costez et derrière du roi y avoit dix scadrons de chacun deux mille chevaux pour partir de la main aux occasions. L'artillerie estoit de mesme celle des chrestiens, mais plus retirée dans le creux du croissant. Et ainsi les deux armées se trouvèrent en estat de parler ensemble en un sable, sans advantage, entre onze heures et midi, plustost que Mulei-Mahameth et son conseil n'eussent voulu; car, n'ayant peu obtenir du roi chrestien de gagner la coste de la mer pour tirer flanc des navires, ils essayèrent de faire marcher si froidement, que le combat ne put commencer que sur le soir; mais à tous ces advis nostre roi soldat crioit au poltron.

Sur le point que les armées approchoient du costé des chrestiens, don Sébastien fit une longue harangue à ses soldats sur les incommoditez qu'ils avoyent receues pour parvenir au champ du combat, et sur celles qui les presseroyent plus rudement au cas qu'ils oubliassent leur vertu, le pays ne leur permettant point de refuge, ni les ennemis de pitié; et puis il acheva par la bonne espérance de la victoire à l'exultation de la religion chrestienne.

En marchant pour le combat, le propos du roi fut

1. Mulei-Hamet, vice-roi de Fez, avait rejoint son frère Mulei-Méluc le 4 juillet 1578 (De Thou, liv. LXV).

suivi par les prélats qui assistoyent en ce voyage : premièrement par un nonce du pape[1], commissaire pour ceste expédition ; par les évesques de Conimbre[2] et de Porto, et puis par grande quantité de moines de tout ordre qui portoyent de grandes croix, et, en exhortans au mespris de la mort, accompagnèrent les combattans jusqu'à lances baisser.

Abdel-Melech, que son conseil avoit voulu faire couler à Maroco comme paralitique et n'en pouvant plus, contraignit ses gens de lui amener un cheval, monta dessus, et, pour s'y pouvoir tenir, fit attacher quelques courroyes de la selle à sa ceincture, quoi qu'il n'eust monté à cheval il y avoit deux mois. Il se fit couvrir d'un drap d'or tout parsemé de grands diamens et de perles par l'aide de deux stafiers, qui, avec deux fourchettes, soustenoyent le manteau, cet esclat corrigeant en quelque façon sa palleur et sa jaunisse. Il ne harangua[3] que de promesse et de grands dons à ceux qui se signaleroyent, et, pource qu'il estoit prince de foi, on tient que ses propos arrestèrent plusieurs Mores et Arabes qui bransloyent pour lui faire un mauvais tour. Ce fut lui qui livra de chance, en criant : « Haut les bras ! » Mais son artillerie n'eut pas achevé sa volée que l'arquebuzerie des deux armées joua, quoi que d'assez loing. De mesme temps, Alvaro Perez[4] part de la droicte des chrestiens avec ses cinq

---

1. Alexandre Formento, nonce du pape Grégoire XIII.
2. Emmanuel de Menesès, évêque de Coïmbre. Arias de Silva, évêque de Porto.
3. La harangue prêtée par de Thou à Mulei-Méluc (liv. LXV) est une harangue supposée.
4. Dom Alvaro Perez de Tavora était frère de dom Christophe de Tavora.

cents chevaux et donne à la gauche au vice-roi Zarer. Cestui-ci, emporté par les siens après la perte de deux cornettes, se mit en route, et quelques-unes de ses troupes allèrent contre la victoire des chrestiens à huict lieues de là. Abdel-Melech, voyant cela, demanda son cheval que par foiblesse il avoit laissé; et, comme ses gardes le voulurent arrester pour la mesme cause et qu'ils tinssent les rennes pour l'empescher d'aller à la charge, il voulut mettre la main au cimeterre, pour tuer ceux qui l'empeschoyent, mais, sa paralysie lui ayant monstré qu'il estoit sans main, il perdit la parole et tomba sur l'arçon. Puis, comme on l'eut remis en sa lictière, il s'efforça de dire : « Marchons plus avant! » Et dans un quart d'heure rendit l'esprit[1], ce que ses gardes cachèrent habilement.

La moitié des 2,000 chevaux que nous avons partagez en dix bandes, ne voyans que 500 chevaux chrestiens à la poursuite des leurs, font leur charge; et à ceste charge se rallie ce qui estoit le plus pesant à fuir. Cela ramena nos 500 chevaux si rudement, qu'ils les poussèrent sur le bataillon des chrestiens, de main droicte, et cela commença la première confusion.

Le roi de Portugal, qui jusques-là avoit demeuré dans son chariot retenu par les siens, saute à cheval couvert d'armes vertes, et alla à la charge entre le duc d'Alvero[2] et le jeune comte de Virmiose, qui depuis fut connestable, et mit encores en route tout ce qui

---

1. Le courage et la mort de Mulei-Méluc au milieu de son triomphe ont excité l'admiration de presque tous les écrivains du temps. Montaigne (*Essais*, liv. II, chap. xxi) en a tiré l'un de ses plus beaux récits.
2. Dom George de Blencastro, duc d'Aveiro.

avoit chargé les siens. Mais les autres mille chevaux qui ne voyoyent pas le combat de leur main droicte si eschauffé, vindrent encores fondre sur les Portugais et renversèrent tout ce qui estoit à la gauche. Il y eut une troupe de chrestiens à droicte qui, ne trouvant rien qui se ralliast, poursuivirent les fuyards si avant, que la besongne fut vuidée avant leur retour; et parmi ceux-là estoit le comte de Virmiose.

J'ai tardé à vous rendre compte de la main droite des Mores, pource que ceux-là marchoyent à pied de plomb et ne meslèrent que le roi don Sébastien, de qui le cheval avoit esté tué auprès du duc d'Alvaro mort. Estant remonté d'un frais, il se vint jetter à l'endroit où Mulei-Hameth faisoit sa charge, lequel il renversa et mit en fuite demi-lieue. Cependant les Mores, de leur main gauche ralliez, comme nous avons dit, avoyent suivi leur bonne fortune, emporté l'artillerie des chrestiens et percé jusques à Mulei-Mahomet, qui, s'enfuyant d'effroi et cerchant un gué à la rivière de Larache, estouffa dans le bourbier. Ce fut lors que toutes les bandes des Mores, et mesmes celles qui estoyent campées loing pour troupes de réserve, vindrent de tous costez accabler les restes des Portugais qui mouroyent en foule, servans leurs corps comme d'un rempart, au lieu où estoit leur roi, qui n'avoit plus auprès de soi que quelques gens d'armes de Tanger.

Les Portugais, voyans tout désespéré, prindrent la route d'Arzile[1], et, comme ils trouvèrent, sortans de

---

1. Mulei-Mahomet le Noir, fils aîné de Mulei-Abdalla, fuyant avec le reste des Portugais vers Arzille, se noya au passage du Mucaçen.

l'armée, le comte Virmiose venant de sa poursuite et cerchant nouvelle occasion, ils l'asseurèrent de la mort du roi pour l'emmener honnestement. Cependant ce prince remonté, comme nous avons dit, combatit encores.

Ceux qui ont escrit en faveur des Espagnols de ce que devint don Sébastien, veulent qu'on lui ait coupé les courroyes de son armet pour lui donner deux coups en la teste et autant en la face, et puis le font tomber de cheval et mourir auprès du lieu où fut commencée la bataille. Ceux qui sçavent combien il est aisé à coupper les courroyes d'un homme bien monté, croyent plustost ce que le comte Virmiose m'en dit quelque temps après, asçavoir que ce roi s'estoit perdu vif ou mort dans la foule de la cavallerie sans avoir esté recognu[1].

Mulei-Hameth, nouveau roi, r'emmena ses forces et ses esclaves, fit le lendemain publier la mort de son frère, print possession du règne, adoucissant les regrets du deffunct, quoi que moindre fust l'espérance qu'on avoit de lui. Il mourut en ce combat 14,000 hommes ; entre ceux-là, le roi Sébastien, tenu pour mort[2], le

1. De Thou a raconté les diverses versions qui couraient de son temps sur la mort mystérieuse de dom Sébastien (liv. LXV). Rebello da Silva a examiné savamment la question, et, après avoir analysé les nombreuses relations de cet événement, conclut que le roi de Portugal, entraîné par son ardeur au milieu des escadrons ennemis, périt obscurément comme un simple capitaine (*Invasion du royaume de Portugal*, p. 240). Plusieurs faux dom Sébastien parurent en Portugal, en Espagne, en Italie et même en France dans le cours des années suivantes. Leur vie et leurs aventures ont donné lieu à des études historiques qui sont analysées par M. Francisque Michel dans *les Portugais en France et les Français en Portugal*, in-8°, 1882.

2. Bataille d'Alcazar et mort de dom Sébastien, roi de Portugal, 4 août 1578.

duc d'Avero et les évesques de Conimbre et de Porto, le nonce du pape, le comte d'Irlande, Christofle de Tavora[1] et son frère Alvaro Perés.

Mulei-Hameth[2] fit enterrer son roi à Fez dedans ses riches vestements. Mon lecteur pourra voir ceste histoire d'un Espagnol[3], qui conte comment plusieurs captifs voulurent racheter le corps du roi pour 10,000 ducats. Cela est estrange à des captifs qui sont bien en peine pour eux-mesmes, et l'on dit que les prisonniers d'amour ou de guerre ne content pas leurs richesses de mesme façon. Cela ne s'accorde pas avec l'enterrement honorable d'Alcaçarquibir, veu que l'autre roi[4], Mulei-Mahomet, fut escorché et sa peau remplie, portée par les provinces. Et puis, pour remplir leurs romans, y mettent les trois corps morts dans une tente. Il y a force autres contrariétez[5] qui descouvrent ceste histoire avoir esté expresse pour prouver comme on pouvoit la mort du roi Sébastien. Pour moi, les diverses doubtes que nous y verrons, et, plus qu'elles, la qualité d'historien, m'en défendent le jugement.

Il est temps de laisser Mulei-Hameth partager ses esclaves et le bagage que l'autheur espagnol met à 400,000[6] ducats, ne se souvenant pas d'avoir estimé[7]

---

1. Dom Christophe de Tavora, grand écuyer du royaume de Portugal, commandait les gens d'armes, corps composé de la noblesse portugaise.

2. Mulei-Hamet, frère de Mulei-Méluc.

3. Antonio de Tordesillas, dit Herrera, auteur d'une *Histoire du Portugal et de la conquête des îles Açores,* Madrid, 1591, in-4°.

4. Var. de l'édit. de 1618 : « ... *l'autre roi* son compagnon *fut escorché...* »

5. *Contrariétez,* contradictions.

6. L'édition de 1618 porte 14,000 ducats.

7. Var. de l'édit. de 1618 : « ... *d'avoir estimé* à plus de 10,000

au contraire de ce qu'il avoit faict ci-devant; et en cela le jugement du lecteur sera plus à propos que le mien.

Hameth, donc, ayant contenté les siens de la despouille, au lieu d'aller assiéger Tanger et Arzille, comme les plus advisez vouloyent, aima mieux s'aller faire recevoir à Fez[1] et à Marroque, où nous le verrons ci-après fort eslongné des vertus d'Abdel-Melech, qui estoit beau de visage par dessus sa nation. Son esprit, excellent de nature, avoit pour acquis les langues espagnole, italienne, arménienne et sclavonne; excellent poëte en langue arabique, si bien qu'on eust dit en France qu'il en sçavoit trop pour un gentilhomme et à plus forte raison pour roi. Les[2] Espagnols ont escrit, pour amoindrir le regret des Portugais, qu'il estoit ami des chrestiens, qui ne souffrent point d'idoles en leurs temples; mais il avoit cela de commun avec tous les Musulmans, comme ayant esté eslevé aux pieds du Grand Seigneur et tousjours rempli de ses bienfaits.

Chapitre XX.

De l'Occident.

Grand fut l'estonnement en Portugal quand on leur annonça la mort des trois rois, et mesme quand on

ce qui estoit, hors les gens de guerre, et par ainsi ne pouvoit y avoir de perte 12,000 combattants, comme il dit. *Hameth...* »

1. Mulei-Hamet fut reconnu de toute l'armée roi de Fez et de Maroc le 4 août 1578.

2. Var. de l'édit. de 1618 : « ... *pour roi*. Quelques écrivains espagnols, pour amoindrir les regrets des Portugais, ont dit qu'il estoit ami des chrétiens; mais je ne sai qui lui auroit causé cet humeur, la nourriture du Grand-Seigneur ou ses bienfaits. »

conta entre les morts dom Antonio, infant de Portugal[1]. Le plus prompt remède aux maux que ceux du royaume craignoyent fut d'eslire pour roi Henri, cardinal[2], oncle d'Antonio et fils du roi don Juan, bien que ce fust chose sans coustume aux Portugais d'eslire aucun du costé maternel, jusques-là que, pour observer la loi mentale, pareille à la salique en France, ils ont mis plusieurs bastards sur le throsne. S'il vous souvient bien, ce cardinal avoit refusé la régence en l'absence de don Sébastien. Il ne fit pas ainsi du royaume, mais l'accepta librement, surtout quand il se vid convié à cela et soustenu par le roi Philippe, qui estoit bien aise de loger en cette place un prince caduc, duquel on ne pouvoit espérer qu'autant de vie qu'il en faloit pour préparer les affaires de Castille[3]. Ce cardinal donc estoit en possession du royaume[4] quand don Antonio arriva, eschappé de la façon que nous vous dirons.

Il tomba, parmi le désordre de la bataille, prisonnier entre les esclaves d'Abdel-Melech, ayant pour compagnon de mesme fortune un gentil cavallier, nommé Gaspard de Grand, homme qui savoit toutes les langues de la coste d'Afrique. Par telle commodité s'estant

---

1. Le bruit de la mort de l'infant était un faux bruit. Dom Antonio, prieur de Crato, successeur de dom Sébastien, né en 1531, mort à Paris le 26 août 1595. Sur la vie aventureuse de ce personnage, voyez le chapitre III de *les Portugais en France et les Français en Portugal,* par M. Francisque Michel.

2. Henri de Portugal, cinquième fils du roi Emmanuel et de Marie de Castille, né le 31 janvier 1512, créé cardinal par le pape Paul III en 1546, roi de Portugal en 1578.

3. Le roi d'Espagne espérait s'emparer du Portugal après la mort du nouveau roi.

4. Le cardinal Henri prit possession du trône de Portugal le 28 août 1578. Voyez le récit de Rebello da Silva.

rendu aimable à ses maistres, il leur persuada que don Antonio estoit un prestre, comme de faict il n'avoit eu d'autre profession tant qu'il s'estoit veu eslongné de la couronne. Il adjousta que ses parents ne le racheteroyent jamais, pource qu'il leur servoit de titulaire, et sous son nom leur faisoit jouyr de grands bénéfices; qu'ils estoyent bien aises de le voir prisonnier et vivant, ce qui leur donnoit moyen d'amasser tout, et que la vacance seroit de preuve difficile. Par telles apparences, il composa pour tous les deux à seize cents cruzades, qui sont treize cents escus. Or, pource que les prisonniers qui sont une fois menez dans le train du prince trouvent la condition plus difficile que les autres, il falut que les esclaves qui les gardoyent prissent une merveilleuse confiance en leurs prisonniers, car, sur leur foi, ils les menèrent aux portes d'Arzille, où ils entrèrent masqués pour recevoir leur argent. D'autre costé, s'estant rendu à Tanger, le comte Virmiose et quelques quatre cents cavaliers, qui, n'estans pas engagez comme le reste selon que nous avons dict, et mesme qui, pour avoir de meilleurs chevaux que les Mores, avoyent faict leur retraictes à petites charges jusques à démesler avec eux deux cents arquebusiers; tout cela, s'estant joinct avec don Antonio, passa à Cadis, après avoir recommandé aux garnisons d'Afrique la loyauté. De Cadis, ils vindrent à Lisbonne, amenans avec eux Adolbiquerin[1] et le kaliphe, son neveu, fils de Mulei-Mahameth et de la sœur de Cid. Cestui-là, ayant esté faict commandeur de l'ordre de Sainct-Jaques et gardant toujours le titre de prince de Maroco pour lui

---

1. Adolbiquerin, commandeur de l'ordre de Saint-Jacques et prince de Maroc.

servir quand l'occasion se présenteroit, s'attacha à choses vertueuses et, en sa jeunesse, se rendit bien aimé des Espagnols.

Don Antonio, trouvant un roi esleu, outre ce qu'il estoit paresseux de son naturel, se rendit encore plus incurieux de despescher aux Indes et aux régions esloignées, comme si en cela il eust travaillé pour autrui. Seulement il s'employa à cercher des preuves pour le procès à venir et surtout à montrer comment Yolente[1], sa mère, avoit formellement espousé l'infant don Louys[2] son père. D'ailleurs, il pensa plaire au peuple par les grandes processions qu'il faisoit pour actions de grâce de sa liberté. Le reste du temps, il faisoit l'hermite en son prioré de Crato, ne sachant pas qu'il faloit dévestir le prestre pour vestir le roi. La première procédure qui se fit pour ce prince fut que Emanuel Elmada, évesque d'Algarbe[3], commissaire esleu en ceste cause, donna un arrest et prononça légitime don Antonio de Portugal. Henri, cardinal, maintenant roi, craignant que don Antonio présent le fist déposer comme héritier par les masles ou craignant du roi d'Espagne ce qui parut après, lui fit un sacrifice de Calicuth, c'est-à-dire, de peur, jetta dans le feu cet arrest et toutes les pièces justificatives de don Antonio, en présence de tous les grands du pays, que les Jésuites avoyent presque tous gaignez pour le roi Philippe, les ayant instruicts qu'il faloit tous tendre au grand dessein, assavoir de mettre la chrestienté sous un roi katholique et sous un seul pasteur.

1. Yolande de Gomez, mère de dom Antonio, était juive.
2. Louis II, père de dom Antonio, prieur de Crato.
3. L'Algarve, province au sud-ouest du Portugal, à l'extrémité de laquelle est situé le cap Saint-Vincent.

Ce roi, misérable, se voyant ainsi défavorisé, eut recours au pape[1] pour le prier d'estre juge de sa légitimation, ce que le consistoire de Rome accepta. Le roi d'Espagne n'osa pas dire, comme il fist depuis, qu'il n'y avoit point de juge sous le ciel pour lui, practiqua seulement par le moyen de ses partisans que le procès demeurast au croq jusqu'à la mort du roi Henri[2], ce qui arriva l'année d'après, que ce vieil roi ordonna par son testament des juges compétants pour la succession de Portugal.

Les Portugais s'opposèrent à telle nomination, maintenans avoir droict d'élection en tel cas, sur tout jaloux de cette loi mentale en faveur de laquelle, pour fuir la quenouille, ils avoyent, comme nous avons dit, fait des rois bastards. Le roi d'Espagne n'avoit pas perdu de temps. Il avoit desjà gaigné tous les vice-rois de Portugal aux pays estrangers, hormis à la Tercière[3], avoit faict couler des hommes et de l'argent en Afrique, aux places du destroict, au castel de Mine et Sainct-Omer, en l'une et l'autre Indie[4] et en tous les lieux où estoyent arborées les armes de Portugal; tout cela tramé par les Jésuites, ses bons amis.

Ainsi, à la première nouvelle du roi Henri mort, il prépara le duc d'Albe[5] et ses autres capitaines pour

1. Alexandre Formento, nonce de Grégoire XIII, favorisant secrètement le parti de dom Henri, obtint du pape un bref de révocation qui enlevait au prieur de Crato tout droit à la couronne.
2. Mort de Henri, roi de Portugal, 31 janvier 1580.
3. L'île de Tercère, la plus considérable des Açores; sa capitale est Angra.
4. Louis d'Atayde et Constantin de Bragance étaient alors vice-rois des Indes.
5. Don Ferdinand Alvarez de Tolède, duc d'Albe, était encore

ce que nous verrons ci-après. Encores qu'il ne laissast pas de faire consulter ses droicts pour la succession par les Jacobins inquisiteurs et Jésuites, il s'apprestoit pourtant pour vuider le procès, premièrement par négociations, et puis par armes. Il voyoit bien que le conseil des cinq establis après la mort d'Henri ne prononceroit pas en sa faveur. Il fit ses principales négociations dedans le pays par le duc d'Ossuna[1] et par Christophe de Mora[2]; et, en mesme temps, le duc d'Albe s'approcha à Uzeda[3], feignant estre disgracié de la cour d'Espagne pour recognoistre les affaires. Au commencement[4] de l'an mille cinq cents huictante, les Estats de Portugal s'estoyent tenus à Almerin[5], un peu devant la mort d'Henri, où avoyent paru tous les ecclésiastiques du parti de Castille; comme aussi plusieurs des grands avoyent esté gaignez par Léon Henriquez[6], Jésuite, auparavant fort contraire aux Espagnols.

Henri Ier, roi de Portugal, estoit mort le dernier de janvier mille cinq cent huictante, bon cardinal et mauvais roi. Aussitost, des cinq gouverneurs de Portugal,

à Uzeda, où le roi l'avait relégué, quand il fut déclaré chef de l'expédition du Portugal.

1. Don Pedre Giron, duc d'Ossuna.
2. Don Christophe de Mora avait été envoyé à Lisbonne par Philippe II, en août 1578, pour complimenter Henri de son élection au trône de Portugal.
3. Uzeda, dans la nouvelle Castille, à 8 lieues au nord d'Alcala.
4. Le 9 janvier 1580, Antoine Pineyro, évêque de Leyra, fit l'ouverture des états d'Almeria. Cette assemblée avait pour but de nommer le successeur du cardinal Henri.
5. Almeria, ville sur la Méditerranée, dans le royaume de Grenade.
6. Le jésuite Léon Henriquez avait été le confesseur du cardinal Henri.

les trois prestèrent serment aux agens d'Espagne, leur aidèrent à corrompre tous ceux qui estoient redoutables, à estonner les foibles et demander conseil de choisir parti à la fortune et à la nécessité. Les Estats, assemblez à Almerin, furent menez à toutes divisions et irrésolutions par un certain Martin Gonsalve[1], quelques oppositions que les meilleurs y fissent, et sur tous Phœbus Moniz[2]. Cette assemblée fit force belles despesches, tant au dedans pour la défence des places qu'au dehors, surtout vers le roi d'Espagne et le pape ; à cestui-ci pour prendre qualité de juge en leur affaire et pour leur aider à induire l'autre d'en subir le jugement.

La response à tout cela fut qu'Alvaro de Bassan, marquis de Saincte-Croix[3], eut le premier commandement d'amasser de divers havres soixante galères, et, avec cela, tendre aux costes de Portugal. Le duc d'Albe, peu de jours après, fut tiré de sa retraicte, déclaré chef d'une armée en Portugal, pour laquelle il se contenta de 1,400 hommes du pays, 4,000 Tudesques, 180 chevaux tels quels, ne demandant pas plus grandes forces, d'autant qu'il avoit trop bien recognu et tasté le poux au pays.

Les ambassadeurs portugais passèrent à travers les bandes qui marchoient en leur pays et apportèrent au roi d'Espagne force belles remonstrances. A quoi fut respondu par Philippe qu'ils se hastassent de s'en

1. Martin Gonzalez de la Camera.
2. De Thou le nomme Febo Munis (liv. LXIX).
3. Don Alvaro de Bazan, marquis de Santa-Cruz, amiral espagnol, né dans les Asturies vers 1510, mort à Lisbonne en 1588.

retourner pour le recevoir comme leur roi, suivant son droict naturel, le testament[1] de Henri qui l'avoit nommé roi, et puis, selon la nécessité; qu'il octroyeroit les grâces qu'on requerroit, moyennant qu'elles fussent raisonnables, et, afin qu'ils n'eussent pas tant de peine à emporter la response, qu'en attendant il s'achemineroit tousjours vers eux. Desjà les présents, les pensions et les menaces avoyent emporté tous ceux qui avoyent de quoi espérer et craindre. Voilà les chaires des parroisses et des écoles pleines du droict de succession, tous les plus relevez preschans pour le roi d'Espagne, les plus petits et peu pour le droict de Portugal. Trois des gouverneurs firent cognoistre le parti qu'ils tenoyent et les autres se laissèrent un temps traîner, mais enfin mener doucement, si bien que le petit peuple, qui crioit à la défense, fut estouffé par les puissants, qui firent encores, avant courir aux extrémitez, attendre la seconde négociation, garnis de force beaux termes de jurisprudence, que Philippes ne voulut pas escouter, leur donnant pour response une patente aux gouverneurs, pour leur déclarer comment il alloit entrer en son royaume de Portugal, et qu'il ne faloit parler ni d'estats, ni de sentences, ni de capitulations à lui qui estoit leur roi.

Il fit donc entrer dans les frontières de Portugal le duc d'Albe à la fin de juin, ne monstrant pour titre de sa royauté qu'une résolution de son droict. Et d'emblée donna pour marques de la guerre les prises d'El-

---

1. Le roi Henri avait fait son testament au mois de mai 1579, et, d'après de Thou, il n'avait point désigné son successeur (liv. LXIX).

vas¹ et Olivensa², dans lesquelles ne se trouva ni garnisons ni armes, préparatifs ni résolutions pour la deffense. Et lors, le Portugal entamé, le roi Philippes despescha par devers dom Antonio le duc d'Ossuna et Christofle de Mora avec toutes les plus grandes offres d'amitié qui se purent imaginer, comme de le partager aux Indes ou lui bailler une puissance en toute l'Espagne sous lui. Mais en mesme temps, le peuple, détestant la lascheté de tous ses gouverneurs, voulut user de son droict et de sa vertu, chassa les négociateurs d'Espagne, esleut dom Antonio pour roi, et, pour cet effect, le vingt-cinquiesme³ de juin, se fit une grande assemblée en la plaine de Sainct-Aren⁴, où ce prince fut proclamé roi, premièrement par le peuple; ce que la noblesse fut esmeue à confirmer, le fit monter à cheval, le suivit à pied et teste nue, et en cet estat aux lieux sacrez, pour y recevoir les cérémonies; de là à l'hostel de ville, pour les serments et escritures solemnelles⁵.

Emanuel de Costa⁶ print l'estendart en main et commença le cri du pays : *Realle, realle,* qui est leur *vive*

1. Le fort d'Elvas, dans l'Alentéjo, sur la Guadiana.
2. Olivença, dans l'Alentéjo, près de la Guadiana. — Prise d'Elvas et d'Olivença, vers le 20 juin 1580 (De Thou, liv. LXX).
3. Ce fut le 19 juin 1580, et non le 25, que se fit l'assemblée de Santaren et que dom Antonio fut proclamé roi (De Thou, liv. LXX).
4. Santaren, dans l'Estramadure, située sur une montagne, près du Tage.
5. Dom Antonio fit serment de maintenir les droits et les privilèges de la nation, et ordonna, par lettres à tous les gouverneurs du royaume, de lever des troupes pour repousser les ennemis (De Thou, liv. LXX).
6. Dom Emmanuel d'Acosta.

le roi. De là il fut conduit à Lisbonne[1], où il fut proclamé et accepté roi, print possession du palais et de l'arcenal, pourveut à quelques charges publiques, confirma les autres. Estant en l'hostel de ville, le docteur Manuel Fonseca[2] (le prince tenant l'estendard de la ville en main), après une longue harangue, prononça la bénédiction. Il presta les serments accoustumez, despescha patentes partout aux grands du royaume, mais il y en avoit peu de tous ceux-là qui ne compossassent avec leur ennemi. Les cinq gouverneurs se bandèrent contre lui. Le duc de Bragance[3] et le marquis de Villeral s'esloignèrent en des maisons secrettes. Le comte de Virmiose s'alla jetter dans Sainct-Vual[4] pour r'amener les gouverneurs[5] et autres amassez en ce lieu à leur devoir, mais ils lui quittèrent la place. Et le mesme comte, ayant laissé garnison en ce lieu, se jetta dans Sainct-Julien[6] et dans Casquais[7], que les gouverneurs[8] avoyent demi-gaignez pour leur ennemi. De mesme diligence, il saisit tout ce qu'il y avoit de

1. Dom Antonio fit son entrée à Lisbonne le 24 juin 1580 (De Thou, liv. LXX).

2. Dom Emmanuel de Fonseca.

3. Dom Juan Théotonio, duc de Bragance, né le 2 août 1530, mort à Valladolid le 29 juillet 1602.

4. Sétuval, dans l'Estramadure, à l'embouchure du Zadaon. — Prise de la ville, vers le 8 juillet 1580 (De Thou, liv. LXX).

5. Dom François de Mascarennas et le jeune dom Diègue Botollo commandaient la garnison de Sétuval.

6. Le fort de Saint-Julien, près de Cascaës, sur les bords du Tage. — Siège et prise du fort, 10 août 1580 (De Thou, liv. LXX).

7. Cascaës, à l'embouchure du Tage. — Prise de la ville, 28 juillet 1580 (De Thou, liv. LXX).

8. Les gouverneurs de Cascaës et de Saint-Julien étaient dom Henriquez de Pereyra et Tristan Vaez de Vega.

considérable autour de Lisbonne. Le duc de Bragance fut le premier qui, à jeu descouvert, se fit Espagnol, ayant composé pour le sien; mais, d'entrée, son nouveau roi lui osta Ville-la-Viçosa[1], la seule bonne place qu'il avoit.

Au commencement de juillet, l'armée espagnole passa la rivière de Caya[2], qui borde le Portugal, artillée de vingt-cinq pièces de batterie et munitionnée de six mille chariots.

Du premier effroi se rendirent Stremos[3], Evora[4] et Montemajor[5], et les gouverneurs[6] publièrent un placart contre le roi Antoine, ce qui servit de couverture à la peur de plusieurs pour se révolter, par les menées que les négociateurs d'Espagne avoyent faict à leur aise dans le pays. Ce roi misérable n'oyoit tous les jours que défections de ceux en qui il se fioit beaucoup; tesmoin que la garnison de Sainct-Vual, choisie n'aguères par le comte de Virmiose, lui y estant accouru et quelque remonstrance qu'il pust faire, fit présent de la ville à l'Espagnol, et peu s'en falut que le comte ne fust enveloppé dans le pacquet. Cette reddition apporta l'espouvantement dans Lisbonne, et, dès lors, bien que le roi Antoine se résolût de faire

1. Villaviciosa, dans l'Alentéjo.
2. La Caya, rivière de l'Estramadure, qui sépare la Castille du Portugal et se jette dans la Guadiana à Badajoz. — Le duc d'Albe et son armée passèrent la Caya le 27 juin 1580 (De Thou, liv. LXX).
3. Estremos, ville de l'Alentéjo, sur la Tera, capitula dans les premiers jours de juillet 1580 (De Thou, liv. LXX).
4. Ebora, capitale de l'Alentéjo.
5. Capitulation de Monte-Mayor et d'Ebora, 6 juillet 1580 (De Thou, liv. LXX).
6. Les gouverneurs d'Estremos et d'Ebora étaient dom Juan d'Acevedo, fils de l'amiral de Portugal, et dom Diègue de Castro.

avec ses sujets ce qu'il pourroit, il travailla plus avec eux par devoir que par espérance, et pourtant envoya au secours en divers lieux, et notamment en France, son cousin de Virmiose ; c'est où nous le trouverons au livre suivant négociant à Libourne. Souvenez-vous que nous laissons le roi de Portugal inauguré par toutes les cérémonies de la royauté et misérable entre les mains du peuple sans force et de grands sans cœur et sans foi.

Chapitre XXI.

Du Septentrion.

Estans presque tous demeurez à la bataille de Maroco les six cens hommes que le pape avoit donnez au comte d'Irlande, ceste isle demeura encores pour ce temps en l'estat que nous la laissasmes, ou pour le moins n'ayant esclatté chose qui mérite l'histoire, nous passerons par l'Angleterre.

Où il n'y avoit sur le bureau que le mariage de Monsieur[1], qui se traictoit assez froidement d'une part et d'autre, jusques à ce que Monsieur passa lui-mesme en Angleterre[2]. On dit que sa présence esmouvoit la

---

1. Les négociations du mariage du duc d'Anjou avec la reine Élisabeth occupèrent la cour de France de 1578 à 1583. Les documents sur cette affaire sont presque innombrables. Pour ne citer que des pièces manuscrites et nouvelles, nous mentionnerons seulement les volumes 3253, 3307, 3308, 5140, 5517, 15973 du fonds français, et 718 de la collection Moreau, gros recueils presque uniquement composés de lettres diplomatiques relatives à cette négociation.

2. Le duc d'Anjou passa en Angleterre vers le milieu d'août 1579 et revint à Douvres le 29 août. Il ne passa que dix jours

roine. D'autres ont voulu dire le contraire, tant y a que le murmure des peuples, qui parut dès lors que le duc de Montpensier y fit un voyage, rompit entièrement telle poursuite. Ceux du conseil, craignans un souslèvement pareil à celui d'Yorck l'an 1569, quand le comte de Foix[1] fit le mesme voyage pour proposer et presser le mariage du duc d'Anjou, qui trois ans après fut roi de Pologne; et à toutes ces choses n'y eut obstacle apparent que pour le faict de la religion. L'utilité que Monsieur tira de ses amourettes fut le consentement de la roine à le faire eslire duc souverain de Brabant[2], outre les forces et munitions qu'elle octroya plus librement qu'elle n'eust faict[3].

Avant que sortir d'Angleterre, nous vous dirons qu'après les conspirations des comtes de Nortombelland[4] et autres comtes et puis du duc de Suffolc[5], il

auprès de la reine Élisabeth. Sur la vie des deux amoureux à Greenwich pendant ce temps, voyez le récit de M. Kervyn de Lettenhove, *les Huguenots et les gueux*, t. V, p. 390 et suiv. Cf. *Les projets de mariage de la reine Élisabeth*, par le comte de la Ferrière, 1882, in-18.

1. Paul de Foix, conseiller au parlement, négociateur, prélat, n'était point comte de Foix.

2. Le duc d'Anjou fut reçu à Anvers par le duc d'Arschot et par le comte de Beaucignies le 19 juillet 1578 au nom des États généraux (*Mémoires anonymes*, t. II, p. 318, dans la *Collection de Mémoires de la Société de l'histoire de Belgique*). Il ne fut proclamé duc de Brabant à Anvers que le 19 février 1582.

3. D'Aubigné ne donne presque aucun détail sur les intrigues du duc d'Anjou en Flandre. Nous signalerons seulement, pour combler cette lacune, le recueil publié à la Haye par MM. Muller et Diegerick, sous le titre de *Documents concernant les relations entre le duc d'Anjou et les Pays-Bas*, dont les deux premiers volumes viennent de paraître.

4. Thomas Percy, comte de Northumberland, décapité en 1571.

5. D'Aubigné confond *Suffolk* avec *Norfolk*. Il désigne ici Tho-

n'y avoit plus eu d'entreprises générales, mais bien des assassins surpris, entre ceux-là Guillaume Barri[1], un Jésuite que Crikton[2] voulut destourner, mais les autres de la Société le confirmèrent, et lui en accusa plusieurs autres à la mort; la quantité desquels et quelques prestres furent surpris, hastèrent le procès de la roine d'Escosse[3] pource que peu ou point de telles machinations avoyent leur mouvement d'ailleurs que de la prisonnière. Toutes ces choses donnèrent mouvement à la roine d'Angleterre à donner des commissaires[4]; mais le respect du sang royal les faisoit trembler, si bien que, par la sollicitation des principaux du conseil et pour les craintes de la roine, on commença par quelques hommes interposez à taster quelle seroit l'opinion des princes et républiques de mesme profession. Tant que la demande de ce conseil

mas Howard, duc de Norfolk, qui avait prétendu épouser Marie Stuart, et qui fut décapité à Londres le 2 juin 1572. Voyez ci-dessus le chapitre XIX du livre VI de l'*Histoire universelle*.

1. Guillaume Parry, un des conspirateurs inventés par le fanatisme anglican pour justifier le supplice de Marie Stuart. Voyez la belle étude de M. le comte Kervyn de Lettenhove, *Marie Stuart, sa condamnation et son supplice,* 2 vol. in-8°, 1889. Le procès de Parry a été imprimé dans les *Mémoires de la Ligue*, t. I, p. 20.

2. Creighton, jésuite écossais, fut pris par un croiseur anglais et détenu à la tour de Londres. Marie Stuart parle de lui dans une lettre à Castelnau (Labanof, t. VI, p. 48).

3. Le procès de Babington, un des plus ardents partisans de Marie Stuart, fut l'occasion ou plutôt le prétexte dont se servit Élisabeth pour entamer le procès de la reine (1586).

4. Élisabeth nomma, le 6 octobre 1586, pour juger Marie Stuart, une commission composée de quarante-six juges, au nombre desquels étaient les premiers pairs du royaume et ses principaux conseillers, tous ennemis avérés de la reine d'Écosse. La commission se transporta le 12 à Fotheringay, et l'interrogation commença le 14.

dangereux ne fut pas expresse, tous crioyent à la mort, mais la timidité ou bon naturel de la roine Élisabeth, qui en espargnant tel sang rendoit le sien recommandable, fit temporiser encor quelques années, comme nous verrons. Nous sommes appelez par les canonnades du Pays-Bas.

Namur fut saisi[1] bien à propos par dom Juan, tant pour la risque qu'il couroit en une ville ennemie que pour avoir un passage commode à faire passer ses forces, comme aussi quelque recerche qu'il fit habilement par l'évesque de Liège pour déguiser ses affaires. Les Estats ne perdirent plus de temps à ramasser leurs bandes, qu'ils donnèrent à Champagni[2], avec lesquelles il assiéga le chasteau de Vouve[3], où il y avoit quelques Allemans de Foucker[4]. Il prit par composition ce chasteau et la ville de Steemberghen[5] et celle de Tertolem[6] entre le quatriesme et le neufiesme d'août.

Ceux de Lewarden[7] assiégèrent leur chasteau, sur la division qu'une nouvelle recreue y apporta[8], et

1. Prise par don Juan d'Autriche de la citadelle de Namur, où commandait Jean de Bourgogne, s. de Fromont, 25 juillet 1577 (*Mémoires anonymes*, publiés par M. Henne dans la *Collection de Mémoires de la Société de l'histoire de Belgique*, t. I, p. 308).
2. Frédéric Perrenot, s. de Champagny.
3. Woude, village des Pays-Bas, près de Berg-op-Zoom.
4. Charles Fucker commandait trois compagnies allemandes, en garnison dans la citadelle de Woude.
5. Steenberque, dans le Brabant hollandais.
6. Ter Tolen, capitale de l'île de ce nom, dans la province de Zélande.
7. Leeuwarden, capitale de la Frise.
8. Matthenes Wibesma, gouverneur de la citadelle de Leeuwarden, fit entrer des troupes étrangères, qui égorgèrent la garnison.

l'emportèrent dans le second de septembre[1]; mais cependant, dans le mesme terme, ceux d'Anvers desmantelèrent leur citadelle[2] du costé de la ville. Leur exemple suivi par ceux de Gand[3], Utrech, Valenciennes, l'Isle[4], Ayre[5] et Béthunes, comme aussi la cité d'Arras fut ouverte vers la ville. Encores les Estats firent entreprendre Bolduc[6] par le comte d'Hohenloo[7] et employèrent le reste du mois, auquel ils la prirent, à faire imprimer leur apologie contre les accusations des Espagnols et despescher vers les potentats d'Allemagne, vers le roi et les princes de France. Mais, plus expressément et utilement, le marquis de Havrech[8] traicta une ferme union avec la roine d'Angleterre, sans oublier toutes les conventions pour les secours; comme aussi ils attirèrent la personne du prince d'Orange, qu'ils firent gouverneur de Brabant le second d'octobre[9]. Et à son arrivée le régiment de Frunsberg, retiré à Breda, et celui de Foucker à Bergopzom, se mutinèrent et rendirent leurs places aux

1. Prise de la citadelle de Leeuwarden, août 1577. Les bourgeois rendirent la ville le 4 octobre suivant au baron de Ville.
2. Les troubles dont parle ici d'Aubigné eurent lieu le 28 août 1577.
3. Troubles de Gand, 1er septembre 1577.
4. Lille (Nord).
5. Aire (Nord), sur la Lys.
6. Boisleduc, capitale du Brabant hollandais, au confluent du Dommel et de l'Aa. — Prise de la ville, 20 septembre 1577 (*Mémoires anonymes,* t. II, p. 45).
7. Philippe, comte de Hohenlohe.
8. Charles de Croy, marquis d'Havrecht, frère du duc d'Arschot.
9. Le prince d'Orange fut proclamé gouverneur du Brabant le 22 octobre 1577, et non le 2, comme le dit d'Aubigné (De Thou, liv. LXIV).

estats avec leurs colomnels prisonniers. Puis, pour effacer le crime des lanskenets, les Gantois, ayans receu le duc d'Ascot[1] pour leur gouverneur le vingt-cinquiesme d'octobre, trois jours après le mirent en prison; et avec lui les évesques d'Ypre et de Bruges, les barons de Champagni, Rassingem et Moucheron[2], dont quelques-uns se sauvèrent; les autres demeurèrent prisonniers tant que la ville tint pour les Espagnols. Ils mirent hors à la mi-novembre[3] le duc d'Arscot, ayant juré de ne se ressentir jamais de l'affront. Autant en firent ceux de Groningue aux prélats et nobles des Omelandes[4], qui estoyent venus aux Estats, qui ne furent eslargis de long temps.

Il restoit aux Estats de cercher un chef général; lequel, pour offenser moins le roi d'Espagne, ils choisirent entre ses proches, asçavoir, l'archiduc Mathias[5], fils de Maximilian[6] et frère de Rodolphe[7], lors empereur. Cestui-ci accepta l'offre si franchement, qu'il

1. Philippe de Croy, duc d'Arschott.
2. Frédéric Perrenot, s. de Champagney. — Maximilien Vilain, s. de Rassenghien. — Ferdinand de la Barre, s. de Mouscron.
3. Le duc d'Arschott fut remis en liberté le 9 novembre 1577.
4. Les Ommelandes, pays aux environs de Groningue, forment avec cette ville une des sept Provinces-Unies.
5. Mathias, archiduc d'Autriche, né le 24 février 1557, avait été appelé dans les Pays-Bas par les seigneurs catholiques afin de balancer l'autorité du prince d'Orange. Il ne sut montrer ni force ni autorité et revint en Autriche à la fin de 1580. Le 29 septembre 1612, il fut élu empereur d'Allemagne et mourut le 20 mars 1619.
6. Maximilien II, empereur d'Allemagne, mort à Ratisbonne le 12 octobre 1576.
7. Rodolphe, empereur d'Allemagne, fils de Maximilien II et de Marie d'Autriche, fille de Charles-Quint, mort à Prague le 20 janvier 1612.

arriva le vingt-unième novembre[1] à Anvers avec deux des siens. Et, cependant que le reste de son train arrivoit à file, il voulut que dom Juan, par toutes voyes publiques, fust déclaré ennemi du roi et des Pays-Bas[2] avant que lui le fust pour général, qu'il fist ses entrées et prestast serment[3]. Et cela fut au commencement de l'an 1578. De mesme coup, le prince d'Orange déclaré son lieutenant général, non sans grand murmure des plus grands du pays, sur tous du comte de Lalain[4], qui estimoit ceste charge inséparable du général d'armée, tel qu'il estoit lors.

Il est temps de mettre en veue dom Juan, qui employe verd et sec, despesche le marquis de Varembon[5], premièrement pour se plaindre de Mathias, qui s'estoit faict ennemi du roi son oncle, et prier les protestants d'estre neutres. Cependant, il faict lever un régiment à Barlemont[6], deux autres à Liège et un à Luxembourg. Il en compose un des Espagnols sortis des garnisons. Charles, comte de Mansfeld[7], le vint

---

1. L'archiduc Mathias partit de Vienne, déguisé, le 3 octobre 1577, arriva à Lier le 30 et à Anvers le 11 novembre (et non le 21). Le *Bulletin de la Commission d'histoire de Belgique* (série III, t. V, p. 288) contient un récit de cet aventureux voyage. Voyez aussi à la Bibliothèque nationale une pièce du temps (V^c de Colbert, vol. 398, f. 517).

2. Don Juan d'Autriche fut déclaré perturbateur du repos public le 17 décembre 1577.

3. Le traité de l'archiduc Mathias avec les États est imprimé dans le *Corps diplomatique* de Dumont, t. V, p. 314.

4. Philippe, comte de Lalain.

5. Marc de Rye, marquis de Varambon, plus tard gouverneur de Gueldre.

6. Berlaymont, sur la Sambre, près de Mons.

7. Charles, comte de Mansfeld, gouverneur de Luxembourg et de Bruxelles, mort en 1604.

joindre avec des forces allemandes et françoises. Son premier emploi fut sur le régiment de Champagni, qu'il deffit par rencontre, et, les ayant faict rendre, les firent presque tous mourir, despouillez auparavant.

Lors les Estats avoyent quatre armées, l'une devant Amsterdam, où les habitants avoyent tué le colomnel Hellinc[1], qui pensoit les surprendre ; l'autre armée prenoit les villes de Zwolc[2] et Capem[3]; la troisiesme devant Ruremonde[4], commandée par le comte de Hohenloo, qui n'y faisoit pas ses affaires ; et la quatriesme sous le comte de Lalain, qui, pour mugueter Namur, avoit pris Bovines[5], et, après une escarmouche sur la Meuze, forcé le chasteau de Despontin[6], où tout fut tué, et puis s'estoit retranché de l'autre costé de la rivière pour tenir en cervelle ceux de dom Juan. Le comte d'Hohenloo, sachant que dom Juan venoit secourir Ruremonde[7], bloquée de sept forts, en quitta six, laissant sa grosse artillerie dans le meilleur, et perdit à sa retraicte trois compagnies et deux pièces de campagne. Cela faict, Barlemont[8], qui avoit faict l'exploict, ayant ravitaillé la place, se retiroit en l'ar-

1. Mort du colonel Helling, 23 novembre 1577.
2. Swol, dans l'Over-Yssel, sur les bords de l'Aa. — La ville fut prise dans les premiers jours de juin 1578.
3. Campen, dans l'Over-Yssel, sur l'Yssel, près du Zuiderzée. — Prise de la place, 19 juillet 1578. Sur le siège et la prise de Campen, voyez les *Mémoires anonymes*, t. III, p. 12.
4. Ruremonde, dans la Gueldre, au confluent de la Roër et de la Meuse.
5. Bouvines, dans le comté de Namur, sur les bords de la Meuse, avait été emporté d'assaut par l'armée des États généraux avant le 4 octobre 1577. Voyez les *Mémoires anonymes*, t. II, p. 59.
6. Prise du château de Despontin, janvier 1578.
7. Ruremonde était alors défendue par le baron de Polweiller.
8. Gilles de Berlaymont, baron d'Hierges.

mée qui estoit sur pieds; et laquelle, sans s'amuser aux négociations de Selles[1], envoyé du roi, se composa en Luxembourg, premièrement le duc de Parme[2], avec quelque cavalerie de son quartier et néapolitaine, des terces[3], qui avoyent hyverné en Lombardie, du comte de Mansfeld, avec deux mille François, plusieurs nouvelles compagnies allemandes, levées par Barlemont et autres, et du vieux terce espagnol, Mondragon[4]. Cela faisant seize mille bons hommes de pied et deux mille chevaux fut mis en corps avec un manifeste[5] qui couchoit en premier article la cause de la religion et puis la bule de la croisade.

D'autre costé, la jalousie contre le prince d'Orange à cause de sa charge commençant d'opérer, les chefs refusoyent de venir au conseil. Et quittèrent l'armée l'un après l'autre, Lumai, comte de la Marche, les comtes de Lalain, de Bossu, d'Egmond, le vicomte de Gand, La Motte[6], gouverneur de Gravelines et maistre de l'artillerie; si bien qu'il ne resta à l'armée que Goignies, mareschal de camp, et Montigni, depuis marquis de Ranti[7].

---

1. Jean de Noircarmes, baron de Selles. Sur les négociations du baron de Selles, voyez les *Mémoires anonymes*, t. II, p. 232.

2. Alexandre Farnèse, duc de Parme, né en 1546, gouverneur général des Pays-Bas, mort le 3 décembre 1592.

3. Les terces, *tercero,* régiment espagnol.

4. Christophe de Mondragon, colonel espagnol.

5. Le manifeste des États, daté du 21 avril 1578, a été publié plusieurs fois. Il est analysé par de Thou (liv. LXVI).

6. Guillaume de Lume, s. de la Marck. — Philippe, comte de Lallain, général de l'infanterie. — Maximilien, comte de Bossut. — Maximilien de Melun, vicomte de Gand, général de la cavalerie. — Valentin de Tardieu, s. de la Motte.

7. Le s. de Goegnies, gouverneur du Quesnoy, du parti du roi

Cette armée, changeant de dessein sans cesse, marchoit pour la seconde fois de Tampleurs à Jamblours[1] quand dom Juan, avancé avec quelque cavallerie pour la recognoistre et sans dessein de la combattre, vid un espace de près d'une lieue entre l'avant-garde et la bataille. Mondragon, qui estoit auprès de lui, voyant cette occasion, fait courir, haster le reste des troupes. Dom Juan, sans prendre ordre, fait donner le comte de Mansfeld droit dans la bataille, la cavallerie de laquelle mit en désordre toute l'arrière-garde, et l'avant-garde prit la fuite sans combattre dans la ville de Jamblours[2], où partie de ce qui s'estoit sauvé reprit le large la nuict. Balivel et Hevir[3], qui voulurent y tenir ferme, furent pris par capitulation, et Goinquik[4] se rendit Espagnol. Pour fruict de ceste victoire, se rendirent Louvain, Arscot, Tillemont[5], Diest, Lewe et Sichem[6], où il y eut de la penderie.

d'Espagne. — Philibert-Emmanuel de Lalain, s. de Montigny, marquis de Ranty.

1. Gemblours, dans le Brabant, sur la rivière de Corneau.

2. Bataille de Gemblours, victoire de don Juan d'Autriche sur les troupes des États, 31 janvier 1578. Cette bataille est racontée dans les *Mémoires anonymes* de la coll. de la Soc. de l'Hist. de Belgique, t. II, p. 165.

3. Adrien de Baillœul, s. d'Heverc. Nous croyons que *Balivel* et *Hévir* ne sont qu'un même personnage, parce que les *Mémoires anonymes,* qui le désignent sous ces deux noms comme un des principaux capitaines au service des États généraux (notamment t. V, p. 240 et suiv.), ne lui donnent pas de frère.

4. Antoine de Goingnies, s. de Vendegies.

5. Tirlemont se rendit le 7 février 1578 à Octavio de Gonzague, lieutenant de don Juan (Strada, trad. du Ryer, Bruxelles, 1739, t. II, p. 353). Louvain et Arschott tombèrent vers le même temps aux mains des Espagnols.

6. Diest, sur le Demmer, fut pris par le prince de Parme le 26 février 1578. — Leau, sur la Geete, par le même, le 27 février.

Le comte Charles[1] court assiéger Bovines[2], où Estournel[3] se rendit après quelques coups de canon, et tous ceux qui ne servoyent les Estats qu'à regret gaignèrent l'armée d'Espagne.

Ce qui releva le courage aux Estats fut la reddition[4] d'Amsterdam et la prise de Sainct-Gislain[5], de forte assiette, que l'évesque d'Arras[6], abbé du lieu, donnoit à dom Juan, sans Hérissart[7], qui prit cœur et donna aux siens sur le poinct de sa deffaicte. Et ce fut là qu'arrivèrent les gens du duc d'Anjou[8] pour commencer le traicté, qui se poursuivit à Anvers, où Rochepot et des Pruneaux[9] demeurèrent. Et puis le comte de

---

— Sichem, sur le Demmer, avait été pris par le même capitaine le 22 février (*Mémoires anonymes*, t. II, p. 182 et suiv.).

1. *Le comte Charles* est Charles de Berlaymont, s. de Floyon, gouverneur du comté de Namur, qui, avec son frère Gilles de Berlaymont, avait été chargé de la reprise de Bouvines. Il est ainsi désigné dans les *Mémoires anonymes*, t. II, p. 173.

2. Bouvines tomba au pouvoir des Espagnols dans les premiers jours de février 1578. Les *Mémoires anonymes* contiennent diverses lettres sur la prise de cette ville (t. II, p. 173).

3. Maximilien d'Estournel, lieutenant-colonel du régiment du s. de Capres en 1588, gouverneur de Venloo en Gueldre (*Mémoires anonymes*, t. IV, p. 17).

4. Le prince d'Orange rentre en possession d'Amsterdam, 8 février 1578 (Groen van Prinsterer, *Arch. de la maison d'Orange*, t. VI, p. 298).

5. Saint-Guilain, dans le Hainaut autrichien, sur la Haine, fut surpris par les Espagnols en mars 1578 (De Thou, liv. LXVI).

6. Mathieu Moulart, évêque d'Arras.

7. De Thou, d'après Metteren, le nomme Heroisart.

8. Les députés du duc d'Anjou arrivèrent à Saint-Ghislain, au mois de février 1578, où ils furent reçus par Philippe, comte de Lalain, Charles de Gaure, s. de Fresin, et Théodore de Lyesveldt, conseiller d'État.

9. Antoine de Silly, comte de Rochepot, et Roch de Sorbiers, s. de Pruneaux, députés du duc d'Anjou en Flandre.

Mansfeld, repoussé de Wilvorde[1], où Glumes commandoit, assiégea Nivelles[2] en Brabant, où estoit gouverneur Villers[3], qui se rendit le quinziesme febvrier après deux assauts repoussez[4]. Depuis Nivelle, les Espagnols n'attaquèrent que villes très foibles sans garnison, comme Binche, Soignies, Walcourt, Reux, Beaumont, Maubeuge et enfin Chimai[5], qui soustint un assaut et print capitulation.

Il y eut aussi grands changements par tout le pays sur les magistrats qu'on soupçonnoit, notamment en Frise, ce qui fit plusieurs se servir d'un pardon général publié, comme voulurent les Wallons de Mastrich[6], qui avoyent pris leur gouverneur quand Melroy[7] y arriva et r'asseura la ville aux Estats.

De ce temps se tint une journée impériale à Worme[8], où fut envoyé Sainct-Aldegonde[9], auquel

1. Vilvorde, sur la Senne, à deux lieues de Bruxelles.
2. Nivelles, dans le Brabant wallon, à cinq lieues de Bruxelles.
3. Juste de Soete, s. de Villers.
4. D'Aubigné se trompe. Mansfeldt mit le siège devant Nivelles le 16 février 1578, après avoir été repoussé de Vilvorde, mais il ne put prendre la ville (*Mémoires anonymes,* t. II, p. 177). Nivelles ne fut prise par Mansfeldt que plus de deux ans après, le 8 octobre 1580 (*Ibid.,* t. V, p. 112, note).
5. Bins, sur la Haine. — Soignies, sur la Sannèque. — Walencourt, sur l'Heure. — Beaumont, entre la Sambre et la Meuse. — Maubeuge, sur la Sambre. — Chimay, dans le Hainaut, sur la Blanche.
6. Guillaume de Horn, s. de Hese, gouverneur de Maestricht. La garnison de la ville avait été excitée à la révolte par le baron de Chevreaux, Franc-Comtois, et Jean-Baptiste del Monte, tous deux soudoyés par don Juan.
7. Nicolas de Palmier, s. de Mauroy, était envoyé du prince d'Orange.
8. Ouverture de la diète de Worms, 12 avril 1578. Voyez les *Mémoires anonymes,* t. II, p. 233.
9. Philippe de Marnix, s. de Sainte-Aldegonde, prononça un

promit secours le duc Casimir. Là fut, entr'autres choses, le différend d'entre Dantzich[1], ville Hansiatique, de laquelle le roi de Pologne voulut emporter l'absolu commandement, mais enfin se contenta du tiltre de protecteur[2]; et, par cet accord, ceux de la ville, n'ayans plus que faire du colomnel Stuart[3], en accommodèrent les Estats. Tout cela s'estendit jusques au vingt-deuxiesme d'avril, qu'on publia par toute la Flandre un serment[4] pour le faire prester à tous, mais les Jésuites refusèrent les évesques et pourtant furent bannis[5], comme aussi quelques Cordeliers, les uns et les autres courants grand danger d'estre massacrez pour la haine que le peuple leur portoit, sur ce qu'à Gand et à Bruges il en avoit esté bruslé sept et plusieurs fouettez, convaincus de sodomie, que leur avoit enseigné un Cordelier italien, comme ils dirent à la mort.

Aussi, de mesme temps, à Bruges, fut pilorié le Cordelier Corneille[6], très renommé pour forces livres imprimez et avoir inventé l'ordre Saincte-Élisabeth,

discours à la diète de Worms, auquel un anonyme, sous le nom de Calidius Chrysopolitanus, répondit par des invectives contre les Flamands.

1. Dantzick, dans la Prusse occidentale.

2. Par la diète de Worms, le roi de Pologne ne put obtenir que le titre de protecteur de Dantzig.

3. Guillaume Stuart, colonel écossais. Voyez les *Mémoires anonymes*, t. II, p. 232.

4. De Thou, d'après Metteren, dit que cette publication eut lieu le 21 avril 1578 (liv. LXVI).

5. Les Jésuites furent chassés d'Anvers et transportés à Louvain le 18 mai 1578 (De Thou, liv. LXVI). Voy. le récit des *Mémoires anonymes*, t. II, p. 257.

6. Corneille Adriausen de Dordrecht, grand prédicateur de l'ordre des Cordeliers, remplissait ses sermons d'invectives contre les Flamands (De Thou, liv. LXVI).

où il faisoit, par pénitence, despouiller les plus belles de ses dévotes, pour, en diverses postures, les fouetter toutes nues, fort longtemps, avec une queue de renard, comme il paroit par livres imprimez de son institution[1], et laquelle, depuis, on dict avoir esté practiquée à Bourdeaux, plus discrètement et suivant ce que nous avons veu publié sous mesme nom de Saincte-Élisabeth.

Chapitre XXII.

Conclusion de la paix.

Durant que ces choses se desmesloyent ainsi de tous costez, quelque longueur fut apportée à la paix[2], bien qu'arrestée à Coutras[3], par ceux du Languedoc, qui estoyent en grand trouble, les uns partisans du prince de Condé et voulans exécuter les choses qu'il

---

1. Le récit de d'Aubigné est tiré de de Thou (liv. LXVI).

2. En attendant la ratification du traité de paix par le roi (voyez la note suivante), le duc d'Anjou signa avec les députés du roi de Navarre, le 27 novembre 1580, une trêve de douze jours, qui fut renouvelée pour dix jours le 8 décembre suivant. Les originaux de ces actes sont conservés dans le f. fr., vol. 3330, f. 65 et 79.

3. Les conférences se tinrent entre le duc d'Anjou, le roi de Navarre et leurs conseillers, partie à Coutras, partie au château de Fleix, château appartenant au comte de Curson, près de Sainte-Foy, en Périgord (Dupleix, *Histoire de Henri III*, p. 83). Le 26 novembre 1580, les parties signèrent le traité qui porte le nom de traité de Fleix. L'acte, divisé en quarante-sept articles, a été imprimé dans Dumont, *Corps diplomatique*, t. V, p. 381, et par Haag, t. X, p. 171. L'original de cette pièce importante, revêtu des signatures du duc d'Anjou et du roi de Navarre, est conservé à la bibl. de l'Institut, dans la coll. Godefroy, vol. 96, pièce 27.

avoit promises en Allemagne[1]. Ses promesses furent enfin rompues par les diligences de Constans[2], si bien que Aiguemortes fut refusée à Clervant et Pequais[3] au docteur Beutrich, le pays s'offrant à s'obliger tout entier pour soudoyer l'armée du duc Casimir, mais non pas mettre en gage les deux places plus importantes. Et, là-dessus, députez avoyent esté esleus pour aller au traicté de la paix commencée à Coutras. Ayans aidé à la conclusion, ils retournent en Languedoc, d'où ils escrivent que le prince empeschoit la publication; mais, depuis, le mesme, sachant qu'on y envoyoit le vicomte de Turenne[4], s'achemina à Cadillac[5] trouver les autres princes pour ne voir point contre sa volonté publier l'édict[6], comme il le fut par tout le Languedoc; mais ceux du Daulphiné, qui attendoyent les Allemans, le refusans, s'en trouvèrent comme nous verrons ci-après.

1. Les négociations de Condé en Allemagne (juin et juillet 1580) sont racontées dans les *Mémoires de La Huguerye,* t. II, p. 55.

2. Le roi de Navarre, pour arrêter le mauvais vouloir du prince de Condé, lui dépêcha successivement en Languedoc le s. de Lavergne, Beauchamp et Constans. Voyez les *Mémoires de La Huguerye,* t. II, p. 82.

3. La ville d'Aigues-Mortes, avec les Salins et le fort de Peccais avaient été promis à Casimir de Bavière comme gages de la subvention qui lui serait due en retour de son invasion en France (*Mémoires de La Huguerye,* t. II, p. 64).

4. La mission de Turenne est racontée dans les *Mémoires de Bouillon* (édit. Buchon, p. 423) et dans les *Mémoires de La Huguerye* (t. II, p. 89).

5. Cadillac (Gironde), sur la Garonne. Ce ne fut qu'après les fêtes de Pâques de 1581 que Condé se décida à quitter le Languedoc pour se rendre à Montauban. La Huguerye ne dit pas qu'il alla à Cadillac (*Mémoires de La Huguerye,* t. II, p. 132 et suiv.).

6. Le roi ratifia le traité de Fleix le 26 décembre 1580.

Vous ne serez point ennuyez des articles de cet édict, qui n'avoit rien de différent des autres, que ce qu'avoyent expliqué les conférences de Nérac[1] et du Flex[2]; et cela ne fut point publié, mais porta dès lors et tousjours depuis le titre d'*Articles secrets*. Ce qui en parut trop fut la prolongation de places de seureté pour six ans. Cela, et le voyage du duc d'Espernon[3] vers le roi de Navarre, sous couleur d'aller visiter sa mère, fut un riche prétexte pour les prescheurs de la ligue et pour esmouvoir ce que nous allons raconter au livre suivant.

1. Les conférences de Nérac dataient de l'année précédente. Le traité de Fleix est la reproduction presque textuelle du traité de Nérac.

2. Les pièces relatives aux négociations de Fleix sont très nombreuses. Nous signalerons seulement la correspondance de Pomponne de Bellièvre avec le roi et la reine, qui rend compte jour par jour du résultat des conférences (f. fr., vol. 15891), les pièces contenues dans le vol. 15563 du fonds francais, parmi lesquelles (f. 280) se trouve le procès-verbal de trois séances du milieu d'octobre, les volumes 15871 du fonds français, 6003 et 6013 des Nouvelles acquisitions du fonds français.

3. L'envoi par Henri III de Jean-Louis de la Valette, duc d'Épernon, au roi de Navarre est très postérieur à ces événements. Ce ne fut qu'en 1582 que le favori de Henri III se mit en négociation avec le Béarnais. Voyez les notes du chap. III du livre suivant.

LES HISTOIRES

DU

SIEUR D'AUBIGNÉ

LIVRE DIXIÈME

(LIVRE V DU TOME II DES ÉDITIONS DE 1616 ET DE 1626).

Chapitre I.

Voyage du duc de Mayenne et estat du Daulphiné.

Plusieurs testes discordantes en Dauphiné avoyent empesché ceste province de participer aux utiles conseils[1] du vicomte de Turenne, et de prendre patron au Languedoc, d'où ils espéroyent, sans rien contribuer de leur part, la solde de leurs Allemans[2], des-

---

1. Le roi de Navarre et le duc d'Anjou avaient donné mission à Turenne, par lettres du 18 janvier 1581, datées de Bordeaux, de faire exécuter en Languedoc l'édit de paix conclu à Fleix (*Histoire du Languedoc*, t. V, p. 386). Sur la mission du vicomte auprès de Condé, voy. plus haut, p. 146 et 155, notes 4 et 2.

2. Ces Allemands étaient ceux que le parti réformé avait rassemblés, avant le traité de Fleix, en vue de la continuation de la guerre. Peu après, le prince de Condé envoya La Huguerye en Allemagne. Voy. les *Mémoires* de cet agent, t. II, p. 48.

quels aussi ils pensoyent tirer le premier fruict, et que ceste armée en sa verdeur leur donneroit moyen de s'estendre et s'asseurer, n'eusse esté qu'à l'ombre du temporisement nécessaire pour passer le Rhosne. Telles espérances donc les ayans empeschez de se soubsmettre à la dernière paix, les liguez prindrent occasion de faire employer le duc de Mayenne[1], qui lors estoit en grande authorité sur les gens de guerre, et lui firent dépescher une armée de neuf mille hommes de pied françois, trois mille Suisses, deux mille gens d'armes et quatorze cents reistres[2]; tout cela esquippé à la faveur et payé de mesme, car presque tous les officiers des finances estoyent liguez.

Ceste armée ayant passé Lyon[3], les Daulphinois, et non plustost, voulurent s'accorder d'un chef. Ce fut la pomme de discorde[4], commencement de la craincte, et aussi tost du traicté de quelques-uns, que je ne puis exprimer, pour ce qu'entre trois[5], desquels chacun accusoit son compagnon, pas un n'oublia le secret

1. Charles de Lorraine, duc de Mayenne.
2. Les chiffres donnés par Eustache Piémond sont un peu moins élevés. Le même annaliste énumère les principaux capitaines de l'armée du duc de Mayenne (*Mémoires d'Eustache Piémond*, p. 115).
3. Le duc de Mayenne arriva à Lyon avant le 24 juillet 1580 et y séjourna jusqu'au 23 août (*Mémoires de Piémond*, p. 113, note).
4. Depuis la mort de Montbrun, les réformés du Dauphiné ne pouvaient s'accorder sur le choix d'un chef. Il y avait eu une réunion à Die à la fin de mars 1580, une autre en juin. D'Aubigné se trompe en disant que ces assemblées refusaient de reconnaître Lesdiguières; elles l'acceptaient pour chef, mais de mauvaise grâce. Voy. les *Mémoires d'Eustache Piémond*, p. 109.
5. Les trois capitaines qui se disputaient le gouvernement du parti réformé en Dauphiné étaient Lesdiguières, Aymé de Glane, s. de Cugie, et Jacques Pape, s. de Saint-Auban.

que la honte conseilloit. Tant y a qu'à l'exemple de quelques-uns tous firent appoinctement, comme se voulans servir de la paix qu'ils avoyent refusée. Le duc de Mayenne, ayant trouvé le joinct de la division, changea le pas au trot, et, de Valence, qui la première lui ouvrit les portes[1], ne voyant point d'armée contraire sur pied, envoya les branches de la sienne en divers lieux recevoir les places[2] sans coups de canon, ou s'il y en eut, comme pour la Mure[3], ce fut avec telle foiblesse que la conscience de leurs fautes les a empeschez de m'en donner aucuns mémoires. On dit que Lesdiguières[4], voyant desmanteler toutes les places où le duc entroit, dit à un ministre, qui l'exhortoit à choses impossibles : « Je les reprendrai par les mesmes bresches qu'ils font. » Et cela arriva à la pluspart, comme il paroistra au succès du tome suivant.

Le duc, s'estant faict voir par tout, revint dire adieu

---

1. Mayenne entra à Valence avant le 30 août 1580.
2. Mayenne fit raser les fortifications de Saillans, de Pontaix, des Tours-de-Quint, de Vinsobres, de Tulette, de Saint-Paul-Trois-Châteaux, de Loriol, de Livron, de Châteaudouble, de Grane et du Puy-Saint-Martin (Arnaud, *Hist. des protestants du Dauphiné*, t. I, p. 383). Sur l'expédition de Mayenne, voy. deux lettres de Henri III à du Ferrier (*Négoc. du Levant*, t. IV, p. 29, notes, dans les *Documents inédits*).
3. La Mure fut assiégée par le duc de Mayenne le 30 septembre 1580 et prise après un siège acharné le 6 novembre. Il existe, du siège de la Mure, deux relations contemporaines, l'une anonyme, l'autre de Guillaume du Rivail, s. de Blagnieu. Toutes deux ont été réimprimées en 1870. M. Jules Chevalier, éditeur des *Mémoires des frères Gay*, in-8°, 1888, a donné des indications sur le siège de la Mure (p. 173). Il est étonnant que d'Aubigné ne s'étende pas davantage sur un des faits d'armes les plus glorieux pour le parti réformé.
4. François de Bonne, s. de Lesdiguières.

au Daulphiné par Valence, où il accommoda la citadelle en bon estat, et dans elle bastit un trophée presque pareil à celui que le duc d'Albe avoit érigé dans Anvers[1]. Il y avoit de plus recerché que, sous les pieds de sa statue, y avoit un amas de corps meslez et renversez, desquels la sculpture estoit faicte sur les portraits au naturel des principaux chefs refformez de Daulphiné[2], et sur tout de celui de Lesdiguières, le plus recerché. Cela faict, le duc et son armée repassèrent en France pour fournir aux occasions que nous verrons[3].

Le Daulphiné, se voyant délivré de l'armée, commença à se recognoistre par les reproches mutuels, mais principalement contre Lesdiguières, pour ce qu'il y avoit eu quelque élection de lui pour chef en tiltre et sans effect. Et aussi lui donnoyent-ils la faute en titre, mais sans vérités, et, de vrai, ils ne lui avoyent rendu aucune obéissance réalement. Ils trouvèrent moyen de s'assembler[4] sept ou huict des principaux du pays,

---

1. Voy. le t. III, p. 266.
2. La fin de la phrase manque à l'édition de 1618.
3. Le duc de Mayenne revint en Dauphiné au mois de juillet 1581 pour réduire les réformés qui n'avaient pas voulu accepter le traité de Fleix. Cette nouvelle campagne fut une suite d'entrées triomphales. Les *Mémoires des frères Gay* ont raconté cette expédition (p. 184 et suiv.).
4. Il s'agit ici de l'assemblée ouverte à Die au printemps de 1581 et successivement transportée à Gap, à Mens et à Grenoble pour discuter l'acceptation du traité de Fleix. Les ennemis de Lesdiguières, dits *les Désunis*, acceptaient le traité tandis que Lesdiguières le repoussait. Les documents abondent sur ces réunions du parti réformé et sur les négociations auxquelles elles donnèrent lieu. M. Roman a publié, dans *Actes et correspondance de Lesdiguières* (t. I, p. 49 et suiv.), plusieurs pièces émanées de

voulans une élection nouvelle, la brigans chacun pour soi, et tous ensemble refusans d'obéyr à Lesdiguières sur des causes légères, desquelles la plus forte estoit de son peu de moyens, car pas un ne touchoit ni aux mérites ni à l'extraction. Il[1] y en eut de si brutaux qu'ils le vouloyent rendre desdaignable pour estre sçavant et jurisconsulte[2], comme choses incompatibles avec un vaillant.

Ceste assemblée despescha six députez, chacun ayant un maistre affecté vers le roi de Navarre pour les reigler de gouverneur; et Lesdiguières, en estant adverti, y joignit son conseiller Calignon[3], un[4] des plus rares esprits de son temps, et qui avoit desjà paru entre ceux qu'on appelloit les fronts d'airin.

Ces députez furent ouys premièrement à Nérac[5], et

---

ce capitaine. M. Loutchitzki, dans ses *Documents* (p. 110 à 121), en a publié plusieurs autres. Les *Mémoires des frères Gay* contiennent (p. 175 et suiv.) d'autres détails sur ces assemblées. Le volume 4047 du fonds français (f. 138 à 166) ajoute quelques nouveaux documents qui sont presque tous reproduits dans le vol. 208 de la coll. Brienne. Le dernier (f. fr., vol. 4047, f. 156) est un mémoire adressé au roi de Navarre, en date du 21 juin 1581, qui présente le résumé de la situation du parti réformé en Dauphiné à cette date.

1. La fin de l'alinéa manque à l'édition de 1618.
2. Lesdiguières était fils d'un notaire. Voyez l'introduction de M. Roman dans le t. I de *Actes et correspondance de Lesdiguières*, in-4°, 1878.
3. Geoffroy Soffrey de Colignon, né à Saint-Jean, près de Voiron, en Dauphiné, l'un des partisans les plus zélés de la religion réformée, successivement secrétaire et chancelier du roi de Navarre (*Lettres de Henri IV*, t. I, p. 238, note).
4. La fin de l'alinéa manque à l'édition de 1618.
5. Le roi de Navarre passa tout l'été de 1581 et une partie de l'hiver à Nérac ou dans le voisinage. Voy. son itinéraire dans le t. II des *Lettres*.

puis par plusieurs fois au Mont de Marsan[1]. Le roi de Navarre, ne trouvant en leurs plainctes que des intérests particuliers, dommageables à leur province, ouyt aussi Calignon, requérant qu'on n'eust aucun esgard au bien particulier de son maistre, ni au déshonneur d'estre déposé, mais seulement au salut de la patrie, et à ce qu'il faloit pour la relever en sa première dignité, qu'il estoit prest de monstrer entière obéyssance au premier qui seroit esleu. Le roi de Navarre, se présentant cette affaire très pesant sur ses bras, ennuya premièrement ces députez par la longueur, de laquelle il s'excusoit sur la pesanteur. Et puis, un matin, montant à cheval pour la chasse, il commanda au vicomte de Turenne d'assembler La Noue, Terrides, Fonteraille[2], Lézignan[3] et quelques autres, pour mettre fin à ce fascheux affaire. Le vicomte, ayant donné à disner à tous les députez, les oit, tantost ensemble, tantost séparez. Ils furent tous longs à exprimer leurs passions. Calignon court à demander qu'on les contentast au bien de tous, et, durant leur séjour, les visitant à part, proposoit tousjours à chacun pour chef celui qu'il avoit le plus à contrecœur. Le vicomte suivit ce mesme chemin, en les

1. L'itinéraire du roi de Navarre ne marque pas le passage de ce prince à Mont-de-Marsan pendant l'année 1581. Cependant, il s'en rapprocha beaucoup au milieu de mars.
2. D'Aubigné, ou plutôt son imprimeur, confond souvent *Fontenilles* et *Fontaraille*, deux gentilshommes plus ou moins inféodés au roi de Navarre : Philippe de la Roche, baron de Fontenilles, capitaine catholique, gendre de Blaise de Monluc, mort en 1594 ; Michel d'Astarac, baron de Fontaraille ou de Fontrailles, capitaine protestant, un des anciens serviteurs de Jeanne d'Albret.
3. Henri de Lusignan, fils de Jean de Lusignan.

interrogant du remède et de l'élection. Enfin, après plusieurs remonstrances, on leur déclara que le prince leur cédoit son droict de nomination, et, pourtant, qu'ils s'assemblassent en leur liberté ; qu'ils avisassent bien à faire un choix, duquel ils ne se pussent repentir. Ils s'assemblèrent donc à divers jours, où il n'en fut proposé pas un que tous les autres ne s'y opposassent avec telle animosité qu'ils vindrent aux injures atroces, et plusieurs fois sur le poinct de jouer du cousteau; et lors on les picquoit, leur reprochant leur longueur et peu de soing de leur pays. Tous avoyent esté nommés pour gouverneurs, hormis la continuation de Lesdiguières; lequel enfin estant jetté sur le bureau comme par despit, et, Calignon le refusant, fut esleu[1]; son nom porté au roi de Navarre et receu en bonne chère, et tous les députez de retour allèrent descendre en son logis. Voilà un plat de courtisan parmi les soldats, que je n'ai point craint de vous donner en passant, pour les choses qui sont depuis arrivées par ceste eslection.

Chapitre II.

Suite de la paix refusée en Languedoc. Négociation pour le roi de Portugal. Entrevue des princes.

Monsieur, bien content de la paix, comme fort commode à ses affaires du dedans et du dehors du royaume, voulut voir le roi et la roine de Navarre, Madame[2] et

---

1. Ces détails, que d'Aubigné a donnés le premier, sont confirmés dans la *Vie de Calignon* de Vidal.
2. Catherine de Bourbon, sœur du roi de Navarre, née le 7 fé-

le prince de Condé, et leur donna rendé-vous à Libourne[1] ; où de long temps ils ne se peurent trouver pour les divertissements qui leur vindrent, principalement en Languedoc, où ceux de la province commencèrent à vouloir faire guerre quand ils virent les autres en paix. Ils ne pouvoyent supporter que les folies de ceste demie-guerre eussent succédé et emporté quelques améliorations[2] pour le roi de Navarre, et ceux qu'ils avoyent abandonnez avec lui. Par ainsi, ne faisant point de guerre en gros, ils favorisoyent plusieurs capitaines particuliers qui, dans les villettes fortifiées à leur guise, faisoyent la guerre et plusieurs courses, principalement au haut Languedoc, contre les grosses villes katholiques de ce pays-là[3].

Ce quartier estant r'acoisé[4], ceux de Montaigu[5]

vrier 1558, épouse de Henri de Lorraine, duc de Bar, en 1599, morte le 13 février 1604.

1. Le duc d'Anjou était à Libourne avant le 8 janvier 1581 (lettre autographe de Bellièvre au roi de cette date et écrite de Libourne ; f. fr., vol. 15891, f. 126). Il arriva à Bordeaux le 10 du même mois (Gauffreteau, t. I, p. 222 et 230).

2. Le dépit des religionnaires du Languedoc, à la nouvelle du traité de Fleix, venait, suivant les *Mémoires de Bouillon*, de ce qu'ils s'étaient imaginés que le roi de Navarre avait tiré du traité « des avantages secrets à leur préjudice » (édit. du *Panth. litt.*, p. 424). Ils étaient surtout animés par le prince de Condé, esprit jaloux et brouillon, toujours disposé à s'élever contre le chef de sa maison. Condé était arrivé à Nîmes le 14 novembre 1580 et poussait les réformés à reprendre les armes. La Huguerye a donné de curieux détails sur les négociations du roi de Navarre avec son cousin (*Mémoires*, t. II, p. 77 et suiv.).

3. Sur les excursions des réformés du Languedoc, voy. l'*Hist. du Languedoc*, t. V, p. 386 et 387.

4. *Racoiser*, apaiser.

5. Montaigu (Vendée), dont le siège et la défense ont fourni à

envoyèrent pour essayer que leur place demeurast. Mais, d'un costé, ceux du pays brusloyent d'une grande impatience de le voir razer[1]; et, à quelque remonstrance qu'on leur fist, pour s'unir cinquante gentilshommes à garder la place chascun une sepmaine à ses despens, que, par ce moyen, ils seroyent couverts devers la Bretagne d'une frontière imprenable; que guères d'armes ne s'iroyent fourrer au bas Poictou pour avoir la honte de s'y attaquer inutilement ou celle de la laisser derrière, et incommodité de l'avoir en crouppe; qu'ils seroyent un jour contraincts par leur nécessité de la rebastir, et qu'ils n'y feroyent rien qui vaille; à tous ces propos, les bas Poictevins ne respondirent autre chose, sinon : rasons cela.

D'autre part, Monsieur, se présentant pour les affaires de Portugal, ne voulut rien laisser dans le royaume, sur quoi le roi se pust excuser de lui fournir ses nécessitez[2].

---

d'Aubigné quelques-uns de ses plus beaux récits dans les livres précédents. Cette seigneurie appartenait à la maison de la Trémoille (lettre du duc d'Anjou; f. fr., nouv. acq., vol. 1109, f. 1).

1. Le château de Montaigu était entre les mains du parti réformé. Le duc d'Anjou, chargé de présider à l'exécution du traité de Fleix en Poitou, avait une première fois ordonné la destruction du château. Le 5 avril 1581, il en fit suspendre le démantèlement (f. fr., vol. 15564, f. 44; lettre de ce prince à Tilly). Le 7 août, il demande au roi de Navarre de rendre Montaigu, sans le détruire, à la dame de la Trémoille (f. fr., nouv. acq., vol. 1109, f. 1). Malgré ces ordres et contre-ordres, le démantèlement fut commencé (lettre de La Frézelière au roi du 11 oct. 1581; f. fr., vol. 15565, f. 100). D'autres documents conservés dans ce dernier recueil permettraient de suivre les progrès de la démolition de Montaigu, que le manque d'argent des officiers du roi et peut-être le crédit de la dame de la Trémoille à la cour arrêtaient à chaque courrier.

2. La mort de dom Sébastien avait laissé la couronne de Por-

Il falut donc rendre Montaigu. Celui[1] qui en avoit la charge avoit enfermé un poinçon de pouldre dans l'espesseur d'une muraille avec l'amorce entre deux tuiles, bien seellée comme il faut, s'estant servi à cela d'un excellent maçon et de son fils, qui trahit le père pour cent escus. Le mareschal de Rets, qui sollicitoit le razement de sa voisine[2], ayant descouvert cette ruse et en présupposant plusieurs autres, pressa plus que jamais le desmantellement[3] et le fit exécuter; de quoi il s'acquit, comme l'on verra en son lieu, l'inimitié du prince de Condé[4].

Quand le siège de Montaigu fut achevé, La Bou-

tugal au cardinal dom Henri, qui lui-même était mort en 1580. Philippe II, qui prétendait à la couronne, chargea le duc d'Albe de faire valoir ses droits avec une armée et réussit à conquérir ce royaume. Cette usurpation donna au duc d'Anjou, toujours occupé à rechercher un trône, l'idée de poser sa candidature à la succession de dom Sébastien. Les négociations, fort obscurément menées, n'eurent aucune suite. Voyez, sur les révolutions du Portugal au XVIe siècle, Rebello da Silva, *Hist. du Portugal au XVIe et au XVIIe siècle.*

1. D'Aubigné lui-même. Il parle dans ses *Mémoires* de son gouvernement du château de Montaigu (édit. Lalanne, p. 57).

2. Le maréchal de Retz possédait du chef de sa femme, Claude de Clermont, le château de Dampierre (Charente-Inférieure), peu éloigné de Montaigu.

3. L'insistance du maréchal de Retz au sujet du démantèlement de Montaigu lui coûta son château de Dampierre. Voyez Brantôme, t. I, p. 146.

4. Le château de Montaigu appartenait à la maison de la Trémoille et peut-être déjà à Charlotte de la Trémoille, que le prince de Condé devait épouser plus tard. En représaille de la ruine de Montaigu, le prince fit plus tard piller et ruiner en partie le château de Dampierre, qui appartenait à Retz. Mais ni Dampierre ni Montaigu ne furent absolument détruits. Quant à Dampierre, de Thou le dit expressément (liv. LXXXV). Quant à Montaigu, il soutint encore un siège en 1588 (Brantôme, t. IV, p. 385).

laye[1] ayant envoyé demander à Monsieur la commission d'un régiment de quinze compagnies, quatre du régiment de Lancosme et trois de celles qui estoyent à la Barillère se donnèrent à La Boulaye, en mémoire de la promesse et jurement qu'ils en avoyent fait quand les dix combatans que nous avons nommez se mirent entre leurs mains pour le duel.

Aubigné estoit venu de Montaigu. Et, ayant à un premier voyage trouvé la cour[2], de laquelle nous parlions n'aguères, à Cadillac[3]; au second[4], venant de rendre la place, il trouva toute l'assemblée susdicte, selon le project[5], à Libourne, horsmis le roi de Navarre,

---

1. Philippe Eschalard, baron de la Boulaye.
2. *La cour* désigne ici la cour du roi de Navarre. Ce prince était à Cadillac du 23 janvier au 22 février 1581 (*Lettres de Henri IV*, t. II, p. 565). Il y était encore le 28 février, et du 5 au 15 mars (*Ibid.*).
3. Cadillac, château sur la Gironde, appartenait à François de Foix-Candale, évêque d'Aire, mathématicien et astronome célèbre au XVIe siècle, que de Thou alla visiter en 1580 (*Mémoires de de Thou*, ann. 1580). Un jour que d'Aubigné accompagnait le roi de Navarre dans une visite au cabinet de l'évêque et que « la troupe s'amusoit à faire lever la pesanteur d'un canon par les machines entre les mains d'un enfant, » il improvisa et écrivit ce distique sur un marbre noir qui servait de « tablettes » :

  Non isthæc, princeps, regem tractare doceto,
      Sed docta regni pondera ferre manu.

(Prince, n'apprends pas au roi à manier ce fardeau, mais à porter d'une main habile le poids du sceptre.) (*Mémoires de d'Aubigné*, édit. Lalanne, p. 61.)
4. *Au second*, c'est-à-dire au second voyage.
5. La réunion de Libourne, à laquelle assistaient le duc d'Anjou, la reine de Navarre, Bellièvre et d'autres négociateurs dépêchés par le roi de France, eut lieu au commencement de 1581, ainsi que le prouvent plusieurs lettres adressées par Bellièvre au roi (f. fr., vol. 15891). Le roi de Navarre ne parut pas à Libourne.

qui, dès lors, s'attachoit aux amours[1] de la comtesse de Guiche[2], vefve de Grand-Mont[3].

La roine de Navarre, ayant esté descouverte à Cadillac[4] en ses privautez avec Champ-Vallon[5], avoit estimé qu'Aubigné avoit donné cet advertissement[6] en se vengeant de quelque desfaveur dont il n'avoit pas eu sentiment. Elle donc prit un moyen pour le ruiner, que nous donnerons pour un plat du mestier à nos lecteurs courtisans.

Les conférences des ambassadeurs de Henri III avec le prince béarnais eurent lieu à Coutras et à Cadillac. Voyez les premières notes du chapitre suivant.

1. La passion du roi de Navarre pour la comtesse de Gramont succéda à ses amours avec Mlle de Montmorency-Fosseux et dura plus de dix ans. La comtesse est désignée dans les lettres du Béarnais sous le titre de : *notre grande amie* (*Lettres de Henri IV*, t. II, p. 153 et 212).

2. Diane d'Andouins, dite *la belle Corisande*, vicomtesse de Louvigny et dame de Lescun. Elle avait épousé Antoine de Gramont en 1567.

3. Philibert de Gramont, comte de Guiche, gouverneur de Bayonne et sénéchal de Béarn, tué au siège de la Fère (1580).

4. Marguerite était à Cadillac le 12 mars 1581, date d'une lettre qu'elle écrivit au roi de France (Lauzun, *Lettres de Marguerite de Valois*, 1886, p. 20).

5. Jacques de Harlay, seigneur de Chanvallon, grand écuyer du duc d'Anjou, grand maître de l'artillerie pendant la Ligue, chevalier du Saint-Esprit en 1602, mort en 1630. Marguerite eut de Chanvallon, disent quelques historiens, un fils qui devint capucin et qui porta le nom de Père Ange. M. Guessard a publié pour la Société de l'Histoire de France, à la suite des *Mémoires de Marguerite*, une suite de lettres de cette princesse à Chanvallon.

6. D'Aubigné, dans ses *Mémoires*, raconte quelques-unes de ses querelles avec la reine de Navarre à la suite des découvertes de Cadillac et les mots piquants qu'il lui adressait (édit. Lalanne, p. 63).

Elle donc, sachant qu'il estoit arrivé à portes ouvrantes, l'envoya quérir, se fascha à lui, lui reprochant que la guerre l'avoit rendu barbare, ou au moins sauvage; que ce n'estoit pas à lui à attendre la roine à lever, mais entrer à toute heure, comme conservant son estat de dame d'honneur. Après ces privautés, elle lui faict apporter un siège pour ouïr le discours qui s'ensuit : « Vous estes, dit-elle, venu très à propos, si ce n'est un peu tard, pour un affaire qui sera fort sensible au roi, vostre maistre et mon mari; c'est qu'il y a en cette ville un prince portugais, qui s'appelle Dom Antonio Virmiose[1], connestable de Portugal, celui que vous avez ouï conter avoir faict si généreusement en Barbarie à la bataille des trois rois[2]. Pour l'estime que je fai du personnage, je veux que vous-mesmes en jugiez avant que vous en dire mon sentiment. Je sçai bien que vous ne vous amuserez pas à ses mauvaises révérences, ni à sa manière de danser. C'est un prince qui dit en bons termes, recommandable en toutes sortes de galanteries et pour l'amour, sur lequel il le faict bon ouyr. Vous avez sceu le misérable estat de Portugal et du roi Dom Antonio[3], le danger où il est de perdre toutes les isles,

1. Dom Antonio de Portugal, comte de Vimioso, connétable du roi dom Antonio. Suivant des documents cités par M. Francisque Michel (*Les Portugais en France et les Français en Portugal*), il se nommait *François*.
2. Dom Sébastien, roi de Portugal, Mulei-Méluc, roi de Maroc. Sur la bataille des trois rois, voyez plus haut.
3. Antonio de Portugal, grand prieur de Crato, fils naturel de l'infant dom Luis, s'était fait proclamer roi à la mort du cardinal Henri. Battu par le duc d'Albe à Alcantara, il se réfugia en France et tenta en vain, en 1582, avec le secours de Catherine de Médicis, en 1589, avec l'aide de la reine d'Angleterre, deux

tant Açores[1], Fortunées que toutes les Occidentales, Philippines et Moluques ; comme aussi ce qu'il possédoit en Affrique vers le Castel-de-Mine, que ses autres conquestes aux Indes dans le continent[2]. Tout cela demande secours ou est en branle de subir le joug des Espagnols, par lesquels ils sont menacez et pressez. Vous ne doutez pas que ce ne soit la fortune d'un grand prince. Mon frère, qui est un dangereux brouillon, comme vous scavez, empiète cela pour les tromper, et, craignant que ce connestable ne parle aux plus advisez, feignant de le garder contre les quarante mille ducats que le roi d'Espagne a mis sur sa teste, Alféran, qui a charge de recevoir les estrangers, a six Suisses pour cet effect, tellement qu'il y a de la difficulté à le voir, sinon pour ceux de l'embarquement. Or, je sçai que cette difficulté ne fera que vous eschauffer pour faire un grand service à vostre maistre, en faisant que le roi de Portugal jette ses affaires dans le sein de vous autres huguenots, desquels seuls on se peut fier pour les affaires qui sont contre l'Espagne et l'Italie. D'ailleurs, il y a quelque danger de former une inimitié entre mon frère et le roi mon mari. C'est ce qui me tient en perplexité, et de quoi je me soulagerai sur votre expérience et fidélité. »

expéditions pour reconquérir le Portugal. Sa vie aventureuse, qui tient plus du roman que de l'histoire, a été écrite par M. Édouard Fournier, *Un prétendant portugais au XVI° siècle*, Paris, 1852, in-12.

1. Les Açores tenaient pour dom Antonio et ne se soumirent à l'Espagne qu'en 1583.

2. Sur l'expédition espagnole aux îles portugaises, voyez le chap. XXI de ce livre.

Voici quelle fut la response : « Madame, vous avez ici Languilier[1] et Beau-Pré[2], conseilliers ordinaires du roi vostre mari, plus authorisez et plus vieux que moi. Je prie Vostre Majesté les vouloir faire pour le moins participants de ce fardeau, et me commander absoluement, sans me donner un chois dangereux et un faix sous lequel je succomberois. »

Elle se deffit de cela, disant de Languillier que ses discours ne passoyent point le maistre d'hostel, de l'autre qu'il s'attachoit à Monsieur ; et se démesla, laissant le pacquet sur la teste du compagnon ; qui, s'estant retiré, se mit à penser ainsi : cette femme a quelque chose contre moi ; pour se venger, elle me donne un dangereux chat par les pattes, préparée à accuser ce que je ferai, ou d'avoir laissé perdre à mon maistre l'accomplissement de ses désirs, ou d'avoir brisé l'union des frères ; il n'y a remède pour moi que de faire devant elle un faux choix et la préparer à mesdire de ce que je n'aurai point faict. Il la vid donc encores une fois, protestant aimer mieux estre paresseux que mal faisant, lui estant plus pardonnable d'avoir privé son maistre d'une guerre que de lui en donner une contre son frère et la maison de Valois.

Ayant donc sceu que tous les matins Strosse, Lansac, Richelieu et le baron de la Garde[3] entroyent en

---

1. Jules de Harpedanne, s. de Languillier, déjà cité, t. II, p. 253, note.

2. Christian de Choiseul, baron de Beaupré. Il mourut le 3 mai 1593 en défendant le château de Montclair pour le roi contre la Ligue (*Lettres de Henri IV,* t. I, p. 322).

3. Philippe Strozzi, s. d'Épernay et de Bressuire. — Louis de Saint-Gelais, s. de Lansac. — François du Plessis, s. de

conseil avec le connestable[1], il changea de manteau et de chapeau avec son valet, et, entré dans ce logis à la queue de ce train, se cacha en un coin où on nourrissoit de la poulaille[2]. Là, ayant demeuré une heure, comme cette trouppe sortoit, gaigna la chambre du connestable, dict à l'huissier que c'estoit un gentilhomme du roi de Navarre envoyé par lui. Entré qu'il fut, il s'approche du lict où estoit le comte, en lui disant : « No mirais, Senor, al sombrero, ma a lo que se parte de la cabeça. » Et ainsi suivit à couvrir son desguisement de la nécessité. Le prince entend à demi mot, deffend de laisser entrer Alféran, et, ayant fait donner une chère au mal couvert, qui ne la refusa point, le comte lui respond en ces termes : « A buenos ojos, Senor, no puede el mal sombrero defigurar la buena gana. » De telle entrée, Aubigné se mit en discours comme il s'ensuit :

« Il y a six choses, très excellent Seigneur, qui doivent convenir en celui qu'on recherche pour lui mettre en main le secours d'un estat contre un autre : la probité cogneue, l'expérience aux armes, la créance des gens de guerre, la proximité, les intérests communs de haine avec l'opprimé contre l'oppresseur, et, s'il se peut, toutes voyes de réconciliations avec l'ennemi comme impossibles et hors d'espoir. Vous vous jettez entre les mains de Monsieur, duquel hier, de

---

Richelieu, grand prévôt de France, mort le 10 juillet 1590. — Le baron de la Garde, mort en avril 1583, colonel des gens de pied, déjà cité.

1. Le comte de Vimioso, connétable du Portugal, nommé plus haut.

2. *Poulaille,* mot gascon, *volaille.*

fraische mémoire, la roine de Navarre disoit que, si toute l'infidélité estoit bannie de la terre, son frère l'en pourroit repeupler. Sçachez, Monsieur, comme vous pouvez desjà avoir fait, de quelle monnoye ce prince a payé le parti, dans lequel il n'a pas seulement sauvé sa vie et son honneur, mais s'est faict partager la France, et puis a espousé le service de ses ennemis pour picquer de mort le sein qui l'avoit réchauffé. Pour l'expérience, il n'a jamais commandé que l'armée qui assiégeoit la Charité, mais y prestant son nom seulement, et le duc de Guyse, qu'on lui avoit donné pour curateur, faisant toutes les fonctions. De créance aux gens de guerre, il en est aimé comme il les a aimez, si bien que, de la haine qu'ils lui portent, ils lui attribuent toutes sortes de vices contre nature, et que je ne puis croire comme François. Les affaires de ce duc sont toutes eslongnées de la frontière. Il n'y a nulle cause d'inimitié entre l'Espagne et lui, mais, au contraire, consanguinité et, de plus, intelligence. Tous les jours il y conforme les mœurs et les habits de lui et des siens. Et, pour le dernier poinct, le moindre nonce du pape qu'on lui découplera le mènera de genoux à la réconciliation. La probité du roi mon maistre a paru en l'amitié des affligez, et en ce qu'il a mieux aimé quitter la cour, où on lui promettoit la lieutenance générale, contre Monsieur mesme, pour venir espouser les misères de ses partisans et une guerre, où il n'a rien opposé à une si grande imparité de forces que l'avantage de sa vertu. Dans ce parti ruiné, il a tellement desployé cette vertu, et, soit dict pour le second poinct, qu'il a desjà forcé toute la France à trois pacifications, tousjours le premier au combat et le dernier aux retraictes. En quoi faisant, il a gaigné cette créance que nous mettons au troisiesme lieu. Ses courtisans sont les meilleurs capitaines de France ; les grades de sa maison sont partagez au prix qu'ont mérité ceux de la guerre ; tellement affectionné par la noblesse qui le suit que, quand ils ont mangé auprès de lui un tiers de leurs esquipages, il ne leur promet qu'une bataille pour les faire engager au reste. Toutes ses principales forces voyent la mer occidentale de leurs fenestres ou les monts Pirénées, et cette proximité redouble l'injure de Pampelune[1], si bien qu'outre les commoditez que le voisinage apporte en telles similitudes de causes, et pour la similitude en telle union, vous auriez de ce costé des partisans, non seulement de la solde, mais aussi de la passion. Pour le dernier poinct, le pont de la réconciliation est rompu, non seulement pour les outrages receus, mais pour ceux qui sont à recevoir. Les cruautez espagnoles et la fumée de l'inquisition ont tellement rempli les nazeaux de vos auxiliaires que vostre cause seroit la leur, et qu'une fois employez ils la relèveroyent quand vous la voudriez abandonner. Voilà, sans exorde et sans fleurs de rhétorique, ce que j'ai à vous proposer, et pource que je parle à vous sans créance, revenant devers Loire, et ayant trouvé fortuitement cette occasion, je suis entré vers vous sous le nom de mon maistre. Il reste que je vous fournisse à la fin de l'aveu, bien que coustumier d'estre présenté au commencement. Pour ce faire, je

1. Allusion à la conquête de la Navarre espagnole par Ferdinand le Catholique en 1512, que les rois d'Espagne avaient toujours refusé de rendre à la maison d'Albret.

m'en vai escrire au roi[1] mon maistre deux doigts de papier. Quelque danger qu'il y ait pour lui, je le ferai venir en poste vous trouver, en quelque lieu qu'il vous plaise lui donner assignation[2]. »

Ce propos estant receu par le connestable avec grands souspirs, par lesquels il se monstroit plus engagé qu'il n'eust voulu sur le deslogement qu'il devoit faire de Libourne à Coutras, le comte prit assignation dans la Garenne du lieu; et le roi de Navarre, ayant receu le billet de son escuyer par le Gast[3], de ses gardes, vint de Hyemau[4] prendre la poste à la Harie, accompagné d'Odos[5], gouverneur de Foix et de Fontenac[6], lui faisant le cuisinier; passa à travers la ville de Bourdeaux[7], où il estoit plus hay qu'en lieu de

---

1. Var. de l'édit. de 1618 : « ... *escrire au roi* de Navarre *deux doigts...* »
2. D'Aubigné raconte dans ses *Mémoires* ses relations avec le connétable de Portugal. Tandis qu'ils se promenaient sur le bord de la Dordogne, aux environs de Coutras, le comte de Vimioso exhala ses soupirs d'amour en un sizain latin que d'Aubigné traduisit immédiatement en vers français. Voyez ces vers dans les *Mémoires*, édit. Lalanne, p. 59.
3. Michel de Gast, d'une ancienne famille de Dauphiné, appelé par le roi de Navarre l'*ami du bon garçon*.
4. Hagetmau (Landes), principale résidence de la comtesse de Gramont.
5. Jean-Claude de Lévis-Léran, s. d'Audou et de Belesta, chef des réformés dans le comté de Foix, lieutenant général pour le roi de Navarre en 1583, mort le 11 février 1598. M. le vicomte de la Hitte (*Lettres inédites de Henri IV à M. de Pailhès,* in-8°, 1886) a consacré plusieurs notes à la biographie de ce capitaine.
6. François de Buade, s. de Frontenac, écuyer ordinaire du roi de Navarre.
7. Les *Mémoires de Gauffreteau* (t. I, p. 220) mentionnent le passage du roi de Navarre à Bordeaux et donnent des détails qui confirment le récit de d'Aubigné. Le court séjour de ce prince à

France¹. Il advint qu'il fut recognu par le postillon dans le bateau, mais, estant desjà auprès de la Bastille² ; et ainsi se trouva à l'assignation en la Garenne de Coutras, où celui qui l'avoit faict venir lui servit de truchement avec le comte de Virmiose. Et là traictèrent des moyens pour descoudre avec Monsieur et nouer ensemble, le tout inutilement. Tout cela dict pour ouverture aux affaires de Portugal, que nous déduirons en leur lieu, et, en passant, pour tenir promesse aux courtisans; car la roine de Navarre, le roi son mari s'estant descouvert, ne faillit pas de faire une invective contre les froids serviteurs, conter qu'elle n'avoit rien oublié, pour esmouvoir ceux en qui il se fioit le plus, à lui faire un bon service ; mais, que la terreur de Monsieur ou faute d'amour à leur maistre les avoit retenus. Cela fut receu comme il faloit d'un prince qui sçavoit autrement, et cognoissoit bien sa femme et son escuyer.

Chapitre III.

*Brouillerie de la cour*³.

Guères ne demeura l'assemblée de Libourne à se séparer⁴, pource que le connestable, estant pressé

Bordeaux est resté inconnu à l'auteur de l'itinéraire de ce prince publié à la fin du t. II des *Lettres de Henri IV*.

1. Les villes de Bordeaux et surtout de Toulouse appartenaient au parti catholique le plus déterminé.

2. La Bastide, faubourg de Bordeaux.

3. Le chap. III, dans l'édition de 1618, a pour titre : « Premier emploi de la Ligue. »

4. D'Aubigné désigne sous ce nom les conférences que le roi

d'aller trouver Dom Antonio son roi[1] au Sossinio[2], en Bretaigne, fit ses conclusions avec Monsieur, et se mit à préparer les embarquements de tous les chefs que nous avons nommez à Libourne, et que nous mettrons en compte quand nous traicterons de l'Occident. Il touche seulement de dire présentement que ce pauvre roi fugitif se jetta entre les mains de la maison de Rohan, et, n'ayant plus guères vaillant qu'une selle de cheval couverte de pierreries, se faisoit servir à genoux par ses gentilshommes et pareils en une misérable condition. On le secouroit de la cour avec mespris de sa misère et le respect de l'Espagnol[3] ; mais la mère du roi, y prétendant et y employant son crédit, vainquit le conseil et en tira les pièces que vous verrez.

Monsieur alla travailler à ses projects de Flandres[4], et le roi de Navarre en une assemblée générale, convo-

---

de Navarre eut avec le duc d'Anjou et les ambassadeurs du roi, d'abord à Coutras, du 4 décembre 1580 au 9 janvier 1581, puis à Cadillac, près de Libourne, du 24 janvier au 22 février 1581. Le Béarnais séjourna encore à Cadillac du 5 au 16 mars (Itinéraire de Henri IV). Le *Journal de Syrueilh* confirme à peu près ces dates (*Arch. hist. de la Gironde*, t. XIII).

1. Dom Antonio de Portugal débarqua en France le 6 octobre 1581 et trouva successivement un refuge à Rueil près de Paris, à Auray en Bretagne, à Beauvoir en Poitou, toujours poursuivi, disent les contemporains, par des assassins que Philippe II soudoyait pour se défaire de lui.

2. Sucinio, île sur les côtes de Bretagne.

3. La cour de France soutenait les prétentions de dom Antonio au trône de Portugal pour faire échec à Philippe II, mais sans grand empressement. On verra cependant plus loin que le roi de France arma une expédition en sa faveur.

4. Le duc d'Anjou se mit en campagne dans le courant de 1581. Il arriva lui-même à la frontière le 15 août (De Thou, liv. LXXIV).

quée à Montauban[1]. Là passa le duc d'Espernon[2], sous couleur, comme nous avons dit, d'aller voir sa mère[3], visite qui hasta quelque peu les remuements desquels nous avons à parler, pource que les liguez soupçonnoyent l'intelligence entre ces deux rois qui devoit y estre, et où, auparavant, ils avoyent creu une grande dissention jusques à ce que fust arrivé ce que nous allons desduire.

La roine de Navarre s'en estant retournée à la cour[4]

1. L'assemblée de Montauban fut convoquée au mois de mai 1581 et continuée à Saint-Jean-d'Angély en juin 1582. Le procès-verbal, arrêté à la suite de la délibération, est conservé en copie du temps dans le vol. 29 des Ve de Colbert. Le volume 15871 du fonds français contient d'importantes pièces sur cette assemblée, notamment des remontrances de Bellièvre et une partie de sa correspondance avec le roi et la reine à ce sujet. Henri III s'efforça d'affaiblir par des déclarations ultérieures l'importance de la réunion (*Négoc. du Levant*, t. IV, p. 32 et 45). Il semble y avoir réussi, car l'assemblée de Montauban a laissé peu de traces dans l'histoire du parti réformé.

2. D'Aubigné confond les phases, déjà fort obscures, des négociations du roi de Navarre avec le duc d'Épernon. Le prince eut plusieurs entrevues avec le favori de Henri III en 1582 et en 1584. En 1582, le prince attend le duc à Pau le lundi qui suit le 3 juillet, c'est-à-dire le 9 juillet (lettre du 3 juillet dans les *Mémoires d'Antras*, p. 181). Touchant les négociations de 1584, voyez les notes du chap. IV.

3. Jeanne de Saint-Lary.

4. La reine de Navarre, satisfaite d'avoir obtenu de Henri III l'autorisation de revenir à la cour (*Mémoires*, édit. de la Bibl. elzév., p. 179), quitta la Gascogne pendant l'hiver. Le 3 mars 1582, elle était encore avec le roi de Navarre à Saintes (Eschasseriaux, *Documents relatifs à l'histoire de Saintes*, 1876, p. 334), le 14 mars à Saint-Maixent. Ils ne se séparèrent que le 1er avril 1582 à Montreuil-Bonnin, près Poitiers (*Journal de Michel Le Riche*, 1846, p. 364). C'est donc par erreur que presque tous les historiens ont écrit que la reine de Navarre arriva le 8 mars 1582 à la cour.

avec la roine sa mère, il advint que cet esprit impatient ne demeura guères sans offenser le roi son frère et ses mignons[1], et faire parti dans la cour avec ceux qui diffamoyent ce prince, en lui imputant de très sales voluptez, ausquelles mesmes il sembloit que les dames eussent intérest[2]. Là-dessus, ceste princesse receut quelques affronts, desquels le dernier fut que Salern[3], capitaine des gardes, la fit démasquer à la porte Sainct-Jaques[4], comme elle partoit de Paris[5]

1. Les trois mignons du roi à cette date étaient Joyeuse, d'Épernon et d'O. Voyez le *Journal de L'Estoile* (juillet 1581).

2. La reine Marguerite haïssait autant le roi son frère qu'elle aimait le duc d'Anjou. Les mœurs d'Henri III devinrent pour elle le sujet de continuelles épigrammes (*Lettres de Henri IV*, t. I, p. 571, note).

3. D'Aubigné appelle *Salern* le capitaine qui poussa l'insulte jusqu'à démasquer la reine Marguerite et les dames de sa suite à son départ de Paris, mais tous les historiens désignent Nicolas de Gremonville, s. de Larchant. Voyez notamment le *Journal de L'Estoile*, sous la date du 8 août 1583, le mieux informé de tous les chroniqueurs sur cet événement. D'après un historien moderne, qui ne nous donne pas ses sources et a cru peut-être pouvoir fondre le récit de L'Estoile avec celui de d'Aubigné, la reine Marguerite fut la victime de deux perquisitions par ordre du roi, l'une à la porte Saint-Jacques du fait du capitaine Salern, l'autre près de Palaiseau du fait de Larchant.

4. Ce ne fut pas à la porte Saint-Jacques, mais entre Saint-Clair et Palaiseau que le capitaine Larchant arrêta la reine de Navarre et démasqua brutalement les dames de Duras et de Béthune, ainsi que le reste de sa suite, pour s'assurer, au nom du roi, que la belle Marguerite n'emmenait pas un de ses amants avec elle. Voyez le récit de L'Estoile à la date du 8 août 1583. Marguerite fut conduite, moitié de gré, moitié de force, à Montargis, où le roi lui fit subir un interrogatoire sévère sur sa conduite passée. M. Lauzun a publié la lettre que l'infortunée princesse écrivit à la reine mère après avoir subi ces cruelles avanies (*Lettres inédites de Marguerite de Valois*, 1886, p. 33).

5. La reine Marguerite quitta la cour le 8 août 1583.

pour s'en retourner en Gascogne trouver le roi son mari[1], avec lequel pourtant elle estoit en très mauvais mesnage.

Le roi de Navarre, prenant advis de son conseil en cet affaire, trouva par consentement de tous qu'il devoit s'en resentir, et, pour cet effect, envoyer sommer le roi de lui faire une justice notable avec une clause qui sentist le deffi, ou au moins séparation d'amitié en cas de refus. Tous conseillèrent cela, et tous refusèrent l'exécution, horsmis Aubigné, qui, après avoir remonstré comment il estoit accusé d'avoir sauvé son maistre, et de quelques libres escrits et propos offensants, et que ce qui seroit supportable par un autre seroit mortel par sa bouche. Toutesfois, voyant les passions de ce prince offensé, il s'abandonna à faire le voyage; trouve le roi à Sainct-Germain[2], qui, ayant donné au messager toutes apparences de terreur, l'ouyt haranguer sur les interests que portoyent les injures des princes, sur ce que cet acte d'infamie avoit esté joué en la plus splendide compagnie et sur l'eschaffaut plus relevé de la chrestienté. Je n'ose estendre d'avantage ce propos, de crainte que ce qui touche l'autheur ne se trouve trop souvent en

---

1. L'outrage que Marguerite reçut du roi fit un tel scandale que le Béarnais refusa de la reprendre, malgré les ordres de Henri III. Ce ne fut que le 17 mai 1584 qu'il alla la recevoir au Port Sainte-Marie, et qu'il lui permit de revenir à Nérac. Michel de la Huguerye fut témoin de la première entrevue du prince et de la princesse, et l'a racontée en termes piquants (*Mémoires*, t. II, p. 315 et 316).

2. La mission de d'Aubigné auprès de Henri III fut suivie ou peut-être précédée de celle de du Plessis-Mornay, qui partit de Nérac le 17 août 1583. A du Plessis succédèrent Pierre de Malras, baron d'Yolet, et Guy du Faur, seigneur de Pibrac (*Lettres de Henri IV*, t. I, p. 572 et 573, note).

campagne. Tant y a que, non sur le refus de justice, mais sur le délai qui sentoit le refus, le messager remit entre les mains du roi l'honneur de son alliance et celui de son amitié. La response du roi fut : « Retournez trouver le roi vostre maistre, puisque vous osez l'appeler ainsi, et lui dictes que, s'il prend ce chemin, je lui mettrai un fardeau sur les espaules qui feroit ployer celles du Grand Seigneur. Allez lui dire cela et vous en allez ; il lui faut de telles gens que vous. — Ouy, Sire, dit le répliquant, il a esté nourri et creu en honneur, sous le fardeau duquel vous le menacez. En lui faisant justice, il hommagera sous Vostre Majesté sa vie, ses biens et les personnes qui lui sont acquises ; mais son honneur, il ne l'asservira jamais ni à Vostre Majesté ni à un prince vivant tant qu'il aura un pied d'espée dans le poing. » Le[1] roi, à ces paroles, mit la main sur un poignard qu'il avoit au costé et puis s'esloigna vers les deux frères[2] de la Valette, qui en avoient autant. Et ainsi sortit du cabinet.

La roine mère, qui montoit en carrosse pour aller trouver Monsieur, redescend pour parler à l'homme de son gendre, à qui elle dit qu'on feroit mourir de ces cocquins et maraux qui avoyent offensé sa fille. L'autre respondit qu'on ne sacrifioit point de pourceaux et de sang vil à Diane et qu'il faloit des testes plus nobles pour expiation. Il y eut quelques autres traits qui plairoyent à quelque lecteur favorable[3],

---

1. La fin de l'alinéa manque à l'édition de 1618.
2. Le duc d'Épernon n'avait qu'un frère, qui s'appelait Bernard de Nogaret, s. de la Valette, né en 1553, chevalier des ordres du roi, amiral de France, tué au siège de Roquebrune (Provence) le 11 février 1597.
3. D'Aubigné fait peut-être allusion au bon mot du roi de

mais les raisons alléguées ci-dessus les feront supprimer pour dire seulement que le roi, voulant punir ceste témérité, comme il appelloit, ne voulut pas que ce fust par voye ouverte, mais envoya Sacremore[1] et un des Biragues avec quelques gens d'armes de la compagnie du duc de Savoye pour guetter le courrier. Grillon[2] et Antraguet[3] lui[4] prestèrent de si bons chevaux que sur eux il gagna Loyre et de là le Poictou.

Chapitre IV[5].

Premier emploi de la Ligue.

Desjà les affaires de la Tercière[6] estoyent ruinées,

Navarre cité par le *Journal de L'Estoile,* sous la date du 8 août 1583 : « Le roy me fait beaucoup d'honneur dans ses lettres. Par les premières il m'appelle cocu et par ses dernières fils de p... Je l'en remercie » (L'Estoile, édit. Champollion, p. 164).

1. Charles de Birague, dit le capitaine Sacremore, était un bâtard du chancelier de Birague. Sacremore eut une fin romanesque. Il séduisit Mlle de Villars, fille aînée de la duchesse de Mayenne, et demanda, vers la fin de 1587, la main de la jeune fille au duc. Mayenne, exaspéré de l'outrecuidance d'un simple soldat de fortune, le tua de sa propre main (Lettre du duc de Guise à la duchesse de Montpensier, du 15 décembre 1587; Arch. nat., K. 1565, n° 135). Voyez aussi le *Journal de L'Estoile* à la date du 30 décembre 1587.

2. Louis de Berton de Balbes de Crillon.

3. Charles de Balsac d'Entragues, dit Entraguet, favori de la maison de Guise.

4. Var. de l'édit. de 1618 : « ... *Antraguet* l'assistèrent si bien en ce péril qu'ils lui firent gagner Loire. *Desjà les affaires...* »

5. Les chapitres III et IV ne sont point divisés dans l'édition de 1618.

6. La Tercère est une île du groupe des Açores qui appartenait aux Portugais. Elle joua un rôle considérable dans la défense du Portugal contre le roi d'Espagne. Voyez le chapitre XXII de ce livre. La Tercère fut prise par les Espagnols le 29 juillet 1583.

comme nous dirons en leur lieu. Le roi d'Espagne, offensé de nouveau, reschauffa ses amis, et, par telles sollicitations[1], les premières semées de la Ligue, qui n'avoyent que pris racine sans pousser dehors, commencèrent à boutonner et bien tost après à esclorre. Les conjurez, soupçonnans leur cunctation sur ce rappoinctement, présupposé faict par le duc d'Épernon[2], commencèrent à faire entrer en scène Charles, cardinal de Bourbon[3], le font chef de la Ligue[4] en appa-

1. Traité de Joinville, signé entre le roi d'Espagne et la Ligue, publié, sous la date du 31 décembre 1584, dans Dumont, *Corps diplomatique*, t. V, p. 441.

2. Ce fut lorsque l'état du duc d'Anjou parut désespéré que devinrent sérieuses les négociations du duc d'Épernon avec le roi de Navarre. Le 15 mai 1584, le favori de Henri III quitta la cour pour se rendre en Béarn (*Lettres de Henri IV*, t. I, p. 672, note). L'ambassadeur d'Espagne, Jean-Baptiste de Taxis, écrit à Philippe II que le roi de France comptait donner un grand éclat à cette mission (Lettre du 15 mai 1584; Arch. nat., K. 1563, n° 15). La visite officielle du duc d'Épernon au prince eut lieu vers le 9 juillet (*Lettres de Henri IV*, t. I, p. 672). Gaches, dans ses *Mémoires*, en donne un récit assez curieux (p. 296). Les conférences, tenues ordinairement en présence des s. de Roquelaure, du Ferrier et Marmet, sont racontées avec le plus grand détail dans une pièce du temps attribuée à du Ferrier, et intitulée : *Double d'une lettre envoiée à un certain personnage contenant le discours de ce qui se passa au cabinet du roy de Navarre, et en sa présence, lorsque M. le duc d'Épernon fut vers luy en l'an 1584*. Francfort, in-8°, 1885. Cette pièce a été réimprimée dans le tome III des *Mémoires de Villeroy*, 1725, petit in-12, p. 1 et suiv. La visite officielle du 9 juillet avait été précédée et fut suivie de plusieurs visites secrètes en juin, juillet et août. Voyez une note contenue dans *Lettres inédites de Henri IV au s. de Pailhès*, in-8°, 1886, p. 85.

3. Charles, card. de Bourbon, fils de Charles de Bourbon, comte de Vendôme, né le 22 décembre 1520, cardinal en 1548, mort le 9 mai 1590.

4. Le cardinal de Bourbon, frère cadet de Antoine de Bourbon, était en effet plus proche d'un degré que le roi de Navarre ;

rence, avec mesme authorité qu'en peut avoir un *Eletto*[1] entre les mutinez.

Or, pource que cestui-ci estoit oncle paternel du roi de Navarre, voilà force livres despeschez pour le maintenir le plus proche héritier et le plus habile à succéder. Les libraires furent bien tost chargez de traictez sur les droicts de proximité et de représentation. Ceux qui m'ont desjà leu ne s'attendront pas que j'enfle mon livre de ces plaidoyers et labeurs d'autrui[2]. Je me contente d'alléguer la succession ordinaire, qui tient lieu de loi en France. Je ne suis apologue d'aucun des partis et vous r'envoye à leurs escrits. Le succès fera paroistre pour qui le ciel a prononcé; comme il arrive peu souvent que l'injustice ait les meilleures espées de son costé, pour ce que c'est la conscience qui esmeut la noblesse et la porte

---

mais il n'était que collatéral. Un jour, dit L'Estoile, après la mort du duc d'Anjou, il eut la naïveté d'exposer ses droits au roi, qui se moqua de lui. Voyez le *Journal de L'Estoile* à la date du 1er septembre 1584.

1. *Eletto*, élu.

2. D'Aubigné fait allusion ici aux nombreux pamphlets qui furent publiés au commencement de la Ligue. Ces pamphlets sont énumérés par le père Lelong (t. II, n° 18466 et suiv.). Plusieurs ont été réimprimés dans le tome Ier des *Mémoires de la Ligue*, p. 56, 79, 103, 107 et 111, et dans les *Archives curieuses* de Cimber et Danjou, t. XI, f. 21 et suiv. Le plus connu, le plus important est une dissertation aux formes juridiques, intitulée *Les droits de l'oncle contre le neveu en faveur du cardinal de Bourbon*, 1585, in-8°. Ce pamphlet, attribué par les uns à Antoine Hotman, par les autres à un docteur italien de la Ligue, Mathieu Campini de Recanati (De Thou, liv. LXXXI), fut l'objet d'une réfutation par François Hotman : *Disputatio de controversia successionis regiæ inter patruum et fratris præmortui filium*, 1585, qui fut plus tard traduite en français. On en trouve un exemplaire dans le f. fr., vol. 15591, pièce 6.

aux extraordinaires despenses, labeurs et hazards. Nonobstant, ce vieil cardinal, aagé de soixante et quinze ans[1], donne des commissions de cavallerie et d'infanterie, faict un manifeste[2], par lequel, après avoir remonstré qu'ès négociations, premièrement de Ségur-Pardaillan, et depuis du vicomte de Turenne[3] en Angleterre et en Allemagne[4], il s'estoit faict une ligue offensive et deffensive entre les princes et villes refformez et les protestants ; que ceste ligue devoit esclorre bientost plusieurs armées à la ruine des katholiques et à celle de l'Estat et peuple françois. Il allègue aussi par le mesme que les villes de seureté n'ont point esté rendues au terme préfix, et puis par occasion il s'estend à déduire la pillerie et désordre qui se faict des biens et honneurs de France, par les

1. D'Aubigné se trompe. Le cardinal de Bourbon, né le 22 décembre 1520, n'avait alors que soixante-cinq ans.
2. Le manifeste du cardinal de Bourbon porte la date du 31 mars 1585, et non pas du 1er avril. Il a pour titre : *Déclaration du cardinal de Bourbon sur les causes qui l'ont meu, et les autres princes, de s'opposer à ceux qui s'efforcent de subvertir la religion catholique en tout l'état, avec la liste des noms des chefs de la Ligue.* Publié d'abord en pièce volante, ce manifeste a été reproduit plus tard dans les *Mémoires de Nevers,* t. I, partie II, p. 641 ; dans les *Mémoires de la Ligue,* t. I, p. 56, et enfin, de nos jours, dans les *Archives curieuses* de Cimber et Danjou, t. XI, f. 7.
3. La mission de Turenne en Angleterre et en Allemagne est au moins douteuse, malgré l'autorité de d'Aubigné. En effet, Turenne n'en parle pas dans ses *Mémoires,* et le roi de Navarre n'y fait aucune allusion dans ses lettres.
4. La mission de Ségur en Allemagne et en Angleterre ne précéda pas, mais suivit de près le manifeste du cardinal de Bourbon. Les *Lettres de Henri IV* (t. II et t. VIII), les *Mémoires et correspondance de du Plessis-Mornay* (t. III, p. 30 et suiv.), les *Mémoires de la Ligue* (t. I) sont remplis des négociations du Béarnais à cette date. L'instruction du roi de Navarre à Ségur est datée du 8 mai 1585 et fournit la date de sa mission.

mignons du roi, par le moyen desquels les princes et officiers sont frustrez de leurs fonctions; à quoi il proteste vouloir apporter remèdes et chastiments, déclarant pour conclusion que tant lui que les princes associez s'unissent et assemblent, assistez de suffisantes forces avec lesquelles ils employeront leurs vies, sans se séparer jusques à la perfection de leur dessein.

Par ainsi promettent et jurent devant Dieu de remettre sa vraye et apostolique Église en son ancienne dignité, sous l'entier exercice d'une seule religion en tout le royaume;

Rendre à la noblesse son honneur et sa franchise;

Soulager le peuple de toutes les impositions inventées depuis le règne de Charles IX et n'employer les deniers qui seront levez sur icelui que pour le service du roi et du royaume;

Faire que désormais les Estats généraux seront tenuz de trois ans en trois ans selon leur forme ancienne;

Faire envers le roi qu'il pourvoye aux différends de la succession, mettant ordre que son royaume ne soit divisé en autant de factions qu'il y a de prétentions;

Faire chasser de la cour ceux qui ont par trop abusé de la faveur et authorité du prince;

Aviser à bon escient à la conservation de leurs personnes contre les calamitez privées et publiques, protestans de n'entreprendre rien contre le service du roi;

Ne poser les armes que leur proposition ne soit du tout exécutée et que Sa Majesté n'aye faict cesser le péril pour lequel éviter ils se sont armez;

Enfin, que leurs gens de guerre vivront de police et en payant[1].

---

1. Cette analyse du manifeste du cardinal de Bourbon est exacte.

Chapitre V.

De deux périls qu'eschappa le roi de Navarre.

Deux notables dangers que le roi de Navarre eschappa en cet entre-deux de paix se tindrent compagnie, bien qu'un peu différents de saison. Le premier fut après l'embuscade de Marmande[1], sur le desmeslement de laquelle ce prince, ayant advis que Melon[2] lui amenoit des forces, il lui fit donner logis à Gontaud[3] et promit tout haut qu'il l'iroit voir le lendemain au galop sur ses bidets, desquels il avoit une petite escurie pour ses diligences. Il partit donc, avant soleil levé, accompagné d'Arambure[4], Frontenac et d'un autre escuyer. A moitié chemin de Gontaud, il rencontre un gentilhomme d'auprès de Bourdeaux, nommé Gavaret[5], seul et sur un cheval, à la veue duquel il présupposa estre celui dont il avoit eu advertissement; car on lui avoit escript d'un cheval achepté six cents escus, donné à un assassin. Sur cette opinion, les trois se serrent auprès de lui. Il demande

1. Ce combat eut lieu en 1580. D'Aubigné en a parlé précédemment, d'après les *OEconomies royales* de Sully, liv. I, ch. XII.
2. André de Meslon, conseiller du roi de Navarre, maître des requêtes de son hôtel et gouverneur de la ville de Monségur, suivant quittance du 21 septembre 1583, souvent nommé dans les *Lettres de Henri IV*.
3. Gontaud (Lot-et-Garonne).
4. Jean d'Harambure, capitaine huguenot et fidèle serviteur du roi de Navarre.
5. Gavaret ou Gabarret, seigneur de Saint-Léon, d'une famille du Lauraguais, est plusieurs fois cité dans les *Lettres de Henri IV*. Le *Journal de Syrueilh,* sous la date du 22 août 1580, raconte la trahison dont Gabarret se rendit coupable vis-à-vis du capitaine Melon (*Arch. hist. de la Gironde*, t. XIII).

avec une chère gaye si le cheval estoit fort bon. Sur la response qu'oui, il se présenta à le taster. Gavaret devint pasle et pensif, mais, comme il se vid serré, il accorde le cheval à ce prince, qui, estant monté, regarda au pistolet, qu'il trouve le chien abbatu. Il l'envoye en l'air et, sans descendre, va au galop à Gontaud, où il rend le cheval[1] et commande à Melon qu'il se deffist du compagnon, comme il fit le plus honnestement qu'il put. Cet homme, estant de retour vers ceux qui l'avoyent employé, délibéra de retourner à la religion romaine[2], et[3] comme né et nourri en elle, et, selon ce qu'il avoit promis, avec des marques que vous trouverez assés hors du naturel.

Ce jeune homme, ayant esté, dès la sortie de son enfance, taché de plusieurs sortes de vices, et par là encouru la malegrâce de son père, eut son recours à un voisin, son parent, de la religion refformée, nommé[4] du Puy, seigneur de Beigne[5]. Cettui-là lui administra vivres, vestements, chevaux et armes par l'espace

---

1. Cette anecdote a été plusieurs fois prêtée au roi de Navarre. Dans un récit du temps (f. fr., vol. 4744, f. 45), le capitaine Gavaret est remplacé par le capitaine Manau, ancien serviteur du prince d'Orange.

2. Cette première tentative d'assassinat dirigée contre le roi de Navarre ayant été manquée, Gavaret passa ouvertement du parti de la réforme dans le parti catholique. Le but de sa conversion était une seconde tentative d'assassinat du Béarnais (*Lettres de Henri IV*, t. I, p. 453, note).

3. Ce petit membre de phrase jusqu'à *et selon ce...* manque à l'édition de 1618.

4. Var. de l'édit. de 1618 : « ... *nommé* à mon advis Semans, et si je me trompe au nom je le remplacerai, Dieu aidant, avec quelque autre qui manque à la seconde édition. *Cestui-là...* »

5. Du Puy, seigneur du Beiquet, de la famille de la Forestie (Limousin).

d'environ trois ans. Aux guerres de l'an mil cinq cents huictante, lesdits Beigne et Gavaret furent envoyez à l'entreprise de Montaigu, en laquelle Gachon, qui en estoit chef, fut tué; et Melon[1], estant demeuré le chef et gouverneur, puis après Beigne, fit que Gavaret eut un entretien en la garnison. Et, de là à quelque temps encores, le lieutenant de Melon voulant faire une compagnie à part, sa place fut promise à Gavaret. Mais, le roi de Navarre lui ayant tenu le langage que nous vous avons dict, le lieutenant fut retenu pour esloigner cettui-ci, qui dès lors fit plusieurs desseins pour se venger de Melon, notamment par quelques fausses entreprises : premièrement sur Blaye, et puis sur le Chasteau-Trompette[2] et enfin sur Sainct-Macari[3].

Le père de Gavaret estant mort et lui demeurant au chasteau de Semans[4], Melon et la pluspart de sa compagnie furent invitez avec une grande espérance de bonne chère ; et, le premier jour d'aoust, Melon et ses compagnons s'y rendirent, en nombre de vingt-six, la pluspart chevaliers.

Après plusieurs caresses reçeues à l'arrivée, le disner estant mis sur table et eux assis, quelcun, s'estant avisé qu'il n'y avoit pas un cousteau, se mit à en demander. Sur ce point sortit le capitaine L'Estaire, qui se jetta en foule dans la sale avec cinquante-huit hommes armez, qui, bien à leur aise, prirent tous les maistres prisonniers, et puis, ayans séparé les valets et quelques pauvres soldats qui ne pouvoyent payer rançon, les

1. L'entreprise du capitaine Melon sur Monségur est racontée par Sully (*OEconomies royales,* liv. I, chap. xiii).
2. Château-Trompette, fort de la ville de Bordeaux.
3. Saint-Macaire (Gironde).
4. Cénac (Gironde), près Bordeaux.

menèrent tous poignarder à la sortie de l'estable, le reste bien enserré et emprisonné. Sur l'heure, Gavaret escript à Beigne, commençant la lettre par : « Mon père, » contraignit Melon, la dague à la gorge, d'escrire aussi pour le faire venir, accompagné du capitaine d'Auché et trois autres, et encores un jeune homme, nommé Baptiste de Bot, qui chantoit excellemment et n'abandonnoit guères Beigne, ayant grande familiarité avec Gavaret.

A l'entrée de la porte, toute cette troupe est poignardée, horsmis Beigne et de Bot. Gavaret montre à Beigne le premier monceau des tués; sur quoi, le vieillard ayant faict des exclamations pleines d'horreur, Gavaret promet lui sauver la vie s'il vouloit dire que l'acte ne fust une vangeance et un brave traict. Mais, l'autre persistant en ses détestations, désirant et demandant la mort pour ne vivre plus en un siècle qui produisist des monstres tant prodigieux, Beigne est lié, garrotté et gardé au lendemain; qu'après-disner il fit venir Bot en la présence de ce père et lui dict : « Mon frère, je te prie, donne-moi un air des plus tristes et des plus beaux que tu saches? » Le jeune garçon, à qui la peur avoit osté l'usage du chant, pensa ainsi : « On m'a gardé après les autres, c'est quelque apparence que ce tygre se pourra esmouvoir. » Il se força donc pour charmer ce brutal, et ceux qui estoyent présents ont dict n'avoir jamais rien ouy tel. A la fin du chant, le cruel, ayant dict : « Il n'y a que Gavaret qui puisse achever cette tragédie, » poignarda le jeune homme aux pieds de son père[1] et

1. La fin de l'alinéa et l'alinéa suivant manquent à l'édition de 1618.

puis donna quatre coups de poignard dans l'estomach de Semas[1]. Et, pour monstrer qu'il n'estoit point poussé de la vengeance contre Melon, il lui sauva la vie, et à ceux qui comme lui peurent payer une grosse rançon.

On m'a promis l'estrange mort de Gavaret, mais, ne l'ayant point encor receue, je ne la puis donner à mon lecteur.

Tous ceux qui ont au pays voulu esplucher un acte si estrange ont appris que cestui-ci avoit promis à un Jésuite, sien confesseur, de se déclarer bon catholique avec telles marques que l'on n'en doubteroit jamais, ce qui estoit interprété pour l'entreprise sur le roi de Navarre; on dit aussi que le desplaisir de l'avoir failli l'avoit poussé à ceste énorme résolution[2].

L'autre péril fut quelques mois après. Si le discours en est estendu, il est inutile à la garde des rois. Grandmont[3], avant qu'aller au siège de la Fère, avoit machiné une entreprise sur Sainct-Sébastien et tasché à suborner quelques soldats de Font-Arabie[4]; et cela, comme on disoit, pour se réconcilier avec le roi de Navarre. Ces choses estans esventées, on se servit de la voye frayée entre les deux nations pour faire couler un capitaine espagnol, nommé Loto, jusques à Nérac.

1. D'Aubigné l'a appelé plus haut du Puy, s. de Beigne; mais il était seigneur du château que d'Aubigné nomme Semans (Senac, Gironde).
2. Var. de l'édit. de 1618 : « ... *résolution*. Sa misérable mort sera pour une autre fois, tant à cause de quelque espace de temps que pour n'en savoir pas encore les particularitez. *L'autre péril...* »
3. Philibert de Gramont, comte de Guiche.
4. Saint-Sébastien et Fontarabie, villes espagnoles près de la frontière de France.

Là, il s'adressa un soir à Aubigné, auquel, ayant demandé de parler en secret, il commença par une harangue de compliments sur sa réputation, services notables, expérience en choses difficiles, grand crédit et quelque puissance sur son maître, que toutes ces choses l'avoyent faict adresser à lui pour lui commettre un des plus importants affaires de l'Europe; c'estoit enfin la prise de Font-Arabie[1]. Et, pource que les moyens en estoyent fort estranges, j'ai pensé les devoir exposer pour faire voir à quelle dureté les cœurs estoyent lors parvenus. Loto disoit donc ainsi en mauvais homme et mauvais François : « Nous avons, dans le chasteau de Font-Arabie, quarante mortes-payes, et non plus, desquels, avec le consentement de mon frère, qui y commande, je tire souvent jusques à vingt-cinq des meilleurs et n'y en laisse que quinze pour aller escumer dans la rivière de Bourdeaux, où nous avons faict d'assez bons butins, soit sur l'eau, soit en descendant à terre, selon les intelligences que nous avons avec un capitaine de Brouage et un gentilhomme d'auprès de Talmont[2]. Et, d'ailleurs, pource que nous ne sommes pas chiches de faire périr les bateaux et les personnes, nous n'avons esté aucunement descouverts. Or, croyant que le roi, vostre maistre, n'a rien plus à cœur que de donner Font-Arabie pour frontière à ses terres, je me suis advisé de lui en faire un présent, moyennant une bonne récompense, de laquelle je demande vostre foi pour pleige, ayant appris que vous l'observez de

1. Il faut placer le récit de ce fait avant le 7 juillet 1580, date de l'investissement de la Fère.
2. Brouage (Charente-Inférieure). — Talmont-sur-Gironde.

poinct en poinct. La manière de parvenir à fin d'un tel affaire est que vous fassiez cacher en la maison du gentilhomme voisin de Talmont-sur-Gironde, que je vous nommerai quand il sera temps, quelques gens de guerre, et parmi ceux-là vingt-cinq ou trente hommes déterminez. Mes gens s'attendront que je vueille faire là ma descente comme j'ai accoustumé. Je les vous mènerai là quatre à quatre, car nous faisons ainsi pour nous embusquer, et nous les poignarderons au prix qu'ils arriveront. Cela faict, nous embarquerons nostre troupe dans la patache pour nous en venir terrir auprès de Bierris, et de là descendre en une conche auprès d'Andaye[1] sur la soirée, pour arriver à la poterne aux heures dictes. Nous avons un mot pour la faire ouvrir et ainsi nous rendre maistres de tout le chasteau, où il faudra tout tuer, et surtout mon frère, car, s'il gaignoit avec quelque soldat un coin de tour, il seroit secouru et nous perdus. »

Tels propos et l'effroyable mine de l'Espagnol, qui avoit l'œil louche, le nez troussé, les naseaux ouverts et le front enflé en rond donnèrent mauvais goust à l'auditeur. Nonobstant, il ne laissa pas de l'envoyer loger au petit Nérac chez un homme confident, puis s'en alla trouver le roi son maistre, lui disant : « Sire, voici un abrégé de nos peines (pource qu'il venoit de nouveau de Sainct-Sébastien, sur les erres de l'entreprise de Grammont), pourveu qu'il plaise à Vostre Majesté ouyr un homme qui m'est venu trouver avec les cautions que Frontenac, à qui je le communique-

[1]. Biarritz et Hendaye (Basses-Pyrénées), arrondissement de Bayonne.

rai, et moi vous apporterons; car, s'il y eut jamais un assassin, c'est celui qui se présente, considéré en toutes ses parties. Si cela n'est pas, l'affaire est horrible entre vos ennemis et avantageuse à vous et aux vostres. »

Là-dessus, il lui conta le brutal dessein, comme nous vous l'avons déduit. Mais il y eut bien de la cholère entre le maistre et les deux escuyers quand ils opiniastrèrent contre lui qu'il ne verroit point l'Espagnol, si ce n'estoit à leur mode, c'est qu'on faisoit porter les affaires dans une petite allée desrobée dans l'espesseur de la muraille de la tour du chasteau qui touchoit à la chambre du roi; cette allée si estroicte qu'il n'y pouvoit passer qu'un homme à la fois. Les escuyers avec chacun un poignard au poing faisoyent parler le galand par dessus leurs jambes appuyées à la muraille de l'autre costé, et eux deux à bechevet[1]. Encores contraignirent-ils leur maistre d'avoir une espée courte à la main, ayant vestu un pourpoint maillé. Ainsi fut le premier abouchement, duquel ce prince n'estant pas content, il falut qu'il vist son homme le lendemain en la plaine de Nazaret[2], lui bien monté, l'autre sur un bidet, l'espée au costé, mais tousjours parlant par dessus les crinières de deux bons courtaux qu'avoyent entre les jambes les compagnons. Ce roi entra en grande impatience de la curatelle, comme il disoit, où ses gens le tenoyent. Et de quoi, sans Frontenac, l'autre escuyer vouloit faire emprisonner et gehenner l'Espagnol; dont, pour manier cette affaire plus à plaisir, on donna à Aubigné un voyage pour conduire un

---

1. *Bechevet,* tête-bêche, pieds contre tête ou réciproquement.
2. Nazareth, sur la Losse (Lot-et-Garonne).

dessein sur Brouage. Et voici ce qui advint en son absence.

Par l'entreprise de deffunct[1] Gramont, il y avoit quelques soldats corrompus à Sainct-Sébastien et à Font-Arabie. Ceux-là trouvans à dire Loro, et ayans ouï dire à un confesseur qu'il lui tardoit bien qu'il n'en sçavoit des nouvelles, envoyèrent un advertissement, dans lequel, en despeignant cet homme, ils l'appeloyent, et non sans raison, demi-géant. Dès que ce rustre fut prisonnier, contre la volonté du roi de Navarre, il ne fit plus que hurler, grincer les dents et cercher diverses inventions pour se faire mourir. Or, pource que c'estoit un estranger, emprunté par les menées de quelque prince françois, desquels l'honneur estoit à conserver, ou bien avec lequel il n'estoit pas temps de rompre, mais faloit cacher l'injure pour ne faire pas à contre-temps les choses ausquelles elle obligeoit en paroissant, on fut d'advis, pour parfaire ce procès, de l'esloigner à Castel-Jaloux. Il arriva qu'en passant sur le pont de Barbaste[2] le désespéré se jetta la teste en bas dans la rivière, précipice effroyable à ceux qui le regarderont, et tomba entre deux rochers, où, par grand hazard, il se trouva de l'eau assés pour soustenir ce collosse et le garder d'estre brizé, n'y ayant guères d'endroict qui eust peu le garentir que cettui-là. On court de tous costez pour le reprendre; à quoi il y eut bien de la peine,

---

1. Philibert de Gramont eut un bras emporté d'un coup de canon, au siège de la Fère, à la fin de juillet 1580. Il mourut de sa blessure dans les premiers jours d'août.

2. Barbaste (Lot-et-Garonne), au confluent de la Baïse et de la Losse, était un grand moulin à eau, qui appartenait au roi de Navarre.

pource qu'il cerchoit tousjours le fonds de l'eau, plongeant opiniastrement la teste en bas pour se noyer. Il fut donc mené à Castel-Jaloux, et, ayant tout confessé, exécuté en la prison; son procès esteinct avec lui. De tant d'accidents, où il a paru au roi de Navarre que valent les serviteurs amis, il a esté bon que cet exemple se soit veu. A la lecture duquel plusieurs bons François accompagneront d'un souspir ces paroles : « Ah! que ce prince n'a-t-il tousjours esté en aussi fidelles mains ! »

CHAPITRE VI[1].

Prise du Mont-de-Marsan; mort de Monsieur et de Bussy.

Pource que nous avons parlé ci-dessus du Mont-de-Marsan, il faut dire comme peu de temps auparavant ce prince l'avoit mis entre ses mains[2]; le roi lui ayant tesmoigné, par le duc d'Épernon et autres, qu'il n'auroit point à contre-cœur l'affermissement de son beau-frère et les choses qu'il pourroit oster du chemin de la Ligue en s'en accommodant.

Les refformez eurent advis, ou se persuadèrent, que l'évesque de Comminges[3], bastard de Lansac, avoit

1. Les chapitres v et vi ne sont point divisés dans l'édition de 1618.
2. La ville de Mont-de-Marsan, qui appartenait au roi de Navarre, avait été prise par Poyanne, capitaine catholique, le 18 septembre 1580. On va voir comment elle fut reprise par le roi de Navarre.
3. Urbain de Saint-Gelais, évêque de Comminges, de 1580 à 1613.

entrepris sur quelques places d'Armagnac, et mesme devoit faire sa teste du bailliage de Marsan en se rendant maistre du lieu, et cela avec l'intelligence de Pouyane[1]. Le roi de Navarre délibéra de primer et se servir en cela de deux de la ville, qui portoyent le nom de Campet[2], à lui présentez par le baron de Castelnau[3]. Ce prince donc vint coucher à Sainct-Justin[4], ayant poussé devant ses gardes et quelques gentils-hommes de sa suitte.

Le Mont-de-Marsan est basti à la rencontre de deux rivières qui lui servent de fossé, horsmis par la teste du chasteau. Or, pource que ses rivières sont profondes, les murailles de ce costé-là ne sont que de quinze pieds ; c'est pourquoi la délibération fut de faire descendre un bateau le long de la Douce[5] ; ce bateau d'un arbre creusé, pource que cette rivière n'en a point d'autres ; soit dict en passant que le bateau se coulast aux pieds de la tour du chasteau en une nuict fort noire. La sentinelle cracha sur le visage de celui qui le menoit. Là-dedans passèrent soixante

---

1. Bertrand de Baylens, seigneur de Poyanne, gouverneur de Dax, capitaine catholique, plusieurs fois cité dans les *Lettres de Henri IV*. M. l'abbé de Carsalade du Pont a publié sur ce capitaine une savante étude (*Revue de Gascogne*, 1869).
2. Gaston du Lion, baron du Campet.
3. Le baron de Castelnau de Chalosse, gentilhomme protestant, cité dans les *Lettres de Henri IV*, plus tard sénéchal du Béarn, n'appartenait pas à la maison de Castelnau-Mauvissière (*Ibid.*, t. I, p. 274). Il est marqué, dans un état de la maison du roi de Navarre, daté de janvier 1585, comme chambellan de ce prince (*Mémoires et correspondance de du Plessis-Mornay*, édit. Auguis, t. III, p. 237).
4. Saint-Justin (Landes), sur la Douze.
5. La rivière de la Douze prend sa source dans le Gers.

hommes, quatre à quatre, couchez de leur long les uns sur les autres ; ce vaisseau, horsmis la première fois, tiré et retiré avec de la mèche. Sur la fin du passage des soixante, le jour se lève et descouvrit à ceux qui estoyent passez un si gros et si espais amas de ronces que pas un d'eux n'espéra pouvoir aller à la muraille. Leur estonnement estant communiqué à ceux qui devoyent s'embarquer, nul ne voulut plus augmenter la troupe misérable. Ceux qui sçavoyent nager se despouillent pour repasser. Tout cela à la veue et à quatre-vingt pas d'un grand portail où on plantoit un corps de garde. Il avoit passé des premiers un des entrepreneurs que nous avons nommez, qui estoit procureur, et avoit fortuitement porté une grand'dague. Cettui-ci, voyant qu'il ne pouvoit attendre d'une prison que la corde, empesche de se jetter en l'eau ceux qui s'y préparoyent, se jette dans les ronces, fait un commencement de passage avec sa dague, employe les mains et les dents à arracher, et en avoit passé la moitié avant qu'aucun print courage de lui aider.

Il estoit près de soleil levant que le silence de dedans faisoit croire à tous les entrepreneurs qu'on les attendoit sur le ventre. Enfin, ce pauvre procureur, n'en pouvant plus, tourna les dents et les mains sanglantes vers ses compagnons, leur disant : « Vaut-il pas mieux aller mourir là-dedans ? » Sur quoi, un soldat des gardes tira son espée pour combattre les ronces. Comme la troupe vid que les deux tiers estoyent passez, ils s'y jettent tous. Il arrive la plus furieuse et espesse pluye qui se soit jamais remarquée. Voilà le pied de la muraille gaigné, deux eschelles mises, la muraille passée. Le procureur crie qu'on n'oubliast pas quelques haches qui estoyent là. Ils se trouvent tous enfermez dans un jardin, ils brisent les portes avec beaucoup de bruit, ils arrivent dans la grand'rue, chamaillent les portes de la ville. La pluye s'arreste et le soleil se lève sur leur besongne. Enfin, sans qu'il se tirast une arquebuzade, ils ouvrent toutes les portes et donnent entrée[1] au roi de Navarre, qui y estoit accouru, et fit faire ses logis avec aussi peu de désordre que s'il fust arrivé à Nérac, sans que la garnison eust autre chose pour couvrir sa honte que l'orage effroyable qui avoit estonné ceux de dedans. Quant aux autres, il faut dire que la nécessité les avoit endurcis[2].

Or, toutes les entreprises sur les frontières d'Espagne et dans le royaume, notamment sur Brouage, pour laquelle ce prince ne dormoit point; de plus, une négociation avec le roi d'Espagne, de laquelle nous parlerons à la liaison des affaires; tout cela tomba de la teste aux pieds quand la mort de Monsieur fut apportée à Nérac.

1. Le roi de Navarre reprit Mont-de-Marsan le 22 novembre 1583 (*Lettres de Henri IV*, t. I, p. 577 et 592). De Thou se trompe en plaçant cette reprise en 1581 (liv. LXXII). C'est une des rares erreurs de ce grand historien. Il est vrai que le coup de main heureux du roi de Navarre avait été précédé de plusieurs tentatives. Voyez une enquête publiée dans la *Revue de Gascogne* de mai 1881.

2. On conserve, dans le volume 3357 du fonds français, plusieurs documents curieux sur la prise de Mont-de-Marsan : une lettre sans signature, en date du 26 novembre, qui raconte le fait d'armes avec des détails nouveaux (f. 47); une lettre du maréchal de Matignon à la reine, du 27 novembre (f. 50); une autre lettre sans signature, du 26 novembre (f. 53); une lettre du roi au maréchal de Matignon, en date du 30 novembre, qui déplore la perte de la ville (f. 54).

Après que les affaires des Tercières furent mal acheminées, que le désastre d'Anvers[1] eut faict perdre à Monsieur plusieurs serviteurs[2], toute créance et toute espérance de ses desseins, il se retira à Chasteau-Tierri[3], d'où il essayoit encores à regagner sa place en Brabant, travaillant surtout par la simplicité et douceur du prince d'Oranges, qui vouloit tousjours qu'on oubliast le passé et qu'il fust rappelé. Mais, tout lui succédant à contre-cœur, l'ennuy l'accabla, si bien qu'il mourut le douziesme de juin[4] mille cinq cent huictante quatre. Ce prince redoubloit son chagrin pour se voir dehors le royaume avoir rendu son nom exécrable, au dedans à tous les réformez, à la cour par le bruit de ses vices. Il se voyoit toutes les dames ennemies[5], et, quant au roi[6], il estoit ferme à en croire la haine par plusieurs marques, comme par la mort de son espée de chevet, Bussi[7], de qui la fin fut telle.

---

1. Le duc d'Anjou avait essayé de se rendre maître d'Anvers le 17 janvier 1583. Voyez les notes du chap. XXII.

2. La cavalerie de Mansfeld, entre autres, abandonna le duc d'Anjou pour se jeter dans le parti du duc de Parme (De Thou, liv. LXXVII).

3. Le duc d'Anjou, après avoir quitté la Flandre, débarqua à Calais, avec le reste de ses troupes, le 28 juin 1583, et se retira ensuite à Château-Thierry sur la Marne (De Thou, liv. LXXVII).

4. Le duc d'Anjou mourut d'une maladie de poitrine à Château-Thierry, le 10 juin 1584, et non pas le 12.

5. Le duc d'Anjou passait pour avoir les mêmes vices que Henri III. Voy. le *Journal de L'Estoile* à la date du 26 juin 1584.

6. Sully dit que le duc d'Anjou, « estant venu voir secrètement le roy à Paris, s'en estoit retourné fort malcontent à Château-Thierry » (*OEconomies royales*, liv. I, chap. XVIII). L'Estoile place cette entrevue au 11 février 1584. Le duc retourna le 21 à Château-Thierry.

7. Louis de Clermont de Bussy-d'Amboise, fils de Jacques de

Le roi, ayant sçeu qu'il usoit privément de la femme du comte de Monsoreau[1], envoya quérir le mari, lui fit sentir le déshonneur de sa maison par l'authorité d'un puissant tesmoin[2]. Il lui promit toutes impunitez pour la vengeance[3], lui donnant pour gage la femme de Villequier[4], qu'il fit tuer par son mari[5], quoique ayant joui d'elle. Monsoreau donc contrainct sa femme à donner rendez-vous[6] à Bussi, qui n'y manqua pas,

Clermont-d'Amboise et de Catherine de Beauvau, favori du duc d'Anjou, célèbre par ses duels et ses aventures amoureuses avec la reine Marguerite. M. André Joubert a raconté, d'après des documents nouveaux, la vie et la mort de ce célèbre héros de roman : *Louis de Clermont, s. de Bussy d'Amboise*, in-8°, 1885.

1. Bussy-d'Amboise appelait Françoise de Maridort, femme du comte de Montsoreau, « la bête du grand veneur » (De Thou, liv. LXVIII). Françoise ne fut pas assassinée avec Bussy, comme on l'écrit quelquefois. Elle vécut paisiblement avec son mari, eut plusieurs enfants de lui et mourut le 29 septembre 1620 (A. Joubert, p. 200).

2. Charles de Chambes, comte de Montsoreau, chambellan du duc d'Anjou et grand veneur de ce prince. Voyez sur ce personnage une notice détaillée dans l'ouvrage de M. Joubert (p. 197).

3. Le roi montra au comte de Montsoreau des lettres qu'avait écrites Bussy-d'Amboise au duc d'Anjou, et dans lesquelles il lui disait qu'il avait tendu des pièges à la femme de Montsoreau, et qu'il la tenait dans ses filets (De Thou, liv. LXVIII).

4. René de Villequier, dit *le jeune* et *le gros*, était gouverneur de Paris et de l'Ile-de-France.

5. Au commencement de septembre 1577, au château de Poitiers, où était alors Henri III, René de Villequier poignarda sa femme, Françoise de la Marck, qui était enceinte. La facilité avec laquelle l'assassin obtint sa grâce fit supposer qu'il avait agi avec le consentement du roi. Voy. le *Journal de L'Estoile*, édit. Champolion, p. 89.

6. La comtesse fut obligée par son mari d'écrire à Bussy pour lui donner rendez-vous au château de la Coutancières (Maine-et-Loire). Mais il n'est pas absolument certain qu'elle fût coupable d'adultère. M. André Joubert a étudié la question (p. 188).

accompagné du lieutenant de Saumur[1]. Monsoreau lui découple quatorze hommes armez, desquels ce résolu courage en blessa deux, se deffendant jusques à la mort. Le lieutenant de Saumur, après qu'on lui eut passé la langue à travers la gorge pour le signaler en maquereau, fut jetté dans les fossés. Et ainsi mourut[2] Bussi, homme sans âme, ayant un grand esprit, tant aux choses qu'aux langues, un courage desmesuré, mais qu'il employoit plus à mordre les chiens de sa meute que sur les loups; tellement qu'un bon capitaine l'eust désiré chez ses ennemis[3].

Toutes ces choses accablèrent Monsieur[4] jusqu'à sa mort. J'eusse apposé en ce lieu un tableau publié de ce temps pour monstrer la haine qu'il avoit acquise; mais j'ai eu crainte qu'on m'eust pris pour certificateur des énormitez. Bien pourrons-nous dire qu'il mourut ayant acquis, horsmis les compagnons ou serfs de ses plaisirs, autant d'ennemis que de cognoissans. On fit imprimer la description de son ouverture par les médecins, où, entre autres choses, on fit paroistre qu'il estoit mort, le sang (comme il estoit advenu au

1. Claude Colasseau, s. de la Frogerie, avocat puis lieutenant criminel de Saumur, fut assassiné avec Bussy. Il subit une mort horrible. Les gens du comte de Montsoreau l'étouffèrent en lui enfonçant violemment la langue dans la gorge. Voyez sa généalogie dans André Joubert, p. 236.
2. Bussy d'Amboise fut assassiné le 19 août 1579.
3. On peut comparer le jugement de d'Aubigné sur Bussy d'Amboise avec celui de de Thou (liv. LXVIII), celui de Brantôme (t. V, p. 361, et t. VI, p. 191) et celui de L'Estoile (édit. Champollion, p. 117).
4. De Thou (liv. LXVIII) rapporte que le duc d'Anjou éprouva du contentement à la nouvelle de la mort de Bussy d'Amboise, qui commençait à lui être à charge.

roi Charles) lui jaillissant par tous les pores, la masse du dedans entièrement corrompue et la ratte convertie en pus[1]. Quelques-uns attribuoyent aux liguez la curiosité de cette impression. Les plus modérez vouloyent que telles marques fussent seulement effects d'une grande mélancholie sans y cercher une plus sinistre interprétation.

Chapitre VII.

Prise des armes[2].

A tous les préparatifs que nous avons touchez au chapitre III, le roi n'eut remède que de mettre la main à la plume et non à l'espée, et escrire[3] à la noblesse, au roi de Navarre[4] et au prince de Condé,

---

1. D'Aubigné désigne ici le *Regret funèbre contenant les actions et derniers propos de Monseigneur, fils de France, frère unique du roy, depuis sa maladie jusqu'à son trépas,* par frère Jacques Berson, 1584, in-8º, pièce très rare qui a été réimprimée dans les *Archives curieuses* de Cimber et Danjou, t. X, p. 201. Mais il existe une autre relation de la mort du duc d'Anjou par le s. de la Fougère, médecin du prince, qui n'a été imprimée que de nos jours (*Annales de la Société hist. et archéol. de Château-Thierry,* 1887). Une copie de cette pièce, conservée dans le vol. 3902, f. 283 du fonds français, est suivie du procès-verbal de l'autopsie du prince, rédigé en un latin bizarre à l'usage des médecins du XVIe siècle.

2. La prise des armes des ligueurs eut lieu en mars 1585.

3. Il s'agit ici d'une *Déclaration du roi sur les nouveaux troubles de ce royaume,* datée de Paris et d'avril 1585, par laquelle le roi désavouait la Ligue. Cette pièce, publiée d'abord sous forme de feuille volante, a été réimprimée par Fontanon, t. IV, p. 722, et dans les *Mémoires de la Ligue,* t. I, p. 63.

4. La déclaration officielle dont nous avons parlé dans la note

que lui et chascun pouvoit cognoistre évidemment combien faux estoit le prétexte des liguez, sous lequel ils entreprenoyent sur sa personne et couronne, n'ayans autre but que de s'agrandir par la dissipation de l'Estat. A quoi il demandoit l'assistance que tous devoyent à la royauté et chascun à soi-mesme. Ces lettres générales furent suivies d'autres plus particulières aux confrères du Sainct-Esprit[1] et aux pénitents[2], par lesquelles le roi notoit l'ingratitude et impiété de ceux de Guise, tant par reproches de ses bienfaicts que par des contes de leurs desbauches, opposant à cela ses grandes dévotions, desquelles il les prenoit à tesmoins.

Les associez ne se soucièrent guères de la plume, se contentèrent seulement de faire eschapper quelques pasquins et livrets sur l'arrière Vénus, active et passive,

---

précédente avait été précédée de lettres missives contenant un désaveu formel de la Ligue. L'*Histoire du Languedoc* (t. V, p. 402) parle d'une lettre du roi écrite dans cet objet, que le roi de Navarre reçut le 23 mars 1585, et en publie quelques extraits.

1. La confrérie du Saint-Esprit avait été organisée en 1567, en Bourgogne, contre les huguenots, par Gaspard de Saulx-Tavannes, gouverneur de Bourgogne.

2. La congrégation des pénitents de l'Annonciation de Notre-Dame ou confrères de la mort fut établie à Paris le 13 mars 1583. Voyez le tome précédent, p. 343. Les règlements, datés du 20 mars, ont été réimprimés dans les *Archives curieuses* de Cimber et Danjou, t. X, p. 435. Le 25 mars, le roi célébra la première procession de la nouvelle confrérie avec ses mignons et ses courtisans. Le *Journal de L'Estoile*, à la date de mars 1583, raconte sur un ton railleur cette étrange cérémonie. Les statuts furent publiés deux ans plus tard et portent seulement la date du 10 mai 1585. Ils ont été réimprimés dans les *Mémoires de Castelnau*, t. III, p. 48.

qui s'exerçoit au cabinet, particulièrement[1] par le livre intitulé *le Catholique anglois*[2]; resveillans tous les noms odieux que les gens de bien lisent à regret dans les histoires romaines; et, notamment, attaquent un des mignons de quelques chancres et maladies vénériennes[3], gaignées par le derrière, traictées et enfin guéries par le médecin Miron[4], qui, estant mal content, donnoit tels advertissements.

1. Ce membre de phrase, jusqu'à ces mots *réveillans tous les noms...*, manque à l'édition de 1618.

2. *Avertissement des catholiques anglois aux François catholiques du danger où ils sont de perdre leur religion...*, 1586, in-8°, attribué justement par les *Mémoires de la Ligue* à Louis d'Orléans, célèbre avocat ligueur (t. V, p. 642). Ce pamphlet a été réimprimé parmi les pièces justificatives de la *Satyre Ménippée* (1709, in-8°, t. I, p. 101) et dans les *Archives curieuses* de Cimber et Danjou (t. XI, p. 111). Du Plessis-Mornay y répondit vigoureusement par la *Lettre d'un gentilhomme catholique françois...* (*Mémoires de la Ligue*, t. I, p. 415, et *Archives curieuses*, t. XI, p. 203). Ces deux pamphlets, justement célèbres, furent le point de départ de nombreuses réponses, répliques, lettres, missives, etc., qui sont énumérées par le Père Lelong (t. II, n° 18536 et suiv.). L'une de ces réponses, faite au nom du roi de Navarre et publiée à Bordeaux en 1586, mériterait d'être sauvée de l'oubli. Elle a été réimprimée dans les *Mémoires de la Ligue*, t. I, p. 340.

3. D'Aubigné désigne ici le duc d'Épernon, qui, au commencement de mai 1585, se retira à Saint-Germain « pour se faire panser d'un mal de gorge chancreux qu'il avoit » (*Journal de L'Estoile*, sous la date du 7 mai 1585).

4. Charles Miron, fils de Marc Miron, premier médecin de Henri III, mort le 6 août 1628, l'auteur de ce célèbre discours sur la Saint-Barthélemy, imprimé dans les *Mémoires d'estat* de Villeroy, dont l'authenticité a été si vivement contestée. Bellièvre écrit à la reine, le 2 mai 1585, que Miron lui a parlé de l'extrême fatigue et des douleurs du roi (f. fr., vol. 15891, f. 399). L'importance que Miron avait auprès du roi lui donnait une sorte d'influence, et nous voyons que les seigneurs avisés, notamment

[1585]   LIVRE DIXIÈME, CHAP. VII.   197

Mais ils eurent plus à cœur de mettre le fer en besongne, premièrement en Picardie, où ils se saisirent sans peine et sans combat de toutes les villes ; et n'en resta guères que Boulongne[1], que Saincte-Marie refusa au duc d'Aumale, venant de prendre Dourlans[2].

On oit de mesme temps la prise des meilleures villes de France[3], d'entre lesquelles Marseille[4] se libéra, car, ayant esté prise par la menée du second consul, nommé[5] Dariès[6], le peuple, las de crier : « Vive la Ligue, » eut honte de soi-même et se r'avisa, si bien que de mesme violence ils crièrent : « Vive le roi[7] ! »

---

du Plessis-Mornay, le prenaient quelquefois comme intermédiaire (*Mémoires et corresp. de du Plessis-Mornay*, t. II, p. 579).

1. Une lettre du s. d'Estrées au roi, en date du 7 juillet 1585, parle de l'entreprise du duc d'Aumale sur Boulogne, et demande au roi les moyens de fortifier la ville pour la mettre à l'abri de tout retour offensif (Orig., Vᶜ de Colbert, vol. 9, f. 280).

2. Doullens (Somme). Plusieurs lettres de d'Estrées, du s. de Huguesville et de Bonivet de Crèvecœur, écrites dans les premiers mois de 1585, racontent la campagne du duc d'Aumale en Picardie (Vᶜ de Colbert, vol. 9).

3. Le 21 mars 1585, le duc de Guise s'était emparé de Châlons-sur-Marne. Mézières, Dijon, Aussonne furent pris avant le 7 avril.

4. Louis de Gonzague, duc de Nevers, partisan intermittent de la Ligue, surprit la ville de Marseille dans la nuit du 8 au 9 avril 1585 ; mais la ville fut reprise et sauvée par un bourgeois nommé Bouquier. Sur la prise de Marseille, voyez de Thou (liv. LXXXI) et surtout un récit du temps, qui lui a servi de guide et qui a été réimprimé dans les *Mémoires de la Ligue*, t. I, p. 73, dans le *Recueil AZ*, lettre H, p. 96, et un recueil de lettres du temps publié dans les *Archives curieuses* de Cimber et Danjou, t. XI, p. 29 et suiv.

5. L'édition de 1618 le nomme d'Acas.

6. Louis de la Motte-Dariez et le capitaine Claude Boniface étaient à la tête de la conjuration.

7. Le 14 avril 1585 fut faite une procession d'actions de grâces, pendant laquelle le peuple cria : « Vive le roi ! »

et firent pendre leur consul[1]; cela au commencement d'avril.

A la fin du mesme mois fut chassé de Lyon Le Passage[2] que le duc d'Épernon y avoit faict mettre[3]. Ce capitaine, se voulant deffendre, eut pour response de ses soldats qu'ils ne vouloyent pas estre damnés pour un fauteur d'hérétiques comme le roi ; et, quant à leurs serments, que les Pères Jésuites les en avoyent dispensez.

On ne voyoit venir à la cour que courriers qui apportoyent prises de places sans combat, et par moyens si honteux que l'histoire se dispense de les conter. Car tous les stratagèmes qui y furent employez reviennent à deux poincts : asçavoir les sommes d'argent promises ou contées, ou bien aux déclamations des prescheurs en public et en secret pour esmouvoir le peuple aux agréables prétextes de leur parti nouveau.

La Picardie et la Champagne[4] furent incontinent pleines de régiments de pied et compagnies de caval-

1. Le 13 avril 1585, on instruisit le procès de Louis Dariez et du capitaine Claude Boniface, qui furent condamnés à mort (Lettre de Henri III au s. de Dinteville, en date du 26 avril 1585; orig., coll. Dupuy, vol. 590, f. 37).

2. Aymar de Poisieu, s. du Passage et de Saint-Georges d'Espéranche, colonel des légionnaires du Dauphiné en 1574, gouverneur de la citadelle de Lyon en 1584, puis lieutenant général au gouvernement de Saluces (*Mémoires de Piémond*).

3. Le s. du Passage fut chassé de la citadelle de Lyon par Mandelot, au moyen d'un stratagème, le 2 mai d'après l'annotateur des *Mémoires de Piémond*, le 3 d'après le texte des *Mémoires* (p. 159), le 5 d'après de Thou (liv. LXXXI).

4. Après la prise de Toul et de Verdun, le duc de Guise fit passer ses troupes en Champagne et établit son quartier à Châlons à la fin de mai 1585 (De Thou, liv. LXXXI).

lerie, qui s'avançoyent de rendez-vous à rendez-vous tousjours vers Paris[1].

Le voisinage de ces gens-là fit bien tard et bien froidement armer le roi, tant à cause de la timidité qui l'avoit saisi, craignant mesme par ses armes d'irriter d'avantage ses ennemis, comme aussi pource qu'il lui estoit fort difficile de choisir le fidelle d'avec l'infidelle; tous les mal contents ne cerchans qu'occasion de se venger, et plusieurs lui faisans lors de grandes demandes pour, avec plus de couleur, aller trouver[2] le duc de Guise, qui leur sembloit vouloir partager le royaume en le conquérant.

Les refformez furent les premiers qui eurent le cul sur la selle en Poictou, en Daulphiné et en Languedoc. Ceux qui estoyent les plus près des princes regardoyent leurs contenances. Les Poictevins sollicitèrent François[3], duc de Montpensier par la mort de Louys[4].

---

1. Le duc de Guise arriva près de Paris avec une armée de 12,000 hommes afin d'effrayer le roi et la reine mère et de leur imposer son alliance (De Thou, liv. LXXXI). Le 2 avril 1585, dit le *Journal de L'Estoile,* le prévôt des marchands avait commencé de faire fortifier la ville.

2. Les seigneurs catholiques, tous plus ou moins attachés à la Ligue, adressèrent au roi, le 9 juin 1585, une requête impérieuse pour l'obliger, en protestant de leur fidélité, à faire la guerre aux réformés. Cette requête est imprimée dans les *Mémoires de la Ligue,* t. I, p. 167. Le roi se crut obligé de traiter avec le duc de Guise. Catherine avait passé le printemps à négocier avec le chef de la Ligue à Épernay, à Châlons, et plus tard à Nemours. On conserve dans le f. fr., vol. 3368, 3369, 3370 et 3371, un gros recueil de pièces sur ces négociations.

3. François de Bourbon, duc de Montpensier, dauphin d'Auvergne, fils de Louis de Bourbon et de Jacqueline de Longwy.

4. Louis de Bourbon, duc de Montpensier, né le 10 juin 1513, mort le 22 septembre 1582.

Il fut longtemps sans se confier en leurs conseils, retenu par les moines, qui déclamoyent contre le roi et lui disoyent que les huguenots, tremblans pour leur ruine, qu'ils voyoient seure et certaine, vouloyent tirer la chastaigne du feu avec la patte du lévrier. Il estoit d'ailleurs aisé de mener ce prince au soupçon de ceux qu'il hayssoit. La cholère desnoua ce neud, car, comme il eut fait quelque amas[1], il eut nouvelles que Drou[2] amenoit les troupes qu'il avoit amassées en Berri pour manger le Poictou. Quelques gentilshommes de Chastelleraudois[3], incertains de parti, mais désirans de deffendre leurs poules, allèrent voir Drou et, après quelques honnestetez, lui voulurent faire peur du duc de Montpensier. Il leur respondit qu'il le tenoit pour une charrette. La Boulaye, ayant sçeu cela, alla faire sentir ceste injure au duc et en mesme temps lui présente quatre-vingts gentilshommes et deux fois autant d'arquebuziers, ne demandant autre assistance que de la veue et authorité du duc. Et ainsi, ayant tant faict que de le mettre à cheval et sceu que Drou avoit quatre compagnies qui commençoyent à se former

1. Le duc de Montpensier enrôla toute la jeunesse protestante de Loudun, Thouars, Fontenay et autres villes voisines, et arriva à Poitiers, comme lieutenant de roi, dès la fin de mai 1585 (*Journal de Michel Le Riche*, 1846, p. 401).

2. Pierre de Chamborant, seigneur de Droux, avait été capitaine des Suisses de François de Valois, duc d'Anjou, et son chambellan. Il avait embrassé le parti de la Ligue.

3. Le voyage du duc de Montpensier en Poitou n'avait pas seulement pour but l'exercice de la charge de lieutenant de roi. Le 26 novembre 1583, le duc avait acheté au roi la terre et la seigneurie de Châtelleraut. Après diverses formalités, malgré l'opposition du Parlement, le duc en prit possession au mois d'avril 1585 (Lalanne, *Hist. de Châtelleraut*, t. II, p. 52).

dans Attigni[1], La Boulaye s'y en va et, pour porter lui-mesme de ses nouvelles, arrive au trot et au galop, donne dans le bourg, gens d'armes et arquebuziers meslez ensemble; et cela lui succéda mieux que si, en prenant ordre, il eust donné loisir aux compagnies de s'accommoder dans le temple et en quelques maisons prochaines. Ceste petite deffaicte[2] resveilla le pays, reschauffa ce prince, engagea et mit hors le chois du parti plusieurs qui en délibéroyent, et apprit aux catholiques et refformez à s'unir et combattre ensemble; ce qui ne fut pas de petit moment[3].

Chapitre VIII.

De ce que fit le roi de Navarre.

De ce bransle, le roi de Navarre mit aussi de son

---

1. Antigny (Vienne). Ce combat est plus connu sous le nom de combat de Chauvigny. Il eut lieu, dit avec plus de précision une lettre du duc de Montpensier, au passage de la petite rivière de Gardampé, près Saint-Servin (Lettre orig. au roi, du 14 juin 1585; V^c de Colbert, vol. 9, f. 256).

2. Le s. de Droux, après la défaite de Chauvigny, rejoignit péniblement le duc de Mercœur (Lettre de Boisseguin à Boisguérin, du 16 juin 1585; *Arch. hist. du Poitou*, 1883, t. XIV, p. 215).

3. D'Aubigné s'est trompé sur le nom du capitaine qui livra bataille au s. de Droux. Ce ne fut pas La Boulaye (Philippe Eschalard, s. de la Boulaye), mais Louis de Chasteigner, seigneur d'Abain et de la Roche-Posay, plus tard lieutenant général au gouvernement de la Marche. L'erreur de d'Aubigné est d'autant plus surprenante qu'il était en Poitou à cette date, et notamment à Saint-Maixent le 9 mai 1585 (*Journal de Le Riche*, p. 403). Mais l'erreur n'en est pas moins certaine. Michel Le Riche parle du combat livré entre La Roche-Posay et le s. de Droux,

costé la main à la plume, envoye sa déclaration au roi[1], faicte à Bergerac le diziesme juin, l'adresse à tous princes, toutes cours et compagnies royales, tous gentilshommes et autres amateurs de la couronne de France[2]. Il commence par la confession de sa religion, maintient qu'il ne peut estre hérétique, estant tousjours préparé à l'instruction par bons et notables moyens; qu'il n'a pas choisi sa religion, puisqu'il y est né et nourri, le schisme estant commencé; que chascun sçait comment il se rengea à la messe lors de la sainct Barthélemi, l'aage, la force, la crainte et l'horreur ayant rendu sa volonté sans vouloir; qu'il se soubmet à un concile bien libre, non pas aux voyes par lesquelles on a pensé à le destruire au lieu de l'instruire, à le ruiner et non le réunir; qu'en toutes les guerres il n'a eu autre respect que celui de Dieu et le service du roi; qu'aussitôt que Sa Majesté eut accordé par ses édicts la liberté des consciences, il avoit posé les armes, contremandé ses troupes et les forces estrangères de ses amis et confœdérez; qu'il n'est point ennemi des catholiques, les maintient en Béarn et en Navarre en la liberté que la roine sa mère les avoit laissez, et commet tous les jours sa vie, son

---

et en fixe la date au 10 ou 11 juin 1585 (p. 406). Il y est aussi fait allusion dans la correspondance de Boisguérin (*Arch. hist. du Poitou*, t. XV, p. 215). Voyez aussi les notes précédentes.

1. Le manifeste du roi de Navarre fut présenté au roi, le 28 juin 1585, par le s. de Clervant, conseiller du roi de Navarre, et par le s. de Chassincourt, gentilhomme de sa chambre (*Journal de L'Estoile*).

2. Le manifeste du roi de Navarre, qui contient 40 articles, est imprimé dans les *Mémoires de la Ligue*, t. I, p. 120, et dans les *Mémoires de du Plessis-Mornay*, t. III, p. 89.

honneur et affaires principaux entre leurs mains, comme ayans les principales charges de sa maison ; que le concordat de Magdebourg[1], contre lequel les prescheurs de la Ligue se font ouyr en leurs chaires, seroit mieux séant en un banc de charlatans, estant ceste assemblée nulle, fausse, et qui ne s'est tenue aucunement, mesmement l'électeur palatin[2] et le prince d'Orange, desquels ils couchent en leurs escrits, estans morts auparavant, l'un à Heidelberg[3] et l'autre à Delf[4] assassiné par Girard[5]. Quant aux places non rendues, que les attentats contre l'édict en avoyent empesché la reddition sous la bonne permission du roi. Que, si la Ligue vouloit mettre promptement les armes bas, elles seroyent restablies promptement ; quant à la

1. Le concordat de Magdebourg est un prétendu accord entre le roi de France, la reine d'Angleterre, les princes protestants d'Allemagne, le roi de Navarre et le prince de Condé pour l'écrasement du parti catholique. C'est une pièce fausse, inventée par la Ligue pour rendre les rois de France et de Navarre odieux aux catholiques. Elle est datée du 14 décembre 1584 d'après la déclaration du roi de Navarre que nous venons de citer (*Mémoires de la Ligue*, t. I, p. 135), du 15 d'après deux copies manuscrites conservées à la Bibliothèque nationale (coll. Dupuy, vol. 844, f. 362, et f. fr., vol. 3316, f. 15), du 16 d'après une version imprimée dans les *Archives curieuses* de Cimber et Danjou, t. XI, f. 1. Certaines versions représentent ce concordat comme signé à Magdebourg, d'autres à Mildebourg. — Plusieurs historiens ont pris cette pièce au sérieux et l'ont analysée comme un document indiscutable.

2. Louis V, dit *le Facile*, duc de Bavière, électeur et comte palatin du Rhin.

3. Le comte palatin était mort à Heidelberg le 12 octobre 1583.

4. Le prince d'Orange avait été assassiné à Delft le 10 juillet 1584.

5. Balthazar Gérard, né en Franche-Comté, émissaire des Espagnols.

déclaration de son incapacité à la couronne, c'est une chose bien sensible à laquelle il a pensé le moins, espérant que Dieu donnera longue vie et heureuse lignée au roi, au grand regret de ceux qui jugent de lui et de la roine en la fleur de leurs ans comme s'ils estoyent stériles, et bastissent tant de desseins sur leur tombeau. Et, pource qu'en leur déclaration ils avoyent taxé le roi de Navarre comme désireux de la mort du roi et perturbateur de l'Estat, ledit sieur roi dit qu'ils ont faussement et malicieusement menti, s'offre à desmesler ceste querelle de sa personne à celle du duc de Guise[1], ou de deux, ou de dix à dix, avec armes accoustumées entre chevaliers, afin que la noblesse françoise demeure en paix et que le peuple n'en souffre plus longuement. Cela[2] despesché et porté courageusement par un gentilhomme nommé Sérignac[3].

Voilà toute la France en armes, les refformez spectateurs de deux partis dans le parti de leurs ennemis, et eux-mesmes agitez de deux opinions contraires qui my-partissoyent les esprits de leurs chefs. On leur mandoit de la cour que ce seroit une grande prudence à eux de ne s'esmouvoir point dans l'émotion des autres; que demeurans paisibles ils condamnoyent les armes de la Ligue; que ce seroit un brave traict s'ils

---

1. La déclaration du roi de Navarre jetait un défi au duc de Guise (*Mémoires de la Ligue*, t. I, p. 147). Le duc de Guise n'accepta point le duel, donnant pour prétexte qu'il soutenait la cause de la religion et non une querelle particulière (*Lettres de Henri IV*, t. II, p. 96, note).

2. La fin de l'alinéa manque à l'édition de 1618.

3. François de Faudoas, seigneur de Sérillac. D'Aubigné se trompe. Ce furent les s. de Clervaut et de Chassincourt qui portèrent au roi la déclaration du Béarnais. Voyez note 1, page 202.

faisoyent couler leurs gens de guerre dans les troupes du roi ; et plustost s'ils faisoyent prendre le nom des compagnies à des catholiques, bien que leurs inférieurs, spécialement à ceux qui avoyent suivi leur parti ; que dedans ces compagnies se cacheroyent plusieurs hommes de bonne maison qui ne laisseroyent pas de fraper en capitaines, bien qu'ils ne fussent que soldats ; qu'ils verroyent le catholique ruiné par le catholique et que l'on ne pourroit les accuser d'ambition quand aucune compagnie ne porteroit le nom d'un réformé.

Ceste nouveauté se rendit agréable à plusieurs, principalement aux ministres et gens du conseil, et, comme elle passoit de paradoxe en délibération, le roi de Navarre, qui, finissant l'assemblée de Montauban[1], avoit demandé un nouvel emploi de députez par toutes les provinces, les receut en ce temps-là et donna rendez-vous à Guistres[2], près Coutras, à tous les chefs du parti. Tous s'estans rendus en ce lieu, l'assemblée

---

1. Le roi de Navarre avait convoqué l'assemblée ou synode de Montauban pour le 20 mars 1584, avec l'approbation du roi (*Lettres de Henri IV*, t. I, p. 605). La réunion eut lieu et siégea longuement, traitant toute sorte de sujets malgré l'opposition de Pomponne de Bellièvre (Protest. de Bellièvre, d'août 1584 ; coll. Brienne, vol. 214, f. 112). A la suite de ses délibérations, l'assemblée rédigea, en date du 7 septembre 1584, des remontrances qui sont imprimées dans *Mémoires et correspondance de du Plessis-Mornay*, t. II, p. 606, et que le roi de Navarre envoya au roi par les s. de Laval, du Plessis, Constant et Chassincourt (*Lettre de Henri III au roi de Navarre*, du 11 décembre 1584 ; f. fr., vol. 3306, f. 54). L'assemblée de Montauban, avant de se séparer, arrêta un *Règlement et forme d'intelligence entre les églises réformées et le roi de Navarre*, pièce très importante qui est conservée en copie du temps dans le vol. 4047, f. 202, du fonds français.

2. Guitres (Gironde), sur la Dronne.

fut convoquée un matin[1] en une grand'salle du prieuré où furent commandez d'assister quelques maistres de camp; si bien que cet amas estoit de soixante testes. Le roi de Navarre, après la prière, fit la proposition en ces termes[2] :

« Si j'eusse creu, mes amis, que les affaires qui se présentent n'en eussent voulu qu'à ma teste, que la ruine de mon bien, la diminution de mes intérêts et de tout ce qui m'est de plus cher, hors l'honneur, vous eust apporté tranquillité et seureté, vous n'eussiez point eu de mes nouvelles, et, avec l'advis et assistance de mes serviteurs particuliers, j'eusse, aux despens de ma vie, arresté les ennemis. Mais, estant question de la conservation ou ruine de toutes les églises refformées et par là de la gloire de Dieu, j'ai pensé devoir délibérer avec vous de ce qui vous touche. Ce qui se présente le premier à traicter, est : si nous devons avoir les mains croisées durant le débat de nos ennemis, envoyer tous nos gens de guerre dedans les armées du roi, sans nom et sans authorité, qui est une opinion en la bouche et au cœur de plusieurs; ou bien si nous devons avec armes séparées secourir le roi et prendre les occasions qui se présenteront pour nostre affermissement. Voilà sur quoi je prie un chascun de cette compagnie vouloir donner son advis sans particulière passion. »

Là-dessus, comme l'assemblée estoit en rond autour

---

[1]. Le roi de Navarre était à Guitres le 29 et le 30 mai 1585.

[2]. Il est probable que ce discours et les suivants sont de la composition de d'Aubigné. Cependant, M. Berger de Xivrey, dans *Lettres de Henri IV* (t. II, p. 66), a cru devoir insérer le discours prêté au roi de Navarre comme l'œuvre même de ce prince.

de la table sans préséances observées, le vicomte de Turenne[1], qui estoit le premier à la main gauche, fut commandé de parler. Et, pource qu'il avoit esté accusé dans son parti d'avoir esté des cinq qui avoyent trop légèrement, comme on disoit, donné le bransle à la dernière prise des armes, voulant effacer ce reproche, ou peut-estre ayant à cœur la médiocrité qu'on proposoit, parla ainsi[2] :

« Pource que le succès de toutes affaires despend de bénédiction ou malédiction de Dieu, la justice ou l'injustice sont, à mon advis, les poincts qui doivent les premiers entrer en considération ; à nous mesmement, qui ne distinguons que nostre droict d'avec nos adversaires, ni par querelles de nation à nation, ni par intérest de succession ; mais par la dispute de la vérité au mensonge, et de nostre droict à leur iniquité. De ces choses nous avons à rendre compte à Dieu, à nos voisins, à nos compatriotes et à nous-mesmes, veu que la guerre se faict par des hommes, qui ne sont nostres, dedans, ni dehors le royaume, que par une juste passion, à eux et à nous commune. Nostre patience couppe la gorge aux raisons des enne-

---

1. Turenne avait reçu du roi de Navarre l'ordre de se tenir auprès de lui avec sa compagnie (Lettre du 26 avril 1585 ; Berger de Xivrey, t. II, p. 27).

2. Turenne raconte ce conseil de guerre dans ses *Mémoires*, mais il le raconte autrement. D'après lui, il aurait été tenu à Castres et non à Guitres, et c'est Montmorency qui aurait conseillé au roi de Navarre de prendre l'offensive, tandis que lui, Turenne, aurait opiné en faveur de l'attente. Après délibération, son avis l'aurait emporté (*Mémoires de Bouillon*, coll. Petitot, vol. XXXV, p. 210). Le roi de Navarre passa à Castres la seconde moitié du mois de mars ; c'est donc à cette date qu'aurait eu lieu ce conseil de guerre (*Mémoires de Gaches*, p. 296).

mis; nostre impatience justifieroit leurs armes et leurs desseins. Voilà pour le juste. Pour le succès, je raisonne ainsi; si vous vous armez, le roi vous craindra; s'il vous craint, il vous hayra; s'il vous hayt, il vous attaquera; s'il vous attaque, il vous destruira. Cette crainte du roi n'est pas appuyée sur la multitude de vos armées, lesquelles n'ont plus les reins des anciennes, mais sur ce que vous contraindrez à subir les conditions de ses ennemis et les vostres; raisonnable occasion du second poinct, qui est la haine. Quant à vostre ruine, qui peut, selon l'apparence humaine, atteindre autre chose de deux puissances, la moindre desquelles n'est que trop capable de cela; veu mesme que l'émulation de deux partis réconciliez les eschauffera contre vous, et que les fautes par lesquelles vous avez eschappé de leurs mains leur seront perpétuellement devant les yeux. Je suis donc d'advis que par nostre tolérance nous mettions charbons ardents sur la teste de ceux qui nous hayssent injustement; que nous facions couler nos gens de guerre dans les armées et compagnies royales. Le roi devra sa délivrance à nostre vertu, et donnera sa haine passée à nostre humilité. Que s'il advient qu'il s'accorde après avec nos adversaires et les siens, nostre preud'hommie reluira comme un midi envers les estrangers et regnicoles; fera que les ingrats viendront à nous avec les consciences et les cœurs transis; nos courages seront enflez et pleins de nostre probité, laquelle appellera du ciel sur nos armes la bénédiction de Dieu. »

Ce discours emporta vingt des voix suivantes, sans y contredire ni adjouster, hormis Constans[1], qui for-

---

[1]. Le s. de Constans, que nous avons déjà signalé comme un

tiffia l'advis du vicomte d'un exemple seulement, et toute la compagnie espousoit cette opinion, quand un maistre[1] de camp commandé à son rang parla ainsi :

« Si la fidélité n'estoit ici plus de saison que la discrétion, le respect et l'honneur que je dois à ceux qui ont parlé me fermeroit la bouche. Mais le serment que j'ai à Dieu, à sa cause et à vous, Sire, me l'ouvre, et, aux despens de la bienséance, me fait dire ce qui est de mon sentiment. Ce seroit fouler aux pieds les cendres de nos martyrs et le sang de nos vaillans hommes; ce seroit planter des potances sur les tombeaux de nos princes et grands capitaines morts, et condamner à pareille ignominie ceux qui encores debout ont voué leurs vies à Dieu, que de mettre ici en doute, et sur le bureau, avec quelle justice ils ont exercé leurs magnanimitez. Ce seroit craindre que Dieu mesme ne fust coulpable ayant béni leurs armes, par lesquelles ils ont traicté avec les rois selon le droict des gens, arresté les injustes bruslements qui s'exerçoyent de tous costez, et acquis la paix à l'Église et à la France. Mesme cette assemblée seroit criminelle de lèse-Majesté, si nous avions osé convenir en ce lieu sans estre asseurez et pleins de nostre droict. Ce n'est donc plus à nous de regarder en arrière, où nous ne verrons qu'églises, villes, familles et personnes rui-

---

des plus fidèles serviteurs du roi de Navarre, était, à cette date, gentilhomme ordinaire de la chambre de ce prince (*Mémoires et corresp. de du Plessis-Mornay*, t. III, p. 238).

1. *Le maistre de camp* est d'Aubigné lui-même. A cette date, il est marqué sur l'état de maison du roi de Navarre comme écuyer de ce prince (*Mémoires et corresp. de du Plessis-Mornay*, t. III, p. 243, édit. de 1824).

nées, en partie par la perfidie des ennemis, partie par ceux qui leur cercheroyent des excuses, pour s'excuser des labeurs et périls ausquels Dieu nous appelle quand il lui plaist. Si vous vous armez, le roi vous craindra, il est vrai; si le roi vous craint, il vous hayra; pleust à Dieu que cette hayne feust à commencer! S'il vous hayt, il vous destruira. Que nous n'eussions point encores essayé le pouvoir de cette haine; mais bien à propos la crainte qui empesche les effets de la haine. Heureux seront ceux qui, par cette crainte, empescheront leur ruine; malheureux qui appellera cette ruine par le mespris. Je di donc que nous ne devons point estre seuls désarmez, quand toute la France est en armes, ni permettre à nos soldats de prester serment aux capitaines qui l'ont presté de nous exterminer; leur faire avoir en révérence les visages sur lesquels ils doivent faire trancher leurs coutelas, et de plus les faire marcher sous les drapeaux de la croix blanche, qui leur ont servi et doivent servir encores de quintaines et de blanc. Sçavez-vous aussi les différentes leçons qu'ils apprennent en l'un et en l'autre parti? Là ils deviennent mercenaires; ici ils n'ont d'autre loyer que la juste passion; là ils goustent les délices; ici ils observent une milice sans repos. Les arts sont esmeus par la gloire, et sur tous ceux de la guerre. Monstrerons-nous à nostre jeune noblesse l'ignominie chez nous et l'honneur chez les autres? Prenez que nous puissions les mettre si bas de courage qu'ils se mettent sous leurs valets de diverse religion, comment remettrez-vous à leur poinct les cœurs ainsi abattus? Que veut-on que deviennent nos princes du sang et les grands seigneurs du parti? Donneront-ils à leurs haineux leurs hommes et leur créance, qu'ils ont achetées par tant de bienfaicts? Quand auront-ils monstré leur valeur à des soldats nouveaux? Fouleront-ils aux pieds leur grandeur naturelle? car ils les perdront par la soumission, ou l'honneur par l'oisiveté. Ouy, il faut monstrer nostre humilité. Faisons donc que ce soit sans lascheté; demeurons capables de servir le roi à son besoin et de nous servir au nostre, et puis, ployer devant lui, quand il sera temps, nos genoux tous armez, lui prester le serment, en tirant la main du gantelet, porter à ses pieds nos victoires et non pas nos estonnements; victoires ausquelles nos soldats ne porteront l'estomach de bonne grâce, estans meslez parmi ceux qui leur font craindre le dos. J'adjousterai encores ce point de droict, c'est que le prétexte, sur lequel nos ennemis ont eschappé à leur roi, est pour nous sauter au collet. Il est nécessaire que le respect de nos espées les arreste, puisque le sceptre ne le peut. Ostons leur la joie et le proffit de la soubmission que nous voulons rendre au prince. Et, quant au conseil par lequel nous avons esté dissipez, soit assez de servir entiers ceux qui nous veulent en pièces et morceaux, je concluds ainsi : si nous nous désarmons, le roi nous mesprisera; nostre mespris le donnera à nos ennemis; uni avec eux, il nous attaquera et ruinera désarmez; ou bien, si nous nous armons, le roi nous estimera; nous estimant il nous appellera; unis avec lui, nous romprons la teste à nos ennemis[1]. »

1. Le duc de Caumont La Force reproduit dans ses *Mémoires* une partie du discours de d'Aubigné et se l'attribue. C'est aussi

Il eschappa au roi de Navarre, sur la fin de ce discours, de s'escrier : « Je suis à lui. » Telle estoit lors l'ardeur de ce jeune prince. Ces mots, joints avec les raisons de la dernière harangue, fit que le reste de l'assemblée souscrivit à la dernière opinion, fortifiée de quelques exemples qu'apporta Le Plessis-Mornay, et après lui le prince de Condé.

Chapitre IX.

Diverses rencontres en Poictou[1].

Ainsi, les armes estans résolues, on dépescha l'après-disnée commissions de régiments à Lorges[2], à Aubigné[3], Sainct-Surin et Charbonnières et Bois-Rond[4].

à lui qu'aurait été adressée l'exclamation approbative que ce discours arracha au roi de Navarre. Voyez les *Mémoires du duc de la Force*, 1843, t. I, p. 47.

1. Le récit contenu dans ce chapitre et dans les chapitres suivants paraît avoir été inspiré à d'Aubigné, comme à de Thou, par un *Discours du premier passage de M. le duc de Mercœur au bas Poitou...*, pièce très importante qui a été réimprimée dans les *Mémoires de la Ligue*, t. II, p. 1. Cette relation, malheureusement anonyme, a été écrite par un capitaine protestant du parti du prince de Condé, lequel ne doit pas être confondu avec le parti du roi de Navarre. D'Aubigné, en reproduisant ce récit, y a ajouté beaucoup de détails tirés de ses propres souvenirs et en a modifié l'esprit au profit de la mémoire du Béarnais.

2. Jacques de Lorges, comte de Mongonmery, fils aîné de Gabriel, comte de Mongonmery, mort en 1609.

3. Ce personnage n'est point nommé dans l'édition de 1618.

4. Charles de Saint-Surin, gentilhomme protestant du Poitou ou de la Saintonge, un des plus fidèles lieutenants de Condé. — Gabriel Prévost de Charbonnières, autre capitaine protestant. — René de Saint-Légier, s. de Boisrond, époux, en 1578, de Marie Le Forestier, dame d'Orignac.

Ceux-là pour faire la guerre en Xainctonge et Poictou, auprès du prince de Condé, puis au baron de Salignac et à La Maurie[1], pour aller en Gascongne avec le roi de Navarre.

Huict jours après, arriva en Angoumois le premier combat de cette nouvelle guerre, lequel, bien que de peu de troupes, se trouvera fort digne de mémoire, à cause de ses divers accidents. L'occasion en fut telle.

La Motte, conseillier au siège de Périgueux, sentant en soi trop de courage pour faire profession de la robbe longue, en laquelle pourtant il estoit fort estimé, et d'ailleurs attiré par les caresses qu'il avoit receues du duc de Guise, s'estoit résolu à faire un régiment, si bien qu'il avoit desjà ensemble, en quatre compagnies, quelque peu moins de cinq cents hommes très bien armez. Cettui-ci, ayant sçeu que les refformés levoyent sur les bornes de l'Angoumois, pour les empescher ou deffaire en naissant, estoit venu faire un logis à Melle[2], s'avouant au roi ; mais, ses Périgourdins ayans commis plusieurs excès aux despens des refformés, comme d'avoir pourmené la femme d'un ministre nue, après l'avoir outragée en toutes façons, Sainct-Gelais[3], avec quarante-cinq gentilhommes, et Aubigné, avec six vingts arquebuziers, desquels il commençoit son régiment, se touchèrent à la main

---

1. Jean de Gontaut de Salignac, baron de la Mothe-Fénelon, chambellan du roi de Navarre, gouverneur du comté de Périgord, mort en 1604. — La Maurie, capitaine huguenot, dit *l'Épouvante de la Frise*, élevé par Brantôme.

2. Melle (Deux-Sèvres).

3. Louis de Saint-Gelais, seigneur de Lansac, était alors maréchal de camp des troupes du prince de Condé (*Mémoires de la Ligue*, t. II, p. 4).

pour aller charger La Motte à Contré[1], où il s'estoit logé. Comme ils en prenoyent le chemin, les coureurs trouvent à Sainct-Mandé[2] deux de ses compagnies logées et assez bien barriquées. Au commencement, les ayans pris pour des picoureurs, ils donnèrent dans la bourgade, mais, ces premiers estans receus à coups d'espée, il falut que les gens de pied tournassent visage vers les ennemis, ayans à faire à plus de deux cents hommes de pied, logez avantageusement. Aubigné n'eust sceu faire mieux que faire donner Les Ousches, qui avoit douze ou quinze hommes à lui, à ce qu'il trouveroit à gauche. Il en donne autant à Casaubon de Vignolles[3] pour la droicte, et avec mesme nombre jette Nivaudière devant soi. Ce dernier outrepassa la barricade, comme ne l'ayant point veue. Son maistre de camp, la trouvant en son chemin et la voyant garnie des capitaines La Grange et Forisson[4], et de quatre-vingts hommes, y donne la teste baissée lui et sa suite. Ils furent receu de coups d'hallebarques et d'espée, si bien que, l'un poussant l'autre avec perte de quatre bons hommes, les katholiques quittent et s'espardent par le bourg, auquel presque toutes les maisons rendirent combat, et avec telle opiniastreté que le capitaine La Grange trouva moyen de r'amasser jusqu'à

1. Contré (Charente-Inférieure).
2. Saint-Mandé (Charente-Inférieure).
3. Le capitaine La Hire, s. de Vignoles et de Casaubon, était frère du capitaine du nom de Vignoles dont nous parlerons dans les notes du chapitre suivant (Table de l'édit. de 1626 de l'*Histoire universelle.*)
4. La Grange-Maronnière, capitaine catholique, lieutenant du roi à Talmont, appartenait à la maison de Jaillard de la Maronnière (*Chroniques fontenaisiennes,* p. 416).

quarante des siens, et avec cela regagna le logis qu'il avoit perdu, avec loisir de renforcer la barricade, et percer en divers lieux. Ce fut aux autres à se r'allier pour reprendre encore une fois la maison. Le maistre de camp ne pouvant, pour le pillage, r'allier vingt des siens, et ne voulant paroistre si mal accompagné, attaque le grand corps de logis, en perçant la maison prochaine, et par ce moyen y mit le feu. Durant deux heures de combat que rendit La Grange, La Motte, adverti par quelques fuyards, part de Contré avec deux cent soixante arquebuziers, met deux charrettes devant soi, fait quitter la campagne à Chevrelières, qui estoit en garde avec vingt chevaux dans son chemin.

Sainct-Gelais, voyant tous les siens en désordre, envoye advertir Aubigné par trois messagers, pour lui faire quitter le bourg ; ce qu'il ne put faire, car, estant sur le poinct que, par la capitulation faicte, il tiroit les capitaines et soldats de la maison bruslante, et les siens, acharnez au pillage, ne furent pas aisez à jetter dehors promptement. Tout ce qu'il put donc faire fut d'envoyer La Grange et deux tiers de ce qui estoit dans la maison à Sainct-Gelais, qui r'allioit hors du bourg tout ce qui en sortoit avec désordre. La Motte donne si gaillardement dans le bourg qu'il enferme dans la maison brûlante dix-neuf de ses ennemis et treize des siens, qui n'avoyent pas eu loisir de sortir. Voilà les refformés en grand'peine, desquels les uns vouloyent tuer ces treize prisonniers ; mais leur chef aima mieux les employer désarmez en un grenier à combattre le feu, les faisant garder par deux soldats qui avoyent tousjours le mousquet en joue.

La grande maison estant toute en feu, ceux qui d'assaillants estoyent venus assaillis, n'eurent en partage qu'un appenti, la porte duquel estoit brûlée, et n'estoit fermée que de deux corps morts bruslant l'un sur l'autre. La Motte enfile toute la bourgade, passe devant la porte de l'appenti, lui en chemise et peu de ses capitaines armez, et quelques hommes qu'on lui tua en passant. Toute sa troupe le suivit, pour aller retrancher la bourgade au-devant de Sainct-Gelais et de ceux qui s'estoyent ralliez à lui à un petit bois prochain. Ayant ainsi mis ordre, il s'en vint attaquer les enfermez, qui avoyent eu loisir de donner à la barricade une seconde façon[1].

Aubigné, ayant dit : « Compagnons, il ne faut point douter de mourir ; mais il faut que ce soit de bonne grâce, » prit une hallebarde, et, avec les capitaines Villermac, Cornioux, Valière et Poirier, attendit La Motte ; lequel, secondant un sergent qui avoit fait brusler l'amorce, vint donner du ventre à la barricade, où il laisse neuf des siens presque tous tuez à coups de main. Le capitaine Forisson y redonne, qui en perd sept de mesme. Comme ils vouloyent redonner la troisiesme fois, les soldats ne firent que bransler la queue, et se mirent à crier : « Au feu, au feu, ils brusleront comme renards. » Je vous ai dit que la porte de l'appenti n'estoit fermée que de deux corps morts. Là donnèrent les Périgourdins, et n'y trouvèrent qu'Aubigné et Perai ; mais ils furent si bien receus que les deux premiers morts, accompagnez de deux autres, leur servirent d'huis. Il restoit à com-

1. Var. de l'édit. de 1618 : « ... à *la barricade* la troisième façon. *Aubigné*... »

battre le feu et les pierres, que, de la grand'maison qui estoit esteinte, l'on jettoit sur les deffendants, lesquels eussent esté tous estouffez, sans une petite cour où ils alloyent respirer chacun à son tour. La Motte, quoique voyant la rue pavée des siens, eut pitié de ces gentilshommes, leur envoya du pain et du vin par un tambour, les priant d'expérimenter sa courtoisie; les advertit comment Sainct-Gelais avoit par deux fois donné au retranchement, duquel nous avons parlé, mais n'ayant esté suivi par Les Ousches, Surimau, Casaubon et deux autres, il n'avoit plus ni pouvoir ni espoir de secourir ses amis. Cela estoit vrai, et Sainct-Gelais n'estoit plus là que pour attendre quelque renfort qu'il espéroit, non pour secourir, mais pour venger ceux qu'il estimoit estre en cendre. Enfin un sergent catholique, ayant recongnu Les Ousches, lui cria que les assiégez n'en pouvoyent plus. Par là, Sainct-Gelais, sachant ses amis encor en vie, redonna courage aux siens pour le secours; et, sur ceste contenance, fit capitulation, qui fut de rendre La Grange et les autres prisonniers pour délivrer les enfermez; mais eux, qui voyoyent de près en quel estat ils avoyent mis les troupes de La Motte, et mesmes n'ayans plus à craindre le feu, refusèrent l'accord entièrement.

Ces diverses sortes de combat ayans duré onze heures, La Motte, aussi las que les autres, capitula autrement, asçavoir qu'il battroit aux champs avec tous les siens; lesquels s'estans retirez à demie lieue de là, Aubigné choisiroit là les morts qu'il voudroit faire emporter, et La Motte viendroit après quérir les siens. En ce combat, du costé des refformés, furent tuez trois gentilshommes de marque, seize soldats et trente blessez. Des liguez, moururent cent soixante hommes sur la place et vingt-cinq[1] à Sainct-Fresne[2], où ils s'estoyent retirez, jusques où ils furent poursuivis le lendemain par les forces du prince de Condé, qui estoyent venues de Sainct-Jean au secours. Ce petit combat livra de chance et resveilla les uns et les autres à la guerre, de laquelle on doubtoit auparavant.

De là à dix jours, le mesme Sainct-Gelais, accompagné d'Aubigné, le premier n'ayant que son train, et l'autre quinze arquebuziers à cheval, trouvèrent une après-disnée trois compagnies de gens de pied, commandées par Saincte-Catherine[3], un autre nommé La Motte et Fonsalmois. Ces troupes, pensans gagner Brouage, vouloyent faire un logis à Briou[4]. Comme ils n'estoyent pas encor logez, Sainct-Gelais arrive au bout du Bourg. Les quinze arquebuziers gaignent deux maisons. Sainct-Gelais, estant entre des arbres, où il ne pouvoit estre conté, fit faire quelques chamades à son trompette, et puis l'envoya parler aux capitaines si glorieusement qu'ils se rendirent à une capitulation, laquelle sera mise ici comme nouvelle; asçavoir, à rendre toutes les armes, à demander pardon à Dieu et au roi, les genoux à terre, pour avoir esté traistres à Sa Majesté et infidelles à l'Estat. Et le caprice de Sainct-Gelais fut tel qu'il fit signer ces mesmes paroles

---

1. Var. de l'édit. de 1618 : « ... *sur la place*, et trente-cinq à *S. Frène*... »

2. Saint-Ferme (Gironde).

3. Le s. de Sainte-Catherine est signalé comme capitaine ligueur dans les *Mémoires de la Ligue*, t. II, p. 4.

4. Briou (Deux-Sèvres), sur la ligne de Saint-Jean-d'Angély à Poitiers.

au capitaine : « Et[1], afin que nostre foi soit valable, nous renonçons à l'abominable article du concile de Constance qui dispense du serment[2]. » Et puis sortirent du bourg les troupes séparées ; asçavoir quarante avec le baston blanc, qui alloyent en Brouage, septante l'espée au costé, qui se retiroyent en leurs maisons, et quelque soixante à qui on redonnoit les armes pour les porter au service du roi. Tout cela sans recognoistre leurs maistres, qui n'estoyent en tout que vingt-huict.

Chapitre X[3].

Prise de Tules ; voyage du duc de Mercœur en Poictou et présentation de bataille[4].

De tous costez, on oyoit nouvelles de ce que faisoyent les refformés comme de ce que nous avons dit, et comment, bientost après, le vicomte de Turenne, ayant avec soi le régiment de la Maurie et quelques compagnies qui venoyent à Charbonnières, se saisit de Tules[5]. Il fit donner ses deux troupes d'infanterie par

1. Ces paroles manquent à l'édition de 1618.
2. Les réformés prétendaient qu'un décret du concile de Constance dispensait expressément les fidèles de tenir les promesses faites aux hérétiques. Cette accusation n'a aucun fondement.
3. Dans l'édition de 1618, ce chapitre ne porte que le n° 8.
4. Ce dernier membre de phrase manque à l'édition de 1618.
5. Tulle (Corrèze) fut pris par Turenne dans les premiers jours de novembre 1585. Le duc de Bouillon, dans ses *Mémoires,* parle à peine de cet exploit (édit. Petitot, t. XXXV, p. 217). La prise de Tulle a été, dans ces dernières années, l'objet de deux études approfondies : l'une, par M. Clément Simon, *Tulle et le Bas-Limousin pendant les guerres de religion,* in-8° ; l'autre, par

deux endroits du fauxbourg des Haux. Chouppes[1], avec ce qu'il avoit par le bas, Tauvenay[2], avec quelques gentilshommes pied à terre, eut charge d'attaquer les Cordeliers. Tout cela, plein de huict à neuf cens hommes de pied, se deffendit très bien, principalement ceux des Haux, qui avoyent fait quelques sorties, et, remenez au commencement, les enfans perdus de La Maurie[3], puis Charbonnières, et lui r'alliez, meslèrent les plus tardifs de la retraicte, font avec pétard bresche à une maison, où ils donnent et sont arrestez sur le cul. Cependant quelques soldats de commandement, les uns sur les espaules des autres, gagnent le dessus des maisons, se logent dans les greniers, à l'effroi de quoi Tauvenay emporta les barricades jusques à la porte de la ville. Les habitants, ayans veu la gaillardise de leurs ennemis, capitulèrent avec perte de cent quarante des leurs, et bien cent des attaquans.

Le vicomte, sachant que Montluc[4], avec les forces

M. Fage, plus spéciale aux événements de 1585, *la Prise de Tulle*, in-8°, 1891.

1. Pierre de Chouppes, seigneur de Chouppes, était alors conseiller et chambellan du roi de Navarre, et gentilhomme ordinaire de sa chambre (État de la maison du roi de Navarre dans *Mémoires et corresp. de du Plessis-Mornay*, t. III, p. 236).

2. Robert Tauvenay, capitaine protestant, commandait une compagnie d'arquebusiers (De Thou, liv. LXXXII).

3. Le vicomte de Turenne donna au capitaine de la Maurie le gouvernement de Tulle, qu'il conserva jusqu'à l'arrivée du duc de Mayenne, novembre 1585 (*Mémoires de Bouillon*, ibid.).

4. Charles de Monluc, s. de Caupène, second fils de Pierre Bertrand de Monluc et petit-fils de l'auteur des *Commentaires*, chevalier de l'ordre de Saint-Michel, capitaine de cinquante hommes d'armes, sénéchal d'Agenais, tué le 19 mai 1596 sous les murs d'Ardres dans un combat contre les Espagnols. M. Tami-

de Gascongne, avoit assiégé Vic-Faisansac[1], y fit une course, d'où il découple Vignolles[2], avec cent cinquante arquebusiers, pour entrer dans la ville, qui, comme petite, estoit assiégée de fort près. On trouva mauvais que ceste commission, comme une des plus difficiles du mestier, fut donnée à un homme de dix-neuf ans, mais il partit si à propos qu'il en fut quitte en passant sur le ventre à un corps de garde de cent hommes; résolution qui fit lever le siège dans deux jours.

La Ligue paroissoit en Poictou, premièrement par quelques troupes de gentilshommes, qui avoyent esleu sur eux Briandière[3], l'un des plus pauvres de la bande, mais homme de guerre. Et puis Nyort, comme plus proche des refformés, commença, ou par crainte ou par désir de nouveauté, à prendre le parti des liguez, et se voulut fortifier de quatre-vingts lances et quelques arquebuziers à cheval, que le duc de Mer-

---

zey de Larroque a publié dans la *Revue de Gascogne* (1888 et 1889) plusieurs lettres de ce capitaine.

1. Du Pleix raconte avec assez de détails la défense de Vic-Fezensac par Vignoles (t. IV, p. 122), mais il n'en donne pas la date. Vic-Fezensac est dans le département du Gers.

2. Bertrand de la Hire, s. de Vignoles, capitaine gascon, ou peut-être François de la Hire, s. de Vignoles, époux de Marie de la Roche-Beaucourt en Poitou. Ce dernier capitaine est cité par Brémond d'Ars (*Rôles saintongeais*). Nous croyons plus volontiers à l'identification du premier, qui passa sa vie à faire la guerre en Gascogne. Par un étrange jeu du hasard, après la mort de Charles de Monluc, son adversaire en 1585, il épousa sa veuve, Marguerite de Balaguier-Montsalès (*Mémoires d'Antras de Samazan*, 1880, p. 173).

3. X. Farnoulx, seigneur de la Briandière, capitaine ligueur, appartenait à une famille plusieurs fois citée dans les *Annales de Saintes*.

cœur[1] leur envoya de Nantes par Hervilliers[2]. Et, dix jours après, le duc mesmes, ayant amassé des forces, voulut venir ruiner celles du prince de Condé, qui ne faisoyent que naistre. Sur ceste nouvelle, les régiments des refformés s'avancèrent jusques vers Fors[3], croyans que les Bretons, sachans leur avancement, appréhenderoyent le Poictou. Mais, estant sceue à Fors l'arrivée du duc à Fontenai[4] avec quatre mille cinq cents[5] hommes de pied, sous un régiment faict au nom des dames, celui de Sourdiac[6] et Hautbois-Saulaye[7]; avec cela, de six à sept cents chevaux, sous les compagnies de Sainct-Laurens, Boulennes, Vandré[8], Les Roches-Bariteaux, Landereau[9], Hacqueville[10], Briandière, et

1. Philippe-Emmanuel de Lorraine, duc de Mercœur, fit cet envoi de troupes à Niort vers la mi-septembre 1585.
2. Le s. d'Hervilliers, capitaine ligueur, originaire d'Orléans.
3. Fors (Deux-Sèvres).
4. Les *Chroniques fontenaisiennes* (1841, p. 209 et 414) racontent que le duc de Mercœur, n'ayant pu obtenir du gouverneur, le s. de la Roussière, l'ouverture des portes de Fontenay, passa huit ou douze jours sous les murs de la ville à piller le pays. Une relation du temps, contenue dans les *Mémoires de la Ligue* (t. II, p. 2), confirme ce récit.
5. L'édition de 1618 porte : 4,000 hommes. Les *Mémoires de la Ligue* disent que Mercœur avait seulement *plus de deux mille hommes* (t. II, p. 2). Les *Chroniques fontenaisiennes* (p. 413) confirment ce chiffre.
6. René de Rieux, seigneur de Sourdéac, dit le jeune Châteauneuf, gouverneur de Brest, chevalier des ordres du roi en 1599, mort le 4 décembre 1628.
7. Hautbois-Saulay, capitaine ligueur. Peut-être faut-il lire *Soullet*, nom qui figure souvent dans l'histoire des provinces de l'ouest.
8. Probablement *Boulerne* et *Rigaut de Vaudreuil*.
9. Philippe de Châteaubriant, seigneur des Roches-Baritaud, chevalier de l'ordre du roi. — Charles Rouault, seigneur de Landereau, lieutenant du roi au gouvernement de Poitou (1576).
10. Hacqueville, capitaine normand.

la ligue de Poictou sous lui, sa compagnie de gens d'armes, qui estoit de six vingts sallades, et ce qu'il y avoit sous sa cornette blanche ; le prince de Condé et le duc entrèrent en mutuelle crainte l'un de l'autre. Ce qui arresta, par respect, trois jours les refformés et les katholiques, laissans pour barrière la rivière de Sèvre. Un maistre de camp[1] du prince se convia à passer l'eau et faire un faux logis à une lieue et demie de Coulonge-les-Reaux[2], où le duc avoit donné son rendez-vous général le lendemain. Ce capitaine remonstroit au prince que par là il tasteroit le duc, qu'il faloit ainsi mesurer son ennemi, et que si, pour la nouveauté, il ne rompoit point son dessein, n'y ayant point moyen de prendre résolution sur la crainte, que cela ne s'appelleroit qu'une course ; et ceste troupe se pourroit retirer, sans qu'il fust dict que le corps du prince eust lasché le pied. Telle nouveauté fut aggréable à des esprits en doute, et le dessein fortifié de la présence du prince de Genevois[3] avec plus de force et plus d'apparence.

Ce capitaine donc, ayant laissé le prince de Genevois avec six vingts sallades et quatre cents arquebuziers à cheval dans Sainct-Massire[4], jetta dans Coulonge dès le matin des mareschaux de logis accompagnez de six vingts arquebuziers, et lui, avec vingt-cinq sallades bien choisies, donne dans le chemin de Fontenay, et rencontre auprès de Chassenon[5] quarante sallades

---

1. D'Aubigné lui-même.
2. Coulonges-les-Royaux (Deux-Sèvres).
3. Henri de Savoie, dit prince de Genevois, fils naturel de Jacques de Savoie, duc de Nemours, et de Françoise de Rohan.
4. Saint-Maxire (Deux-Sèvres).
5. Saint-Martin-de-Chassenon (Vendée).

menées par Herviliers, qui venoyent prendre langue, cependant que leur armée desjeunoit pour desmarcher. Les deux trompettes de ces troupes ayant sonné la charge de fort loing, ceux de Fontenay, ne pouvans pas juger à qui ils avoyent à faire, pour ce que le pays d'où naissoyent les refformés estoit couvert, tournèrent visage vers Fontenay, et ayant couru demie lieue trouvèrent une autre troupe qui les r'asseurèrent. Et le maistre de camp, ne les ayant suivis qu'autant que le pays couvert lui cachoit la queue, despesche en diligence au prince de Genevois, pour le faire avancer à Coulonge, et au prince de Condé, qui, ayant la bride à l'arçon, vint dès ce soir au mesme lieu en confusion. C'est le second exemple que je vous donne de la première leçon des armées[1].

Au lendemain matin, le prince envoya un trompette au duc pour lui offrir le combat de ses troupes à son armée, se moquant par la modestie du nom de *troupes* sur celui d'*armée*, que le duc avoit pris; et en mesme temps fit marcher jusques à une portée de coulevrine de Fontenay, avec les régiments de Lorges, Aubigné, Sainct-Surin, Charbonnières, qui estoit venu de Tulles, et deux compagnies de Bois-Rond; sous cela deux mille cinq cents[2] hommes de pied sans piques, et cinq cents chevaux d'eslite, sous les compagnies du prince, de celui de Genevois, Rohan[3], Clermont[4], Sainct-

1. Var. de l'édit. de 1618 : « ... *des armées;* assavoir qu'il a besoin des avantages. *Au lendemain...* »
2. L'édition de 1618 porte : *1,600 hommes de pied.*
3. René de Rohan, vicomte de Rohan, fils ainé de René Ier de Rohan et d'Isabeau d'Albret, capitaine huguenot, mort à la Rochelle en 1586.
4. Georges de Clermont d'Amboise, baron de Bussy, troisième

Gelais et La Boulaye, qui avoit la plus forte compagnie.

La[1] petite armée du prince fut mise en une assez avantageuse forme de bataille, que je ne vous puis donner, pour n'estre pas venue aux mains. Mais il arriva deux petits accidents, qui me feront donner sur les doigts à deux erreurs qui se commettent en la milice françoise ; l'un est que la cavallerie légère, revenant de la guerre, peut prendre le logis qu'elle veut, sans l'authorité du mareschal de camp. L'autre, que les enfants perdus prennent place de combat, sans direction du sergent de bataille.

Ces abus ont glissé avec plusieurs autres, quand les colomnels, ou maistres de camp de la cavallerie légère, ont esté mignons de nos princes ; ou quand les sergens de bataille, de mesme estoffe et par faveur, ont fait perpétuer leur charge, qui de longtemps n'estoit qu'à l'occasion, et, ne sçachans leur mestier, se sont laissez beffler[2] aux jeunes capitaines. Ceste faute ne se trouve guères aux autres nations. La première confusion arriva près Coulonges, à un régiment de gens d'armes et de chevaux légers ensemble. Là fut jugé que le privilège des chevaux légers, pour se placer, s'entend outre l'assiette du mareschal de camp.

L'autre leçon est à la présentation de ceste bataille. Lorges, commandé de mener deux cent cinquante enfants perdus, refusa le picquet du sergent de bataille et, disant n'estre astreint à rien, prit place au bois

---

fils de Jacques de Clermont d'Amboise et de Catherine de Beauvau, capitaine protestant.

1. Cet alinéa et les trois suivants manquent à l'édition de 1618.
2. *Beffer* ou *befler*, jouer, duper.

d'Ardennes[1]. Mais ce vieux capitaine désobéi, et, ayant un régiment, lui fit passer la fontaine de Cherzay[2], le mit si près du campement des Bretons qu'il n'y avoit plus de place à prendre que celle du combat; et puis ordonna des autres bataillons, de façon que les enfans perdus devinrent la troupe de réserve : soit dict pour chastier cet erreur. J'en dirai autant de l'autorité que les grands maistres de l'artillerie ont prise injustement et gardent mal à propos : c'est de ne prendre que d'eux-mesmes l'assiette de l'artillerie, laquelle ils logent plus pour la commodité que pour l'exécution. Mais, n'en ayant point d'exemple ici, je m'arreste et prie le lecteur de juger bien de ma digression, si elle est avec profit. Revenons aux Bretons.

Le duc prit place de bataille dans le parc des Jacobins de Fontenay, n'estant point tellement favorisé de la ville qu'il y pust entrer le plus fort. Il n'y eut que Les Roches-Bariteaux, qui, de la muraille des Jacobins, bien percée, présenta ses troupes. La journée s'estant passée en fanfare, le prince retourne à Coulonges[3], et les autres prindrent l'espouvante pour conseil, si bien que, dès la nuit, partans avec la sourdine, ils s'en vont à grandes traictes et en désordre vers Nantes[4]; jettent leurs drapeaux dans Sainct-Philibert de Grand-Lieu[5],

1. Ardenne (Vendée), dans la commune de Charzais.
2. Charzais (Vendée), près de Fontenay-le-Comte.
3. Le prince de Condé, depuis plusieurs jours, campait à Coulanges (*Chroniques fontenaisiennes*, p. 209).
4. Ce récit est confirmé par une relation publiée dans les *Mémoires de la Ligue*, t. II, p. 3, et par la chronique du Langon (*Chroniques fontenaisiennes*, p. 210 et 414).
5. Saint-Philibert-de-Grand-Lieu (Loire-Inférieure), près du lac de Grand-Lieu.

bourg enfermé d'eau. Le prince de Condé retourna sur ses pas pour faire à ses ennemis, comme il disoit, pont d'or et esplanade d'argent. Quelques arquebuziers à cheval, entre ceux-là les capitaines L'Hommeau[1] et La Roche[2], sans commandement et desbandez, eurent à leur volonté tout le bagage de cette armée, tuèrent cinquante de leurs hommes de guerre et emmenèrent force prisonniers sans combat[3].

De mesme temps, le comte de Brissac[4], n'ayant pas voulu se mesler avec le duc pour la haste que lui donnoit le duc de Guyse, marchoit vers Beau-Préau[5] et Monraveau avec quelque deux mil hommes. Celui[6] qui avoit esté cause de l'avancement du prince fit une course avec cinquante chevaux vers ces troupes, où il pensoit mieux faire, pource qu'elles devoyent marcher d'asseurance; mais, ayant chargé sur le soir et deffaict quarante chevaux à un moulin près du Doré[7], le comte de Brissac jetta ses gens de pied avec effroi aux passages d'Ingrande et Chantossay[8]; et lui avec

1. Le capitaine L'Hommeau, du parti protestant, cité dans les *Chroniques fontenaisiennes*, p. 418.
2. Var. de l'édit. de 1618 : « ... *L'Hommeau* et Brion, *sans commandement...* »
3. Les compagnies du duc de Mercœur, poursuivies à outrance par les capitaines du prince de Condé, furent rompues au passage du Lay, petit cours d'eau qui passe à Mareuil (*Chroniques fontenaisiennes*, p. 414).
4. Charles de Cossé, comte de Brissac, maréchal de France, gouverneur d'Angers en 1585, capitaine catholique, mort en juin 1621. M. Mourin a consacré une notice détaillée à ce capitaine (*La Réforme et la Ligue en Anjou*, 1856, p. 192).
5. Beaupréau et Montrevault (Maine-et-Loire), sur l'Èvre.
6. D'Aubigné lui-même.
7. Le Doré (Maine-et-Loire), commune du Puiset-Doré.
8. Ingrande et Champtocé (Maine-et-Loire), sur la Loire.

la cavallerie gaigna le pont de Sé[1], pour mettre Loire entre lui et ses ennemis.

Ainsi le prince de Condé demeura maistre de la campagne sur le poinct qu'il espousa la sœur[2] de la Trimoüille, duc de Touars[3], et, par ce mariage[4], renforça son parti de ce beau-frère, qui n'y fut pas inutile après, et de la place de Taillebourg[5], très forte et importante, pour ce que c'est le dernier pont de Charante ; mais il y eut de la façon pour la mettre au parti des refformés. Car Bellegarde[6], lieutenant de roi en Xainctonge, avoit jetté Beaumont[7] et ses compagnies de gens de pied dedans les villes haute et basse qui, en huict jours de loisir, s'estoyent retranchez à la teste d'en haut, pour y attendre une coulevrine ; et puis avoyent, de là jusques au pont, la rivière à main gauche, et la roche du chasteau pour muraille à droicte,

1. Saint-Aubin du Pont-de-Cé (Maine-et-Loire), près d'Angers.
2. Charlotte-Catherine de la Trémoille, seconde femme du prince de Condé, morte le 28 août 1629.
3. Claude de la Trémoille, duc de Thouars, né en 1566, pair de France, fidèle serviteur de Henri IV, mort le 25 octobre 1604.
4. Le mariage se fit à Taillebourg le dimanche 16 mars 1586.
5. Taillebourg (Charente-Inférieure) appartenait à la maison de la Trémoille.
6. César de Saint-Lary, seigneur de Bellegarde, né en 1562, gouverneur de Saintonge, Angoumois et pays d'Aunis, capitaine de cinquante hommes d'armes, gouverneur de la Rochelle, tué en 1587 à la bataille de Coutras. On trouve de nombreux documents sur ce capitaine dans *Études, documents et extraits relatifs à la ville de Saintes*, publiés par le baron Eschasseriaux, in-4°, 1876, p. 371 et suiv.
7. Jacques de Beaumont, s. de Rioux et de Nieulles-Saintes, capitaine catholique, lieutenant du maréchal de Matignon, avait été gouverneur de Taillebourg. On le trouve souvent mentionné, pendant le règne de Henri III, dans *Études, documents et extraits relatifs à la ville de Saintes*.

sans qu'il y eust ni descente ni poterne pour venir à eux au combat, sinon un petit portillon dans la muraille, qui fermoit le grand fossé du chasteau ; et encores le pont pour en sortir estoit affronté et bloqué de bons retranchements garnis de mousqueterie[1].

La dame de la Trimoüille[2] qui, avec sa fille, estoit dans la place, envoye à Sainct-Jean demander aide[3]. Le comte de Laval[4], Sainct-Mesme[5] et Lorges, ayans

1. Suivant des documents cités par l'annotateur des *Chroniques fontenaisiennes*, c'était la dame de la Trémoille elle-même qui, par passion pour la Ligue, avait fait entrer les soldats de Beaumont dans la ville de Taillebourg (p. 415, note). Voyez les notes suivantes sur le rôle très discuté de la dame de la Trémoille.

2. Jeanne de Montmorency, veuve de Louis III de la Trémoille, premier duc de Thouars. Suivant de Thou et la plupart des historiens, la dame de la Trémoille, qui désapprouvait l'ardeur protestante de son fils et de sa fille, avait quitté le château de Taillebourg aux premières menaces du siège (De Thou, liv. LXXXII). Au contraire, suivant une relation publiée dans les *Mémoires de la Ligue* (t. II, p. 163), que d'Aubigné suit pas à pas dans la suite de ce récit, elle serait restée à Taillebourg pour faire tête à l'ennemi. Cette version doit être la bonne, puisqu'elle est confirmée par d'Aubigné. Elle semble confirmée par les *Chroniques fontenaisiennes* (p. 416), qui racontent que le roi, mécontent du changement de front de la dame de la Trémoille, la fit arrêter et conduire à Poitiers.

3. La dame de la Trémoille, suivant les uns, Charlotte de la Trémoille, suivant les autres, ou toutes deux organisèrent avec courage la défense de Taillebourg. Elles envoyèrent au comte de Laval un page avec une lettre par laquelle elles réclamaient du secours et l'instruisaient de la façon dont il pouvait franchir les lignes des assiégeants (Relation dans les *Mémoires de la Ligue*, t. II, p. 164). Ce fut, disent quelques contemporains, l'héroïsme de cette jeune fille qui fit naître l'amour du prince de Condé et qui le décida à demander sa main.

4. Gui de Coligny, comte de Laval, fils de François de Coligny, seigneur d'Andelot, et de Claude de Rieux, mort en 1585 au château de Taillebourg.

5. François de la Rochebeaucourt, échanson et maître d'hôtel

ramassé leurs compagnies, poussent devant La Boulaye avec sa troupe et quelques arquebuziers qu'ils lui donnèrent[1].

Le secours arrivé vers la garenne, ce fut à desmesler les mesfiances huguenottes, mais un gentilhomme, nommé Bois-Giraud[2] et un autre nommé Du Hamet[3], estans descendus par des cordes, La Boulaye s'en sert de guides, les fait suivre par ses arquebuziers, leur donne pour les soustenir Bastarderais, avec dix-huit gentilshommes, lui les suivant avec son reste. Les premiers coulent par le portillon que nous avons dit couvert de ronces et d'espines, et, s'estant jettez un à un, Bastarderais se hasta de saisir la rue, pour ce qu'on gourmandoit les siens par devant et par derrière. La Boulaye fait donner sa troupe par le haut, et lui suit par la poterne. Quelques canonades et mousquetades du chasteau favorisans l'affaire, Beaumont et les siens furent enfoncés, pris ou tuez[4]. Je ne veux pas oublier que sur l'heure du combat le capitaine Pic-

du roi, sénéchal de Saintonge, gouverneur d'Angoumois et de Saint-Jean-d'Angély, capitaine de cinquante hommes d'armes, seigneur de Saint-Mesme (et non de Sainte-Mesme), près Cognac, Mainxe, le Grollet, Varaize et Sémoussac (*Études, documents et extraits relatifs à la ville de Saintes,* p. 388, note).

1. Le comte de Laval avait cent hommes de pied armés de cuirasses et trois à quatre cents arquebusiers (*Mémoires de la Ligue,* t. II, p. 164).

2. Le s. de Boisgiraud, capitaine protestant, appartenait à la famille de Marchais, de Saintonge.

3. Probablement du Hamel, capitaine protestant, originaire du Brouage.

4. Défense du château de Taillebourg et prise de la ville par les réformés, décembre 1585. Le capitaine Boursier, lieutenant des gardes du prince de Condé, fut nommé gouverneur de la place.

quard¹, avec toute la garnison de Xainctes, secourut les attaquez, ce qui fut cause de plus de combat et de plus grande perte aux catholiques, et mesme que la dernière compagnie, qui marchoit pour le secours, fut chargée et deffaicte par Rieux², frère de Laval, dans un chemin creux.

En tout cet affaire, il y eut quelques cent quarante morts, quatre drapeaux pris, les autres sauvez dans la pochette, seize capitaines et gentilshommes prisonniers, qui furent traictez courtoisement; de l'autre costé, ne fut perdu que six soldats³.

Chapitre XI.

*Siège de Brouage*⁴.

De Taillebourg, le prince eut dessein de penser au payement de ses forces, et, pour ce faire, ayant tout ramassé, et emprunté des Rochelois ce qu'il put d'hommes et vaisseaux, il fit quitter d'effroi les garnisons⁵ que Sainct-Luc avoit mises dans Fourras, Sainct-

---

1. Le capitaine Picart était entré à Taillebourg la nuit qui précéda la défaite du capitaine Beaumont avec cent vingt hommes de renfort (Relation dans les *Mémoires de la Ligue*, t. II, p. 165).

2. Gui de Coligny, s. de Rieux et de Châteauneuf, chevalier de l'ordre du roi, capitaine de cinquante hommes d'armes de ses ordonnances, plus tard gouverneur de Brest.

3. Le récit de la défense du château de Taillebourg et de la prise de la ville par les protestants est donné avec détails dans une relation reproduite par les *Mémoires de la Ligue*, t. II, p. 163, et dans le liv. LXXXII de l'histoire de de Thou. Les deux récits diffèrent sur plusieurs points.

4. Siège de Brouage (Charente-Inférieure) par le prince de Condé, 19 septembre 1585 (*Mémoires de la Ligue*, t. II, p. 5).

5. Ces garnisons étaient commandées par le capitaine Villetar

Jean-d'Angle[1] et Soubize[2]. Celle de ce dernier fut chargée en se retirant par Lorges, qui les pressa de façon qu'en leur faisant quitter tous les avantages des marais, il les mena battant jusques sur le bord de Brouage, en tua quelques dix-huit à la veue de Sainct-Luc, qui ne les pouvoit faire secourir à cause que la mer estoit basse; prit les capitaines Luchet et Millanbourg[3] avec cinquante de leurs prisonniers, qu'il mit au commencement sur leur foi.

Tous ces petis succès eschauffèrent le prince de Condé et lui firent haster le siège de Brouage, et[4] le rendirent plus résolu. Et pourtant il s'avança à Marennes[5], sans estre arresté plus tost qu'au bourg d'Hiers[6], qui estoit gardé par un petit canal qu'on ne pouvoit passer, sinon aux basses marines. Là-dedans Sainct-Luc avoit logé trois cents de ses meilleurs hommes. Ceux-là firent bonne contenance quelque temps; mais, voyans

---

(*Mémoires de la Ligue*, t. II, p. 5) sous les ordres de François d'Épinay, seigneur de Saint-Luc, gouverneur de Brouage, ancien mignon de Henri III, mort au siège d'Amiens le 8 sept. 1591.

1. Prise de la tour de Fouras (Charente-Inférieure) par le prince de Condé, 18 septembre 1585. Le 19 septembre, prise de Soubise (Charente-Inférieure). Voyez les *Mémoires de la Ligue*, t. II, p. 6.

2. Var. de l'édit. de 1618 : « *Soubize*. La garnison de ce dernier lieu *fut chargée...* »

3. Les s. de Luchet étaient deux frères. L'aîné, en 1585, appartenait au parti du s. de Saint-Luc (*Études, documents et extraits relatifs à la ville de Saintes*, p. 375). Luchet et Millambourg sont cités dans les *Mémoires de la Ligue*, t. II, p. 6.

4. Cette fin de phrase manque à l'édition de 1618.

5. En allant faire le siège de Brouage, raconte de Thou (liv. LXXXII), le prince de Condé partit de Sainte-Gemme, s'avança vers Saint-Just, laissa Marennes sur la gauche et arriva enfin à Hiers.

6. Hiers (Charente-Inférieure), petit bourg voisin de Brouage.

une troupe menée par La Boulaye, qui s'avançoit par le marais pour couper entre la bourgade et Brouage, ceux d'Hiers, tant pour leur salut que pour la ville, gagnèrent la contr'escarpe, et ainsi les refformés commencèrent quelque face de siège[1]. Cependant, Mornac[2] estoit attaqué par ceux de Saujon[3] que Candelay commandoit.

Après deux jours d'approche et légères pertes, il receut ceux de dedans à composition. Là fut pris le capitaine Jean Pierre[4], qui avoit eu et a depuis grand crédit à la marine. La Trimoüille, avec une compagnie de gens d'armes, se vint déclarer du parti de son beau-frère[5].

Ceux de la Rochelle, estans bien advertis des grands manquements qu'il y avoit en Brouage, mais principalement de la disette d'eau, de vin et de médicaments, esquippèrent de nouveau ce qu'ils eurent de meilleurs vaisseaux[6]. Avec tout cela commença le siège de blocus en cette façon. Sainct-Gelais, mareschal

---

1. Prise d'Hiers-Brouage (Charente-Inférieure) par Condé, 19 septembre 1585 (*Mémoires de la Ligue*, t. II, p. 7).

2. Siège de la Tour de Mornac, dans l'île d'Alvert (Charente-Inférieure), par le prince de Condé, 25 septembre 1585. Mornac fut pris peu de jours après (*Mémoires de la Ligue*, t. II, p. 8).

3. Saujon (Charente-Inférieure), sur la Seudre.

4. Le capitaine Jean-Pierre est signalé dans les *Mémoires de la Ligue* comme le favori de Saint-Luc (t. II, p. 8).

5. Claude de la Trémoille, duc de Thouars, arriva au camp du prince de Condé le 22 septembre 1585 (*Mémoires de la Ligue*, t. II, p. 8).

6. La flottille, envoyée par la ville de la Rochelle au secours du prince de Condé et des assiégeants de Brouage, arriva le 22 septembre 1585 (*Mémoires de la Ligue*, t. II, p. 8).

de camp, se retrancha à la Blanchardière[1] avec ceux qu'on y envoyoit en garde du bourg d'Hiers, où estoit Bois-du-Lis[2], avec les régiments de Lorges, Sainct-Surin, Bois-Rond, Aubigné à Sainct-Aignan[3], avec son régiment, sa compagnie de chevaux légers et six compagnies d'arquebuziers à cheval, qu'on lui avoit donné de plus, pour rendre compte de ce qui pouvoit venir en la ville par les achenaux et marais de ce costé-là jusques à la mer. Et pourtant, ayant recouvré des bateaux, il vint faire deux forts tout auprès de l'endroict où la Scitie[4] s'estoit engagée, comme nous avons dit au dernier livre du premier tome.

Ranques[5] eut la commission d'Oléron, où, à la faveur des navires rochelois, il se logea légèrement, et prit à son arrivée les capitaines Beaumont[6] et Tiébert[7], qui estoyent descendus dans l'isle, pour cercher moyen d'entrer en Brouage, estans envoyez de la part du mareschal de Matignon pour négocier avec Sainct-Luc. Par leurs mémoires et propos, le prince fut

1. La Blanchardière (Charente-Inférieure), village d'Hiers.
2. Les *Mémoires de la Ligue* (t. II, p. 9) l'appellent *Boisdulie*. Les *Lettres de Henri IV* (t. VIII, p. 338) mentionnent un capitaine, du nom de Boisdulis, comme « personne capable, suffisante et traictable. »
3. Saint-Agnant-les-Marais (Charente-Inférieure).
4. *La Scithie* était un navire de guerre.
5. Antoine de Ranques, capitaine huguenot, fidèle serviteur du roi de Navarre, plusieurs fois cité dans les *Lettres de Henri IV*.
6. Le capitaine Beaumont était alors mestre de camp du maréchal de Matignon (*Mémoires de la Ligue*, t. II, p. 9).
7. Thiébert, capitaine catholique, sergent-major de la garnison de Brouage. De Thou (liv. LXXXII) raconte que ce personnage avait été l'un des promoteurs de la Ligue en Poitou.

asseuré qu'il n'y avoit point de secours pour ceux de Brouage, au moins qui pust estre prest de longtemps; si bien que, voyant toutes choses rire à son entreprise, il s'y confirma tant plus, employant le temps à policer son armée, que lors il commença d'appeler ainsi, à mettre aux armes et en compagnie les habitans de ces isles, qui estoyent au nombre de trois mille, et qui au commencement s'employèrent assez bien pour leur liberté, car ils appelloyent ainsi l'obéyssance à un prince de mesme religion qu'eux. Ils commencèrent donc à travailler au pas de Sainct-Sorlin, de Sainct-Just[1] et de Marennes, qui sont, comme nous avons dit ailleurs, trois isles dans le marais, qu'ils appellent *les pas*, et là où le peuple en bonne intelligence se pourroit maintenir, ayant du canon, contre une armée turquesque. Je l'ai ainsi ouï maintenir et prouver dans un conseil de gens de guerre. Durant ces labeurs, se passoyent tous les jours escarmouches assés gaillardes dans ceste grande plaine, qui descend de la Blanchardière à la ville, et dans laquelle les assiégeans n'avoyent point faict de logis; se contentans de r'amener ceux qui sortoyent jusques à la place du moulin, dont nous avons parlé autresfois. A ces exercices ne se trouvoyent guères de gens de cheval, que la compagnie de La Boulaye, qui donna une fois dans la queue de ceux qui se retiroyent, mais, pour avoir trop tost paru, perdit une belle occasion.

Là se signalèrent, de ceux de dehors, Bois-Rond, Sainct-Surin, l'aisné Villermac, et, sur tous, Bois-du-

1. Saint-Sornin-de-Marennes et Saint-Just (Charente-Inférieure).

Lis. Du dedans, Saint-Luc eschappa fort souvent plus loing que ne devoit le gouverneur. Luchet et Fauville y parurent en deux ou trois occasions, mais particulièrement Guitaut, qui présenta un combat de six vingts mousquets et quatre-vingts picques à autant de cavallerie. Durant ces esbatements, il faut sçavoir des nouvelles de la cour.

Chapitre XII.

Affaires de la cour.

Brouage n'estoit pas assiégé de si près que le roi, bien empesché à répondre aux dernières requestes de la Ligue, qui demandoit l'aumosne avec une espée à deux mains et faisoit à ce prince le cercle de Popilius. D'une part les armées qui grossissoyent pour les liguez l'espouvantoyent, les discours ordinaires de la roine sa mère, ceux de ses confesseurs, de ses confrères, et de ceux qu'il avoit choisis pour tesmoins de son excessive piété[1], ne le souffroyent prendre haleine. Quelques-uns seulement d'auprès de lui, mais de peu de marque au prix du mareschal d'Aumont[2], l'encourageoyent. Avec lui, il cerchoit des remèdes paliatifs à sa maladie en vain. Il tasta une conférence[3] par le

---

1. Le *Journal de L'Estoile* raconte que, non seulement le roi assistait à tous les offices, suivait toutes les cérémonies, écoutait tous les sermons des pénitents de Notre-Dame, mais encore qu'il prêchait lui-même. Voyez à la date du 31 octobre 1585.

2. Jean d'Aumont, né en 1522, maréchal de France en 1579, fidèle serviteur de Henri IV, qui le nomma gouverneur de Champagne, puis de Bretagne, mort le 19 août 1595.

3. D'Aubigné insinue ici que le roi essaya d'obtenir une con-

cardinal de Lenoncourt[1] et le président Brulard[2], receue des Guisards avec mespris. Les refformés lui envoyoyent des offres excellens contre ses ennemis, avec grandes fidélitez et des soubmissions à ses pieds.

L'Angleterre vouloit défoncer pour lui. La roine Élizabeth se condamnoit à faire de grandes avances de deniers[3]. Tout à la foule arrivèrent les ambassadeurs[4] extraordinaires des électeurs palatin, de Saxe et de Brandebourg; des ducs de Wittemberg et de Brunsvich, et du lantgrave d'Hessen[5], et cela exécuté par les plus grands seigneurs d'Allemagne.

férence avec les Guises par l'intermédiaire du cardinal de Lénoncourt et du secrétaire Brulard, mais il se trompe. Ce fut au roi de Navarre que Henri III envoya ces deux ambassadeurs sous prétexte de le convertir, mais, en réalité, pour lui demander une entrevue. Partis de Paris avec deux docteurs de Sorbonne, le 22 juillet 1585 (*Journal de L'Estoile*), ils arrivèrent le 25 août à Nérac. Le récit de leur mission est publié dans les *Mémoires de la Ligue*, t. I, p. 211.

1. Philippe de Lénoncourt, conseiller d'État, évêque d'Auxerre en 1562, cardinal en 1586, mort en 1591.

2. Nicolas Brulart, marquis de Sillery, seigneur de Puisieux, né en 1554, conseiller au Parlement en 1573, successivement chancelier de Navarre et chancelier de France, mort le 1ᵉʳ oct. 1624.

3. Ce ne fut pas au roi de France, comme d'Aubigné semble le dire, que la reine Élisabeth fit des avances de deniers, mais au roi de Navarre. Les *Lettres de Henri IV* à cette date sont remplies de négociations à ce sujet.

4. La mission des ambassadeurs des princes allemands auprès du roi n'eut lieu qu'en 1586. Le roi leur donna audience le 11 octobre et échangea avec eux des harangues d'apparat. Ces pièces sont publiées dans les *Mémoires de la Ligue*, sous cette date, t. I, p. 319 et 325. De Thou confirme cette date (liv. LXXXVI).

5. Jean-Casimir, électeur palatin. — Christian II, électeur de Saxe. — Jean-George, électeur de Brandebourg. — Frédéric de Wurtemberg, duc de Montbéliard. — Jules, duc de Brunswick. — Guillaume, landgrave de Hesse.

En mesme temps se descouvroyent entreprises d'attentats sur la vie du roi, et des résolutions de le mettre moine. Il ne pouvoit fournir à voir les petits livrets[1] qu'on lui portoit en prose et en vers[2] et en

---

1. D'Aubigné anticipe peut-être. A la date où nous sommes (1585), les pamphlets n'avaient pas encore paru. Ils ne furent imprimés qu'après la journée des barricades, dans la seconde moitié de 1588 et en 1589. Les plus célèbres sont les plus injurieux : *les Sorcelleries de Henri de Valois; les Mœurs, humeurs et comportemens de Henri de Valois...; la Vie et faits notables de Henri de Valois...* La célèbre *Description de l'isle des Hermaphrodites* n'a été rédigée qu'après 1598, puisque l'auteur y parle du traité de Vervins, et n'a été publiée que vers 1605.

2. Une de ces pièces de vers mérite d'être sauvée de l'oubli, à cause de l'énergie et de la précision avec laquelle elle dépeint la situation politique après le traité de Nemours. Tel fut, du reste, l'avis de l'ambassadeur d'Espagne, qui l'envoya à Philippe II, dans la correspondance duquel nous retrouvons ce document curieux :

Le roy.
Je désire la paix, et la guerre je jure.
Duc de Guise.
Mais, si la paix se fait, mon espoir n'est plus rien.
Duc de Mayenne.
Par la guerre nous vient le crédit et le bien.
Card. de Guise.
Le temps s'offre pour nous avec la couverture.
Roy de Navarre.
Qui comptera sans moi, pensant que je l'endure,
Comptera par deux fois, je m'en asseure bien.
Card. de Bourbon.
Chacun peult bien compter ce qu'il pense estre sien.
La royne mère.
La dispute ne vault pendant que mon fils dure.
Le pape.
Poursuivons néanmoins la Ligue et ses projets.
L'empereur.
Le roy doncques perdra la France et ses subjects.
Le roy d'Espagne.
Si la France se perd, je l'auray tost trouvée.

diverses langues, quelques-uns de ceux-là chantans, qu'aux deux couronnes que le roi faisoit porter pour devise[1], il lui en faloit adjouster pour troisiesme une de cheveux[2], mais le feu estoit mort au foyer de son cœur, et tous ces soufflets n'en faisoyent voler que de la cendre; si bien que tous les gens de guerre, et mesmement les soldats des gardes, blasphémoyent de leur prince et de sa lascheté; de laquelle les escripts attribuoyent la cause à des péchez horribles, véritables ou inventez. Vous oyiez dire tout haut que, depuis que ce prince s'estoit prostitué à l'amour contre nature, mesme avoit tourné ses voluptez à patir au

La France.
Tout beau! il ne faut pas tant de chiens pour un os,
Et ceux-là ont bien mal ma puissance esprouvée
Qui pour l'ambition me troublent le repos.
(Arch. nat., K. 1564, n° 30. — Imprimé dans les *Mémoires de la Ligue*, t. II.)

1. Henri III avait la faiblesse de porter le titre de *Roi de France et de Pologne* et d'écarteler les armes de France avec celles de Pologne.

2. Voici le fait auquel d'Aubigné fait allusion. Au mois de novembre 1585, on inaugura à Paris le cadran de l'horloge du palais. Ce cadran contenait un portrait du roi, au-dessous duquel était gravé ce vers :

Qui dedit ante duas, triplicem dabit ille coronam.

Un ligueur y ajouta le suivant :

Tertia sic dabitur, tenuit sicut ante secundam.

Plus tard, on transforma ces vers comme suit :

Qui dedit ante duas, unam abstulit, altera nutat,
   Tertia tonsoris est facienda manu.
      (*Journal de L'Estoile*, sous la date du 18 nov. 1585.)

Le mot fit fortune. Le *Journal de L'Estoile* raconte que la duchesse de Montpensier disait plus tard « qu'elle portait à sa ceinture les cizeaux qui donneroient la troisième couronne à frère Henri de Valois » (janvier 1588).

lieu d'agir, on cottoit la perte du courage qu'on avoit veu à Monsieur avant la naissance de telles énormitez.

De ce mespris vint la crainte des partisans royaux, qui voyoyent le péril marié avec la honte. A quoi s'adjousta la grande terreur donnée par cette grande armée qu'on dressoit à Lisbonne, telle que nous la despeindrons en son lieu. Et ainsi les plus confidents seigneurs et gentilshommes, et les plus estimez conseillez de ce roi, gagnez, oultre la peur, par les présents d'Espagne[1], menèrent au commencement l'esprit de leur maistre, et puis le traînèrent tout à faict dedans l'estonnement; recevans de bon cœur la fulminante du pape et l'excommunication[2] de tous les

---

1. D'Aubigné ne dit pas et ignorait peut-être que le roi d'Espagne décida la Ligue à envoyer le duc de Nevers à Rome, afin d'obtenir le consentement et l'appui moral du pape en faveur du parti catholique. Nevers arriva à Rome le 1er juin 1585. Après de longues hésitations, poussé par l'ambassadeur d'Espagne, Sixte-Quint se décida à lancer une bulle contre le roi de Navarre. M. le baron de Hubner a très bien raconté, d'après les archives du Vatican, ces intrigues et ces événements (*Sixte-Quint*, t. II, p. 163).

2. La bulle lancée contre le roi de Navarre et le prince de Condé fut signée le 28 août 1585 (De Thou, liv. LXXXII), mais elle ne porte que la date du 9 septembre. Elle est imprimée dans les *Mémoires de la Ligue*, t. I, p. 214, dans les *Archives curieuses* de Cimber et Danjou, t. XI, p. 47, dans les pièces justificatives de la *Biographie protestante* d'Haag, t. X, p. 187, et ailleurs. Cette bulle n'a pas seulement pour objet d'excommunier les deux princes de Bourbon, elle prétend aussi les déclarer déchus, eux et leur descendance, de tout droit à la succession du royaume de France. Le roi de Navarre et le prince de Condé y répondirent par une protestation très bien fondée, qu'ils s'efforcèrent de faire afficher à Rome comme un défi. Ils y réussirent, d'après presque tous les historiens, le 6 novembre suivant; mais ce point nous paraît douteux, malgré l'autorité de de Thou, attendu le silence

hérétiques et de leurs fauteurs, car, après cette menace, qui sembloit agir plus aux consciences qu'aux courages, il n'y eut plus de honte à la consternation.

Voilà donc le roi en Parlement à protester de son innocence[1], et de là en une assemblée publique[2], où il harangua en client et non en maistre, fit un grand discours de ses dévotions; cela receu avec risées qui lui furent visibles; s'estendit sur les plaisirs de la paix, sur les malheurs de la guerre; et, après quelques reproches de ses bienfaits, conclut en prenant la hardiesse de dire qu'en voulant perdre le presche, on mettroit la messe en grand hazard[3]. De ce pas, il

de toutes les correspondances de Rome. La protestation des princes est imprimée à la suite de l'acte d'excommunication. La réfutation de la bulle donna lieu au célèbre pamphlet de François Hotman : *Brutum fulmen papæ Sixti Quinti adversus Henricum, serenissimum regem Navarræ et illustrissimum Henricum Borbonium, principem Condæum : una cum protestatione multiplicis nullitatis,* 1586, in-8º, et 1603, in-12. Le texte de la bulle est imprimé en tête du pamphlet.

1. Le 18 juillet 1585, le roi se rendit au Parlement en personne pour faire enregistrer un édit en date de ce jour, signé en suite du traité de Nemours, par lequel il révoquait tous les édits de tolérance publiés précédemment. Cet édit est publié dans les *Mémoires de la Ligue,* t. I, p. 196. La visite du roi au Parlement fournit à L'Estoile l'occasion d'un de ses plus jolis récits (édit. Champollion, p. 187).

2. Le 11 août 1585, le roi manda au Louvre le prévôt des marchands, quelques notables de la ville, les présidents du Parlement, les doyens des corps ecclésiastiques, et leur fit une longue harangue pour obtenir une subvention destinée aux frais de la guerre. Cette harangue est imprimée dans les *Mémoires de la Ligue,* t. 1, p. 199.

3. Voici les propres paroles du roi en réponse à quelques observations soulevées par ses interlocuteurs : « Il eust donc mieux valu me croire. J'ay grande peur qu'en voulant perdre le presche, nous ne hazardions fort la messe. » Et il ajouta : « Il

accorda l'Édict de juillet[1], par lequel il abolit tous les édicts en faveur des réformés[2]. Nous en dirons les particularitez en fermant le livre et le tome. Cet édict fut retenu secret[3] près de deux mois, dont advint que les refformés firent la guerre de tous les costez de la France, jusques au commencement d'octobre ; n'ayans mot général que *Vive le roi*, quelques-uns d'eux por-

vaudroit mieux faire la paix. Encores ne sais-je s'ils (les réformés) la voudront recevoir à notre heure » (*Mémoires de la Ligue*, t. I, p. 200).

1. D'Aubigné confond l'édit de juillet avec le traité de juillet, plus connu sous le nom de traité de Nemours. L'édit de juillet porte la date du 18, jour où il fut soumis au Parlement, comme on l'a vu plus haut. Le traité de Nemours est du 7 juillet. Voyez les notes suivantes.

2. D'Aubigné se montre ici mal informé et se contredit lui-même. Le traité de Nemours et l'édit du 18 juillet ne furent pas tenus secrets. Ils furent, au contraire, publiés avec le plus de retentissement possible. Un seul article resta secret : celui qui accordait aux ligueurs des places de sûreté. Voyez de Thou, liv. LXXXI. Quant à l'édit du 18 juillet, d'Aubigné vient de nous raconter qu'il fut soumis à l'enregistrement du Parlement. Aussitôt qu'il connut le traité et l'édit, le roi de Navarre protesta avec éclat. Le 10 août 1585, il lança un manifeste, dû à la plume de du Plessis-Mornay, qui faisait ressortir la faiblesse et la lâcheté du roi. Cette pièce importante est publiée dans les *Mémoires de la Ligue*, t. I, p. 182, et dans les *Mémoires et correspondance de du Plessis-Mornay*, édit. Auguis, t. III, p. 159. Il écrivit aussi au roi et à la reine, le 21 juillet et les jours suivants, d'éloquentes lettres qui sont publiées dans *Lettres de Henri IV*, t. II, p. 93 et suiv.

3. Le traité de Nemours fut signé par la reine mère et par les chefs de la Ligue le 7 juillet 1585. Par cet acte, le roi s'engageait à faire la guerre à la réforme et à mettre toutes ses forces au service du parti catholique. Le texte en a été souvent imprimé. L'original de cet instrument diplomatique, signé par la reine, les cardinaux de Bourbon et de Guise, ducs de Lorraine, de Guise et de Mayenne, et contresigné par le roi, est conservé dans le f. fr., vol. 10297, f. 20.

tans des croix blanches abouties de fleurs de lis et appeloyent ces marques des *contre ligues*. Le roi de Navarre et le mareschal de Matignon[1], serviteur du roi, vivoyent avec quelque respect, qui retenoit plusieurs effects de guerre[2]; ce que ne faisoit pas le prince de Condé, que nous avons laissé assiégeant, et dont nous l'allons tirer, à son dommage, par la prise du chasteau d'Angers.

Chapitre XIII.

Surprise du château d'Angers.

Clermont[3] avoit laissé le prince assiégeant pour aller amasser quelque noblesse en Anjou. En passant par Beaufort[4], desguisé, Rochemorte[5], qui le suivoit, sçeut par le capitaine Brac[6], qui commandoit au chas-

1. Le maréchal de Matignon était gouverneur de Guyenne depuis 1582. Cependant, les pouvoirs qui lui furent conférés par le roi ne datent que du 8 mai 1585 (Copie du temps; coll. Clairembault, vol. 955, f. 129).
2. Le maréchal de Matignon était un des négociateurs du roi auprès du roi de Navarre. Son historien, Callières, n'a pas connu tous les secrets du maréchal, mais il fait quelques révélations curieuses dans *Hist. du maréchal de Matignon*, 1661, in-fol., p. 163.
3. Georges de Clermont d'Amboise, baron de Bussy, fils de Jacques de Clermont d'Amboise (*Mémoires de la Ligue*, t. II, p. 4).
4. Beaufort-en-Vallée (Maine-et-Loire).
5. Louis Bouchereau de Rochemorte, capitaine protestant. Peu après la prise du château d'Angers, au mois d'octobre 1585, un jour qu'il sommeillait sur l'appui d'une fenêtre, il reçut, de la ville, une arquebusade qui lui perça la gorge, et mourut sans prononcer une parole (*Mémoires de la Ligue*, t. II, p. 14).
6. Jean Brac, mentionné dans les *Lettres de Henri IV*. Les *Mémoires de la Ligue* l'appellent *Broc* (t. II, p. 10). D'autres historiens le nomment *Brioc*.

teau de Beaufort, comment le capitaine Fresne[1] avoit grand crédit dans le chasteau d'Angers, comme ayant grande fréquentation avec le capitaine Grec[2], commandant lors en ceste place sous le comte de Brissac; que ce Fresne, mal content du comte, avoit quelque trame avec Halot[3], n'aguères commandant en ce chasteau, soubs Bussi d'Amboise. Roche-Morte se convie à servir Halot en cet affaire, avec un nommé Sainct-Jean[4] et cinq[5] autres braves compagnons, que lui donnoit Clermont; faisant son compte de faire tomber cette place entre les mains de son parti. Au contraire, Halot avoit pourveu à son affaire avec une autre intention, ayant choisi quelques soldats katholiques bien asseurez et qu'il estimoit capables de jetter hors Roche-Morte quand il voudroit; et, en ce faisant, avouez d'un Guisard, lui faire présent de ce chasteau. Et ainsi la peau de cet ours, vendue et divisée avant que la beste fut morte, ne laissa pas d'estre attaquée comme il s'ensuit.

1. Fresne avait commandé une compagnie sous les ordres de Brissac, pendant que celui-ci appartenait à la Ligue. Lorsque le roi eut pris parti pour la Ligue, Fresne avait été renvoyé et il accusait Brissac de sa disgrâce (*Mémoires de la Ligue*, t. II, p. 11).

2. Le capitaine Grec était originaire d'Angouri, qui est l'Ancyra des anciens (*Mémoires de la Ligue*, t. II, p. 12).

3. Michel du Bourrouge, s. du Halot, capitaine catholique.

4. Ce capitaine est nommé dans les lettres du roi que nous citons à la note suivante.

5. Les *Mémoires de la Ligue* (t. II, p. 11) disent que Clermont n'envoya que quatre soldats. Ils se nommaient La Brosse, Louis Louchereau, Divetière et Saint-Jehan (Lettres d'abolition accordées par le roi aux soldats qui avaient pris part à la surprise du château d'Angers. Paris, 5 octobre 1585; copie; f. fr., vol. 3309, f. 39). Du Halot seul fut poursuivi. Voyez les notes suivantes.

Le capitaine Fresne, comme il avoit de coustume, alla visiter le capitaine Grec, son familier, mène avec soi onze hommes, entre lesquels estoyent ceux que nous avons nommez. La garde du bout du pont laissa tout passer, ayant, comme on a creu, intelligence. De ces onze, en demeure quatre comme pour deviser avec les soldats. Mais, n'y en ayant point avec le corps de garde de la porte, il entre seul dans le chasteau, où, estant convié à disner par Grec, il s'excusa sur sa compagnie. Sur quoi tout fust convié, et Le Fresne avec un soldat alla pour faire entrer ses compagnons. Il trouva le corps de garde esmeu pource que Roche-Morte se convioit privément à entrer. Mais ceux de cette seconde garde, sans observer civilité, le repoussèrent, ne croyans pas mesme le soldat que Le Fresne renvoya à Grec, pour le prier de venir lui-mesme; se deffaisant tousjours d'un homme par ce moyen. Adonc l'entrepreneur se mesle dans le corps de garde, en rasseurant de paroles les mortes-payes. Et, ce faisant, approcha le soldat qui estoit en faction à la porte, lui donne d'un poignard dans le sein d'une main, et de l'autre ouvre le guichet. Roche-Morte fut habile à succéder, qui entra assés à temps pour tuer un qui vouloit sauter au collet du Fresne, et de ce pas tua le capitaine Grec comme il arrivoit au bruit.

A ce tumulte, les rues d'auprès du chasteau furent promptement en armes, ayans, comme il est à présumer, quelques hommes préparez dans les maisons proches du port; car ils y arrivoyent assez à temps pour troubler l'exécution, quand Halot, qui estoit caché en une maison proche, accourut au-devant d'eux avec une grande asseurance de visage, comme il estoit d'assez agréable rencontre. Donc pour les r'asseurer il leur vint dire que c'estoit lui qui avoit pris le chasteau par commandement exprès du roi, comme il monstreroit par bonne commission[1]. Mais il se trompoit, car il n'eust sçeu coucher d'un nom plus désagréable aux habitans que celui du roi, estans de nouveau engagez à la Ligue par le mareschal de Brissac ; dont advint qu'au lieu de tirer par ce moyen à soi quelques confidens qu'il avoit en la ville, il fut arresté prisonnier. Les surprenans, qui n'estoyent qu'onze en tout, ayans levé le pont, en laissèrent deux à la garde ; les autres neuf n'eurent pas peu de peine à s'asseurer de tout le chasteau, tuer ou mettre dans les prisons plus d'hommes qu'ils n'estoyent, rompre les portes et percer les planchers de quelques chambres sur la muraille, où il s'estoit retiré des soldats, entr'autres deux qui crioyent secours vers les basses Lisses.

Sur le soir, les habitans amenèrent Le Halot à la dernière maison, pour convier Le Fresne à venir parler à ceux de la ville. Halot, pour eschapper sa vie, fit venir par cajolerie son compagnon au bout du pont, et ceux qui s'estoyent cachez pour l'empoigner, se hastans trop, firent que Le Fresne, d'un plein saut, gagna le pont de sa longueur devant eux. Et puis ils

---

[1]. Du Halot prétendait justifier son entreprise sur les ordres qu'il disait avoir reçus de la cour, mais il ne put les reproduire et fut désavoué par le roi lui-même. Cette affaire est un des plus frappants témoignages de la duplicité ou de la faiblesse de Henri III. Le 5 octobre 1585 le roi désigna une commission de justice chargée de juger du Halot (copie ; f. fr., vol. 3309, f. 41), et le 11 du même mois il signa des lettres d'abolition en sa faveur. Malgré ces lettres, du Halot fut rompu vif et son corps exposé sur la roue à la vue du château (*Mémoires de la Ligue*, t. II, p. 13).

le suivirent de si près que ceux du chasteau levèrent le pont à la haste sans recevoir leur capitaine, réduit à empoigner les chaînes du garde-fou, au bout desquelles on eust peu le recevoir par le coin du pont. Mais un de la ville le suivit par les mesmes chaînes de si près que, ne se tenant que d'une main, il couppa celle du Fresne d'un coup d'espée, le faisant tomber dans le fossé. Et puis, estant tout brisé dans le fonds, un cerf privé, que l'on y nourrissoit, lui vint passer les andouillers sept ou huit fois au travers le corps et le laissa mort[1].

Ce fut aux habitans à se retrancher au bout du pont, à redresser leurs compagnies de la ville, aviser à leurs gardes et dépescher par tout advertissemens à leurs voisins et amis.

Ceux du chasteau s'employèrent à visiter leur place, leur magazin de bouche et de guerre, ordonner de leurs gardes, pareilles à celles que nous avons comptées de Montaigu ; asçavoir en portant quelques chevets de licts sur les murailles, où ils séjournoyent jour et nuict, attendant que Clermont leur fist couler quelque secours ; ce qu'il n'eust sçeu faire en si petit nombre que la prise[2] n'eust esté garantie. Mais, faute de moyens ou quelque chicheté empeschèrent cela.

---

1. Tout ce récit est presque littéralement tiré de la relation publiée dans les *Mémoires de la Ligue*, t. II, p. 12. Le récit de la mort du capitaine Fresne est appliqué par Sully au capitaine Rochemorte et vice-versa (*OEconomies royales*, chap. XIX). Mais nous croyons que Sully se trompe et que d'Aubigné a raison, parce que ce dernier historien est confirmé par la relation publiée dans les *Mémoires de la Ligue* et par de Thou.

2. Surprise du château d'Angers par le capitaine du Halot, au nom du roi, mais en faveur de la Ligue, 24 septembre 1585 (Jour-

Sur l'effroi du pays, Heurtaut[1], qui commandoit dans Rochefort, présupposant qu'Angers seroit du parti, duquel s'estoit mis de nouveau le duc de Thouars, lui despescha promptement un sien frère pour solliciter du secours au chasteau, et offrir tout service, tant de la place que de ses hommes, eschauffé par l'espérance de mettre un impost sur la rivière; ce qui n'ayant pas succédé, il changea ce dessein en se donnant à la Ligue, où, pour regagner réputation, il fit la guerre aux refformés sans rémission, et plus rudement qu'aucun autre, comme nous verrons puis après.

Ceste nouvelle fut portée au prince[2], assez diligemment, par un soldat nommé La Touche[3], qui passa par les villes de parti contraire, faisant semblant d'aller tousjours advertir la ville prochaine. Et ainsi faisoit servir la nouvelle de passeport. Il trouva l'armée devant Brouage, croissant d'hommes et d'espérance tous les jours; et ceux de dedans ayans perdu l'attente de secours de la part du mareschal de Matignon.

nal manuscrit de Louvet cité par M. Mourin, *la Réforme et la Ligue en Anjou*, p. 194).

1. Peut-être Jehan Hurtauld, ancien mercier, capitaine protestant, ancien lieutenant du capitaine Désaguères à Hiers, un des condamnés à mort par le parlement de Bordeaux, du 6 avril 1569 (*Études, documents et extraits relatifs à la ville de Saintes*, 1876, p. 240, note). M. Mourin le nomme Hurtaut de Saint-Offange (*La Réforme et la Ligue en Anjou*, p. 199).

2. Le 30 septembre 1585, le prince de Condé, étant à Marennes, reçut la nouvelle de la prise du château d'Angers (*Mémoires de la Ligue*, t. II, p. 14).

3. Peut-être François de Rabaine, s. de la Tousche, capitaine protestant, fils du seigneur d'Usson, un des condamnés à mort par le parlement de Bordeaux, le 6 avril 1569 (*Études, documents et extraits relatifs à la ville de Saintes*, 1876, p. 239, note).

Chapitre XIV.

Voyage et exploict d'Angers.

Une nouvelle si peu espérée et tant avantageuse aux refformés, comme paroissoit la prise d'Angers, estant receue par le prince, il ne demeura guères à convoquer les meilleurs capitaines qui fussent auprès de lui; entre lesquels fut promptement résolu de despescher Aubigné avec sept cents cinquante arquebuziers à cheval, qu'il avoit en son régiment, quatre autres cornettes de mesmes hommes qui faisoyent un peu moins de deux cens, et cent gentilshommes, qui se devoyent prendre la moitié en la cornette blanche et le reste aux compagnies de Laval[1] et de La Boulaye; avec commission de se perdre ou mettre des hommes dans le chasteau; ce qui lors se rendoit plus facile, pource que Rochefort estoit encores partisan avec La Trimoüille, et qu'il y avoit moyen de monter une lieue et demie le long de Meine[2], soit dans les batteaux, soit à la rive, favorisée par les pièces qu'on eust mises de Rochefort dans les vaisseaux.

Un courrier fut donc promptement envoyé de Marennes à Saint-Aignan, où, toutes ses troupes estans joinctes, prindrent dès le poinct du jour le chemin de Tonnai-Charente[3].

Comme le conseil de la chaire percée vers la plus-

---

1. Le s. de Laval était parti de Vitré en Bretagne le 8 septembre 1585 pour rejoindre le prince de Condé (relation dans les *Mémoires de la Ligue*, t. II, p. 160).
2. La rivière du Maine.
3. Tonnay-Charente (Charente-Inférieure).

part de nos grands renverse tout autre, ce prince, estant au soir en sa garde-robbe, où il disposoit de sa conqueste d'Anjou à la façon de Picrocole[1], parmi ses valets de chambre et quelques autres qui n'estoyent de meilleure estoffe, un des plus privez lui dit de la meilleure grâce qu'il put : « Monseigneur, je m'estonne comment vous donnez à un autre qu'à vous-mesmes la première gloire de ce dessein. C'est un coup du prince de Condé et un trop bon morceau pour Aubigné. » Ceste parole fut agréable, rompit tout résultat de conseil ; et, sans en parler à personne, on despesche dès minuict Mignonville, aide de camp, vers les troupes qui marchoyent et arrivoyent auprès de Tonai-Charante.

Ce prince donc, en faisant son pacquet et se préparant pour le voyage, consomma onze jours. Et de plus ses bons conseillers lui ayans dit que les plus grandes louanges de Cæsar avoyent esté méritées, par ce que sans désassiéger il donnoit des batailles, on résolut au cabinet de faire de mesme. On laisse donc devant Brouage La Personne[2], pour l'armée de mer, et, entre les mains de Sainct-Mesmes[3], les trois régiments, et le reste de celui qui marchoit. De plus, on despesche lettre au vicomte de Turenne pour lui faire quitter les affaires de Limousin, et venir prendre la tutelle de

1. Voy. *Gargantua*, liv. I, ch. 23.
2. François de la Personne avait été grand maître de l'artillerie des réformés. Il est souvent cité dans les *Mémoires de La Huguerye*.
3. Jean de Rochebeaucourt, s. de Saint-Mesmes, gouverneur de Saint-Jean-d'Angély, dont nous avons parlé, est signalé dans les *Mémoires de la Ligue* comme un « vieux gentilhomme notable et d'ancienne expérience, autorisé et aimé au pays. »

cette armée assiégeante, laquelle commençoit à estre menacée du mareschal de Matignon, au prix que le roi faisoit cognoistre son accord avec les liguez[1] et l'Édict de juillet faict en leur faveur.

Le prince[2] donc part[3] de devant Brouage, le huictiesme d'octobre avec sa compagnie, celles de Rohan, Laval, La Trimoüille, Genevois, Sainct-Gelais et La Boulaye, qui mena seul six vingts sallades. Tout cela faisoit six cents cinquante chevaux, les mieux choisis que nous en ayons veu des guerres civiles. Pour arquebuziers, il menoit le régiment d'Aubigné, deux compagnies de La Flesche[4], celles de Campois, de La Touche, de Berri, et de celui de Vandosmois, Les Ouches et L'Hommeau. Tout cela, faisant de treize à quatorze cents arquebuziers à cheval, marche avec assez de diligence jusques vers Thouars[5]; où Aubigné, qui menoit la teste, se logeant à Chiché[6], chargea Rousselière, Rouaut et La Rochette[7], se voulans jetter

---

1. Henri III accordait aux Ligueurs les villes de sûreté suivantes : Châlons, Saint-Dizier, Soissons, Reims, Saint-Esprit-de-Ruë en Picardie, Dinan, Concarneau, Dijon, le château de Beaune, Toul et Verdun. En outre, le roi promettait de donner 200,000 écus d'or pour le paiement des troupes étrangères que le duc de Guise avait levées (De Thou, liv. LXXXI).

2. De Thou prête au prince de Condé un discours dont la conclusion fut la résolution de partir pour Angers (liv. LXXXII).

3. Condé arriva de Brouage à Taillebourg le soir du 8 octobre 1585. Le 9, il partit de Taillebourg et alla loger à Villeneuve-la-Comtesse (Charente-Inférieure) (*Mémoires de la Ligue*, t. II, p. 16 et 17).

4. La Flèche, capitaine d'arquebusiers à cheval, était originaire de la Flèche, d'où il avait tiré son nom.

5. Arrivée du prince de Condé à Thouars, vers le 10 oct. 1585.

6. Chiché (Deux-Sèvres).

7. Le capitaine La Rochette est plusieurs fois nommé dans les *Lettres de Henri IV*.

dans le chasteau du lieu, qui est une grande masse de pierre, flanquée de huict assez grosses tours. Sur leur secours deffaict, ceste place fut emportée par escalade générale, et on y laissa quelques hommes qui firent du bien au retour.

Ceste mesme troupe, cinq jours après, car on séjourna là et à Argenton-le-Chasteau[1], arrivant au point du jour à l'abbaye Sainct-Maur[2], qui est sur le bord de Loire, trouva le couvent pris et gardé par quelques gentilshommes angevins, qui avoyent enlevé la dame de La Bretesche[3]. Mais ces gens de guerre, arrivans à l'impourveu, après qu'on leur eut tué un gentilhomme et quelques soldats, gagnèrent si follement et gardèrent si opiniastrement toutes les canonnières basses qu'ils emportèrent la place, avec quatorze gentilshommes prisonniers. On laissa là-dedans six vingts hommes, bien à propos, comme vous verrez.

Le prince, arrivé[4] sur le bord de Loire, ne tint conseil, pour le passage, qu'avec ceux de son cabinet; fait passer La Flesche pour se barricader dans les Rosiers[5], où il ne receut aucunes nouvelles expresses; seulement il apprit, par le bruit, que Rochemorte avoit esté tué dans le chasteau, comme il dormoit sur

1. Argenton-le-Château (Deux-Sèvres).
2. D'Aubigné et le capitaine Bonnet s'étaient déjà emparés de l'abbaye de Saint-Maur. Le prince de Condé défendit de faire aucun mal aux moines. Voyez le récit des *Mémoires de la Ligue*, t. II, p. 18.
3. Louise de Savonières de la Bretesche, seconde femme de René de Villequier.
4. Arrivée du prince de Condé sur les bords de la Loire, 13 octobre 1585.
5. Le capitaine La Flèche passa la Loire à Rosiers-sur-Loire (Maine-et-Loire) le dimanche 13 octobre 1585 (*Mémoires de la Ligue*, t. II, p. 18).

un créneau, et qu'il y avoit quelque bruit de Clermont et des troupes qu'il amassoit vers le chasteau du Loir. Tous les chefs de l'armée se monstrèrent mal contents du prince, de ce qu'il avoit passé sans leur conseil. Enfin, il les appela comme par forme, et, comme quelqu'un se plaignoit de quoi La Flesche avoit passé, contre l'ordre de l'armée, et sans considérer que le complaignant avoit les principales forces, le comte de Laval prit la parole, disant : « Et moi je vous remonstre que j'ai la principale cavallerie de l'armée, ce que j'allègue pour vous prier que je passe le dernier. » Ceste parole, sortant d'une bonne teste, mit de l'eau dans le vin des plus eschauffez. Enfin, il fallut passer[1]. Le régiment s'avance de trois lieues, asçavoir, à Sainct-Mathurin[2] et à un fort qui fut promptement dressé sur l'Aution[3], où on reserra quelques batteaux pour le passage. C'est une petite rivière qui prend son commencement à trois lieues de Chasteau-Regnaud[4], qui n'est guéable en aucune saison, et qui, estant passée une fois, contraignit l'armée refformée à prendre, pour la pluspart, le chemin que nous dirons, n'ayant peu estre repassée que par les plus diligens.

Le lendemain matin, Aubigné passe son régiment, pousse sa compagnie de chevaux légers à la main droicte de Beaufort, et, voyant d'assez loing le régiment de Caravas[5], qui marchoit pour se jetter dedans,

---

1. L'armée du prince de Condé passa la Loire, partie le 16, partie le 18 octobre 1585 (*Mémoires de la Ligue*, t. II, p. 19 et 20).
2. Saint-Mathurin (Maine-et-Loire).
3. Le Lantion ou l'Authion.
4. Château-Regnault (Indre-et-Loire).
5. Les habitants de Beaufort-en-Vallée refusèrent l'entrée de la ville au comte Caravaz (*Mémoires de la Ligue*, t. II, p. 20).

il en donne advis au prince qui passoit l'Aution[1]. Et puis, n'estant fortifié que de trente sallades de La Boulaye que lui amena La Valière[2], il loge ses gens de cheval avec ceux-là sur un haut pour menacer Caravas. Et cependant donne dans les portes et au mauvais retranchement de ceste grande bourgade, de laquelle il receut les clefs. Et à l'arrivée du prince les lui présenta, disant à l'oreille : « Voici la chambrière de Penelope ; vous vous en contenterez, s'il vous plaist, et ne toucherez point à la maistresse. »

A Beaufort, on receut nouvelles de Clermont, et le lendemain lui-mesme et ses troupes[3], qui faisoyent un peu moins de deux cents sallades et six cents arquebuziers. On voulut faire donner au régiment de Caravas, mais le prince asseura qu'il estoit des siens ; ce qu'il se persuadoit de plusieurs autres, sur quelques honnestetez qui lui avoyent esté mandées. Enfin, après cinq jours de séjour[4] à Beaufort, les troupes s'avancèrent à Foudon[5], où Aubigné trouva un régiment de Virluisan logé, hormis quelques deux cents arquebuziers, des meilleurs, qu'on avoit envoyé à la garde d'un passage. Cela fut emporté avec fort peu de combat et beaucoup de butin.

1. Passage du Laution par Condé, 19 octobre 1585. Coucher à Beaufort-en-Vallée (*Mémoires de la Ligue*, t. II, p. 21).
2. Laurent le Blanc, s. de la Baume et de la Vallière, maître d'hôtel ordinaire du roi, capitaine du château de Plessis-lez-Tours et plus tard maître d'hôtel ordinaire de la reine Marguerite.
3. Arrivée de Louis de Clermont de Bussy d'Amboise à Beaufort, 19 octobre, à midi (*Mémoires de la Ligue*, t. II, p. 21).
4. D'Aubigné se trompe. Les troupes de Condé ne séjournèrent à Beaufort que le dim. 20 oct. 1585 (*Mém. de la Ligue*, t. II, p. 21).
5. Arrivée des troupes à Foudon, près d'Angers, lundi 21 octobre 1585.

Le lendemain vingt-uniesme d'octobre, le prince, avec toutes ses troupes, s'avança en ordre de combat jusques au fauxbourg de Bressigni[1], qu'il trouva renforcé à loisir et bien rempli de gens de guerre, comme estant arrivé à Angers le comte de Brissac, Laverdin, Le Bouchage[2], la compagnie du duc de Joyeuse, menée par Sarzai, et bien tost après par lui-mesme[3]. Il y avoit de plus bien quarante capitaines de gens d'armes avec leurs compagnies imparfaictes. Pour gens de pied il y avoit Virluisan, qui avoit encor plus de sept cents hommes, n'en ayant perdu que quatre-vingts à Foudon; Caravas et Le Fresne d'O, chacun huict cents; Perraudière et Gerzai, chascun six cents, et Charnières, qui en avoit seul plus de quinze cents. Ainsi, les six régiments passoyent six mil hommes. Cela fut partagé en trois endroits : Caravas et Charnières au fauxbourg de Bressigni; Perraudière et Virluisan au fauxbourg des Lisses, et les autres deux dans le fossé du chasteau, et aux basses lisses, sur le bord de la rivière. Les habitans prenoyent parti où ils vouloyent et selon les occasions; mais les meilleurs estoyent avec Charnières.

La Flesche donna le premier à Bressigni, et ne

1. Le faubourg de Pressigny.
2. Henri de Joyeuse, comte du Bouchage, né en 1567, capucin en 1587, maréchal de France en 1596, mort le 27 septembre 1608. Il était alors gouverneur de l'Anjou. C'est lui que, après la reprise d'Angers, par lettres du 7 novembre 1585, le roi chargea de faire raser le château d'Angers (copie du temps; f. fr., vol. 3309, f. 62). Cet ordre avait été donné une première fois avant la campagne du prince de Condé, le 28 septembre 1585 (*ibid.*, f. 37), et n'avait pu être exécuté.
3. Le duc de Joyeuse était arrivé sous les murs du château d'Angers, le 4 octobre 1585 suivant les uns, le 7 suivant les autres (Mourin, *la Réforme et la Ligue en Anjou*, p. 201).

demeura guères à y estre tué d'une mousquetade[1]. Et depuis, les divers capitaines hazardoyent plusieurs attaques à part et ne faisoyent rien en gros.

Il fallut qu'Aubigné prinst un grand tour pour aller rencontrer le grand chemin du Pont-de-Sé aux lisses, qui estoit son département, soustenu de Clermont et de La Boulaye. Estant parvenu au grand chemin, il jetta les capitaines du Riou et Periers à sa droicte et à sa gauche dans les vignes. Et n'eut pas beaucoup cheminé qu'un capitaine, qu'il a estimé estre le comte de Brissac, et qui avoit la charge de ce costé, se trouva dans le chemin avec soixante sallades, et, cent pas derrière, près de trois[2] cents arquebuziers. Alors on disoit encores dans les troupes refformées *vive le roi*. Le capitaine qui s'estoit avancé pour recueillir, par le mesme chemin, Aubigné d'Anjou, qui lui amenoit quatre cents arquebuziers, ayant demandé *qui vive*, ne se contenta pas du nom du roi, mais voulut sçavoir qui commandoit, et puis, ayant ouï nommer Aubigné, laissa approcher de fort près ; jusques à ce que la bonne mine des gens de guerre lui fit soupçonner qu'ils n'estoyent pas ramassez en Anjou. Là-dessus demanda que le chef s'avançast avec un autre pour parler à lui avec un second ; ce qui fut faict de si près[3] qu'il recognut à la parole, car les visages se sembloyent, que ce n'estoit pas celui qu'on attendoit. Il fallut donc que les katholiques tournassent visage, et les deux, ayans eschappé quelques arquebuzades de bien

---

1. La Flèche fut blessé d'une arquebusade le premier jour du siège, le 21 octobre 1585, et mourut quelques jours après (*Mémoires de la Ligue*, t. II, p. 22).

2. L'édition de 1618 porte 200 arquebusiers.

3. Var. de l'édit. de 1618 : « ...*de si près* que le second *recognut*... »

près, firent ferme par deux fois pour favoriser la retraitte de leurs gens de pied.

Aubigné, qui s'estoit avancé pour recognoistre la besongne qu'il avoit à faire avant que la fumée lui ostast le jugement, donne aux trousses de cette troupe, qui se retiroit en grand désordre, et arriva comme meslé dans le fauxbourg, gagne deux barricades et quelques maisons, et ne fut arresté que par le feu que ceux du fauxbourg mirent en une barricade, et en deux maisons qui la flanquoyent; ce feu encores défendu de deux maisons percées : si bien que ces troupes, qui avoyent donné les dernières, se trouvèrent plus avancées de cinq cents pas que ceux de Bressigni, où Laverdin avoit retranché à bon escient et bien opiniastré presque à la teste du fauxbourg.

Demie heure après ces attaques, un soldat du régiment du Fresne vint par les vignes se rendre, et fut envoyé à Clermont et Avantigny[1], qui estoit en bataille, mille pas hors le fauxbourg des Lisses. Cettui-ci donnoit advis que la capitulation du chasteau estoit faicte, mais que son maistre de camp, qui estoit Le Fresne d'O, estoit résolu de favoriser Clermont s'il vouloit cette nuict donner au chasteau par l'endroict où Le Fresne avoit sa garde au fossé, en donnant pour mot *Matthieu*.

Sur cet offre, on avança des trompettes pour faire des chamades vers le chasteau et avoir quelque cri ou quelque feu pour response. De plus encor les ref-

---

1. François d'Aventigny était un ancien favori du duc d'Anjou qui s'était mis au service du prince de Condé et qui plus tard passa au service du roi de Navarre. Il devint gouverneur de Castres, puis du Quercy, du Rouergue et du haut Languedoc (*Journal de Faurin* sur les guerres de Castres).

formés, plus avancez, vindrent à l'escarmouche dans les vignes et repoussèrent ceux de la ville si avant, que ceux du chasteau pouvoyent parler à eux, et cela cousta la perte de quelques hommes. La vérité est que le chasteau estoit rendu, et ceux qui estoyent encor dedans ne voulurent donner aucun signe, craignans faire perdre au prince plus d'hommes et plus de temps, tellement que l'offre du Fresne estoit pour tromperie ou pour vanité.

Le prince, voyant ces choses, retira ses hommes de Bressigni[1] et envoya un soldat de ses gardes pour faire retirer Aubigné, lequel, cognoissant le poux inesgal de ceux qui conseilloyent, et se doubtant que le lendemain on changeroit d'advis, respondit que si c'estoit pour desplacer toute l'armée, il approuvoit cela; mais que si c'estoit pour tenter encores quelque chose sur Angers, que la perte de mil hommes ne sçauroit le lendemain le loger où il estoit, et que, partant, il ne remueroit point le piquet qu'un mareschal de camp ne le vinst quérir.

Sainct-Gelais les vint donc lever, non sans combat, pource qu'ils voulurent emporter leurs morts aussi bien que leurs blessez. Après avoir campé la nuict aux ardoisières, les conseillers du cabinet se mirent à donner des advis vaillans : ce fut de retourner faire les mesmes choses qu'au jour de devant.

Après que ceux qui devoyent tirer les chastagnes du feu eurent dit franchement quel il y faisoit, ceux qui le jour auparavant estoyent vers les lisses, repren-

---

1. Le 21 octobre 1585, le prince de Condé s'était emparé du faubourg de Pressigny, mais il ne put s'y maintenir et fut obligé de battre en retraite le lendemain (*Journal de Michel Le Riche*, p. 421).

nent leur chemin. Leur maistre de camp fit toucher les capitaines en sa main qu'ils se perdroyent avec lui dans le fossé; plus de cent gentilshommes, voyans ceste résolution, mirent pied à terre, pour estre de ce mauvais parti; et tout cela s'en alloit périr, quand le duc de Rohan, qui disoit ce qu'il pensoit, avec reproches et injures, vainquit le prince[1] et fit changer ce dessein en celui de la retraicte[2], pour laquelle furent choisis Clermont et Aubigné. Là fut dit que, s'il falloit payer de quelcun, ce devoit estre de Clermont, pour avoir mal conduit l'affaire; et de l'autre, pource qu'il estoit là comme emprunté, et au roi de Navarre particulièrement.

Chapitre XV.

Retraicte et desroute d'Angers.

Telle fusée n'estoit point aisée à desmesler. Ce fut pourquoi les deux qui avoyent ceste charge prindrent conseil ensemble, n'en recevant plus d'aucun. Car comme les forces d'Angers eurent recognu que l'armée enfiloit le chemin de Mazai[3], ils devindrent bien plus insolents que de coustume, et, ayans rempli les vignes et les ardoizières de l'infanterie, qui tiroit à tout, plus par gayeté que par occasion, Clermont et son compagnon allèrent voir le païs où ils se devoyent

1. Voyez dans les *Mémoires de la Ligue* (t. II, p. 25) les raisons qu'allégua le vicomte de Rohan.
2. Retraite de l'armée du prince de Condé, mercredi 22 octobre 1585. Joyeuse rentra dans le château d'Angers le 23 (*Journal de Le Riche*, p. 422).
3. Mazé (Maine-et-Loire), près de Beaufort.

desmesler; recognoissent une bourgade, nommée Sorgues[1], à un quart de lieue des vignes, et à demie lieue de la ville. Aubigné pria Clermont de lui laisser un homme d'obéissance avec trente sallades et ses deux trompettes, et que lui s'en allast avec tout le reste de tous les gens de l'un et de l'autre, espérant desmesler l'affaire à moins de perte que si tout y estoit. Clermont accepte cela, et l'autre, ayant faict choisir à dix de ses capitaines, chascun vingt hommes, et avec dix gentilshommes, qui mirent pied à terre, se résout à exécuter sa commission. Il envoye donc tous les chevaux de ceux qui demeuroyent avec lui se mettre en foule de trois cents pas du bourg de Sorgues jusques à l'entrée, à la charge d'y faire halte jusques à nouveau commandement. Il y avoit un chemin creux à la sortie des vignes pour entrer en la plaine. Sur le haut de ce chemin, il met ses gens de cheval, commandez par Lisi, ayant dit pour toute harangue à ses gens que leur vie despendoit de ne lui faire point dire une chose deux fois. Il les estend tous à la gauche du chemin creux, fait reschauffer l'escarmouche avec plus de mine de vouloir combattre que se retirer; fait faire deux fausses charges à tous les cavaliers desbandez qui venoyent à lui, et de mesmes remena battans tous les gens de pied, qui venoyent sans commandement; jusques à ce que, voyant marcher trois corps de régiments ausquels la cavallerie katholique quittoit la pointe, à cause de l'assiette du lieu, à la faveur d'un grand salve[2] qui remplit tout le costeau de fumée, et, partant, osta aux ennemis le jugement de ce

---

1. Le port de Sorges, sur la Loire (Maine-et-Loire).
2. *Salve*, salve d'arquebuserie.

qu'il faisoit, il fait courir en diligence ses dix capitaines et leurs vingtaines dans le chemin de Sorgues. Lui, avec la dernière troupe et ses hommes de main (les deux trompettes faisans du bruit[1] sans cesse) au bout du chemin creux, jusques à ce qu'il fust plein de mousqueterie, et encor mit les trente sallades derrière une grosse haye qui séparoit la vigne de la plaine, ausquels à travers la haye il fit tirer leurs pistolets aux plus avancez, sans estre recognus pour cavallerie, tant pour l'espesseur de la haye, que pour la fumée que nous avons dicte, jusques à ce que, n'ayant peu garder les coins, quelque cavallerie à droicte vit le derrière; mais lors les premiers avoyent joint les valets et les chevaux, qu'on fit entrer dans le bourg, quand les poursuivants furent assez près pour les pouvoir juger.

Ceux d'Angers, qui redoubtoyent la cavallerie du prince et jugeoyent qu'elle estoit demeurée derrière Sorgues, ne mirent le pied guères avant dans la plaine, et entrèrent en conseil pour faire reposer leurs gens, attendant la soirée, et puis, avec bonne artillerie et en ordre, pour tous accidents, venir enlever la bourgade, où ils entendoyent six tambours battre la garde et les trompettes sonner au guet; joinct à cela que quelques paysans, qu'on avoit laissez eschapper exprès, rapportèrent qu'on faisoit des barricades. Les compagnons de la retraicte logèrent tout en douze maisons, quoi qu'ils remparassent l'entrée du village à la cognoissance des vedettes d'Angers. Et puis, à jour couchant, en trois coups de sourdine, ayans chassé par rudesse

---

1. Var. de l'édit. de 1618 : « ... *faisans* leur devoir *sans cesse*... »

hommes et femmes du village, sortent, et par petits chemins esquivent une lieue jusques à l'entrée du chemin de Mazai, où ils plantèrent le piquet une heure avant jour ; aussi tost tastez par une grosse troupe de cavallerie qu'on avoit descouplé sur leurs erres.

Laverdin, avec une troupe choisie, passa au Pont de Sé, pour fuir les incommodités du Lothion[1], et gagna Saumur, où il fit incontinent armer de mousquets de fonte trois pataches, qu'ils firent desriver au-devant des Rosiers[2] ; ayans, avant cet obstacle, le comte de Laval, La Boulaye et une partie du régiment d'Aubigné, gaigné l'abbaye de Sainct-Maur[3], laquelle leur donna commodité de s'assembler, de prendre haleine et ordre pour venir en gens de guerre gaigner le Poictou.

Cependant, le prince de Condé séjournoit à Beaufort[4], s'employant à appointer les querelles de ses maréchaux de camp, et puis monta à cheval pour aller au passage ; mais, l'estonnement des batteaux et ne restant plus à Lothion qu'une gabarre, cela r'envoya tout encores à Beaufort, pour estudier ce qui estoit de faire.

Là, autant d'advis que de testes. Chacun parloit

---

1. L'armée du prince de Condé avait repassé le Laution le 25 octobre 1585.

2. Les Rosiers, lieu célèbre par le combat qui s'y était livré dix-sept ans auparavant entre le s. d'Andelot et le vicomte de Martigues.

3. Le comte de Laval et ses troupes avaient gagné Saint-Maur le 23 octobre 1585 (*Mémoires de la Ligue*, t. II, p. 28).

4. L'armée du prince de Condé séjourna à Beaufort depuis le 22 jusqu'au 26 octobre 1585 (*Mémoires de la Ligue*, t. II, p. 26 et 32).

sans certitude et tous prenoyent pour conseil l'estonnement. Quelcun y exposa la résolution qu'avoit prise Andelot, lors du combat de la Levée, et comme nous l'avons descrite en son lieu[1]. Pour suivre cet advis plus en idée qu'en résolution, ceste troupe errante desmarche vers le Lude[2]. Là, Aubigné parla au prince et à tous les chefs de son armée, leur promettant, s'ils se vouloyent servir de lui en ceste extrémité, qu'ils en sauveroyent l'honneur et le bagage. Son dessein estoit qu'avec cent chevaux choisis et quatre cents arquebuziers, moitié des siens, moitié d'autres, triez dans les compagnies, il iroit saisir avec grande diligence deux petites villettes, dont l'une s'appelle Sainct-Dié et l'autre Sèvre[3] : cette-ci à une mousquetade de la rivière de leur costé ; celle-là sur le bord de Loire, mesmes devers la Soulongne[4] ; toutes deux fermées de murailles, de tours et de quelques fossés, et bien garnies de mareschaux et de selliers, par faute de quoi ces troupes périssoyent. Il prit donc serment de tous ceux-là qu'ils ne desmordroyent point le dessein et que le lendemain au soir un mareschal de camp[5] amèneroit les cinq cents chevaux que nous avons dit à la Chappelle-Sainct-Martin[6].

Le prince et le reste de ses forces arrivent à la

1. Voyez ci-dessus, t. III, liv. V, chap. III.
2. Le Lude, sur le Loir (Sarthe). Arrivée des troupes de Condé au Lude, 26 octobre 1585.
3. Saint-Dié et Suèvres, sur la Loire (Loir-et-Cher).
4. La Sologne, dans l'Orléanais, entre la Loire et la grande Sandre.
5. Ce *maréchal de camp* ne peut être que d'Aubigné, d'après les *Mémoires de la Ligue* (t. II, p. 34). Il était suivi du s. de Boisdulis.
6. La Chapelle-Saint-Martin, près de Mer (Loir-et-Cher).

mesme soirée à Saincte-Anne[1]; et cependant l'entrepreneur, assisté de Bois-du-Lis, de Doucinière et de quatre autres, estoit desjà sur Loire, où, en recognoissant moyens infaillibles de saisir ce qu'il avoit promis, comme il faisoit le marchand de vin auprès de Sainct-Dié, arrivent à Nouan[2] neuf cents chevaux reistres. Bois-du-Lis et lui, les recognoissant, partagent ensemble, l'un de saisir Sainct-Dié avec six vingts hommes des cinq cents, et l'autre, avec le reste, d'enfoncer le logis des reistres; faisant ce jugement que, dans l'effroi que portoyent les reistres eschappez, les troupes passeroyent la rivière et s'avanceroyent dans le Berri plus aisément. Ainsi, ayans laissé quelques soldats nouvellement pris à Mer[3], et Doucinière à la garde de six grands batteaux à la Coulommière[4], l'entrepreneur et Bois-du-Lis vont à la Chappelle-Sainct-Martin[5], pour quérir les compagnons. Mais le prince de Condé, avant que d'estre à Saincte-Anne, receut Rosni[6], depuis duc de Sully, qui lui fut amené comme prisonnier par le capitaine Bonnet[7]. Cestui-là lui

1. Sainte-Anne, près Vendôme (Loir-et-Cher). Arrivée du prince de Condé à Sainte-Anne, 29 octobre 1585 (*Mémoires de la Ligue*, t. II, p. 36).
2. Nouan-sur-Loire (Loir-et-Cher).
3. Mer, sur la ligne d'Orléans à Blois (Loir-et-Cher).
4. Coulommières, près Vendôme (Loir-et-Cher).
5. D'Aubigné et Boisdulis arrivèrent à la Chapelle-Saint-Martin le 29 ou 30 octobre 1585.
6. Maximilien de Béthune, s. de Rosny, duc de Sully, le second des sept enfants de François, baron de Rosny, et de Charlotte Dauvet, né le 13 décembre 1560, mort le 22 décembre 1641. Le récit de son arrestation par les réformés est présenté avec beaucoup de détails dans les *OEconomies royales* (chap. xix).
7. Sully, dans les *OEconomies royales* (chap. xix), dit qu'il fut arrêté par le s. de Falandre.

asseura ce que desjà il avoit ouy dire, asçavoir que toute la Beausse estoit pleine de la cavallerie de la Ligue, et le grand chemin plein des régimens, qui marchoyent vers Orléans, où desjà les reistres avoyent passé l'eau. Cela marié avec la nouvelle du duc de Joyeuse[1], qui, avec les forces d'Angers, marchoit sur les pas des misérables[2], leur[3] donnoit l'effroi. Et, en outre, le mesme Rosni asseura que l'Édict se publioit à Paris[4]. Le prince de Condé fut induit par le duc de Rohan à rompre la promesse que le duc n'avoit point faite, et à se desrober avec la Trimoüille et quelques gentilshommes et officiers, principalement ceux qui pouvoyent servir de guides. Ainsi par les maisons des amis ils gaignèrent la Bretaigne, et le duc de Rohan ses maisons. Le prince par le moyen d'un ami recouvra un batteau, et par lui l'isle de Grenezai[5], et puis l'Angleterre.

1. Le duc de Joyeuse commandait l'armée royale. Après la déroute du prince de Condé le 1er novembre 1585, il écrivit une lettre où il racontait sa victoire avec des détails qui ne sont point ailleurs. Cette lettre fut livrée ou surprise par l'ambassadeur d'Espagne et soumise à Philippe II. Elle est actuellement conservée en copie aux Archives nationales, K 1563, n° 149.

2. Les compagnons d'armes du prince de Condé, dans la maladroite équipée d'Angers, furent traités en criminels d'État. Le 18 novembre 1585, le roi lança une ordonnance contre les habitants de l'Anjou qui donnaient asile aux fugitifs et qui ne les avaient pas livrés aux officiers de justice chargés de les poursuivre (copie; f. fr., vol. 3309, f. 77). Plusieurs capitaines et soldats, pour échapper à l'ordonnance, se firent catholiques et obtinrent à ce prix une déclaration de sauvegarde (Lettres patentes du roi du 22 novembre 1585; copie; f. fr., vol. 3309, f. 80 v°).

3. Var. de l'édit. de 1618 : « ... misérables ; et en outre l'asseura... »

4. Le s. de Rosny venait de la cour et portait au roi de Navarre des subsides importants. Voyez le récit des Œconomies royales.

5. Le prince de Condé s'embarqua entre Avranches et Saint-

Sainct-Gelais, convié à estre de la troupe, allégua son serment et se fit conducteur de l'affligé[1] troupeau. Mais, ayant manqué de vingt-quatre heures, les soldats qu'on avoit jetté dans Sainct-Dié rapportèrent que les troupes y estoyent logées. N'estant donc rien arrivé à la Chappelle, le lendemain, par les soldats qui fuyoyent, Aubigné et Bois-du-Lis, advertis, vindrent trouver Sainct-Gelais, à la teste des bandes les plus effrayées sans combat qui se virent jamais. C'estoit sur le bord de la forest de Marchenoir[2], dans laquelle la pluspart avoyent desjà jetté leurs armes. Bois-du-Lis, qui avoit quelque cognoissance vers Gien, emmène Sainct-Gelais et quelque noblesse, qui ayans passé la rivière de Loire fort haut, n'y trouvèrent point de gardes et passèrent en Berri.

A Aubigné s'accueillent trente gentilshommes ou capitaines, des autres qui couroyent parmi la forest, il en arresta et mit ensemble le plus qu'il put, et[3], ne leur pouvant plus donner conseil d'user des armes qu'ils avoyent jettées, il les advisa de passer la journée dans la forest, et sur le soir percer de la Beausse en troupe tout ce qu'ils pourroyent, pour, avant jour, se relaisser en quelque métairie; ne laissant sortir personne qui pust porter des nouvelles; et la nuict d'après se couler trois ou quatre ensemble dans les fauxbourgs de Paris, où tout cela se sauva sans perte d'un homme; et depuis se logèrent dans les compagnies, qui de tous costez s'amassoyent.

Malo et arriva à l'île de Guernesey le 30 octobre 1585 (*Mémoires de la Ligue*, t. II, p. 37).

1. Var. de l'édit. de 1618 : « *Conducteur* du malheureux *troupeau*. »
2. Marchenoir (Loir-et-Cher).
3. Les mots suivants jusqu'à *de passer la journée* manquent à l'édition de 1618.

Leur conseillier fut bien en plus grand'peine. Je demanderai congé à mon lecteur d'en dire les principaux traicts, pource que la science des périls d'autrui nous apprend à desmesler les nostres. Et certes, si mon lecteur s'ennuye de voir mon nom si souvent, je l'eusse encor desguisé, sans l'honneur que les autres historiens m'ont faict, le produisant en cet endroit et me donnans des compagnons, qui, hormis Sainct-Gelais et Bois-du-Lis, ne se mesloyent que de leur faict.

Sur le congé que je pense avoir impétré de vous, je vous dirai qu'outre la levée gaignée par quelques reistres, le duc du Mayne s'y avança aussi. Le mareschal de Biron vint d'une course à Chasteaudun ; le duc d'Espernon à Bonneval[1]. Les premiers, avancez vers la forest de Marchenoir, furent quatre compagnies d'Italiens que menoit Sacremore.

Voilà ceux qui venoyent d'Angers de dire *vive le roi* accablez des Royaux et de la Ligue. Aubigné avec ses trente chevaux passe la forest et se tapit dans une grande métairie auprès de Chèze[2] ; où il ne fut pas demie heure qu'il void venir au galop les quatre cornettes italiennes, deux desquelles environnent la métairie, les autres deux prennent plus loing leur chasse[3]. Les compagnons eurent recours aux barricades. Mais leur capitaine, s'escriant qu'il n'estoit pas à la Jarie près la Rochelle, saute à cheval, et lui septiesme charge un corps de garde de vingt lances, où le capitaine Jaques commandoit. De là il n'y eust que

---

1. Bonneval, sur la ligne de Châteaudun à Chartres (Eure-et-Loir).
2. Chèze, près de Marchenoir (Loir-et-Cher).
3. Ces deux mots : *leur chasse*, manquent à l'édition de 1618.

le capitaine qui donnast coup d'espée. Aubigné, qui avoit les yeux pleins de boue, s'emporta jusqu'au village de Chèze, où ayant recouvert la veue, ne se vid que sixiesme, en ayant perdu un à la charge, et, comme il consultoit pour retourner quérir ses compagnons, qu'un soldat lui r'apporta estre chargez par les deux cornettes, vindrent frapper dans le village quatre Albanois, qui menoyent dix-huict prisonniers, ausquels ils avoyent laissé les espées au costé. Les Albanois n'ayans pas attendu la charge, on fit mettre l'espée au poing à ces dix-huict, et, en leur faisant faire mine, les six donnent à la métairie et délivrent leurs compagnons, ausquels estans ensemble les assiégeants firent place, si bien que tout cela alla gaigner la forest. En y arrivant, ils rencontrent dans un chemin couvert trente chevaux de la compagnie de Cigongne[1], menez par La Grand'Houssaye, qui s'en disoit mareschal des logis. Comme ils eurent passé sur le ventre à cette troupe et le conducteur pris, Aubigné l'ayant laissé aller avec serment de retirer un gentilhomme des siens, dit aux compagnons que, si c'eust esté un homme de plus grande marque, ils eussent faict de leur prisonnier leur maistre. Là-dessus les dix-huict se plaignent de quoi ils en avoyent desjà trouvé et prennent parti à part pour aller cercher quelcun qui les voulust prendre. Le[2] capitaine L'Enfant, estant deslivré par mesmes mains, demanda congé d'aller cercher, lui quinziesme, des maistres de mesme façon. Les trente passèrent huict jours en Beausse et Vendosmois avec grandes risques; y deffirent encores deux troupes, n'y

1. Charles-Timoléon de Beauxonnes, s. de Sigongnes, plus tard vice-amiral de Normandie et gouverneur de Dieppe.
2. Cette phrase manque à l'édition de 1618.

cerchans autre commodité qu'un homme assez authorisé pour leur sauver la vie. Sur tous estoit en cette peine celui qui les menoit, souvent attaqué par les gens de Sacremore, et bien cogneu de lui, pour la commission qu'il avoit eue de le guetter au voyage où il avoit porté une fascheuse parole au roi.

Après avoir passé dix jours, marchant la nuict et passant le jour par les forests ou mestairies esgarées, Aubigné mena sa troupe sur le bord de Loire, vis-à-vis de Sainct-Dié, où il avoit du bien, et quelque amitié avec le maistre de la poste, qui estoit esleu capitaine de la ville, et, de plus, s'asseuroit d'une retraicte à Saumeri[1]. Il voulut donc se hazarder seul de passer pour asseurer la vie de ses compagnons, les instruict que, si, estant delà l'eau, il leur fait signe, qu'ils entrent dans la gabarre du passage au retour; s'il ne leur en fait point, il leur enseigne un pescheur, duquel il s'estoit servi à recouvrer les grands bateaux, leur donnant advis de lier deux petits bateaux ensemble, pour passer en une nuict les chevaux deux à deux, quoique la rivière fust fort grande et à bord de chantier. Il laisse donc ses gens cachez derrière la levée, horsmis un à pied, pour voir ce qu'il devenoit, et se met dans la gabarre seul avec une charrette et huict ou dix hommes qui y passoyent. Il n'eut pas faict le tiers de la rivière que, s'estant enquis d'une petite fumée qui paroissoit à l'autre bord, on lui apprit que c'estoit un corps de garde que ceux de Sainct-Dié estoyent obligez d'entretenir, et qu'il estoit de vingt hommes. Cela l'estonna, ne pouvant retourner, mais encor il y eut

---

1. Saumeray, sur le Loir (Eure-et-Loir).

quelque espoir de se faire avouer par le chevaucheur. Sur cette pensée, il void venir au corps de garde du port dix-huict hommes, qu'il apprit estre le prévost des mareschaux de Blois, nommé L'Ardoise[1], auquel il avoit fait quelques affronts. Ce prévost venoit d'en recevoir un par Villegombelin[2], à la mémoire duquel je veux rendre un conte plein[3] d'honneur. Ce cavalier, lieutenant du duc de Guyse, voyant la dissipation[4] des refformés en son païs, estoit monté à cheval avec ses voisins, leur disant qu'il faloit aller à la chasse des amis[5] ou à la foire d'iceux, et prendre le temps de l'affliction, pour s'obliger autrui, et se désobliger envers le devoir de gentilhomme. Donc ce courtois chevalier, courant çà et là pour délivrer les esgarez de leur peine, venoit d'oster à L'Ardoise Tifardière[6] et Michelière. Ce fut pourquoi cet homme, mutiné avec

1. L'édition de 1618 ne donne pas le nom de ce personnage.
2. François Racine, s. de Villegomblain, capitaine catholique, était à côté du duc de Guise au moment de l'assassinat de ce seigneur par Poltrot de Méré (*Mémoires de Condé*, t. IV, p. 240). C'est par erreur que les *Mémoires de la Ligue* (t. II, p. 245) le font mourir à la bataille de Coutras. Villegomblain vivait encore en 1602, à l'époque du procès du duc de Biron. Il a laissé des Mémoires qui commencent en 1562 et qui finissent en 1602 et qui, malheureusement, ont été oubliés dans toutes les grandes collections sur l'histoire de France. Ces Mémoires, imprimés en 1668, 2 vol. in-18, se recommandent par de grandes hardiesses de jugement. Les exemplaires non cartonnés sont fort rares.
3. Les deux derniers mots de cette phrase manquent à l'édition de 1618.
4. Var. de l'édit. de 1618 : « ... *voyant* le désastre *des réformés*... »
5. Var. de l'édit. de 1618 : « ... *à la chasse*, ou à la foire des amis, *et prendre*... »
6. Jean Chevalleau de la Tiffardière.

ses archers, le venoit joindre au corps de garde, en jurant la mort des premiers huguenots qu'il empoigneroit. Nostre avanturé, sans espoir et sans conseil, ayant achevé un mot de prière et le second couplet du Ps. 142, arrive entre ces deux troupes qui faisoyent près de quarante hommes.

Talsi[1], de Beausse, de mesme humeur et dessein que Villegombelin, lui avoit envoyé un coursier de Naples, brave et furieux à son grand besoin. Si tost que ce cheval eut les deux pieds de devant à terre, il fit une roue, qui escarta ceux qui environnoyent le bateau. Et son maistre en criant : prenez vous garde, quoiqu'armé sous la juppe, sauta dans la selle ; où il ne fut pas si tost qu'oyant cinq ou six archers ou habitans qui le nommoyent, il met l'espée à la main, fait fendre la presse, et, au péril de sept ou huict[2] arquebuzades, gaigna le large. Ce fut à L'Ardoise et à ses archers à monter à cheval dans la ville, pour recouvrer leur perte. Les compagnons, qui avoyent veu ce passe-temps, gagnent le haut, et la nuict passent la rivière, et, n'adjoustans rien à ce qui leur estoit ordonné, gaignent Saumeri, où ils trouvent leur chef. Et encores arriva que, comme ils estoyent sur le passage que le capitaine Touverac, celui qui avoit esté pris à la charge de Chèze, les ayant recognus, se joignit[3] à eux, se venant de sauver, et passa l'eau avec ses compagnons.

1. Aubigné parle dans ses *Mémoires* d'un Jean Salviati, s. de Talcy, seigneur de l'Orléanais, dont il recherchait la fille vers 1572 (édit. Charpentier, p. 24). Voyez une note dans le chapitre xvii.
2. Var. de l'édit. de 1618 : « ... *huit* mauvaises *arquebuzades...* »
3. Ce petit membre de phrase manque à l'édition de 1618.

Vous ne sçaurez point par moi les autres périls que courut ceste troupe à suivre le Cher jusques à Sainct-Florent[1], à traverser la Soulongne, le Berri, le Limouzin, Poictou et entrer[2] en Xainctonge, estans contraints, pour la grandeur des rivières, de monter jusques auprès des sources; le tout sans porter marques ennemies, sans faveur d'aucune retraicte, et non sans quelques combats, pour venir cercher en Brouage le reste du régiment[3].

Chapitre XVI.

Mauvaise rencontre[4] du siège de Brouage.

Par force nous avons donné jusques dans la fin d'octobre, pource que toutes ces choses se passèrent ainsi, sans avoir eu certaine cognoissance de l'Édict de juillet. Et les gouverneurs et lieutenans de roi s'avançoyent ou retardoyent au prix qu'ils avoyent cognoissance de volontés de S. M., tousjours douteuses jusques-là. Par ceste desroute, les affaires des refformés, fort descousues, les firent criminels de leurs foiblesses et malheurs, les liguez justifiez par leurs forces et prospéritez.

Cela fit achever de publier par tout l'Édict de juil-

1. Saint-Florent-sur-Cher (Cher).
2. Ce mot manque à l'édition de 1618.
3. D'Aubigné raconte dans ses *Mémoires* que le bruit de sa mort s'était tellement répandu pendant la durée de cette campagne aventureuse que sa femme, lorsqu'elle vit revenir ses équipages, tomba à la renverse. Voyez le récit des *Mémoires*, édit. Lemerre, p. 53.
4. L'édition de 1618 porte *mauvaise retraitte*.

let[1], redoublé par un autre du septiesme d'octobre[2], par lequel estoyent à plein confisquez les biens et les personnes de ceux qui n'abjureroyent les erreurs de la nouvelle opinion, comme ils disoyent. Mandements de les poursuivre comme coulpables de lèze-Majesté, et terme de six mois que le premier édict leur donnoit, raccourci de trois, puis réduit à quinze jours. Ce fut le temps que prit le mareschal de Matignon pour, avec toutes les forces de Guyenne, Xainctonge et Angoumois, marcher au secours de Brouage[3]. Sainct-Mesmes receut ces nouvelles par homme qui avoit veu passer les compagnies de Gascongne, à Sainct-Jean-de-Brane, et, en mesme temps, le misérable succès de la desroute, par Laval et les siens, qui avoyent gaigné Sainct-Jean-d'Angély ; comme aussi La Boulaye s'estoit retiré en Poictou. Ceux-là firent part de leur effroi aux assiégeans de Brouage, adjoustans à ce qu'ils sçavoyent ce qu'ils présumoyent, asçavoir que le prince et tout ce qui estoit de la Loire estoit mis en pièces.

Les habitans des isles, ayans recognu à la contenance de leurs hostes et au cours du marché qu'il faudroit bientost lever le siège, commencèrent les premiers à remuer bagage, ne se souvenans plus de leurs retranchements, par le moyen desquels il est certain

1. Voyez les notes du chapitre xii.
2. Le nouvel édit du roi contre les réformés, du 7 octobre 1585, est imprimé dans les *Mémoires de la Ligue*, t. I, p. 227. Il fut présenté le 16 au parlement et est analysé à cette date dans le *Journal de L'Estoile*.
3. Callières (*Hist. de Matignon*, 1661, p. 175) confirme le récit de d'Aubigné.

que moindre nombre qu'ils n'estoyent devoit arrester les forces du mareschal. Sainct-Mesme, sans prendre autre conseil que l'estonnement, quitta Hiers[1]; et, le lendemain, Sainct-Disant[2], qui commandoit le régiment de Bois-Rond, regagna ce logis, pour résoudre le reste, comme il fit pour trois ou quatre jours. Mais le mareschal estant approché jusques à Gemosac[3], les soldats jouèrent à sauve qui pourra; si bien que les capitaines, ne pouvant faire mieux, choisirent les meilleurs, pour faire quelque troupe de retraicte. Sainct-Luc, qui ne perdoit point de temps, se met à leurs trousses, et particulièrement de ceux qui filoyent vers Soubize; lesquels il emportoit tous sans une bonne mine que fit Sainct-Disant à un petit pont, et puis esquiva pour passer au moulin de la Bridoire.

Ce passage quitté par force, Sainct-Luc trouva qu'il y avoit encores quelque six vingts hommes à passer. Il ne les marchanda plus, en mit en pièces quelque trentaine, en prit deux fois autant de prisonniers, soulagea toutes ces troupes de leur bagage. Cet accident, redoublant la nouvelle de l'armée du prince de Condé perdue, de sa fuite en Angleterre, avec une très rude peste qui se mit dans le pays et dans Sainct-Jean-d'Angéli, plus qu'en nul autre lieu, fit que toutes les compagnies des refformés, horsmis fort peu, se

---

1. Après le départ du prince de Condé, Saint-Mesme poursuivit le siège pendant vingt-un jours (Arcère, *Hist. de la Rochelle*, t. II, p. 55). La levée du siège de Brouage par les réformés doit donc être datée du 29 ou du 30 octobre 1585.

2. Le s. de Saint-Dizant, capitaine huguenot, appartenait à la famille de Beaulon.

3. Gemozac (Charente-Inférieure).

brisèrent d'elles-mesmes. Ceux que la religion n'attachoit point s'allèrent jetter dans les bandes catholiques, les autres dans les villages et fauxbourgs de leurs villes. Encores falut-il, pour achever la misère, que la famine y fust adjointe, estant l'année fort mauvaise; plusieurs bleds laissés aux champs par les laboureurs morts. Les compagnies qu'on avoit jettées en Oléron gagnèrent leurs vaisseaux à grand'haste. Voilà l'estat où nous laissons la Xainctonge et le Poictou.

Chapitre XVII.

Des provinces méridionales de la France.

Telle estoit la semence de division que nous avons ci-devant touchée entre les deux princes[1], cousins[2]-germains, chose estrange en leur affliction et au froid qui reserre les choses étérogénées, que le désastre d'Angers servist de farce à toute la cour de Navarre; et celui qui pouvoit le mieux se mocquer de la misère de leurs frères estoit mieux venu; joinct que le roi de Navarre[3] jouoit un personnage nouveau, ne parlant plus que de conserver l'Estat et ayant mis les pas-

---

1. Le récit de la rivalité du roi de Navarre et du prince de Condé remplit les documents du temps. Condé était soutenu par les huguenots rigides qui n'admettaient pas d'accommodement avec le parti catholique. Les *Mémoires de La Huguerye*, qui sont une apologie de ce prince, contiennent de curieux détails sur la rivalité des deux Bourbons.

2. Ce mot manque à l'édition de 1618.

3. Le roi de Navarre était à Bergerac et apprit de Sully le détail du désastre essuyé par le prince de Condé (*Œconomies royales*, chap. xix).

sions huguenottes en crouppe, sur ce que, s'estimant nécessaire au roi, il argumentoit de ceste nécessité, ne regardant point à la foiblesse de ce prince, qui alloit prendre loi du plus pressant.

Le mareschal de Matignon, estant en curée du mal que son approche avoit apporté aux refformés pour remédier aux blasmes de sa tardivité et obéyr aux commandements redoublez qu'il avoit receus de la cour, alla, au retour de Xainctonge, passer à Brane, et de là vers la Réole joindre deux régiments et quelque cavallerie, que Cornusson lui amenoit du Languedoc. Avec tout cela, il s'en vint passer l'eau, partie à Agen, partie au Port Saincte-Marie. A ce dernier passage se présenta quelque cavallerie des refformés; mais deux régimens de gens de pied, avancez et logez dans les Aubandes, leur apprirent qu'ils ne pouvoyent rien exécuter. Le lendemain, l'armée logea aux environs de la Plume[1].

Le roi de Navarre avoit lors à Nérac trois cents cinquante bons chevaux et deux mille arquebuziers. Le mareschal, ayant reposé deux jours à deux lieues des refformés sans qu'un seul logis lui fust enlevé, arrive à dix heures du matin dans le grand chemin d'Agen. A veue du petit Nérac, partagea ses gens de pied à ses deux mains, et à chasque costé desbanda deux cents arquebuziers et plus. Cela et quelques gentilshommes volontaires présentèrent l'escarmouche, acceptée une heure après par ceux de Nérac, qui sortirent en foule sans drapeaux, les corps des régiments retenus aux

---

1. L'édition de 1618 porte *la plaine*. La Plume est un canton du département de Lot-et-Garonne.

contr'escarpes demie heure entière. Tout alla froidement des deux costez, jusques à ce que le mareschal destacha de ses bataillons de droicte et de gauche, de l'un huict files, de l'autre dix. C'estoyent gens choisis, pour sans désordre soustenir les premiers escarmouchans. Le roi de Navarre ne s'estoit point encores avancé, mais, à l'arrivée de ces nouveaux, il vid que ces gens venoyent voir où il estoit. Lors il poussa[1] ses deux gardes, qui donnèrent si résoluement qu'ils réduisirent ce qui s'estoit approché à la retraicte au commencement. Mais le mareschal, ayant faict branler ses bataillons cinquante pas en avance, et sa cavallerie ayant trouvé un champ à la droicte, où il y avoit quelque large, vint menacer les costez du combat. Tout cela affermit les catholiques avancez, et leur fit opiniastrer quelque chemin creux, et là chacun se contenta de sa place de combat, hormis quelques arquebuziers qui s'entretenoyent dans les vignes. Le roi de Navarre print lors envie de desloger ceste cavallerie, qui estoit à sa gauche, et, pour cela, sans appeler aucun de ceux qui estoyent au jeu commencé, il fit couler par le fossé quatre cents arquebuziers, la pluspart périgourdins. A leur cul il laisse sortir quelques six vingts chevaux, qu'il fit demeurer encores à l'abri du terrier; et lui, avec quarante hommes de marque, alla faire le çà-çà, *galand homme*, à ceste cavallerie, où estoit Cornusson. Et, cependant ses gens de pied gaignèrent deux hayes du champ, d'où ils tiroyent, bien que loing, dedans ce gros. Le mareschal, voyant que

---

[1]. Var. de l'édit. de 1618 : « ... *lors il* fit avancer *ses deux gardes...* »

ses gens seroyent contraincts de lascher le pied, ne pouvans aller à la charge, et que sur le bransle la troupe du roi qu'il voyoit ne pardonneroit pas la desmarche, et, de plus, confirmé en son opinion, quand il vid couler à propos six vingts chevaux, qui estoyent au chemin bas, il partagea en deux son infanterie de main droicte, la moitié pour aller gaigner la haye du champ, l'autre pour faire mine de couper le chemin de la ville.

Ce fut aux refformés à remettre leur cavallerie dans le chemin bas, et, pour retirer leurs quatre cents hommes de pied, leur faire faire un arc à la main droicte, pour venir saluer ceux qui seroyent avancez, et ne prendre pas tout droict le chemin de la ville, mais se retirer de bonne grâce. Les quatre cents faisoyent bien, jusques à ce que l'arquebuzerie, qui estoit allée pour gaigner la haye, n'y ayant plus que faire, leur vint chatouiller le costé gauche. Le roi de Navarre, voyant quelque estonnement parmi les siens, r'alia des plus volontaires, et là oublia l'héritier de la couronne pour faire le soldat. Il eut le sous-pied de l'esperon et la semelle de la botte emportés d'une mousquetade. Lui et ceux de sa maison chargèrent dans les vignes; ce que ceux de l'autre cavallerie n'estimoyent pas ni pouvoir ni devoir estre faict. Le mareschal se contenta de voir tirer quelques arquebuzades à la courtine, et, après un long halte, retourna à la première place qu'il avoit prise à son arrivée; et les autres, après six heures d'exercice, furent bien contents du démeslement[1].

---

1. Aucun historien ne parle de ce combat. Cependant, nous croyons, d'après une lettre du roi de Navarre au s. de Saint-

Nous avons dit qu'on avoit envoyé du Languedoc des forces en Guienne. C'estoit à la prière du mareschal de Matignon ; et la concession facile de celui de Montmorenci venoit des respects de la cour, ne[1] voulant rien agir en sa charge, le roi lui ayant mandé quelque temps auparavant le besoin qu'il avoit de son beau-frère. Lui, d'ailleurs, repentant de sa défection d'avec le roi de Navarre, d'une part, pour désirer la bonne grâce de ce soleil levant, d'autre part, voyant le triste coucher de celui qui régnoit, joinct à cela l'exaltation des ennemis de sa maison ; tout cela le fit souvenir plusieurs fois des remonstrances par articles qui lui avoyent esté présentées à Pezenas, pour tous ces respects dont il avoit esté bien aise d'eslongner Cornusson[2], d'autre humeur que lui, et ne l'envoyoit[3] qu'à la délivrance de Brouage et non ailleurs. Lui donc avec le duc de Joyeuse mesnageoyent quelque repos de la province, auquel Chastillon s'accorda facilement, pour la multitude des grandes espérances qu'il avoit conceues au service du roi. C'est ce qui fait que nous n'avons rien à dire de cette province qui ne se puisse remettre au tome suivant.

Encores voulons-nous entamer quelque petit com-

Geniès du 13 décembre 1585 (*Lettres de Henri IV*, t. II, p. 156), qu'il dut être livré dans la seconde moitié de ce mois. Le prince y mentionne les mouvements du maréchal vers les Landes. Lui-même était alors à Mont-de-Marsan. Il est possible qu'il y ait eu une rencontre sous les murs de Nérac.

1. Le reste de la phrase manque à l'édition de 1618.
2. François de la Valette, s. de Cornusson, sénéchal de Toulouse, mort à la fin de décembre 1586 (*Mémoires de Gaches*, p. 348).
3. Var. de l'édit. de 1618 : « ... *que lui*, à la délivrance de Brouage... »

mencement de Lesdiguières en Dauphiné, pour ne laisser point nostre lecteur à instruire de ce qui esgale en saison les choses déduites[1].

Lesdiguières[2], sentant venir l'Édict de juillet, et ayant cognu, aux préparatifs que faisoyent ses voisins, qu'il ne faloit plus rien espérer de la distinction, mais s'attendre à avoir tout sur les bras; ayant pris l'advis des principaux et députez de la province, voulut pourtant commencer la guerre par quelques places tenues par les liguez, commença par Sorgues[3], où ils avoyent mis deux compagnies, chascune de soixante hommes. A la fin de may l'attaqua par escalade générale, en plein midi, et l'emporta de haute lutte, avec la mort de tout ce qui estoit dedans, horsmis trente ou environ[4]. Un mois après, Gouvernet[5] et Le Pouet[6], au sortir d'une assemblée tenue à Die, assiégèrent la citadelle du lieu, tenue par des royaux, lesquels, ayans tenu jusques au premier de juillet, se rendirent faute de vivres et de secours[7]. Lesdiguières, cependant, avoit amassé ses forces sur la fin d'aoust, fait entreprise sur le Montélimar, fait jouer trois pétards aux trois portes, et, ayant emporté la ceinture de la muraille, donne à deux tours fortifiées, où il y avoit

1. Var. de l'édit. de 1618 : « ... *nostre lecteur* trop longtemps en l'attente du succez. »
2. Le reste du chapitre, jusqu'à ces mots : *Voyons ce que la France...*, manque à l'édition de 1618.
3. Chorges (Hautes-Alpes).
4. Lesdiguières s'empara de Chorges le 23 juin 1585.
5. René de la Tour du Pin, s. de Gouvernet.
6. Louis de Blain, s. de Pouet.
7. Prise du château de Die par les réformés, 3 juillet 1585 (*Mémoires de Piémond*, p. 169). C'est par erreur que de Thou fixe cette date au commencement d'août (liv. LXXXII).

garde, et les emporte d'effroy[1]. Le jour d'après, il attaque le fort de Narbonne[2], qu'il emporta sans peine, mais il en trouva d'avantage dans la citadelle, où commandoit Ancosne[3], qui estoit mieux fortifiée, et laquelle faillit de renvoyer les refformés au logis, ausquels il print bien de couvrir leur siège par le hors, non de barricades, à la mode qui trotoit, mais d'un grand retranchement, avec un médiocre parapet, car en peu de temps Maugiron[4], lieutenant de roi, fut assisté des comtes de Tournon[5], de Sault[6] et de Suze[7], de Monlaur[8] et du jeune Grignan[9]. Et encor Alphonse Corse[10] les vint joindre, en cheminant au secours.

1. Prise de Montélimar par Lesdiguières, 25 août 1585 (*Mémoires de Piémond*, p. 172).
2. Narbonne (Drôme).
3. Jean de Pracontal, s. d'Anconne, frère et héritier d'Antoine de Pracontal, s. d'Anconne, mort en 1581. Antoine appartenait au parti protestant et s'était fait une célébrité en Dauphiné. Jean était catholique. Il fut tué, le 28 décembre 1588, en défendant Anconne contre les réformés (*Mémoires de Piémond*, p. 526).
4. Laurent de Maugiron, mort en février 1589, avait été lieutenant de roi en Dauphiné à diverses reprises depuis 1554.
5. Just-Louis de Tournon, capitaine d'ordonnance, sénéchal d'Auvergne, bailli du Vivarais, mort le 4 septembre 1617.
6. François d'Agoult de Montauban, comte de Sault, baron de Grimaud, chevalier du Saint-Esprit, commandait un régiment (*Mémoires de Piémond*, p. 103). Il mourut en 1608.
7. François de la Baume, comte de Suze, capitaine d'ordonnance, ou son fils, Rostaing de la Baume.
8. Louis-Guillaume de Raymond-Mourmoiron, baron d'Aubenas, de Maubec et de Modène, comte de Montlaur, gendre du s. de Maugiron cité plus haut.
9. Louis-François de Castellanne-Adhémar, comte de Grignan, sénéchal de Valentinois et Diois, capitaine d'ordonnance, marié le 4 juillet 1595 avec Jeanne d'Ancezune de Venejan.
10. Alphonse d'Ornano, plus tard lieutenant général en Dauphiné et maréchal de France.

Tout cela et la noblesse volontaire qui sauta à cheval mit ensemble six cents bons chevaux et deux mil cinq cents hommes de pied, artillez d'une bastarde et d'une pièce de campagne seulement. Le secours ne faillit pas de venir taster le retranchement, mais, les ayant trouvez bien retranchez et couverts à preuve de leurs pièces, il falut renvoyer cercher du canon de batterie ; ce qui fut de telle longueur que les assiégez, manquans de toutes choses, au bout de neuf jours, qui estoit à la mi-septembre, composèrent et sortirent avec honorable capitulation[1].

De mesme façon, Lesdiguières entreprit sur Ambrun, de laquelle la porte estant forcée, au bruit du pétard, les habitans se barriquèrent par les rues, estans forcez partout. Les chefs de la garnison se retranchèrent un peu mieux dans l'évesché, où ils receurent capitulation bien gardée[2], comme par tout ailleurs. Voyons ce que la France, ayant tant d'affaires en son sein, desmesle avec ses quatre voisins.

Chapitre XVIII.

Affaires meslées avec les quatre voisins.

Quelques esprits de la cour osèrent jetter en celui du roi de prendre l'occasion des archevesques de Colongne[3] pour obliger à soi d'un lien bien estroit tous

---

1. Prise du château de Narbonne par Lesdiguières, 11 septembre 1585 (De Thou, liv. LXXXII).
2. Prise de la citadelle d'Embrun par Lesdiguières, 19 novembre 1585 (*Mémoires de Piémond*, p. 180).
3. Plusieurs pièces importantes relatives aux négociations de

les princes protestants d'Allemagne. Pour le moins, disoyent-ils, en faudroit-il donner la crainte aux liguez, pour les rendre plus sobres en leurs entreprises. Deux choses esmeurent tels conseilliers à bien espérer de leur ouverture : l'une les traictez que le roi avoit ainsi comme ainsi avec les refformés, mesmes en Guyenne avec le roi de Navarre par le duc d'Espernon, et au Pays-Bas, comme nous dirons en ce chapitre. L'autre occasion d'espérer fut pource que cet exemple d'un archevesque marié[1] n'estoit nullement odieux à plusieurs ecclésiastiques de la France, notamment à quelques primats ausquels le roi en communiquoit. Mais il ne respondit qu'en crainte, et ceux de l'opinion contraire parloyent avec une hardie animosité, si bien que le roi ne pensa plus à cet affaire si tost qu'il falut méditer un apointement.

J'adjousterai encores qu'il n'eut pas beaucoup de loisir de s'esbranler pour un tel fardeau qu'il ne le vist trébuscher sur les espaules qui le soustenoyent. Et puis les Guisarts, qui s'estoyent veus en Lorraine, avoyent de là envoyé leur ligue, tant en la première forme qu'en la seconde, pour la faire approuver au consistoire de Rome. A quoi estoyent poinctez tous les partisans de l'Empire et de France mesme, hormis le cardinal de Joyeuse[2], lequel seul, maintenant le droict de son roi, receut un soufflet dans le consistoire. A

Henri III avec les princes protestants à l'occasion de l'archevêque de Cologne sont conservées dans le vol. 3304 du fonds français.

1. Gebhart Truchses. Sur cette affaire, voyez le chapitre suivant.

2. François de Joyeuse, né le 24 juin 1562, archevêque de Narbonne, de Toulouse, de Rouen, cardinal en 1583, mort le 27 août 1615.

toutes ces brigues, le pape, qui estoit encores lors Grégoire VII, ayant résisté, quoique peu supporté des siens, le roi se sentit obligé à lui, jusques à espérer pouvoir ruiner les affaires de la Ligue par celles de Rome, mais il changea d'espérance au premier changement du papat.

L'Espagne se porta pour le commencement plus retenue et couverte aux affaires de la Ligue, pour ce qu'ayant à desmesler celles de Portugal, il n'estoit pas temps de mettre au pis les François; joint à cela que la roine, mère du roi, se montroit fort eschauffée à disputer la succession du Portugal, monstrant tant de desfaveur au roi Philippes que, quand son fils le duc d'Alençon[1] eut gasté les affaires en Brabant, elle manda à ceux des Pays-Bas qu'elle estoit preste de relever la faute de son fils, jusques à marcher en personne au milieu d'une puissante armée en Artois. Voici deux opinions qui couroyent là-dessus. Quelques meffians disoyent que ceste femme estoit tellement attachée à la Ligue qu'elle ne faisoit rien à contre-poil de leurs mouvements, et qu'on lui avoit ouy dire, pour sentence notable, que le meilleur moyen de bien destruire un parti est de le mesler pour y entrer. Et c'est ce qu'elle fit practiquer au roi bientost après, quand il se fit chef de la Ligue, pour la décapiter à sa volonté. Par ainsi ceux-là estimoyent que la roine n'avoit rien fait contre le roi d'Espagne, sinon en faux semblant. Les autres et mesmes personnages de marque près d'elle nous asseuroyent qu'elle n'estoit point femme sans caprice, et, après plusieurs tesmoignages de sa

---

1. D'Aubigné écrit indifféremment duc *d'Alençon* ou *d'Anjou*. Il s'agit de François de Valois.

passion, en adjoustoyent un que j'ay estimé digne d'estre escript : c'est que, sachant bien comment elle estoit descriée parmi les maisons qui s'estimoyent plus dignes de l'alliance de France que de celle de Florence et comment, en haine de son exaltation, on abaissoit son extraction en la faisant estre issue de deux différentes conditions, au mespris de ceste grand'maison. J'en supprimerai les particularitez pour un notable respect, quoi que je les aye apprises de Jean Salviati[1], fils de Bernard, florentin et sieur de Talci, qui m'a autresfois, privément, comme à son gendre, asseuré d'icelles, avec d'autres comptes accompagnez d'animosité contre ceste roine, bien que sa parente. En général, il cottoit[2] les desdains que monstrèrent au commencement les Strossi, Salviati et Peruci, de recevoir ceux de Médicis en leur alliance, qu'ils[3] ont receu bien avantageuse depuis. Peut-estre que la discrétion de ceste princesse à n'avancer pas les siens inconsidérément aux biens et honneurs de la France faisoit esclatter contre elle ces déclamations. Quoi que ce soit, ce haut courage, et non sans quelque raison, tenoit à grand avantage d'avoir à débattre un royaume par succession; et que fut la cause qui lui fit rompre tant de menées à la cour et de défenses faites à la sollicitation et crieries de l'ambassadeur d'Espagne. Et y

---

1. Jean Salviati, seigneur italien, établi à Talcy (Loir-et-Cher), dont d'Aubigné avait désiré épouser la fille aînée, Diane Salviati, après le massacre de la Saint-Barthélemy (Mémoires de d'Aubigné, dans *OEuvres complètes,* édit. Réaume et Caussade, t. I, p. 18). C'est pour elle qu'il écrivit *le Printemps*. Après une assez longue cour, l'amoureux fut évincé pour cause de religion.

2. Ces mots : *en général il cottoit,* manquent à l'édition de 1618.

3. La fin de la phrase manque à l'édition de 1618.

employa son cousin Strossi[1], colomnel de l'infanterie françoise.

Ici vient à propos de dire un mot sur ce que l'on accusoit le roi de Navarre d'avoir eu un traité avec le roi d'Espagne, préjudicieux en France. J'en parlerai comme ayant presté serment à la vérité et comme y ayant esté employé. Il est certain que les maux passés, les nécessitez présentes et les justes craintes pour l'avenir firent prester l'oreille aux offres de l'Espagnol, reçues par deux gentilshommes de Basque, Guerres[2] et Mazeres[3], chez lesquels se rendit un secrétaire major, d'une part, et, de l'autre, Ségur[4] et son compagnon de Languedoc[5], desquels l'un fut d'opinion d'entrer en discours par une curieuse narration des anciens partis et troubles entre les maisons de Beaumont et Grammont[6] et que nous estions descendus de la faction qui soustenoit l'Espagnol. L'autre disoit qu'ayant à faire à des Castillans, il falloit traicter en ces termes : « Nous venons à vous comme peuvent ennemis vers

---

1. Philippe Strozzi, fils du maréchal Pierre Strozzi, né à Venise en avril 1541. Nous retrouverons bientôt ce personnage.

2. La seigneurie de Ger ou Geer est située près de Pontac (Basses-Pyrénées).

3. François, s. de Mazères et de Lezons, gentilhomme béarnais, avait été le premier à recevoir les ministres protestants en Béarn (Bordenave, *Hist. de Béarn et Navarre*, p. 54).

4. François de Ségur-Pardaillan.

5. Le *compagnon du Languedoc* n'est autre que d'Aubigné lui-même, qui avait été envoyé en Languedoc en 1577 pour redresser une négociation délicate avec le maréchal Damville, que Ségur avait compromise par maladresse. Voyez ci-dessus, liv. VIII, chap. IX.

6. La Navarre, et spécialement la Navarre espagnole, avait été déchirée au moyen âge par les querelles intestines des Beaumont et des Gramont, les deux plus puissantes maisons de la province.

ennemis, mais tels qu'il n'y a d'une part ni d'autre perfidie à reprocher ni ingratitude qui nous puisse esloigner. Vous cherchez en nous vos commoditez et vengeances contre tels vices ; nous celle de la défense contre cela mesme. Nos intérests mutuels ont desjà touché à la main. Voyons si nos probitez réciproques et nos fidelles observations pourront y amener et y confermer le nom et l'effect d'amitié. »

Un tel style estant mieux receu, ils vindrent sur le poinct de conclure que, sur la promesse absolue du roi de Navarre de mettre la guerre en France, sans autre caution, il toucheroit 200,000 ducats, rendus à la maison de Chaux[1] ; qu'aussi tost que les refformez auroyent pris quatre villes pour marque de la guerre bien commencée, le roi Philippe envoyeroit encores 400,000 ducats ; que, le premier jour de l'an prochain, et ainsi toutes les années que la guerre dureroit, il fourniroit, au mesme lieu, la somme de 600,000 ducats[2].

1. Le vicomte d'Etchaux était un seigneur basque catholique qui avait deux sœurs mariées à Pampelune. Il avait déjà joué un rôle au moment de l'entrevue de Bayonne et avait été chargé par la reine de recevoir les ambassadeurs turcs (Mémoire de Frances de Alava du 27 avril 1579, conservé aux archives de la secrét. d'État d'Espagne). Le 6 août 1578, le roi de Navarre l'envoya en Espagne sous prétexte d'acheter des chevaux avec deux lettres de recommandation, dont l'une, à Philippe II, est imprimée dans la coll. Berger de Xivrey, t. I, p. 190 ; l'autre, encore inédite, est adressée à don Sanche de Leyva.

2. D'Aubigné touche ici à une des négociations les moins connues du xvie siècle, celle des relations de Philippe II avec le roi de Navarre. Mme de Mornay en parle dans ses *Mémoires* (édit. de la Soc. de l'Hist. de France, t. I, p. 141), mais avec cette différence qu'elle affirme que le Béarnais repoussa bien loin les propositions du roi d'Espagne, tandis que d'Aubigné raconte qu'il les

Comme les députez retournoyent pour faire agréer ces articles à leur maistre, les considérations prises sur la mort de Monsieur et les pensées d'un héritier de la couronne firent faire celles de protecteur et de chef de parti. Quelque temps après, estant reproché au roi de Navarre, à un parlement qui se fit avec la roine[1], qu'il avoit tendu la main au secours de l'Espagnol, il respondit : « J'armerai contre vous l'enfer, où vous avez tant de crédit, au prix que vous m'en ferez sentir les nécessitez. »

Comme je m'abstiens de jugement en autres choses, ainsi ferai-je en celle-là, pour commencer le septentrion par l'Angleterre.

La roine estoit bien empeschée à recevoir le duc d'Anjou, en faisant tellement espérer ce mariage en son pays que la nouvelle en fut célébrée à son de cloches, feux de joye, balets et tournois[2]. Il séjourna

---

écouta favorablement. Nous avons rapporté de Simancas un assez grand nombre de documents sur cette négociation, successivement menée par Claude du Bourg, le comte de Gramont et le vicomte d'Etchaux. Ce n'est pas ici le lieu de les analyser. Disons seulement que la conclusion qui s'en détache confirme le récit de Mme de Mornay. Il n'y est pas question de d'Aubigné. Les pourparlers, longtemps poursuivis dans le plus profond mystère, s'ébruitèrent enfin, et, le 13 mars 1581, l'ambassadeur d'Espagne en France, qui ne parait pas avoir été mis dans le secret, écrivit à son maître que le bruit courait que le roi d'Espagne était en intelligence secrète avec le prince béarnais et lui faisait passer des subsides pour soutenir sa politique (Arch. nat., K. 1559).

1. A la conférence de Saint-Bris.

2. Plusieurs princes français, notamment le fils du duc de Montpensier, rejoignirent le duc d'Anjou en Angleterre. Leur arrivée fut l'occasion de fêtes éclatantes, qui sont pompeusement racontées dans une pièce du temps (f. fr., vol. 3189, f. 22).

là depuis le huictiesme de novembre jusques au huictiesme de février¹, que la roine, qui l'avoit accompagné jusques à Cantorberi, lui dit *Adieu*, lui donnant ordonnance² et moyen pour emmener la fleur des seigneurs de son païs.

Monsieur ne fut guères au Pays-Bas que l'affaire de Salcede³ se descouvrit⁴. Cettui-ci et un sien compagnon, nommé Baza⁵, confessèrent et soubsignèrent que leur dessein avoit esté d'assassiner ou tuer le duc d'Anjou⁶ et le prince d'Oranges; cela à la sollicitation du conseil d'Espagne, en quoi ils espéroyent faveur du jeune comte d'Egmond⁷, que le prince d'Oranges avoit

---

1. Novembre 1581 au 8 février 1582. Une relation contenue dans les *Mémoires de Nevers* (t. I, p. 551) raconte les amours de la reine Élisabeth avec le duc d'Anjou pendant le séjour du prince en Angleterre. Froude, dans *History of England* (t. XI, p. 446 et suiv.), y ajoute de curieux détails.

2. Les deux mots *ordonnance et moyen* manquent à l'édition de 1618.

3. Nicolas de Salcède, s. d'Auvilliers, fils de Pierre de Salcède, capitaine espagnol et instigateur de la guerre cardinale. Nicolas, parent éloigné du duc de Mercœur, appartenait secrètement à la Ligue.

4. Salcède fut arrêté à Bruges, dans la maison même qu'habitait le duc d'Anjou, le 21 juillet 1582.

5. François Baza de Bresle, capitaine italien qui avait servi autrefois sous les ordres de Ferdinand de Gonzague. Le *Journal de L'Estoile* le nomme *Ralduin* (août 1582).

6. Henri III n'ayant pas d'enfants et paraissant destiné à n'en pas avoir, le roi de Navarre appartenant à la réforme, le duc d'Anjou était le seul prince qui pût faire un obstacle sérieux au projet du duc de Guise de s'emparer de la couronne de France. Telle est l'explication que donne de Thou du mobile de la conjuration.

7. Lamoral d'Egmond, second fils du comte d'Egmond, l'illustre victime de Philippe II.

adverti[1], comme son fils, de se donner garde de telle fréquentation. Mais l'instinct de ce jeune homme a toujours esté de hayr ceux qui le faisoient souvenir de la mort de son père[2]. Baza, après estre condamné, se tua en prison[3].

Salcede, mené à Paris à la requeste du roi et de la roine mère, confessa de plus avoir reçu 4,000 ducats et d'avoir encore à exécuter contre la personne du roi, à l'instigation de plusieurs princes, qu'il nomma à l'oreille[4], et desquels le nom fut supprimé[5]. Le roi, les roines et les princes du sang le virent desmembrer vif à quatre chevaux[6].

1. Le jeune comte d'Egmond s'excusait auprès du prince d'Orange en prétextant que ses relations avec Salcède avaient pour objet l'étude de l'alchimie.

2. D'Aubigné confond les deux fils du comte d'Egmond. L'ainé, Philippe, fut pendant toute sa vie le courtisan du roi d'Espagne. Le second, Lamoral, avait montré plus d'indépendance vis-à-vis du parti catholique. Cependant, il se trouva gravement compromis dans la conjuration de Salcède. Mis en prison à la suite du procès, il réussit à prendre la fuite grâce à la protection du prince d'Orange et des anciens amis de son père. Voyez Motley, *Hist. de la fondation des républiques unies*, trad. Guizot, t. IV, p. 469.

3. François Baza se suicida dans sa prison le 30 juillet 1582.

4. De Thou, qui avait eu des documents particuliers sur la conjuration de Salcède, puisque son père était chancelier du duc d'Anjou et un des juges du coupable, nomme tous les seigneurs que ce misérable désignait comme ses complices (liv. LXXXII). Les dépositions de Salcède sont imprimées parmi les pièces du procès. Voyez les notes suivantes.

5. L'arrêt contre Salcède fut prononcé au parlement le 25 oct. 1582 et exécuté le lendemain. Voyez le récit de la mort du coupable dans les *Archives curieuses* de Cimber et Danjou, t. X, p. 141.

6. Les pièces sur la conjuration de Salcède sont très nombreuses et prouvent par leur nombre l'émotion que cette affaire mystérieuse avait excitée. Voyez le *Discours* publié dans les *Archives*

LIVRE DIXIÈME, CHAP. XVIII. 291

Le duc d'Anjou[1], par l'intercession de sa mère, en apparence ou en effect, sollicita le roi de se déclarer pour les Estats[2]. Le roi respondit que, s'ils le vouloyent recognoistre, lui ou la couronne de France, pour succéder à Monsieur, il feroit ce qu'il pourroit. Quelque conseiller d'Estat disoit au roi que, pour joindre les Pays-Bas à la couronne de France, ce qui le rendroit invincible, il ne devroit assister son frère qu'à l'extrême nécessité, quand ses moyens et ceux du pays seroyent tellement affoiblis qu'ils seroyent contraincts de se donner au roi, aux conditions que prescriroit Sa Majesté; que, sous ce mesme temps, le roi d'Espagne seroit du tout bas d'argent et hors de crédit; que le mesme espace estoit pour apprendre aux Estats la vaine confiance qu'ils avoyent prise en Monsieur, afin que lui-mesme ne pust s'eschapper de recognoistre son frère pour souverain. Par mesme moyen, le roi pourroit faire siennes les autres provinces qui sont demeu-

---

curieuses de Cimber et Danjou, t. X, p. 139 et suiv., le *Recueil AZ*, lettre E, p. 62 et suiv., le *Journal de L'Estoile*, édit. de 1744, t. III, p. 230 à 269, les anecdotes de du Vair à la suite des *Mémoires de Marguerite de Valois*, édit. de la Bibl. elzév., p. 220, enfin nombre de pièces nouvelles tirées de la coll. Lucas de Montigny et imprimées dans la *Revue rétrospective*, t. XVIII, p. 81.

1. Le duc d'Anjou, parti de Londres le 8 février 1582, débarqua à Flessingue le 10 du mois et entra à Anvers avant le 18.

2. Le 18 février 1582, le duc d'Anjou prêta serment comme duc de Brabant dans l'hôtel de ville d'Anvers. Voici, suivant le *Journal de L'Estoile*, les titres qu'il prit alors : « François, fils de France, frère unique du roy, par la grace de Dieu duc de Lauthier, de Brabant, de Luxembourg, de Gueldre, d'Alençon, d'Anjou, de Touraine, de Berry, d'Évreux et de Château-Thierry, comte de Flandre, de Zélande, de Hollande, de Zutphen, du Maine, du Perche, de Mantes, Meulens et Beaufort, marquis du Saint-Empire, seigneur de Frise et de Malines, défenseur de la liberté Belgique. »

rées en l'obéyssance du roi d'Espagne, en les affamant, soit par les deffenses expresses d'y porter vivres du royaume, soit en se saisissant de Luxembourg et[1] batissant nouveaux forts sur les rivières, pour n'estre contrainct au sort doubteux d'une bataille. Cependant, falloit advertir Monsieur de faire siennes quelques places particulières, à quoi il avoit travaillé de son naturel et sans conseil de la cour. Cela faict, il devoit venir à Paris pour mouvoir le roi son frère à cueillir plus de fruict des choses commencées en trois mois et prendre plus d'avantage que tous les rois prédécesseurs n'en avoyent gagné sur la maison de Bourgogne par tant de guerres et combats; et, comme le roi feroit la sourde oreille à tout cela, on instruiroit Monsieur de se plaindre à la cour de parlement, pour de là venir en assemblée d'Estats, desquels on tireroit trois proffits : le premier, que le roi, se laissant traîner à cest affaire, ne porteroit point l'envie des succez; le second, que les Estats seroyent obligez, et, par causes spécieuses, amenez à fournir aux frais de la besongne par eux entreprise; le troisième, qui n'estoit pas le moindre, estoit que, conjurant et conjoignant de nouveau les Estats de France avec le roi, tous les prétextes de la Ligue estoyent esteincts et la poincte des armes tournée vers l'Espagnol. Voilà les mesmes conseils que recevoit le roi, et desquels Monsieur[2] estant adverti, il hasta ses desseins avec moins de discrétion, et pour eux les forces du duc de Montpensier, que sur telles machinations le roi avoit faict séjourner longtemps à la frontière[3].

1. Var. de l'édit. de 1618 : « ... *Luxembourg* et de Montmédi, *et bastissant...* »
2. L'édition de 1618 ne nomme point ce personnage.
3. Le *Journal de L'Estoile* raconte les désordres et l'indiscipline

Or, sur la question si Monsieur fit le coup d'Anvers[1] ou par colère précipitée ou de long dessein, je tesmoignerai seulement ce que me dit la roine de Navarre à Libourne à deux pas de lui : « Le voyez-vous là, et tout ce qu'il brouille en Flandres et en Portugal? Je sçai bien son but : c'est de ruiner ceux qui se mettront entre ses mains. »

Chapitre XIX.

De l'Orient.

Gebhard Truckchesse[2], archevesque et prince électeur de Coulongne, nous donne cette fois de quoi commencer l'Orient plus près qu'au dernier livre. Il avoit espousé une des comtesses de Mansfeld[3], laquelle il pensoit garder avec l'archevesché, escrivant et faisant prescher contre le cœlibat; à quoi plusieurs ecclésiastiques sentoyent pour lui, quelques-uns par piété, quelques autres pour leur commoditez. Mais il eut bientost sur les bras l'excommunication[4] du pape, et

---

de ces troupes, racolées sans doute parmi les plus vils aventuriers. Voyez notamment un émouvant récit (édit. Champollion) p. 23.

1. Surprise manquée de la ville d'Anvers par le duc d'Anjou, 17 janvier 1583. Voyez le chap. xxii.

2. Gebhard Truchses, de la famille de Walbourg en Souabe, cardinal d'Augsbourg et archevêque de Cologne le 8 mai 1577, se maria au commencement de 1582. Voyez la note suivante.

3. Agnès de Mansfeld, religieuse au monastère de Gerisheim.

4. Le pape Grégoire XIII fit publier à Rome, le 1ᵉʳ avril 1583, la bulle d'excommunication de l'archevêque de Cologne. Cette pièce est conservée en copie dans le vol. 3336, f. 71 du fonds français.

son chapitre révolté[1]; si bien qu'en sa place fut esleu Ernest de Bavière[2], fils du duc Albert, qui possédoit l'évesché de Liège et deux autres[3], et en outre huict ou dix prélatures notables. L'archevesque nouveau, riche de soi-mesme et assisté de ses parents, sur tous de Frédéric de Saxe[4], chanoine de Coulongne, mit sus une armée qui, estant la première preste, empiéta presque toutes les places de l'archevesché.

Les princes protestans d'Allemagne avoyent au commencement fait de belles promesses à Truckchesse, voyant par ce moyen un grand avantage à leur religion; mais, quand ils virent au duc de Parme[5] une armée de seize mille[6] hommes, ses heureux succès et la décadence des Estats, le duc de Saxe[7] le premier et le reste après lui tournèrent visage à ceste entreprise. Le comte de Meurs[8], soustenu des Estats, qui n'abandonnèrent point l'archevesque, se rendit chef

---

1. En novembre 1582, le chapitre de Cologne avait informé le pape de la conduite scandaleuse de son archevêque (De Thou, liv. LXVIII).

2. Ernest de Bavière, frère de Guillaume, duc de Bavière, fut élu et proclamé archevêque et électeur de Cologne en mars 1583.

3. Ernest de Bavière était déjà évêque de Frisingen et d'Hildesheim.

4. Frédéric de Saxe-Lauenburg était le plus influent des chanoines de Cologne. Sur son expédition, voyez le récit de de Thou (liv. LXXVIII).

5. Alexandre Farnèse, duc de Parme, fils d'Octave Farnèse, duc de Parme, et de Marguerite, sœur de Philippe II, avait à sa disposition les forces que l'Espagne entretenait dans les Pays-Bas.

6. L'édition de 1618 porte soixante mille hommes.

7. Auguste, dit le Pieux, duc de Saxe, né le 31 juillet 1527, électeur de Saxe en 1553, mort le 11 février 1586.

8. Adolphe de Newenaar, comte de Meurs et d'Alpen, mort à Arnheim en 1585.

de son armée et y adjoignit quelques places, entre autres Ordanges et Rheinberg[1].

Le duc Casimir[2] marcha bien à son secours, mais, voyant la cause abandonnée par tous les autres, lui-mesmes aussi ploya, et lors les forces de Bavières environnèrent Bonne[3]. La garnison allemande ne voulut pas faire honte aux plus grands, vendit la place 40,000 dallers et livra le frère de l'archevesque[4] entre les mains de son ennemi.

Le comte de Meurs ne s'estonna pas pour cela. Ayant fortifié ses places de Gueldres[5], trouva moyen de planter une escalade à Nuis[6]. Peu de gens, qui entrèrent avec leurs ferrements, ouvrirent si bien une porte qu'ils firent entrer leur cavallerie. Les bourgeois se retranchèrent à Ehenporte[7] et puis s'estonnèrent, n'ayant servi leur despense[8] qu'à les faire piller et

---

1. Ordingen, sur le Rhin, et Rhinberg, dans l'électorat de Cologne.
2. Casimir de Bavière, frère de l'électeur de Bavière, chef de l'expédition des Allemands en France de 1576.
3. Le duc Casimir de Bavière arriva à Bonn sur le Rhin vers la mi-août 1583. Il décampa le 19 octobre suivant et abandonna la cause de l'archevêque de Cologne (De Thou, liv. LXXIX). La place fut alors assiégée par les Espagnols au commencement de novembre suivant. Voyez le récit de La Huguerye, *Mémoires*, t. II, p. 248.
4. Charles Truchses.
5. Gueldres, ville forte des Pays-Bas, sur la Niers. Les événements que d'Aubigné va raconter sont de trois ans postérieurs à ceux qui font le sujet du commencement de ce chapitre.
6. Nuys, sur l'Erff, dans l'électorat de Cologne. — Siège de la place par les Espagnols, juillet 1586 (De Thou, liv. LXXXV).
7. Heenporte, fort que les habitants de Nuys avaient bâti dans une île du Rhin.
8. L'édition de 1618 porte : *leur deffence*.

enrichir les soldats, car pour la force de la place tout le pays y avoit retiré son bien. Là-dedans demeura pour gouverneur Cloet[1].

Un colomnel des Espagnols, nommé Martin Scheinck[2], dépité de quoi on ne l'avoit pas assez tost délivré de prison et que Hautepenne[3] avoit esté préféré à lui au gouvernement de Nieumègue, se donna aux refformez et particulièrement au comte de Meurs, donna aux Estats sa forteresse de Bloiembeck[4] et surprit la ville de Roveroort, fort importante comme à l'embouchure de la rivière du Rhein. Depuis il fit la guerre à Hautepenne, surprit Bonne[5]. Mais, les Estats estans réduits aux pertes que ce livre vous apprend, Nuis fut repris par siège[6] et le duc de Parme fit mourir Cloet[7]. Il falut abandonner Bonne et les espérances de Truckchesse[8].

Toute la Turquie est aux affaires de Perse, que nous avons laissées entre les mains de Osman Bacha, duquel le premier dessein fut tel que le Turc, ayant impétré le

1. Frédéric Cloet, gouverneur de Nuys, « jeune homme actif et d'une grande valeur, » dit de Thou (liv. LXXXV).
2. Martin Scheenck, s. de Tauttembourg, capitaine hollandais, appartint tour à tour au parti espagnol, au prince d'Orange et à l'électeur de Cologne. Il se noya en Frise en 1589.
3. Claude de Berlaymont, s. de Haultepenne, commandait les troupes de l'électeur de Cologne.
4. Martin Scheenck s'était emparé de Blyembecque au mois de juillet 1579.
5. Surprise de Bonn par Martin Scheenck, décembre 1587.
6. La ville de Nuys fut surprise par les Espagnols dans les premiers jours d'août 1586.
7. Cloet fut étranglé et sa maison réduite en cendres.
8. La guerre dont l'archevêque de Cologne fut l'auteur et l'objet est appelée par les historiens du temps *guerre doctorale*. Elle est racontée avec assez de détails dans le tome II des *Mémoires de La Huguerye*.

secours du Tartare, comme le puissant secours seroit eslongné de sa contrée, l'armée des Turcs y entreroit pour la conquérir. Mais le prince tartare, estant adverti en chemin, au lieu de conquérir pour son ennemi, retourna pour défendre le sien. Amurath prit occasion de ce changement à se plaindre des Tartares comme luy ayans manqué de promesse, et sur ceste querelle d'Allemagne lui vint séjourner en Amazie[1] en despeschant Osman à ses entreprises de conqueste, desquelles deux réussirent[2]. Et puis la cavallerie turquesque se mit à piller les pilleurs et emmena quantité de prisonniers. Les autres ne la gardèrent pas longtemps; premièrement reprirent ce qu'ils avoyent perdu et puis remboursèrent les Turcs de leurs peines, en ruinant toute la Chersonèse Taurique, avec quelques places qu'ils furent d'advis de garder. Ce mauvais succès ne laissa pas de mettre Osman en la bonne grâce d'Amurath; si bien qu'il le fit grand vizir de l'Empire[3] et comme à tel lui mit entre les mains une armée de 150,000 hommes, soixante canons de grosse batterie et cinquante moyennes. Tout cela assemblé à Herseron[4] et faisant mine d'en vouloir à Maësivan[5],

---

1. Amasie, ville de la Turquie, près de la rivière de Casalmach.
2. Au commencement de 1583, le bacha Osman s'était rendu maitre de Sumachia, dans le Sirvan, de Tabassaran et de Cabba, près de Temir-Cappi (De Thou, liv. LXXVII).
3. Osman fut nommé général de l'armée d'Amurath contre les Perses, et grand vizir de l'empire à la place du bacha Sianses (1584).
4. Erzeroum, dans la Turquie d'Asie, sur l'Euphrate. — Arrivée de l'armée d'Osman dans la ville, commencement d'août 1585 (De Thou, liv. LXXXIV).
5. Naesivan, ville de l'Arménie persane.

le[1] Persan, bien adverti, se trouva prest de combattre[2] au levant de Tauris, où le prince de Perse, avec 50,000 hommes, chargea sans cérémonie et sans ordre l'avant-garde des Turcs, laquelle il rompit entièrement avec une sanglante victoire[3]. Et comme Osman eut despesché le bacha Cygale[4] pour remédier à ce désastre avec 20,000 hommes, tout cela intimidé et désordonné par les fuyants, chaudement enfoncez par les victorieux, fut mené si rudement que peu avec les chefs s'en sauvèrent et encores à la faveur de la nuict.

Tout cela ne fit desmordre le dessein d'Osman. Mais dès le lendemain il fut à la veue de Tauris[5], où commandoit Aliculi Cham; et cettui-là, après avoir monstré du courage en quelques escarmouches, se retira vers le roi de Perse, laissant la ville en garde aux habitans, qui furent forcez le lendemain par les esclaves des Turcs, que leurs maistres avoit armez. Et Osman, qui n'y vint que deux jours après, en donna le pillage à toute son armée[6], encor qu'il la voulust garder,

1. Var. de l'édit. de 1618 : « ... *Naësivan;* mais c'estoit à Tauris; et pourtant, avant qu'il fust dans les plaines de Valdaran, le *Persan...* »
2. Var. de l'édit. de 1618 : « ... *de combattre* à 10,000 *au-devant de Tauris...* »
3. Ce fut Emir-Emze, fils aîné de Hadabendes, roi de Perse, qui remporta la victoire sur les Turcs (août 1585). Voyez le récit de de Thou (liv. LXXXIV).
4. Osman envoya contre le Persan Sinam bacha, fils du bacha Cigala, avec Mehemet, bacha de Carn-Hemid (De Thou, liv. LXXXIV).
5. Osman arriva devant Tauris au commencement de septembre 1585 (De Thou, liv. LXXXIV).
6. D'après le récit de de Thou (liv. LXXXIV), Osman aurait publié une ordonnance sévère défendant de molester en rien les habitants de Tauris.

comme donnant cette insolence à marque de victoire ; car il y establist Japhet, bacha de Tripoli, avec douze mil hommes et charge d'y bastir une grande citadelle[1] afin que son maistre pust dire sienne la métropolitaine du Persan.

Osman, malade d'une fiebvre ectique, et tout le corps de l'armée se sentant de sa teste, fut d'advis d'eslongner ses forces des Perses. Mais eux leur tindrent meilleure compagnie, les contraignirent à venir premièrement aux escarmouches, attaquées et eschauffées du costé que les Perses vouloyent le moins donner, afin que, destournant le canon en autre endroit, ils trouvassent celui qu'ils vouloyent enfoncer desgarni de ce que plus ils redoutoyent. Et lors ceux du pays, n'ayans plus à faire des flesches, firent une grande impression dans les ennemis et eussent deffaict toute l'armée si elle n'eust regagné ses retranchements devant Tauris.

Le jour d'après, le roi de Perse envoya deffier Osman à la bataille avec protestation de le déshonorer s'il la refusoit. Ce bacha, n'estant plus en estat d'y aller en personne, y envoya le bacha Cigale, son lieutenant, assisté de ceux de Caramit[2] et de Trébizonde. La bataille commença à une heure après midi. Au commencement, les bandes de part et d'autre jouèrent aux barres, et, ce passetemps ayant duré trois heures, le jeune prince des Perses se fit faire place avec ceux qui n'avoyent point combatu et mit l'armée turquesque en fuitte vers Tauris avec meurtre, comme on a dict,

---

[1]. Cette citadelle fut appelée les *Sept Parcs* ou les *Sept Paradis*. C'est là qu'était le palais des rois de Perse.

[2]. Mahomet, bacha de Carn-Hemid.

de 30,000 hommes sur la place[1]. Les deux bachas, derniers nommez, ne voulans point survivre à leur honte, résolurent d'y mourir. Leur résolution, aidée de la nuict, garentit ce qui eschappa. Aussi celui de Caramit demeura prisonnier; la teste de l'autre fut emportée au bout d'une lance; et Osman, accablé de tous ces malheurs, s'en alla mourir à Senchassan[2].

Vous verrez après comme ces deux partis n'estoyent point despourveus de courage et comment, quelque année après, la vertu des Perses leur apporta la paix. Ainsi, nous finirons par la perte d'une grande ville, d'une grande bataille et de grands capitaines, qui est ce que peut dire nostre second tome des affaires d'Orient.

Chapitre XX.

Du Midi.

Bien moindres seront les affaires que nous trouverons au Midi, car, pour l'Italie, nous n'avons qu'affaires pacifiques tant que vesquist Grégoire, ayant, comme nous avons dict, réprouvé toutes sortes de ligues[3] et de conjurations. Mais, estant mort en l'an

---

1. Voyez dans de Thou (liv. LXXXIV) le récit des nombreuses défaites qu'essuyèrent les Turcs.

2. Osman abandonna Tauris au commencement de novembre 1585 et alla camper à Sancazam, où ses troupes furent aussitôt attaquées et rompues, et où il mourut de la dysenterie (De Thou, liv. LXXXIV).

3. De Thou donne les raisons pour lesquelles le pape ne voulut pas donner de bulle en faveur de la Ligue (liv. LXXXI).

huictante¹ cinq, à lui succéda Sixte V², bien différent de son prédécesseur en complexion, comme il y paroistra. Et, pource que son avancement d'un si bas degré en un si haut a quelque chose de rare, vous sçaurez qu'il estoit nay d'un village³ de la Marche d'Ancone. Son nom estant Félix Perret. A l'aage de douze ans, il fut porcher. Et avint qu'ayant perdu un de ses porceaux, l'appréhension qu'il eut d'un rude maistre lui fit quitter le reste et s'enfuir par les montagnes. Là il rencontra deux cordeliers qui venoyent de la queste. Et, pource qu'ils estoyent fort chargez de bribes, il se convia à les soulager. A quoi estant receu et mené jusques au convent, il se mit à servir le jardinier; de là parvint à estre portier; et puis, ayant gaigné la bonne grâce des novices, par aumosne ils lui monstrèrent à lire et escrire. Le profit qu'il y fit par son labeur fut cause qu'il devint cordelier⁴. Il estudioit jour et nuict et en apprit en peu de temps assés pour estre précepteur des novices, desquels il ne garda guères la bonne grâce pour estre un fouetteur sans pitié. De là il fut un prescheur violent, estimé jusques là, qu'estant envoyé en une assemblée provinciale pour le convent, il fut choisi pour député à la générale. Là le cardinal Lombard⁵ eut tel goust de

1. Mort de Grégoire XIII, 10 avril 1585.
2. Félix Peretti, né en 1521, cordelier en 1537, professeur de droit canon en 1544 à Rimini et à Sienne, grand inquisiteur à Venise, vicaire général de son ordre en 1566, cardinal en 1570, élu pape le 24 avril 1585. M. le baron de Hübner a publié, en 1870, en trois volumes in-8°, une savante histoire de ce pontife.
3. Grotta-a-Mare, près de Montalto, dans la marche d'Ancône.
4. Félix Peretti prit l'habit de moine dans le couvent des Cordeliers d'Ascoli, près de Montalto.
5. Le cardinal Pierre Lombard, Irlandais, mort à Rome en 1625.

lui qu'il le tira du convent et lui mit ses affaires en main. Dès lors Félix dit à son maistre qu'il mourroit en la peine ou il le feroit pape : « Io ti farò cardinale[1], » respondit le maistre. Sur ce dessein, Perret fut soupçonné d'avoir usé de quelques poisons de nouvelle invention. Mais il ne vint à bout de son dessein que jusques à la mort[2] de Pie IV : que son maistre avec la papauté prit le nom de Pie V[3] et mit son chapeau sur la teste de Perret. Je ne m'amuserai point à vous conter par quelles voyes ce nouveau cardinal[4] se rendit recommandable[5], tant pource que le dernier degré qu'il monta estoit le plus petit de tous les autres[6], pource aussi que ces trop libres discours sentiroyent trop la haine de la Ligue. C'est assez donc que dès qu'il fut sur le siège il se rendit le plus redoutable[7] pape qui ait régné de plusieurs siècles, tendit la main aux liguez[8] de la France, augmenta ses gardes, commença la guerre aux bannis par récompense publique

---

1. Var. de l'édit. de 1618 : « ... *Pape;* et moi toi cardinal, *respondit...* »

2. Pie IV, autrement dit Jean-Ange de Médicis, mourut le 9 décembre 1565.

3. Pie V, nommé Michel Ghisieri, fut élu pape le 7 janvier 1566.

4. Le pape Pie V éleva Félix Perretti au cardinalat en considération du zèle qu'il faisait paraître pour la religion et le maintien de la discipline.

5. D'Aubigné a pris ces traits à de Thou (liv. LXXXII).

6. On conserve à la Bibliothèque nationale, dans le fonds italien, vol. 1416, une relation du conclave où Sixte-Quint fut élu pape.

7. Le 1er et le 28 juillet 1585, Sixte V fit paraître des édits très sévères contre les bandits des États de l'Église.

8. Allusion à la sentence d'excommunication prononcée par Sixte-Quint contre le roi de Navarre et contre le prince de Condé. Voy. ci-dessus, p. 240.

aux tueurs. Le reste de ses actions paroistront en leur endroit et[1] quelques-unes sur la fin de ce chapitre.

Il[2] n'y eut moyen d'avoir pour lors d'armements sur la mer Méditerranée qui portassent titres d'armes. Fez et Marroco accommodèrent leurs lassitudes des dernières guerres à la fainéantise de leur nouveau roi, Mulei Hamet[3]. Il n'y eut que quelque reste des eschappez de la bataille qui se firent brigands par les montagnes. Le prince, ne voulant pas despendre à les poursuivre, leur laissa pour supplice ceste misérable condition.

Toutes les isles et possessions qu'avoit en terre ferme dom Antoine[4], tant en l'estendue de Goa qu'en celle de Malaca, toutes les isles depuis Sainct-Omer, Madagascar et tout ce qui est en ceste estendue, tenant de l'Orient ou du Midi jusques aux dernières Moluques, tout cela, sans tirer le canon, fut traduict de Portugais en Espagnol par l'intelligence qui se traictoit auparavant entre les Jésuites castillans et portugais. De ces derniers, Fonseca[5] fut suivi, qui employa plus de peine à ce grand changement avec peu de bruit. Ce fut lors que commença parmi la Société le vocable nouveau du *grand dessein*, lequel j'ay ouy expliquer ainsi : *que l'Église catholique ne doit avoir qu'un pasteur et un roi;* à quoy le titre de *roi catholique* convioit tous les chrestiens.

1. La fin de la phrase manque à l'édit. de 1618.
2. Var. de l'édit. de 1618 : « *Il n'y eut* point d'armemens de ce temps *sur la mer...* »
3. Mulei-Hamet avait succédé à Mulei-Méluc, son frère, le 4 août 1578.
4. Dom Antonio, prieur de Crato et roi titulaire de Portugal.
5. Pierre de Fonseca, Portugais, né en 1528, mort le 4 nov. 1599.

Peu[1] de jours avant la mort de Grégoire XIII, les Jésuites avoyent mesnagé si dextrement le roi du Japon[2] qu'ils luy avoyent persuadé d'escrire au pape, et firent faire une despesche de laquelle, ayans esté les conseilliers, ils furent aussi les secrétaires et en partie les thrésoriers; si bien qu'avec despense et la splendeur d'un ambassade[3] ils amenèrent en juillet cet équippage à Caskai[4]; où, estans receus par le cardinal d'Austriche[5], reçoivent grands honneurs à Tolède et puis à la cour[6] du roi Philippe, d'où ils partent en octobre[7] et s'embarquent. Arrivez à Libourne[8], furent magnifiquement receus par le grand-duc[9], qui envoya son frère[10] jusques à Pize au-devant. Et puis le pape, ayant envoyé au-devant d'eux le cardinal Farnèze

---

1. Tout le reste du chapitre manque à l'édition de 1618.
2. François, roi de Bungo. — Ce fut le frère Alexandre Valinano, visiteur général du Japon, qui persuada au roi de Bungo d'envoyer une ambassade au pape (De Thou, liv. LXXXI).
3. Les ambassadeurs japonais s'embarquèrent avec le Père Valinano sur un vaisseau portugais, commandé par dom Ignace de Lima, et quittèrent le port de Nangasaki le 20 février 1582.
4. D'Aubigné se trompe en suivant de Thou. Ce fut le 10 août 1585 que l'ambassade japonaise arriva à Cascaës, sur le Tage.
5. Le cardinal Albert d'Autriche, gouverneur du royaume de Portugal.
6. Les ambassadeurs du Japon arrivèrent à Madrid à la fin d'octobre 1585.
7. L'ambassade japonaise ne quitta la cour du roi d'Espagne que le 26 novembre 1585.
8. Livourne, en Toscane, au-dessous de Pise. — Arrivée des ambassadeurs japonais à Livourne, fin février 1584.
9. François de Médicis, grand-duc de Toscane, né le 25 mars 1541, époux de Jeanne d'Autriche, fille de l'empereur, en 1565, mort le 9 octobre 1587.
10. Pierre de Médicis, époux d'Éléonore de Tolède, fille de Garcias, marquis de Villafranca, mort en 1604.

jusques au-devant de Viterbe[1], n'oublia rien des magnificences de Rome, tant pour ravir ces esprits estrangers en admiration que pour s'autorizer sur les nations plus proches, à l'exemple de celle qui, avec trois ans de voyage, lui venoit baiser les pieds. Le dessus des lettres estoit : *Adorando, et cœli Regis locum in terris obtinenti, Magno et Sanctissimo P. P.*

La soubscription : *Sanctissimis pedibus Beatitudinis vestræ substratus, F. R. B.*[2].

D'autres ont descrit plus curieusement les particularitez de ceste despesche. Ayans donc esté receus par Grégoire[3], Sixte les retint jusques à ce qu'ils eussent assisté à sa prise de possession[4], à laquelle il cercha curieusement plus de magnificence que ses prédécesseurs. Enfin ils furent renvoyez[5], magnifiquement traictez, mais avec fort peu d'argent, non sans mescontentement des Jésuites, qui ne pouvoyent enduire[6] la chiche récompense d'un acte tant signalé.

Les premiers qui sentirent la rude domination de Sixte furent le comte de Pepoli[7], car, le pape ayant

---

1. Au commencement de mars 1584, l'ambassade japonaise fut reçue à Baquaia, près de Viterbe, par le cardinal Jean-François Gambara, puis à Caprarole, par le cardinal Alexandre Farnèse.

2. *F. R. B.* signifie François, roi de Bungo.

3. L'ambassade du roi de Bungo arriva à Rome le 22 mars 1585. Le voyage avait duré trois ans, un mois et deux jours.

4. L'intronisation de Sixte V eut lieu le 1er mai 1585.

5. Les ambassadeurs japonais quittèrent Rome et se rendirent à Gênes, où ils s'embarquèrent pour passer en Espagne et retourner dans leur pays, mai 1585.

6. *Enduire,* endurer.

7. Jean-Baptiste, comte de Pepoli, était un seigneur de grande naissance qui n'avait commis d'autre crime que de donner asile dans ses terres de Lombardie à des proscrits. Sommé de les livrer

envoyé cinq cardinaux[1] aux principaux endroits d'Italie pour remuer les puces des bannis, le cardinal Salviati[2], qui avoit son département à Bolongne, le fit empoigner la nuict en son logis et mener en son palais, où il ne vit qu'un prestre pour le confesser et un bourreau pour l'estrangler[3]; accusé d'avoir retiré quelques gentilshommes bannis en une maison qu'il avoit deçà le Pau, en terre d'Empire, et les avoir refusez à la première sommation. Sur ceste mort, les bannis firent quelques courses vers Ascoli, mais, estans malmenez de tous costez, les principaux[4] passèrent la mer et puis furent pris à Tergeste[5], où, se voyans attaquez, ils gagnèrent l'arsenal et, n'estans que six, se résolurent à mettre toutes les poudres ensemble, en lieu propre, et se servir du vent à ruiner la ville par embrasement. Là-dessus, le gouverneur[6] et les habitants furent contraints de faire une capitulation notable avec eux, de laquelle l'article le plus difficile fut celui de la seureté.

à la justice du Saint-Siège, il refusa et fut emprisonné. Tel est le récit de de Thou (liv. LXXXII) que d'Aubigné a copié.

1. Marc-Antoine Colonna reçut l'ordre de se transporter dans la campagne de Rome, André Spinola dans le duché de Spolète, Alphonse Gemaldo dans la marche d'Ancône, Julien Canano dans la Romagne, et le cardinal Salviati à Bologne.

2. Antoine-Marie Salviati, dit le grand cardinal Salviati, fils de Laurent Salviati et de Constance Conti, né en 1507, cardinal le 23 décembre 1583, mort le 28 avril 1602.

3. Le comte Pepoli fut étranglé dans sa prison le 27 août 1585 (A. de Hübner, *Sixte-Quint*, t. I, p. 295).

4. Les principaux chefs des bandits étaient Curtieto del Sambuco, originaire de l'Abruzze, et Marc de Sciarra.

5. Trieste, dans l'Istrie, sur le golfe de Trieste.

6. Le comte Raimond de la Tour était gouverneur de Trieste.

Il falut envoyer quérir quelques seigneurs de marque du pays pour accompagner de leurs signatures et serments celui de la cité. Mais ils les firent mourir[1] s'estans rendus, et tout cela fut violé par la dispense de Rome, qui fut aisée à obtenir.

Il y eut une tragœdie à Naples que j'estime digne d'estre adjoustée ; c'est qu'y ayant cherté de bled en Espagne, le duc d'Aussonne[2], vice-roi de Naples, fut commandé de faire une grande levée de bleds en son gouvernement[3] et en la Sicile, qui ceste année avoyent rencontré. L'amas fut tel que le vil prix du pain fut changé en disette, et le peuple tellement esmeu qu'ils firent venir Starasses[4], surintendant des vivres, enlevé par force et à son refus et après plusieurs escapades, se marquant de son sang, au prix que chacun vouloit estre estimé zélateur du bien public. Le duc d'Aussonne souffrit tout patiemment tant que la fureur du peuple dura, mais, puis après, les ayant divisez et s'estant fortifié, il en fit mourir quarante, en mit cent aux galères, et le pardon du reste fut long et difficile à obtenir.

Quelques respects m'empeschent de raconter en ce

1. Curtieto et Marco de Sciarra, se voyant trahis, se précipitèrent dans la mer durant leur voyage à Ancône.
2. Don Pedro Giron, duc d'Ossuna, marquis de Pennafiel, chevalier de la Toison d'or, né le 17 décembre 1574, mort le 25 septembre 1624.
3. Le roi d'Espagne avait ordonné cette « levée de blés », parce qu'il avait résolu de tenir les états d'Aragon et de célébrer des fêtes à l'occasion du mariage de sa fille, l'infante Catherine, avec Charles-Emmanuel, duc de Savoie (De Thou, liv. LXXXII).
4. Jean Vincent Starace, intendant des vivres, officier espagnol massacré par la populace. Voyez le récit de de Thou (liv. LXXXII).

lieu les rudes exécutions par lesquelles Sixte se rendit redouté. Quelques-unes avec ordre et raison de justice, comme celle de Paul Jordan Ursin[1] pour l'homicide d'un Perret, de mesme surnom que le pape. Mais il y a d'autres jugemens de son mouvement, comme d'un jeune garçon trouvé innocent depuis sa mort et que les juges refusoyent de condamner avant l'aage[2] par le bénéfice des loix. Il en sera dit quelque chose à la fin du pontife.

Il y eut un autre rude jugement d'un père et d'un fils, que la femme et la mère, voyans condamner à mort contre toute espérance et sans apparence, se précipita par les fenestres avec un enfant d'un an à son col. Je me contente de dire le commun langage romain et ce qu'en ont publiés les historiens catholiques en ces termes : « Telles cruautez se faisoyent par le mouvement du pontife nouveau, monstrant par elles son naturel abhorrant l'humanité. Ce qu'autres attribuent à un dessein de couvrir la vileté de sa naissance par ostentation d'un haut courage et par hautaines entreprises, afin de se monstrer capable de por-

---

1. Paul Jourdain des Ursins, duc de Bracciano, était soupçonné d'être devenu l'amant de la dame Virginie Accoramboni et d'avoir fait assassiner François Pereti, neveu du pape et époux de la dame, afin de l'épouser. D'Aubigné semble dire que le duc de Bracciano fut poursuivi pour ce crime et condamné. Il se trompe. Bracciano mourut paisiblement, en novembre 1585, à Salo, où il était réfugié. Sa femme fut assassinée peu après. Voyez le récit de M. de Hübner (*Sixte-Quint,* t. I, p. 332).

2. Les lois romaines défendaient aux juges de condamner à mort une personne qui n'avait pas atteint l'âge de vingt ans (De Thou, liv. LXXXII). D'Aubigné parle de cette affaire dans la *Confession catholique du sire de Sancy* (liv. I, chap. 1), mais sans donner aucun détail. Les noms même sont en blanc.

ter une si grande charge que celle du pontificat. »
Voilà les termes d'autrui. Un de ses premiers desplaisirs fut que, quand il procéda aux excommunications des princes réformez, dont nous parlerons, il ne put, avec ses diligences et grandes despenses, descouvrir et empoigner ceux qui emplissoyent Rome de placards d'infamie et de mespris contre lui, tantost par la voye de Pasquin et de Marfore, tantost par autres tableaux affigez aux lieux plus éminents.

Chapitre XXI.

De l'Occident.

Rialio[1], cardinal, vint légat du pape en Espagne, sur l'ouverture de la guerre de Portugal, pour jetter le caducée entre les deux rois et travailler à leur paix. Ayant eu au commencement[2] quelque honneste accueil, à la fin il remporta la response de Philippes le Bel en termes desguisez; mais non tant adoucis que don Philippes ne prononçast qu'il n'avoit d'autre juge que Dieu. Le cardinal ne s'en put retourner si tost qu'il ne vist à sa barbe, sur la fin de juillet[3], saccager villes et chasteaux, quoique pris sans résistance. Il vid encores faire mourir de sang-froid tous les hommes de commandement; entre ceux-là Diego de Menezez et

1. Alexandre Riario, légat du pape à la cour d'Espagne en remplacement du nonce Philippe Sega, qu'on jugeait n'avoir pas assez de crédit auprès de Philippe II (De Thou, liv. LXX).
2. Le cardinal Riario arriva en Espagne vers la mi-juillet 1580. Voyez dans de Thou le récit de cette mission (liv. LXX).
3. Ce fut le 29 juillet 1580 que l'armée espagnole passa en Portugal.

Henri Pereira¹. D'autre costé, la populace de Lisbonne et d'ailleurs faisoyent des courses et assommoyent les Espagnols qu'ils pouvoyent prendre.

L'armée s'approchant de Lisbonne, furent tenus plusieurs conseils, avec des résultats contraires, tantost pour se rendre, tantost pour aller au combat; dom Antoine lui-mesme doubteux de l'un et de l'autre et en mesmes perplexitez qu'on a despeint à Rome Vitelle à la venue de Vespasien. En fin il prit une place avantageuse de combat à un quart de lieue de Lisbonne².

L'armée, pour donner loisir aux Portugais d'avoir peur, alla présenter une batterie à la Roque de Saint-Julien³, à elle rendue dès la première volée, et à son exemple Cabezaceca⁴, et la tour de Bethlehem, moins forte et approchante de Lisbonne, après les autres : cela vers le huictiesme d'aoust, qu'un pardon d'Espagne fut publié par tout le Portugal⁵, mais rendu de peu de fruict par les sermons des moines, qui se tenoyent aux passages pour empescher les desroutes des soldats⁶.

1. Dom Diègue de Menesès et dom Enriquez de Pereyra, gouverneur de Cascaës, eurent la tête tranchée, par ordre du duc d'Albe, au commencement d'août 1580.
2. L'armée portugaise vint camper à Alcantara.
3. Siège et prise du fort Saint-Julien par le duc d'Albe, 10 août 1580.
4. Prise de Cabeçaseca par le duc d'Albe, 10 août 1580.
5. Dans cette déclaration, Philippe II promettait une amnistie générale à tous ceux qui abandonneraient le parti de dom Antonio.
6. D'Aubigné a pris ce détail à de Thou, comme tout le reste de son récit (liv. LXX). Ces moines portugais étaient les plus ardents défenseurs de dom Antonio. De Thou (liv. LXXXVII) porte à deux mille le nombre des moines qui furent suppliciés ou condamnés à diverses peines pour avoir pris trop vivement parti contre les Espagnols.

Le vintquatriesme d'aoust, les forces espagnoles parurent à soleil levant devant le fort et retranchement d'Alcantara[1]; où le duc d'Albe, ayant faict donner une volée, cognut la peur aux courses qu'il voyoit faire aux capitaines et une grande poussière qui s'esloignoit vers Lisbonne. Ce fut assez à bon devineur. Le roi Antoine, fort peu suivi, tourna visage à l'estonnement de ses troupes, fit une charge avec quatrevingts chevaux sur quelque infanterie desbandée et hors d'ordre, mais cela bien tost soustenu par quatre cornettes que commandoit un des Guzmans. Là le roi, se sentant blessé[2], prit parti de retraicte, mieux suivi à cela qu'à tourner teste, et, ne trouvant plus à Lisbonne autre advis que de reddition, s'estant fait panser à la haste, et avec ce qui le voulut suivre, alla où nous le trouverons après[3]. En son absence sa capitale se rendit, comme fit aussi Sainct-Arem, après avoir fait mine de se deffendre jusqu'à la mi-septembre[4].

Le roi d'Espagne tomba en une maladie doubteuse[5], et qui fit courir un bruit de sa mort. Ceste nouvelle, bien que fausse, fit r'allier quelques gens auprès de dom Antoine, avec lesquels il assiégea la ville d'Avero, et puis Porte, lesquelles il fit saccager[6]. Mais, le duc

1. L'armée de Philippe II parut devant Alcantara le 25 août 1580.
2. Dom Antonio fut blessé d'un coup de lance au visage par des volontaires italiens.
3. Le roi de Portugal fit soigner sa blessure à Sacabem et se rendit ensuite à Santarem, suivi d'une petite escorte.
4. Capitulation de Lisbonne, 11 septembre 1580.
5. Le roi d'Espagne tomba malade dans les premiers jours de septembre 1580.
6. Prise d'Avero et d'Oporto par dom Antonio, fin d'octobre 1580.

d'Albe ayant despesché Sancho d'Avila avec quatre mille fantassins et quatre cents chevaux, les Portugais osèrent, sans pourtant rien assiéger, disputer la campagne jusques à ce que Sancho fust fortifié de deux régiments, avec lesquels il se fit maistre de Coimbre[1], et, de là, ayant passé le Dore, battit et reprit Porte, sous la moustache d'Antonio, qui dès lors, abandonné de tous les siens, ne cercha plus que des cachettes, avec grandes incommoditez, pource que le roi d'Espagne, guéri, entroit dans le royaume de Portugal, commençant par quelque diminution d'impost et un pardon général, ce premier sans restriction[2].

Mais, tout le Portugal s'estant rendu à lui, et les costes de Barbarie incontinent après, les cérémonies de sa réception parachevées, avec les serments prestez à lui[3], puis au prince d'Espagne, cela chés les moines qu'on appelle l'ordre de Christ, ayant encores fait connestable en Portugal, de nom seulement, le duc de Bragance[4], à la sortie des estats qu'il tint à Temar[5], il fit publier un second pardon qu'on appelloit *Restrainct*. Il pardonnoit à ceux qui avoyent fait la guerre pour Antoine, réservez cinquante-deux testes, nommément le roi Antoine, sur la teste duquel

---

1. Coimbre, sur le Mondego.
2. Le 5 décembre 1580, Philippe II entra en Portugal et publia à Elvas l'édit d'amnistie générale.
3. Le 11 septembre 1580, le duc d'Albe assembla les habitants de Lisbonne et leur fit prêter serment de fidélité au nom du roi d'Espagne.
4. Le duc Jean de Bragance et Théodose, duc de Barcellos, son fils, étaient venus saluer Philippe à son arrivée en Portugal.
5. En décembre 1580, le roi d'Espagne convoqua les états du royaume à Tomar pour le 15 avril de l'année suivante (De Thou, liv. LXX). L'assemblée ne fut ouverte que le 19 avril.

il mit 80,000 ducats, 30,000 sur celle du comte[1] et 20,000 pour l'évesque de la Garde[2], payables au premier auteur de leur mort. Outre cela, il ne pardonnoit à aucun religieux qui en leçons, sermons ou consultations, auroyent parlé ou escrit contre lui, usant[3] plus de ceste rigueur pour l'advenir que pour le passé. Cependant il ne demeura en toutes les villes de Portugal homme digne d'estre considéré à qui on ne trouvast un crime. Ceux qui se pensoyent les moins coulpables comparurent à un adjournement général; entre ceux-là presque tous les prescheurs de Portugal. Les uns furent estranglez de nuict au pays mesme, les autres envoyez pourrir en diverses prisons de Castille; quelques-uns des plus apparents emmenez aux Isles fortunées, et principalement à Madère, pour ceux qui les y allèrent recevoir[4], comme à eux donnez esclaves par le roi Philippe.

La servitude des Portugais parut encores plus en gros aux susdits Estats de Temar, où toutes les propositions faictes selon la coustume du pays furent tournées en risée[5]. Lors, Philippe, importuné de plusieurs récompenses pour ceux qui avoyent en diverses façons trahi leur parti, voulant distribuer les choses dignement, y fit commettre Antoine Pignero[6] et Chris-

1. Antoine de Portugal, comte de Vimioso.
2. Jean de Portugal, évêque de la Guarda, frère du comte de Vimioso.
3. La fin de la phrase manque à l'édition de 1618.
4. Var. de l'édit. de 1618 : « ... *recevoir* pour *le roi Phillipes*. »
5. De Thou énumère les propositions qui furent présentées aux états de Tomar (liv. LXXIII).
6. Antoine de Pineyro, évêque de Leyria, parla devant Philippe II aux États le 19 avril 1581 (De Thou, liv. LXXIII).

tofle de Mora[1]. A la vérité, les plus hastifs emportèrent[2] quelques gratifications ; mais, comme les Castillans en murmuroyent, disans que le royaume de Portugal estoit bien au roi Philippe comme l'ayant bien achepté, et les demandeurs croissans, on leur donna un conseil pour y adviser, nommé la Table de conscience, dont sortit un arrest en ces termes : « Attendu que le roi Philippe est vrai héritier de Portugal, il n'a esté loisible aux suppliants de le vendre argent comptant. »

Les Espagnols ne furent point paresseux d'embarquer pour les Tercères[3], où le marquis de Saincte-Croix[4] envoya Baldis[5] avec seize vaisseaux, desquels il mit à terre cinq cens[6] hommes, la pluspart avant jour, en l'isle principale, pensant gagner la citadelle d'Angra[7] ; mais, l'alarme estant prise, les soldats portugais suivis du peuple meslèrent si rudement que Baldis laissa quatre cents hommes sur la place, quoi-

1. Dom Christophe de Mora, seigneur portugais, avait été élevé à la cour d'Espagne et fut nommé gentilhomme de la chambre du roi Philippe.
2. Var. de l'édit. de 1618 : « ... *emportèrent* de grandes récompenses ; *mais comme...* »
3. L'île de Tercère est la plus considérable du groupe des Açores.
4. Alvaro de Baçan, marquis de Santa-Cruz, amiral espagnol, né dans les Asturies vers 1510, fit ses premières armes, sous le règne de Charles-Quint, contre les pirates d'Alger et les Maures d'Afrique. Il se signala à la bataille de Lépante et continua à guerroyer contre les Turcs. Investi du commandement de la célèbre *Armada* (voyez le volume suivant), il mourut à Lisbonne, en 1588, au moment d'entrer en campagne.
5. Dom Pedro de Valdes.
6. L'édition de 1618 porte 150 hommes.
7. Angra, capitale de Tercère et des autres Açores.

LIVRE DIXIÈME, CHAP. XXI. 315

qu'il eust fort préveu pour sa retraicte[1]. Le roi d'Espagne receut ceste nouvelle à Lisbonne le jour de son entrée[2], et le mesme jour que le roi Antoine s'estoit embarqué à Viane[3], par l'aide d'un navire flament. C'est une histoire tragique de compter les maux que souffrit ce prince, depuis la fin de septembre 1580 jusques à la fin de juin 1581 ; car, estant blessé au retranchement d'Alcantara, il passa près de neuf mois dans les plus misérables cabanes des déserts[4]; ses playes pansées par les plus rustiques gens du monde; et, quant aux playes spirituelles, n'ayant consolation que de brutaux, un Cordelier fut son conseiller et secours; car, enfin, il lui practiqua le navire[5] que nous avons dit, et lui ralia dix des siens avec lesquels il arriva à Calais[6], courut la Flandre et l'Angleterre[7], traicta surtout avec la roine mère, lui promit une partie de ses seigneuries esloignées pour ses prétentions, obtint d'elle promesse d'un grand embarquement, et cependant sept ou huict cents hommes avec des vaisseaux, sur lesquels il fit embarquer Manuel de Sylva[8],

1. De Thou raconte avec détails (liv. LXXIII) la défaite des troupes espagnoles dans les iles de l'Atlantique.
2. Le roi d'Espagne entra dans Lisbonne le 5 décembre 1580.
3. Viana de Foz de Lima, à l'embouchure de la Lima, en Portugal.
4. Dom Antonio demeura caché en Portugal entre le Duero et le Minno, depuis le mois d'octobre 1580 jusqu'au mois de juin 1581.
5. Le roi de Portugal ne put s'embarquer sur ce navire hollandais, commandé par Corneille d'Egmond, qu'à la condition de payer 600 écus d'or.
6. Arrivée de dom Antonio à Calais, juin 1581.
7. De Thou raconte que dom Antonio était encore en Angleterre au commencement d'octobre 1581, d'où il repassa en France.
8. Emmanuel de Silva, comte de Torres Vedras, favori de dom

qui arriva au port d'Angra à la mi-mars de l'an 1582. Là, il trouva que les Jésuites avoyent desjà gagné la moitié des garnisons et du peuple, et entre autres Figueredo[1], gouverneur, qui commençoit à prendre le mot du roi d'Espagne, lors séjournant tousjours à Lisbonne pour y establir ses affaires et sur icelles le cardinal Albert d'Austriche; cela mesnagé par sa sœur Marie[2], vefve de l'empereur Maximilian[3]. Manuel releva le courage de tous ceux des isles, principalement par l'asseurance qu'il leur donna que leur roi venoit avec une armée de François[4], comme il estoit vrai, car le roi Antoine entra en sa flotte au rendez-vous de Belle-Isle, composée de trente navires et vingt-cinq pataches, sur lesquelles s'embarquèrent vingt compagnies, les moindres de six vingts hommes[5]. Amiral de tout cela, Philippe Strossi[6], colomnel de

Antonio, gouverneur général, pour le compte de ce prince, de toutes les Açores, qui lui étaient restées fidèles.

1. Cyprien de Figueredo était devenu suspect aux habitants de Tercère.

2. Marie d'Autriche, fille de Charles-Quint et d'Isabelle de Portugal, née en 1528, morte en mars 1603.

3. Maximilien II, fils de Ferdinand Ier, empereur d'Allemagne, né le 1er août 1527, mort le 12 octobre 1576.

4. Henri III avait décidé plusieurs capitaines, notamment des capitaines gascons, à se joindre à l'expédition. Voyez les lettres du roi et de la reine mère au capitaine Borda (Cauna, *Armorial des Landes,* t. I, p. 132).

5. L'état de l'armée de mer expédiée par le roi de France au secours de dom Antonio, daté du 16 juin 1582, est conservé en copie du temps dans les Vc de Colbert, vol. 29, f. 578.

6. Philippe Strozzi, s. d'Épernay et de Bressuire, né à Venise en 1541. Le roi lui avait donné, le 7 septembre 1581, au moment où l'expédition fut résolue, le brevet de vice-roi des terres qu'il allait conquérir. L'original de cet acte, sur parchemin, est con-

l'infanterie de France; le comte de Brissac, vice-amiral; Saincte-Souline[1] portant le titre de maistre de camp.

Le seiziesme de juillet, la flotte se présenta à l'isle Sainct-Michel[2], seule conquise par les Espagnols, et print terre contre quelque petite résistance. Le lendemain, Strosse fit marcher vers la forteresse, donna ses enfans perdus à Roquemorel, soustenu par le capitaine Sauvat, et cestui-là par Saincte-Souline, estans en tout les François près de trois mille hommes. Le gouverneur de l'isle[3], Espagnol, avec trois compagnies, mais qui faisoyent mil quatre cents hommes, se trouva sur le chemin, en un lieu où deux roches le rendent estroict, et où il n'y a qu'une petite plaine. Là, il logea la moitié des siens, n'y en pouvant tenir davantage. Lui, avec un moindre nombre, avance au chemin, void venir Roquemorel, bien couvert de pennaches et de faveurs d'une roine. Les deux capitaines s'avancent, chacun une picque au poing, lesquelles ils mesurèrent aussi froidement qu'à un combat de barrière. L'Espagnol tua tout roide Roquemorel, à qui la chaleur ou la délicatesse n'avoit pas permis d'endurer les armes. Sauvat prend sa place, mieux armé, tue l'Espagnol; lui aussi tost porté par terre d'une mousquetade. Saincte-Souline avance et, bien suivi de soldats, mesle tout ce qui estoit dans le chemin, où, avec perte de

servé à la bibliothèque de l'Institut dans la coll. Godefroy, vol. 191, pièce 10.

1. Charles de Cossé, comte de Brissac. — Joseph Doineau, s. de Sainte-Souline.

2. Arrivée de la flotte française à l'île Saint-Michel, 15 juillet 1582.

3. Ambroise d'Aguiar était gouverneur de Saint-Michel.

douze soldats, il tue deux capitaines en chef et soixante bons hommes, desquels le reste, ayant payé, gagna la forteresse[1], où commanda depuis Petro Perreto[2], qui, au commencement estonné, fut rasseuré par un vaisseau qui lui apporta nouvelles, et bien tost après par la veue de quatre grands vaisseaux, suivie d'une flotte qui venoit de Séville. Cependant le roi Antoine rasseuroit ses subjects, qui de tous costez accouroyent à lui avec des guidons blancs en leurs mains.

Quelques foibles que fussent les forces de dom Antoine, Strossi, ayant eu nouvelles de France qu'un second embarquement de six mil hommes, promis par Monsieur, estoit du tout rompu, toucha à la main du comte de Virmiose; et eux deux, ne voulans point survivre au malheur qu'ils prévoyoyent, firent résoudre le reste au combat. Et, ce soir mesme, le comte, qui envoyoit un Portugais à Nantes, m'escrivit, dans un billet que je conserve précieusement, ces mots :

« Monsieur, vous avez esté trop fidelle prophète de nos maladies, et aviez bien tasté le pouls de l'infidelle. Tous vos remèdes, par nostre deffault, nous ont esté inutiles; mais je vous promets de prendre celui d'une brave mort. Vous me plaindrez et n'aurez point honte de l'amitié que vous avoit jurée Antoine, comte de Virmiose. »

Le roi Antoine receut la responce en ces termes : « Il n'a tenu qu'à vous que je n'aye esté vostre médecin et non vostre prophète. Je ne vous desnierai pas mes justes plaintes, mais j'eusse donné de meilleur

---

1. De Thou raconte ce combat (liv. LXXV).
2. Dom Pedro Peixoto de Silva.

cœur ma bouche à vos louanges, et à vos victoires les fidelles mains de V. T. »

Trois jours après cette despesche, qui fut le vingt-deuxiesme de juillet, l'amiral Strossi fit rembarquer tous ses gens de guerre, et, le vintsixiesme, lui et le comte de Virmiose quittèrent une grande hourque de six cents, qui devoit servir d'amiral, et entrèrent dans le navire de Beaumont[1], qui n'estoit que de deux cents; voulans par ce vaisseau plus léger engager le combat et y mener plusieurs qu'ils y avoyent trouvé mal disposez. Le marquis de Saincte-Croix, qui estoit dans le galion de Sainct-Philippe, capable seul de battre la flotte des François, vouloit seulement la garder jusques à ce qu'il eust joinct celle de Séville, et pourtant avoit faict avancer trois quarts de lieue devant soi son vice-amiral, qui avoit des pataches au quart, pour la garde que nous avons dicte. Entre le vice-amiral et le marquis, tous les vaisseaux s'estendoyent en deux branches, l'une à gauche et l'autre à droite.

De l'autre parti, entre le Beaumont et la hourque, estoyent quatre navires seulement. Assés loing à la gauche, qui estoit la droitte des ennemis, estoit le comte de Brissac et six navires[2], et, plus à gauche encore, Saincte-Souline avec quatre[3]. Strossi et le comte, craignans les longues délibérations de l'amiral espagnol, s'avancent au vice-amiral, furent en peu de

---

1. Jean de Beaumont était maréchal de camp général. Il fut tué à la bataille des Açores le 26 juillet 1582 (lettre de Villeroy au roi du 12 septembre 1582; f. fr., vol. 6631, f. 68).

2. Var. de l'édit. de 1618 : « ... *six navires* ou traissans ; *et plus à gauche...* »

3. Les deux mots : *avec quatre*, manquent à l'édition de 1618.

temps aux canonnades. Le principal pilote du marquis cognut, au maneuvre de deux navires qui estoyent avec Saincte-Souline, qu'ils ne vouloyent point estre de la partie, et, sur ce jugement, le marquis fit tout appareiller et avancer des deux costez, principalement à la main droite. Neuf navires se présentent pour Brissac et huict pour Saincte-Souline, duquel les matelots avoyent osté le courage aux soldats, sur le jugement qu'ils faisoyent d'une partie très mal faite. Saincte-Souline void deux de ses navires qui avoyent jà gaigné un quart de lieue en arrière. Il suit l'espouvante des siens[1]. Brissac void le petit navire Beaumont herpé avec le vice-amiral, et, à chasque main abordé de cinq ou six navires ou galions, qui l'accablèrent de mousquetades, de coups de canon et d'artifices de feu. Il void venir à lui de quoi l'enclorre et aborder, et sa main gauche desgarnie de ceux qui avoyent fait à la voile. Il suivit l'advis de ses pilotes et fit de mesmes. Le grand galion vint à ce combat, et tous les navires joincts faisoyent passer de tillac en tillac une si grande foule de gens de guerre que peu leur cousta d'opprimer la valeur du petit nombre. D'abordée, Beaumont fut tué d'une mousquetade, Strossi et Virmiose abatus, ce dernier encourageant les François, avec reproches, et priant ceux qui reschapperoyent de tesmoigner la façon de sa mort; tout cela estouffé par la multitude[2]. Strossi, pris en

1. Sainte-Souline, avec neuf de ses vaisseaux, se retira, sans avoir combattu, dans l'île del Fayal ou des hêtres, qu'il pilla.
2. Bataille navale des Açores, défaite de Strozzi et victoire des Espagnols, 26 juillet 1582. Cette bataille eut un grand retentissement et a donné lieu à plusieurs relations et à beaucoup de lettres.

vie, cria qu'il y avoit force seigneurs françois de bonne maison, de la rançon desquels il respondoit. On le voulut présenter au marquis, qui le refusa et le fit jetter sur un pont de cordes et de là à la plaine[1] sur le soir, après qu'un Espagnol, par les carreaux du pont, lui eut passé son espée au travers le petit ventre, pource qu'il disoit des injures aux Espagnols[2]. Virmiose, qu'on vouloit garder au plaisir du roi Philippe, mourut de ses playes le lendemain au soir[3]. Les Espagnols avoyent gardé, par espoir de rançon, tous ceux qui avoyent du clinquant ou autres beaux vestements. Le marquis ordonna que les moins apparents seroyent estranglez par le bourreau[4], et les autres, à deux pieds de terre, esgouillez[5] à leur mode. Un soldat de Niort, grand nageur, m'a conté que, voyant lier son

---

Nous signalerons seulement les pièces contenues dans le vol. 29 des Vᵉ de Colbert, qui est presque en entier consacré aux affaires du Portugal, et spécialement le récit du f. 580, une autre relation (f. fr., vol. 17286, f. 189) datée du 17 août 1582, une autre sans date (coll. Dupuy, vol. 844, f. 344).

1. *A la plaine,* c'est-à-dire en pleine mer.
2. De Thou ne raconte pas ainsi la mort de Philippe Strozzi. Il dit qu'il expira de ses blessures, sans prononcer une seule parole, au moment où on l'amenait au marquis de Santa-Cruz (liv. LXXV). Une lettre de Villeroy au roi du 12 septembre 1582 confirme le récit de de Thou, mais le présente seulement comme un on-dit public (Autogr., f. fr., vol. 6631, f. 68).
3. Le comte de Vimioso avait été pris par Mondenaro, volontaire crémonais, et mené à Santa-Cruz, son parent. Il fut assez bien traité, dit de Thou (liv. LXXV). D'après la lettre de Villeroy, que nous venons de citer, il mourut de ses blessures le lendemain du combat.
4. Villeroy écrit au roi que le marquis de Santa-Cruz, dans une relation du combat surprise par l'ambassadeur de France, avouait avoir fait pendre trente gentilshommes (f. fr., vol. 6631, f. 68).
5. *Esgouiller,* égorger.

maistre, qui estoit Amville Chastaignerais[1], il s'estoit jetté à la mer, ayant deux légères blessures, et avoit à la nage empoigné une pattache qui estoit venue sauver des Normands dans un navire crevé de coups de canon ; il m'apprit entr'autres choses que la pavezade[2] du vice-amiral espagnol estoit plus haute de plus de deux brasses que la leur ; c'estoit bien autre chose de l'amiral, qui estoit de dix-huict cents tonneaux.

Le roi Antoine, ayant receu dix-sept navires françois, se mit à fortifier Angra et les passages des isles. Le marquis, deux jours après son combat, joignit la flotte des Indes[3], s'en retourna triompher en Espagne[4]. A son arrivée, le duc d'Albe mourut[5], capitaine qui emportoit le los de son temps, s'il n'eust faict espandre le sang qu'aux combats.

Sur la fin de juillet mille cinq cents quatre-vingt-trois[6], Antoine, ayant cogneu que les Jésuites avoyent

---

1. Fabien de Vivonne, s. de la Châtaigneraye, eut la tête tranchée, d'après de Thou, ou fut pendu, d'après la lettre de Villeroy.
2. *Pavezade.* « Ce mot, suivant Henri Estienne, est dict de deux rangs de pavois qui sont ès deux costés de la galère, pour couvrir ceux qui rament. » (*Deux dialogues du nouveau langage françois italianisé,* sans date (1578), p. 307.)
3. Ferdinand Tellez de Silva commandait la flotte des Indes.
4. Le marquis de Santa-Cruz arriva à Lisbonne le 10 septembre 1582, où il fut magnifiquement récompensé par le roi Philippe.
5. Mort de Fernando Alvarez de Tolède, duc d'Albe, 12 janvier 1583. César de Borgia, duc de Candie, lui succéda.
6. D'Aubigné n'explique pas qu'une seconde expédition fut équipée à Dieppe, en 1583, sous le commandement du capitaine Aimar de Chastes. De Chastes débarqua à Angra le 11 juin 1583 et fut, peu après, attaqué par le marquis de Santa-Cruz. Sur cette seconde campagne en faveur de dom Antonio, nous signalerons deux relations, l'une conservée dans le f. fr., vol. 3902, f. 262, l'autre, beaucoup plus détaillée, dans le vol. 29 des V^c de Colbert,

changé tous les courages des Tercères, que les navires françois, qui manquoyent de toutes choses, n'y pouvoyent plus patir, céda à l'armée d'Espagne, plus populeuse que la première, qui fit ses descentes par toutes les isles[1], où rien ne se deffendit que Manuel de Sylva, dans Angra[2]. Mais, par l'effroy des siens, estant contrainct de capituler, il eut la teste tranchée[3], et tout demeura en la possession du roi d'Espagne, sans pouvoir espérer secours d'aucun lieu.

Chapitre XXII.

Du Septentrion.

Steenwich[4], assiégé, commença en décembre[5] mille cinq cents huictante à souffrir nécessitez. Et, au huictiesme de febvrier, l'an d'après, le secours préparé avec le ravitaillement s'estant campé à une forest[6], vis-

---

f. 588. Aymard de Chastes a laissé lui-même, sous le titre ambitieux de *Commentaires*, un récit de sa campagne à Tercère qui a été publié dans le *Recueil de voyages curieux* de Thévenot, 2 vol. in-fol.

1. Le marquis de Santa-Cruz, à la tête de l'armée espagnole, débarqua, le 26 juillet 1583, à Puerto de las Muelas, près de Saint-Sébastien, dans l'île de Tercère.

2. De Chastes et les Français capitulèrent le 4 août 1583 (De Thou, liv. LXXVIII).

3. Supplice d'Emmanuel de Silva, août 1583. — Le marquis de Santa-Cruz se montra impitoyable dans la répression de ce qu'il appelait la révolte des Portugais des Açores. Voyez les détails que donne de Thou (liv. LXXVIII).

4. Steenwick, dans l'Over-Yssel, sur l'Aa. — L'édition de 1618 porte *Frise et Steenwick...*

5. D'Aubigné se trompe. Le comte de Rennenburg investit Steenwick le 18 octobre 1580 (De Thou, liv. LXXI).

6. Ce fut le 4 février 1581, et non le 8, que le secours flamand

à-vis du camp des Espagnols, les deux armées demeurèrent huict jours à la portée du canon l'une de l'autre, tout ce temps employé en escarmouches. Vers le seizième, le seigneur de Nienort[1], qui commandoit le secours, mesnagea que les assiégez firent un pont sur la rivière de Aa, par-dessus lequel, à la faveur d'une sortie et d'une grande escarmouche, la ville receut quelques pains et formages, sur le poinct que la famine les faisoit mutiner. Mais le lendemain, les secourans et les assiégez estans convenus d'ordre et de signal, après que le grand chemin eut esté disputé jusques à croiser les piques, le secours s'en fit maistre par deux grandes charges de cavalerie; et le comte de Rheinneberg[2] fut contraint de lever le siège le vingt-quatriesme du mois.

Le prince de Parme mesnagea de ce temps quelque entreprise sur Bruxelles[3] et une autre sur Flessingue[4], nouvellement acquise avec la Vere, qui estoyent deux marquisats que le prince d'Orange donna à son fils Maurice[5]; l'une et l'autre de ces deux entreprises vaines.

Le chasteau de Staverin, qui tenoit pour le comte de Rheinneberg, fut assiégé et pris par ceux de la

---

vint camper dans la forêt de Hiddingherbergh, près de Steenwick.

1. Wigboldt de Tuwsum, s. de Nienoort. — L'édition de 1618 nomme ce seigneur *Niewenroth*.
2. George de Lallain, comte de Rennenburg.
3. En automne 1581. Voyez de Thou, liv. LXXIV.
4. Dans son entreprise sur Flessingue, Alexandre Farnèse, duc de Parme, fut secondé par un bourgeois, nommé Bochart, ancien avocat de la ville.
5. Maurice de Nassau, fils d'Anne de Saxe et du prince d'Orange.

ville[1]. Le comte perdit encores un fort qu'il avoit commencé sur le Reidiep[2] et deux compagnies des siennes, mais il se revencha en levant[3] rudement le siège d'Auvard[4], où il regagna deux drapeaux aussi. Et encores il print Auverderziel, d'où il avoit esté repoussé une fois depuis Winson[5], et quelques autres petits forts; si bien qu'il se fit maistre de toutes les Omelandes jusques à Docom[6]. Cette félicité lui durant jusques à la venue du colomnel Norreis[7], qui, ayant repris les mesmes choses, contraignit le comte à une petite bataille près de Cripskerke[8]. Le colomnel Saunoi[9] engagea le comte par une légère escarmouche, pource que le passage des forces estoit très difficile. Mais, tout estant joint, les Espagnols n'opiniastrèrent nullement le combat, et ceux des Estats menèrent les autres battans jusques dans les fauxbourgs de Grœningue, tuèrent sept cens hommes, preindrent quatre canons, quinze drapeaux,

---

1. Staveren, dans la Frise, sur le Zuyderzée. — Prise du château par le prince d'Orange, avril 1581.

2. Reedyepp, ville et rivière. Prise de la ville de Reedyepp par le s. de Nienoort, mai 1581.

3. *En levant,* en faisant lever.

4. Prise d'Auwaert et des drapeaux d'Hausplomb et de Berenbroeck par le comte de Rennenburg, mai 1581.

5. Prise d'Anwerdeziel et de Winsum, juin 1581.

6. Dockum, dans la Frise, à l'embouchure de l'Avet.

7. Jean Noritz, colonel général de l'infanterie anglaise au service des États généraux, prit une part importante à la guerre jusqu'à la fin de 1581. Sur ce capitaine, voyez une note de M. Blaes dans les *Mémoires anonymes sur les troubles des Pays-Bas,* t. III, p. 44.

8. Prise de Grypskercke et défaite du comte de Rennenburg, 9 juillet 1581.

9. Thierry Sonay, d'après les *Mémoires anonymes sur les troubles des Pays-Bas.*

et le reste se sauva dans les fossés de la ville. Le regret de ceste perte fit mourir le comte de Rheinneberg[1], jettant, comme on a escript, de grands regrets d'avoir abandonné sa patrie. En sa place fut establi, par le duc de Parme, le colomnel Verdugo[2].

La Flandre et le Brabant estoyent pleines d'entreprises, de petites troupes, qui se chargeoyent, se brusloyent, de force mescontents et de désordre, à cause des payements. Ces malcontents prirent le château de Barles[3] et n'en purent estre deslogez pour quelques coups de canon. Mais La Garde[4], colomnel françois, ayant pris Hochstraten, Turnhout, Villebrouck[5] et Loon-op-Sault[6], avec quelques autres bicoques, ceux de Barle quittèrent et mirent le feu. Mais les Estats firent une plus grande perte en Breda, enlevée par une intelligence qu'y practiqua le jeune Inchi[7], prisonnier. Là dedans les soldats qu'il avoit gaignez, ayans faict enyvrer leurs compagnons, les faisoyent jouer au corps

---

1. George de Lallaing, comte de Rennenburg, mourut de phtisie le 23 juillet 1581. De Thou fait l'éloge de ce capitaine (liv. LXXIV).

2. François Verdugo, capitaine espagnol, né en 1529, mort le 20 septembre 1595.

3. Baelen, dans l'ancien duché de Limbourg (province de Liège), fut pris par les Espagnols en juin 1581. Voyez le récit des *Mémoires anonymes,* t. III, p. 118.

4. Le s. de la Garde, capitaine français, plus tard colonel d'un régiment de gens de pied au service du prince d'Orange, est souvent signalé dans les *Mémoires de La Huguerye*.

5. L'édition de 1618 porte *Guillebourg*.

6. Hoogstraten, dans le Brabant hollandais. — Turnhout, à neuf lieues d'Anvers. — Tilbourg, dans les Pays-Bas hollandais. — Loon-op-Band. — Prise de ces places, juin 1581.

7. Le baron d'Inchy était frère de Charles de Gavre, s. de Frisin.

de garde, tandis que Hautepenne[1] fit monter les siens. La ville rendit quelque résistance, mais ils furent rudement forcez[2]. Les mesmes forces faillirent Gheertruidemberg et Hensden[3]. Ceux de Brabant, n'ayant pas mieux faict à Bosleduc[4], gaignèrent d'emblée au retour la ville d'Eindove, et, ayans pris le capitaine du chasteau, le contreignirent de faire rendre sa place; ils prindrent aussi Helmond[5]. Les Estats firent lors couler leurs forces par l'Artois, pour amuser celles du duc de Parme. Mais, enfin, les uns et les autres marchèrent vers le Tournesis[6], pour les affaires que vous allez voir.

Dès le commencement de may, estoyent retournez les députez des Estats vers Monsieur, avec lequel ayants arresté leur traicté[7], et, selon icelui, les forces

1. Claude de Berlaymont, s. de Haultepenne.
2. Prise de Breda par les Espagnols, 28 juin 1581.
3. Gertruydenberg, dans le Brabant hollandais, sur le Dungen. — Hensden, dans la Hollande, sur la Meuse.
4. Cette tentative sur Bois-le-Duc avait été faite à l'instigation du chevalier Jean Junius, bourgmestre d'Anvers.
5. Les États s'emparèrent d'Eindhoven et de Helmont en juillet 1581. Peu de jours après, Eindhoven fut reprise par les Espagnols.
6. *Le Tournesis* est le territoire de la châtellenie de Tournay.
7. Les députés des États-Généraux des Pays-Bas, au nombre desquels était Marnix de Sainte-Aldegonde, signèrent avec le duc d'Anjou, au château de Plessis-lès-Tours, en Touraine, un traité aux termes duquel ils le reconnaissaient comme leur souverain (fin septembre 1580). La Bibliothèque nationale possède un nombre immense de documents inédits sur la souveraineté éphémère du duc d'Anjou en Flandre. Presque tous les volumes du fonds français, de 3277 à 3296, contiennent des recueils de la correspondance de ce prince pendant cette période. Deux savants de la Haye, MM. Muller et Diegerick, ont commencé la publication des documents conservés en Hollande sous le titre de : *Documents concernant les relations entre le duc d'Anjou et les Pays-Bas*. Le tome I a paru en 1889.

françoises, s'estans mis en chemin, Balagni[1], que nous vous avons faict voir en Pologne, se vint jetter à Cambrai, avec quelques forces les plus prestes, à la requeste d'Inchi[2], gouverneur. Aussitost, cette ville fut assiégée par le duc de Parme de blocus[3], desquels les premiers se firent à Crèvecœur, Vauchelles et Marquion[4]. Tous les chemins retranchés et la cavallerie logée en lieux avantageux, tout cela réduisit la ville en quelques nécessitez. Ces nouvelles hastèrent Monsieur, qui lors s'employoit à Cadillac et à Coutras aux choses que nous avons dites. Enfin, il se trouva au premier rendez-vous de son armée à Chasteaudun[5], laquelle marcha de là sur la frontière, où elle se trouva le quinziesme d'aoust. Les plus remarquez qui y fussent estoyent le mareschal de Bellegarde, le marquis d'Elbœuf, les comtes de Laval, de Vantadour, Montgommeri, Saint-Aignan et Rochepot; les vicomtes de Turenne et de la Guerche[6], le vidame d'Amiens,

1. Jean de Monluc, s. de Balagny, fils naturel de Jean de Monluc, évêque de Valence.
2. Gabriel de Gavre, s. d'Inchy, plusieurs fois cité dans les *Mémoires* de Marguerite de Navarre.
3. De Thou a décrit l'état de Cambrai durant le siège (liv. LXXIV).
4. Crèvecœur, dans le Cambrésis (Nord), sur l'Escaut. — Vaucelles, près de Cambrai. — Marquion, dans le Pas-de-Calais.
5. Château-Thierry et non pas Châteaudun, d'après de Thou (liv. LXXIV) et tous les historiens. Le *Journal de L'Estoile* confirme le récit de de Thou et fait un affreux tableau de l'indiscipline des troupes du duc d'Anjou.
6. Roger de Saint-Lary, plus tard maréchal de Bellegarde. — Charles de Lorraine, duc d'Elbeuf. — Gui, comte de Laval. — Gilbert de Lévis, comte de Ventadour. — Jacques de Lorges, comte de Mongonmery. — Claude de Beauvilliers, comte de Saint-Agnan. — Antoine de Silly, comte de la Rochepot. —

de la Chastre, Saint-Luc, Beaupré, Drou, Mauvissière, Bussi, Sandricourt, la Ferthé et Fervaques[1], mareschal général, comme aussi l'estoit-il en France.

Le vicomte de Turenne fit une partie, avec cent gentilshommes choisis, pour percer le premier et entrer dans Cambray, et, pour cet effect, arriva, la lune fort claire, à des petits retranchements, desquels nous avons parlé. Comme ils travailloyent à en cercher le passage, le vicomte de Gand, naguères marquis de Rombay[2], eut loisir d'appeler à soi quelques bateurs d'estrade, et, n'ayans guères plus de cent chevaux, chargea si rudement le vicomte que les gens, harassez et craignans toutes choses, pource qu'ils estoyent dans le camp ennemi, l'abandonnèrent, et lui, blessé, fut pris[3], avec ceux qui lui tindrent meilleure compagnie, entre ceux-là le comte de Ventadour[4].

Henri de la Tour, vicomte de Turenne. — George de Villequier, vicomte de la Guerche.

1. Claude de la Châtre. — François d'Espinay, s. de Saint-Luc. — Louis-François de Choiseul, baron de Beaupré. — Pierre de Chamborant, s. de Drou. — Michel de Castelnau, s. de la Mauvissière. — Louis de Clermont de Bussy d'Amboise. — La Ferté, chambellan du duc d'Anjou. — Claude de Hautemer, s. de Fervaques.

2. Robert de Melun, marquis de Roubaix et de Richebourg, vicomte de Gand, avait d'abord appartenu au parti des États. En 1579, il se donna au parti espagnol et devint colonel général de la cavalerie. Il fut tué au siège d'Anvers en 1585 (*Mémoires anonymes sur les troubles des Pays-Bas*, t. I, p. 272).

3. Turenne fut fait prisonnier par les Espagnols sous les murs de Cambrai en avril 1581 (*Lettres de Henri IV*, t. I, p. 401). Il resta en prison jusques aux premiers jours de juin 1584 (*Mémoires*, édit. Petitot, p. 208). Sa correspondance pendant sa détention est conservée aux Archives nationales, R² 54.

4. Gilbert de Lévis, comte de Ventadour, était cousin-germain du vicomte de Turenne.

Le dixseptiesme, les deux armées se virent, et le duc de Parme, ayant cogneu aux François toute contenance de vouloir la bataille, leva ses blocus pour s'aller camper à la faveur de Valanciennes ; et ainsi Monsieur à son aise ravitailla la ville, et elle se donna à lui le vintiesme[1]. Le jour d'après, ayant fait descamper les Espagnols, il assiégea sous leur moustache Chasteau-Cambrézis[2]. Le désir des Estats, et notamment du prince d'Orange, estoit que Monsieur acheminast son armée en Brabant et sa personne à Anvers, mais, cette troupe estant desjà pleine d'autant de divisions que de testes, Monsieur fut contrainct par ses courtisans de revenir en France[3] pour y passer l'hyver.

Les Flamands, voyans Monsieur engagé, prirent leurs affaires d'un ton plus haut, si bien que, par un édit public, ils déclarèrent le roi d'Espagne descheu de sa seigneurie et principauté des Pays-Bas, déclarans tous officiers, seigneurs particuliers, vassaux et tous autres habitans deschargés de leurs sermens envers l'Espagnol, mettent le nom du duc d'Anjou en la place du roi Philippes en tout leur pays, hormis en Hollande et Zélande, où celui du prince d'Orange demeura en

1. Prise de Cambrai par le duc d'Anjou, 18 août 1581. Les *Mémoires de Marguerite de Valois* (édit. Lalanne, p. 91 et suiv.), les *OEconomies royales* de Sully (chap. xvi), le *Journal de L'Estoile* (août 1581), donnent beaucoup de détails sur ce fait d'armes. On conserve dans le f. fr. (vol. 3902, f. 238) une relation manuscrite de cette campagne.

2. Prise de Cateau-Cambrésis par le duc d'Anjou, 21 août 1581. Charles de Beaune, vicomte de Tours, fut tué à ce siège, et Jean de Monluc, s. de Balagny, y reçut un coup d'arquebuse.

3. D'Aubigné se trompe. Le duc d'Anjou alla en Angleterre, où il arriva le 1er novembre 1581, et y demeura trois mois, vivant dans une grande familiarité avec Élisabeth.

son authorité; cet édict donné à la Haye, le vingt-sixiesme de juillet mille cinq cents huictante un. A cela fut adjoustée une forme de serment pour abjurer le roi d'Espagne[1]. Incontinent après, l'archiduc Mathias, ayant de son bon gré déposé son authorité, reprit le chemin d'Alemagne, après avoir receu du pays honneurs et présents[2].

Le duc de Parme, ayant sceu par le marquis de Rombai que le prince d'Espinoy[3] son frère, lors général de l'armée des Flamens, avoit emmené en Flandres la pluspart de la garnison de Tournay, feignant de marcher pour rompre une entreprise sur Gravelines, tourna court assiéger Tournay[4]. Il commença en mesme temps trois mines et une batterie de trente-six canons et puis fit donner assaut général par la grand'brèche et par celle des mines. Ceux de dedans, après en avoir esventé quelques-unes, soustindrent l'assaut, où les garçons et filles se meslèrent parmi les gens de guerre, tesmoin deux fillettes que la mine fit sauter, et qui, estans enterrées jusques aux espaules au pied de la brèche, Montigni[5], revenant de l'assaut blessé, les fit déterrer et les renvoya dans la ville, n'ayant mal que d'estonnement.

1. Ces documents sont analysés par M. Kervyn de Lettenhove (les Huguenots et les Gueux, t. VI, p. 97).
2. Le 7 juin 1581, l'archiduc Mathias renonça à sa charge de gouverneur général des Pays-Bas; le 29 octobre, il sortit d'Anvers en fugitif, sans avoir seulement obtenu des États les subsides nécessaires à son voyage.
3. Hugues de Melun, prince d'Épinoi, frère de Robert de Melun, marquis de Roubaix.
4. Siège de Tournai par le prince de Parme, 1er octobre 1589.
5. Emmanuel de Lallain, s. de Montigny.

Sur la fin de novembre, le colomnel Preston, Écossois, ayant chargé le cartier des Alemans et deffaict la compagnie du prince de Chimai[1], entra dans la ville. Les nécessitez estoyent desjà telles qu'avec l'aide du Cordelier Geri, à la suasion duquel les katholiques refusèrent de combattre plus, la princesse d'Espinoy[2], qui estoit dedans, capitula avec les marquis de Renti[3] et de Rombai, ses frère et beau-frère, et rendit la ville à bonne composition et bien gardée, le neufiesme de novembre mille cinq cents huictante-un[4]. Deux entreprises presque en même temps eurent mesme succès ; celle de Bourbourg[5], que les Estats faillirent, y perdans ceux qui y estoyent entrez, et celle de Berg-op-Zon[6] par son seigneur mesme : toutes les deux faillies pour estre les premiers entrez mal suivis, et perte à chascune d'environ six vingts hommes.

Les Estats employèrent le mois de décembre en une grande assemblée[7], où le prince d'Orange, voyant ses remonstrances inutiles, voulut despouiller sa charge[8] ; mais il fut suplié de la garder, pour le moins en

1. Charles de Croy, prince de Chimay, fils du duc d'Arschot.
2. Iolande de Barbançon, princesse d'Épinoi, sœur d'Emmanuel de Lallain, s. de Montigny.
3. Robert de Melun, marquis de Richeberg, dit le marquis de Renty.
4. Prise de Tournai par les Espagnols, 30 novembre 1581.
5. Entreprise sur Bourbourg, novembre 1581. Cette place était une de celles que le roi de Navarre tenait de la succession de son père.
6. Entreprise de Claude de Berlaymont, s. de Haultepenne, gouverneur de Breda, sur Bergen-op-Zoom, 5 décembre 1581.
7. Le prince d'Orange assembla les États à Anvers le 1er décembre 1581.
8. La charge de gouverneur général dont le prince d'Orange était investi devait expirer au mois de janvier 1582.

attendant la venue de Monsieur, vers lequel, pour le haster, furent despeschez[1] Sainct-Aldegonde[2] et Junius[3]. Ils le trouvèrent en Angleterre destourné des pensées de la guerre, pour l'amour qu'il traictoit avec la roine, duquel ils vindrent jusques à bagues données, avec une condition pour Monsieur que le roi son frère auroit quelques articles agréables.

Le temps d'aller en Flandres s'approchant, la roine voulut conduire son hoste jusques à Cantorbéri, et, le huictiesme de febvrier[4], pour son adieu, lui fit des remonstrances prophétiques, le priant surtout de faire son conseil de ceux du pays. Elle lui donna pour l'accompagner en Flandres le comte de Lincestre[5], les millords Havard et Husdon, l'un amiral, l'autre un de ses premiers conseillers, qu'elle chargea de dire au prince d'Oranges et aux autres seigneurs que le service qu'ils feroyent au duc seroit à elle-mesme. Il y avoit encores plusieurs millords et chevaliers anglois, avec lesquels, à deux jours de là, Monsieur prit terre à Flessingue[6], où, ayant trouvé les princes d'Orange et d'Espinoy, il se passa entre eux plusieurs propos

1. Selon de Thou, les États envoyèrent au duc d'Anjou Dohain et Jean Junius.
2. Philippe Van Marnix, s. de Mont-Saint-Aldegonde, né en 1518, littérateur, théologien, négociateur, homme d'État protestant, l'âme de la révolte des Pays-Bas. Il mourut en 1598. M. Quinet a écrit sa vie (Paris, 1854, in-18).
3. Jean de Jonghe, dit le docteur Junius, bourgeois d'Anvers.
4. Ce fut le 9 février 1582 que le duc d'Anjou s'embarqua à Douvres pour passer en Zélande. Voyez les notes du chap. xviii.
5. Robert Dudley, comte de Leicester. Charles Howard, amiral d'Angleterre, et Hunsdon étaient chevaliers de la Jarretière et faisaient partie du conseil de la reine d'Angleterre.
6. Débarquement du duc d'Anjou à Flessingue, 11 février 1582.

de courtoisie[1]. Ayant receu là son entrée, il alla à celle de Midelbourg[2], d'où, après plusieurs magnifiques festins et présents, et, de là passé par Lislo[3], il vint le neufiesme du mesme mois dans Anvers[4]. Là, après avoir esté reçeu de plusieurs sortes de bataillons et de salves, il trouva un eschafaut aux fauxbourgs, sur lequel il presta serment solemnel entre les mains du chancelier[5], pour maintenir tous les articles du traicté, et notamment ce qui touchoit les privilèges d'Anvers. En mesme lieu, il fut vestu du manteau ducal, par le prince d'Orange, qui dict en le mettant : « Serrons bien ce bouton que le manteau nous demeure. » Et le prince dauphin[6], qui estoit venu trouver Monsieur depuis peu, comme il recevoit le chapeau de mesme main, s'écria : « Mon frère, enfoncez bien ce chapeau, qu'il ne s'envole. » Au milieu de la ville, après plusieurs harangues, le duc fit un second serment et receut la clef d'or des mains de Stralle[7], et les hérauts commencèrent à crier : « Vive le duc de Brabant[8]. » Il fit jetter largesse d'une monnoye, où il portoit pour devise : « Fovet et discutit, » ce qui se trouva vrai. Je laisse aux historiens du pays à descrire l'ordre des

---

1. De Thou donne quelques détails sur l'entrevue du duc d'Anjou et du prince d'Orange à Flessingue (liv. LXXV).
2. Le duc d'Anjou alla à pied de Flessingue à Middelburg, où il arriva le 12 février 1582.
3. Passage du duc d'Anjou à Lillo, sur l'Escaut, 18 février 1582.
4. D'Aubigné se trompe. Le duc d'Anjou entra dans Anvers le 19 février 1582.
5. Théodore de Liesveldt, chancelier de Brabant.
6. François de Bourbon, duc de Montpensier.
7. Le s. de Stralen Amptman était bailli d'Anvers.
8. Le duc d'Anjou fut proclamé duc de Brabant, de Limbourg et de Lothier le 19 février 1582.

bandes, les livrées, et encores comment, le jeudi suivant, les cérémonies se passèrent en la prise de possession[1]. J'adjouste seulement que, par acte particulier, il prit la religion refformée en sa protection[2].

Il faut sçavoir que fait le duc de Parme, qui cependant, après avoir veu sa mère[3] à Namur, despesche partout pour faire retourner les bandes qui avoyent fait la guerre au Pays-Bas, et l'abbé de Sainct-Vast[4], en Espagne, qui en rapporta tout consentement du roi Philippe. Durant cette petite course à Namur, les Albanois furent chargez à un convoi à Warcoin[5] en Tournesis.

Ceux de Frize fortifièrent Oldehorne et battirent Verdugo, les pensant enlever à demi-besongne, et gaignèrent Keppel[6] par surprise sur les glaces, et le chasteau de Bronckhorst[7] par assaut.

De ce temps, le prince d'Orange eut dans sa chambre un coup de pistolet dans la gorge, de la main d'un Joanille[8], suscité par Gaspar d'Anastre[9], son maistre ;

1. Prise de possession officielle par le duc d'Anjou du duché de Brabant, 22 février 1582.
2. Par une ordonnance du 15 mars 1582, le duc d'Anjou permettait aussi le libre exercice de la religion catholique.
3. Marguerite d'Autriche, duchesse de Parme et gouvernante des Pays-Bas, fille de Charles-Quint, épouse d'Octave, duc de Parme, morte en janvier 1586.
4. Jean Sarasin, abbé de Saint-Vaast.
5. Un corps de 200 cavaliers albanais fut mis en déroute près de Warcoin par la garnison de Menin au mois de mars 1582.
6. Lisez Meppel (*Mémoires anonymes sur les troubles des Pays-Bas*, t. V, p. 323). L'édition de 1618 porte aussi Meppel.
7. Bronchorst, dans le comté de Zutphen, sur l'Issel.
8. Jean de Jauréguy, employé dans une maison de banque à Anvers. Le *Journal de L'Estoile* donne quelques détails sur cette tentative d'assassinat à la date du mois de mars 1582.
9. Gaspard d'Anastro, banquier à Anvers, était, dit de Thou, à la veille de faire banqueroute (De Thou, liv. LXXV).

l'affaire communiqué à La Motte[1], gouverneur de Gravelines, mais principalement confirmé à ce dessein par le Jacobin Tinmerman[2], qui lui persuada qu'il deviendroit invisible sur la vertu de quelques caractères et petits ossements. Le moine l'ayant conduit jusques dans l'escallier de la chambre, l'assassin fut tué par les gardes et puis avec son corps furent exécutez le moine et un autre[3] de l'entreprise[4]. Sans la diligence du magistrat pour la preuve des auteurs, le peuple crioit aux massacreurs des nopces de Paris[5]. Monsieur fit mettre les armes bas à tous ses gens et gagna le logis du prince d'Oranges, comme par devoir de le visiter[6]; le prince ayant esté deux ou trois fois abandonné des médecins, à cause des hæmorragies qui recommençoyent à toutes les fois que l'escarre tomboit. Enfin, comme sa playe se porta mieux[7], rasseura Monsieur, et eux ensemble firent prester un serment nouveau aux catholiques qui n'avoyent la

---

1. Valentin de Pardieu, s. de la Motte.

2. Antoine Timmerman était dominicain. Sa culpabilité est au moins douteuse et n'est certifiée que par des pièces contestées.

3. Antoine de Venero, de Bilbao, caissier d'Anastro.

4. Tentative d'assassinat du prince d'Orange par Jean de Jauréguy, dimanche 18 mars 1582. M. Gachard a publié dans la *Correspondance de Guillaume le Taciturne* (t. VI, p. 46 et suiv.) plusieurs pièces et relations relatives à ce crime.

5. Sur le premier moment, le duc d'Anjou, en souvenir de la Saint-Barthélemy, fut accusé d'avoir armé le bras de Jauréguy. Voyez les *Mémoires de La Huguerye*, t. II, p. 207.

6. M. Gachard, dans la *Correspondance de Guillaume le Taciturne* (t. VI, p. 65 et suiv.), a publié plusieurs lettres et déclarations émanées du duc d'Anjou à ce sujet.

7. Le prince d'Orange fut à peu près guéri au bout de deux mois. Le 2 mai 1582, il alla au temple rendre grâces à Dieu (De Thou, liv. LXXV).

messe qu'à la cour de Monsieur; et le duc de Parme, qui avoit desjà rempli tout le pays de lettres[1] sur la certitude de l'assassinat, envoya dans Anvers conforter ceux qui faisoyent doubte de prester ce nouveau serment. Cependant, Sesseval[2] et autres capitaines de Monsieur, s'estans approchez de Namur, furent cause que ceux d'Aix, désassiégez, forcèrent et bruslèrent le chasteau de Calkouen, faillirent Namur, prindrent Lans[3]; mais, le marquis de Rombai les investit, et en furent quittes pour le bagage.

L'armée espagnole marche au siège d'Oudenarde[4]; en passant deffait trois compagnies de la garnison de Meenen[5], qu'elle prit avec le chasteau de Castens. Les Gantois firent quelque devoir de secourir Oudenarde. Le duc d'Anjou aussi avança pour cela, mais si froidement qu'après trois mois de siège, la ville se rendit sans autres nécessitez que manque de nouvelles de leur supérieur. Pour relever ceste faute, Monsieur fit entreprendre sur Alloost[6] par Corbeke, gouverneur de Bruxelles[7], et Famas[8], de Malines. Ceste entreprise

1. Les lettres du prince de Parme aux États des Pays-Bas sont datées du 25 mars 1582.
2. René de Senincourt, s. de Sesseval, favori de Louis de Clermont de Bussy d'Amboise.
3. Prise de Lens en Hainaut par Montigny, commencement d'avril 1582.
4. Oudenarde, sur l'Escaut. Sur la prise de la place par le prince de Parme, voyez de Thou, liv. LXXV.
5. Menin, dans la Flandre autrichienne, sur la Lys.
6. Alost, sur la Dendre. — Prise de la place par le duc d'Anjou, 23 avril 1582.
7. De Thou nomme le gouverneur de Bruxelles le s. de Tempel (liv. LXXV).
8. Charles de Liévin, s. de Famars, gouverneur de Malines.

n'eut autre invention qu'une ferme opiniastre escalade, par trois endroits, qui réussit. Les Espagnols emportèrent Geisbeke[1] par des hommes desguisez, qui feignoyent venir du pillage d'Alloost. L'escalade de Diest[2] ne réussit pas si bien, car les Espagnols y perdirent deux cents hommes, entrez et mal suivis. De mesmes ceux des Estats, battus à une entreprise sur Ascot[3]. Mais ils emportèrent Tillemont[4] qu'ils abandonnèrent après.

Le vingt-quatriesme juillet, le duc[5] et le prince d'Orange, vef de peu de jours par la mort de Charlotte de Bourbon[6], et tous les grands du pays s'acheminèrent vers Bruges[7], où, le duc estant receu avec grande despense, l'on descouvrit l'entreprise de Salcède[8] que nous particularisons en autre lieu. De là, ayant fait par les principales villes de Flandres plusieurs entrées, la magnificence desquelles n'est pas de notre labeur en ce lieu, aimant mieux rendre compte de ce que firent les gens de guerre durant ces pourmenades, comme de la prinse de Lière[9], à trois lieues d'Anvers, trahie par Sympel, Escossois[10], capitaine en la garnison,

1. Prise du fort de Gaesbeke par les Espagnols, fin avril 1582.
2. Diest, dans le Brabant, sur la Demer.
3. Arschot, dans le Brabant, sur la Demer.
4. Prise de Tillemont par les habitants de Diest et d'Herenthals, commencement de mai 1582.
5. Le duc d'Anjou.
6. Charlotte de Bourbon-Montpensier mourut le 5 mai 1582.
7. Le duc d'Anjou fit son entrée à Bruges le 17 juillet 1582 et non le 24.
8. Sur la conjuration de Salcède, voyez le chap. XVIII du présent livre.
9. Prise de Lière par les Espagnols, 31 juillet 1582.
10. Guillaume Semple.

lequel feignit de revenir d'une course de nuict avec grand butin pour faire ouvrir une porte qu'il livra aux Espagnols.

L'armée du duc estoit cependant vers Dunkerque[1], et, le venant trouver, fut chargée par les Espagnols, que le colomnel Norreis engagea, deffit le baron de Balançon, ses troupes estans receues par Monsieur. Le prince de Parme, qui avoit joint le comte Martinangue et Manriquez[2], marcha pour combattre. Monsieur n'avoit lors que quatre mil hommes, le gros desquels n'ayant peu entrer dans la ville comme avoyent faict les princes, ils campèrent le vingt-troisiesme d'aoust à un village[3] à demie-lieue et le lendemain battirent aux champs dès le poinct du jour à veue des ennemis espagnols. La Pierre, mareschal de camp, jetta hors les jardins du village quelques quarante chevaux sans ordre, soustenus de six vingts argolets; et, durant une froide escarmouche, qui fit pourtant penser aux Espagnols qu'il se faloit battre au logis, la teste des bandes sortit commandée par Norreis, le colomnel Bouc[4] après lui, les reistres à[5] leur gauche et sept compagnies d'Anglois et François, au milieu, les troupes flamandes et escossoises. La retraicte se faisoit par Sesseval avec son régiment de

1. Un combat se livra entre les Espagnols et les Français à Berg-Saint-Vinox, près de Dunkerque, le 1er août 1582.
2. Jean Manrique de Lara, s. de Saint-Léonard, vice-roi de Naples en 1557.
3. La rencontre des armées françaises et espagnoles se fit sous les murs de Gand (De Thou, liv. LXXVI).
4. Hans Boock, colonel allemand.
5. Var. de l'édit. de 1618 : « ... *les reistres* de Mansfeld *à leur gauche...* »

cavalerie et mille Anglois moitié picquiers. Ceux de l'escarmouche, sentans leurs compagnies hors du village, regagnent leurs chevaux et passent le village au grand pas, où donnent aussitost mille chevaux et deux mille fantassins espagnols, qui passèrent le village sans recognoistre. Mais ces troupes, estans dans un pays avantageux, trouvèrent une perpétuelle semence d'embuscades, par lesquelles les premiers estans eschaudez et Norreis avec ses Anglois ayant renversé deux cents chevaux, les bandes prirent place de combat à la faveur de la ville et d'un rempart bien artillé. De plus, Rochepot[1], ayant fait sortir cinquante ou soixante des plus volontaires par la porte Sainct-Liévain, se logea dans le fauxbourg favorablement.

Le prince de Parme, estant arrivé avec son corps d'armée, voulut faire paroistre qu'il y estoit et fit retourner dans le fauxbourg ceux qui en estoyent partis. Mais, trouvans les autres trop bien logez et après perte des deux costez, il fit enterrer deux cents des siens à la veue de la ville, et avec bon ordre reprit le chemin par où il estoit venu. Le lendemain le duc fit son entrée à Ruremonde[2] et de là prit le chemin d'Anvers[3].

Cependant, Locum[4] estoit assiégé par Verdugo, ravitaillé par Guillaume de Nassau, et cela par deux fois ; à la seconde receu rudement, sa cavalerie mise

---

1. Antoine de Silly, comte de Rochefort et de la Rochepot.
2. L'édition de 1618 porte, comme de Thou, *Denremonde*. — Les habitants de Dendermonde firent une réception magnifique au duc d'Anjou (De Thou, liv. LXXVI).
3. Arrivée du duc d'Anjou à Anvers, 2 septembre 1582.
4. Lochem, dans la Gueldre, sur la Berckel. — Siège de Lochem, août 1582.

en route, mais ne laissa pas de couler dans le siège Allain[1] et son régiment. Verdugo quittoit la ville, mais, ayant esté renforcé de quinze cents hommes que le comte de Mansfeld[2] et Hautepenne amenèrent, ils la rassiégèrent ensemble encores vingt-cinq jours. Au bout desquels le comte de Hohenloo[3], fortifié du colomnel Norreis et de quatre mil hommes, François, Anglois ou reistres, marcha la teste baissée au secours. Le comte de Mansfeld lui quitta les logis qu'il avoit outre l'eau. Le comte s'en saisit, refit un pont par lequel La Maurie, avec son régiment et les vivres, entra dans la ville. Le lendemain, au poinct du jour, l'armée leva le siège[4] pour prendre le chemin de Grole[5] avec perte de quinze cents hommes, parmi ceux-là, du baron d'Enholt[6]. Les troupes de secours assiégèrent et emportèrent d'estonnement Keppel et Broncorst.

Le duc d'Anjou, sur la fin de septembre, envoya Sainct-Luc assiéger et prendre Guesbeke et Thoulouse, et d'autre costé Rochepot, qui emporta Échouen[7]. Or, se fortifians les armées des deux costez, celle de Monsieur, de trois mille hommes, qu'amenèrent vers la frontière le duc de Montpensier et le mareschal de

1. Le s. d'Allins, gentilhomme d'Arles, en grande estime auprès du roi de Navarre, plusieurs fois cité dans les *Lettres de Henri IV*, colonel de gens de pied au service du duc d'Anjou.
2. Pierre-Ernest, comte de Mansfeld, prince de l'Empire, né en 1527, mort le 2 mai 1604.
3. Philippe, comte de Hohenlohe, fils de Louis-Casimir, comte de Hohenlohe, né le 17 février 1550, mort le 5 mars 1606.
4. Le capitaine Verdugo lève le siège de Lochem en Gueldre, 24 août 1582.
5. Groll, dans la Gueldre.
6. Le s. d'Anholt, baron de Gueldres et de Frise.
7. Eckoven, près de Lière (province d'Anvers).

Biron; celle des Espagnols bien autrement, comme de cinq mille Espagnols sous Mondragon[1] et Pedro de Pas[2]; d'autant d'Italiens sous Marico Cardomi et Camillo d'Ermonte[3], avec deux mil lanskenets et encor grand argent pour ses payements, si bien qu'avec ses autres bandes, il fit monstre, en septembre 1582, de cinquante-deux mille hommes de pied et huict mille chevaux. Leur première besongne fut à faire quitter une bourgade[4] qui se fortifioit entre Cambrai et Valenciennes, Chasteau-Cambrésis, Bohain, Nieuwenhove, les chasteaux de Lyderkerke et Gaisbeke[5]. Après cela ceste grosse armée, aussi bien que les forces françoises, fut contraincte par l'hiver de se disperser aux garnisons.

Ceux de Frise ne se retirèrent pas si tost. Verdugo ayant, par l'advertissement d'un paysan qui avoit travaillé aux fossés, emporté d'escalade Steenvick[6] qui avoit tant cousté, et le comte de Hohenloo ayant par siège emporté Mège et quelque chasteau en Gueldres, Eindove[7] et autres petits forts indignes de nom, l'estat du pays fut troublé par ce que nous allons raconter.

---

1. Christophe de Mondragon, vieux capitaine qui servait dans les armées espagnoles depuis le règne de Charles-Quint.
2. De Thou le nomme Pierre Pacheco.
3. Mario Cardoino et Camille Bourbon del Monte, d'après de Thou.
4. Le premier exploit du prince de Parme fut la prise de l'Écluse au commencement de novembre 1582.
5. Prise de Câteau-Cambrésis, Ninove, Liedekercke et Gaesbeke par le prince de Parme au commencement de novembre 1582.
6. Prise de Steenwick, sur l'Aa, par François Verduge, 17 novembre 1582.
7. Prise de Meghem, dans le Brabant, sur la Meuse, et d'Eindoven, 7 janvier 1583.

Vous aurez veu au chapitre de la liaison les causes du project de Monsieur : en voici l'exécution. Le seizième jour de janvier, Allost[1], bourgmaistre d'Anvers, sur un advis qu'il avoit receu, advertit le prince d'Oranges d'un dessein sur la ville[2]. Les principaux avec ce prince allèrent sur le soir prier Monsieur qu'il trouvast agréable quelque garde extraordinaire qu'ils vouloyent faire, comme estans advertis de plusieurs endroits d'une entreprise des François sur leur ville. Monsieur éluda ceste opinion en termes généraux et consentit ce qu'il ne pouvoit empescher. Le lendemain le prince d'Oranges le va trouver, lui parle du dessein plus ouvertement, le prie de remettre la reveue de l'armée qui estoit assignée à ce jour-là, et en tout cas que sa personne ne sortist point de la ville. Monsieur, qui avoit donné ce jour-là pour les exécutions qui se devoyent faire par tout le pays et partant ne pouvoit différer, se deffit du prince avec promesses doubteuses, et, fort troublé, appela dans un cabinet les principaux des siens; entre ceux-là Rochepot et Sesseval[3], qui, premiers moteurs de l'entreprise, ayans trouvé tout facile, au commencement s'estonnèrent. Fervaques, qui avoit contredit aux délibérations, raffermit le cœur de Monsieur, qui, à une heure après midi, accompagné

1. Pierre d'Alost.
2. Dans son récit de la tentative du duc d'Anjou sur Anvers, d'Aubigné a suivi en l'abrégeant le beau récit de de Thou (liv. LXXVII). La *Correspondance de Philippe II* (t. III), les *Archives de la maison de Nassau* de Groen Van Prinsterer (t. VII) et la *Correspondance de Guillaume le Taciturne* (t. V) contiennent de nombreux documents sur l'histoire de cette triste journée.
3. Le s. de Sesseval était gouverneur de Vilvorde, dans le Brabant, sur la Senne.

de Suisses, de François et de deux cents gentilshommes, sortit par la porte de Kipedorp. Les deux ponts estans passez, les premiers retardans et ceux de derrière accourants, l'entre-deux des portes fut rempli. Rochepot feignit d'avoir eu la jambe rompue en la foule. Un bourgeois de la garde[1] accourut pour le soulager. Il lui donna un coup d'espée[2] sur la teste, qu'il avoit nue, comme tous les autres, pour faire honneur à leur seigneur passant. Voilà tout le reste du corps de garde traicté de mesme et chargé de coups d'espée, au poinct que le mareschal de Biron[3] descoupla quatre cornettes. Ceux-là donnèrent au cul de la noblesse, qui estoit rentrée, et après eux dix-sept enseignes d'infanterie emplirent les premières rues, crians : *Ville gagnée* et *vive la messe!* Comme ceste foule emplissoit la rue neufve et celle de Kippedorp, Fervaques donna par les remparts à la porte de l'empereur et gagna l'artillerie. Monsieur avoit fait entrer les Suisses, et autre infanterie après eux, en leur criant : « Tout est à nous! » Si bien que le gros des enseignes estoit dans le marché et la meelle.

Il y avoit une heure que l'armée entroit quand quelques bourgeois, résolus à la mort, emplirent une rue de picques et hallebardes et arrestèrent une des quatre cornettes derrière eux. On forma quelques bar-

---

1. Ce bourgeois était un capitaine de la ville nommé Keiser.
2. De Thou attribue cet acte de trahison à un Français qu'il ne veut pas nommer. Mais Brantôme est moins réservé. Suivant lui, le coupable était le comte de la Rochepot, dont il est question plus haut; l'annotateur de la traduction en onze volumes (1742, liv. LXXVIII, p. 271) désigne le s. de Sainteval.
3. Du Plessis-Mornay assure que le maréchal de Biron condamnait formellement l'entreprise.

ricades de meubles jettez par les fenestres. Mais il la falut aussitost rompre pour laisser passer une grosse foule de bourgeois qui avoit sept ou huict des gardes du prince d'Oranges[1] à leur teste.

Après cela vindrent en bataille tambour battant toutes les forces de la ville. Les plus avancez, par l'ordre qu'y mit le prince d'Oranges, regagnèrent le rempart et l'artillerie, de laquelle partie fut poinctée vers les rues, l'autre au dehors vers Monsieur; lequel, s'estans retiré à l'abri du fauxbourg aux premières volées, ne put plus eschauffer personne à entrer. L'effroi estant mis dans l'armée, les rues voisines de la porte furent bientost couvertes de morts, et l'entre-deux des portes plein à la hauteur de la bascule.

Le meurtre fut de quinze cents hommes, contez en enterrant tout à la fois, sans ceux qui depuis moururent à la ville et au dehors; cent quarante prisonniers[2].

Ceux de la ville y perdirent aussi quatre-vingts bourgeois, le colomnel Wierendeel, deux capitaines et le sergent-major[3].

[1]. Guillaume le Taciturne, qui occupait le château-fort d'Anvers, n'avait pas été mis dans le secret de cette trahison, et le duc d'Anjou s'était vainement efforcé de le faire sortir de la ville. Il prit les armes pendant le combat et contribua à la déroute des gens du duc d'Anjou. Voyez la *Correspondance de Guillaume le Taciturne*, t. V, p. 80 et suivantes.

[2]. La tentative du duc d'Anjou sur Anvers (17 janvier 1583) est connue chez les annalistes belges sous le nom de *Journée de Saint-Antoine*. Tous les historiens l'ont jugée comme elle le mérite, c'est-à-dire comme un acte de trahison aussi odieux dans son principe que mal combiné dans son exécution. Elle tourna contre son auteur et marqua justement la fin de la souveraineté du duc d'Anjou dans les Pays-Bas.

[3]. Le colonel Adrien Vierendeel, les capitaines Reynier Michaut et Gaspard de Hoymaker et le sergent-major Balthazar Thas.

Monsieur gaigna Rimenant[1] pour donner à Willeworde, escrivant en chemin aux villes principales[2], pour donner le tort à ceux d'Anvers[3].

De mesme temps, les François emportèrent Dixmuiden, Dermonde[4] et Willeworde. Ceux de Bruges saisirent La Fougère, qui passoit par leur ville avec six compagnies, et par là firent tout sortir. Villeneuve, comme réformé, rendit Winokberghe, qu'il avoit prise, quand il sceut qu'on avoit crié *vive la messe!*

Cet accident n'empescha point qu'il n'y eust commissaires, et du duc et de ceux d'Anvers, pour traicter une réconciliation, laquelle fut affectée par le prince d'Auranges, qui, avec beaucoup de peine, sauva ce qu'il put des enfermez. On conut entre les morts un fils du mareschal de Biron, un du comte de Chasteauroux, Sesseval, le baron du Vigean, le comte de Sainct-Aignan et Thianges[5]. L'un de ces deux sauta à cheval dans le fossé de la ville et y fut tué. C'est un long discours du mal que tout le reste de Monsieur endura par les eaux que ceux de Malines firent desborder en

---

1. Rimenant, sur les bords de la Dyle.
2. Lettres du duc d'Anjou à Olivier de Tempel, gouverneur de Bruxelles, et aux États des Pays-Bas, 20 janvier 1583. Voyez le contenu de ces lettres dans de Thou, liv. LXXVII.
3. Le soir même de sa fuite d'Anvers, le duc d'Anjou écrivit une lettre au prince d'Orange pour se plaindre de l'agression des habitants d'Anvers. Cette lettre est imprimée dans la *Correspondance du prince d'Orange*, t. V, p. 78. Le sénat d'Anvers publia plus tard une apologie.
4. Dixmuyden, sur l'Yperlée. — Dendermonde, au confluent de la Dendre et de l'Escaut.
5. Armand de Gontaut-Biron, s. de Saint-Blancard. — Jean de la Tour-Landry, comte de Châteauroux. — René de Senincourt, s. de Sesseval. — Gédéon de Pons, baron du Vigean. — Claude de Beauvilliers, comte de Saint-Agnan.

ouvrant les escluses. Plusieurs furent noyez, et le duc de Montpensier avec ses troupes n'eust peu eschapper sans un paysan qui leur enseigna un gué.

Voilà Monsieur baffoué par les principaux des siens, qui n'avoyent point trempé à l'entreprise, chassé de sa conqueste, mocqué en France, en mespris aux Espagnols et en horreur aux Estats.

La roine d'Angleterre, sur l'avis du prince d'Auranges, despesche à Anvers pour travailler à sa réconciliation[1]. Le roi, pour ce mesme effect, y envoya Mirambeau[2], et quand et quand le prince d'Auranges escrit un long discours sur l'utilité de ceste réconciliation[3]. Bellièvre y fut envoyé depuis[4], si bien qu'ils en vindrent à un traicté provisionnel, arresté le vingthuictiesme de mars[5] : dont les principaux articles

1. La lettre de la reine d'Angleterre au prince d'Orange, datée du 22 janvier 1583, est imprimée dans les *Archives de la maison de Nassau*, de Groen van Prinsterer, t. VIII, p. 142, et la réponse du Taciturne à la reine Élisabeth, du 14 février, dans le même ouvrage, p. 157.

2. François de Pons, s. de Mirambeau, capitaine protestant, eut audience du sénat d'Anvers le 7 février 1583.

3. Le prince d'Orange fit deux communications aux États généraux au sujet du parti à prendre et spécialement au sujet de la réconciliation avec le duc d'Anjou. La première leur fut présentée le 27 janvier 1583 et est imprimée dans la *Correspondance de Guillaume le Taciturne*, t. V, p. 302. La seconde communication fut lue en langue flamande aux États le 7 février et a été publiée en français, dans le même recueil, d'après une traduction autorisée, p. 95. Le parti espagnol fit aussi une traduction du discours du prince d'Orange et la publia (in-4°, 1583) *avec ung esclaircissement très utile...* très injurieux pour le prince d'Orange.

4. De Thou (liv. LXXVII) analyse les propositions présentées au nom du roi par Pomponne de Bellièvre au sénat d'Anvers.

5. Le traité du duc d'Anjou et du sénat d'Anvers fut signé à Termonde le 18 mars 1583, ratifié le 26 du même mois et publié

estoyent que Monsieur demeurera à Dunkerque pour achever le traicté ; que l'on conviendra de certains lieux pour faire avancer l'armée, avec plus libre usage de la religion catholique qu'il n'y avoit auparavant ; Dermonde sera remis ; pour les prisonniers, Monsieur fera rendre à Paris ceux qui avoyent esté arrestez à la nouvelle du malheur d'Anvers.

On fit mourir en mesme temps Cornille Hooghe[1], soi-disant bastard de l'empereur Charles, Pedro Dordogno[2], Espagnol, et Hans Hanssz[3], riche marchand de Flessingue ; le premier, pour avoir tramé une révolte ; les autres deux, attenté sur la personne du prince d'Auranges.

Sur telles desfaveurs du parti des Estats, l'Espagnol receut Indove[4] à composition des mains de Bonnivet[5], et puis Diest[6], rendue par Toker[7] et Vesterloo[8], où commandoit Uliet ; les deux gouverneurs repris pour

à Anvers le 2 avril suivant. Il est imprimé dans le *Corps diplomatique* de Dumont, t. V, p. 434.

1. Corneille Hooge, né à la Haye, était accusé d'avoir traité avec le roi Philippe par le moyen d'un Frison, nommé Jean Rattaler, qu'il avait envoyé en Espagne.

2. Pierre Dordonno avoua être venu exprès d'Espagne pour assassiner le prince d'Orange.

3. Jean Jansen avait tenté d'assassiner le prince d'Orange vers la mi-avril 1584.

4. Prise d'Eindoven par le comte de Mausfeldt pour le prince de Parme, 23 avril 1583.

5. Henri Gouffier de Bonnivet était maître de la place depuis le 7 janvier 1583.

6. Prise de Diest par les Espagnols, mai 1583.

7. L'édition de 1618 nomme ce personnage *Sohei*. — Le colonel Toecker était gouverneur de Diest.

8. Westerloo, dans le Brabant, sur la Nethe. — Prise de la place par les Espagnols, 5 juin 1583.

avoir rendu légèrement, et puis encores Sichem et Tongerloo ; mais il tasta en vain Herental[1]. Le mareschal de Biron prit Viersel[2], où mourut le colomnel La Garde, et de là saulta assiéger et prendre Woulde[3], à une lieue de Berg-op-Zon ; le capitaine italien[4] décapité à Breda pour l'avoir rendue.

L'accord provisionnel ne pouvant ramener les cœurs des Estats à Monsieur, il partit de Dunkerke le dixhuictiesme de juin pour gagner la France[5], et ne fut pas si tost deslogé que la ville fut investie par La Motte, gouverneur de Gravelines, qui n'y eut pas plutost présenté quatre canons qu'elle lui fut rendue[6] par Chamois[7].

Le duc de Parme, qui pensoit venir au siège, tourna vers Nieuport, qu'il eut aussi à bon marché[8]. Le prince d'Aurange avoit mis ordre à Ostende, que le Parmezan ayant trouvé trop ferme, il vint assiéger et emporter d'effroy Furnes et Dixmuide[9] ; de là[10], à Sainct-Wines

1. Siège d'Herenthals par le prince de Parme, juillet 1583.
2. Prise de Wierzel par le maréchal de Biron, avril 1583.
3. Siège et prise de Woude par le maréchal de Biron, 10 mai 1583.
4. De Thou dit que le château de Woude appartenait au marquis de Berghes et qu'il était défendu par 150 Italiens ; mais il ne fait pas connaître le nom du capitaine qui commandait la garnison (liv. LXXVII).
5. Le duc d'Anjou arriva à Calais le 28 juin 1583.
6. Prise de Dunkerque par les Espagnols, 15 juin 1583.
7. Le duc d'Anjou, à son départ pour la France, avait laissé le s. de Chamois à Dunkerque avec 500 fantassins.
8. La ville de Nieuport fut prise par le duc de Parme peu après le 15 juin 1583.
9. Les villes de Furnes et de Dixmuyden furent prises par le duc de Parme après le 15 juin 1583.
10. Var. de l'édit. de 1618 : «... *Dixmuide ;* de là à Berg et Sainct-Winoc, où *Villeneuve...* »

de Berghen, où Villeneuve le fit démordre pour la première fois, et puis la rendit avec permission de Monsieur, moyennant trois mois de paye à son régiment [1].

Cependant, l'armée espagnole séjourne devant Ypre, ayant gagné le fort du Sas, Hulst et Axelé [2].

Le prince d'Aurange se retire d'Anvers [3], où on grommeloit contre lui, pour avoir voulu restablir Monsieur, et le mareschal de Biron, le vingt-septiesme d'aoust, s'embarqua pour France, laissant la Flandres en mauvais estat, comme il parut par la perte de Gand et de Bruges, perdues en peu de temps, l'une par les menées d'Imbise [4], autresfois chassé de Gand et rappellé par les partisans espagnols qui estoyent en la ville. Les Gandois le firent leur bourgmaistre, souffrirent qu'il changeast tous les principaux officiers ; et puis, exhortez par ceux d'Anvers et de Bruxelles, firent mourir des siens et puis lui-mesmes. Mais en fin, tous les canaux qui arrivent à Gand estans retranchez et garnis de forts qui furent blocquez, et ces blocus enfermez encor d'un retranchement, si bien qu'il les falut rendre ; tout cela tournant au profit du duc de Parme ; ses partisans Gandois, après plusieurs mutineries, ayans

---

1. Prise de Bergues-Saint-Vinox, sur la Come, par le prince de Parme, mars 1583. M. le comte Kervyn de Lettenhove a publié, dans *les Huguenots et les Gueux* (t. VI, p. 401, note), une curieuse lettre sur la capitulation du régiment de Villeneuve, qui date approximativement la prise de Bergues.

2. Prise d'Ypres, sur l'Yper, et des forts du Sas, d'Hulst et d'Axelé, juin 1583.

3. Le prince d'Orange sortit d'Anvers le 21 juin 1583 et se retira en Zélande.

4. Jean d'Imbyse, étant à la cour de l'Électeur palatin, avait eu de secrètes intelligences avec les Espagnols par l'intermédiaire de Jean Gropper (De Thou).

temporisé jusqu'à la fin[1] de septembre, lui firent rendre la ville avec assez favorable composition[2].

La seconde perte signalée fut de Bruges, où il arriva que deux convois, le premier de deux cents hommes, l'autre de huict cents, que ceux de la ville envoyoyent à Ypre, furent deffaits, avec fort petite perte des Espagnols[3]; dont avint que, Bruges manquant d'hommes, il falut quitter Meenen; et ainsi, la campagne estant espagnole, le prince de Chimai[4], qui de long temps machinoit son appoinctement, induisit le peuple, premièrement à refuser des garnisons qu'on leur envoyoit de Zélande, et puis à quitter entièrement le parti des Estats, et encor le pays d'autour[5] et la ville de Dam[6]. Ce prince, changeant de religion, fut abandonné de tous les siens, et mesmes de sa femme[7], qui se retirèrent à l'Escluse, où Junius fut envoyé pour s'opposer, comme il fit, aux suasions du prince de Chimay.

1. L'édition de 1618 donne la date du commencement de septembre.
2. Prise de Gand par le prince de Parme, fin octobre 1583 (De Thou, liv. LXXVIII).
3. Prise d'Ypres par les Espagnols, 12 avril 1584 (De Thou, liv. LXXIX).
4. Charles de Croy, prince de Chimay, né au château de Beaumont le 1ᵉʳ juillet 1560, appartenait au parti catholique, mais il embrassa la Réforme après son mariage (3 sept. 1580) et devint, en juin 1583, gouverneur de Bruges. Il revint alors au parti espagnol. Ce fut sa dernière évolution. Il resta fidèle à Philippe II et mourut le 13 janvier 1612 (*Mémoires anonymes sur les troubles des Pays-Bas*, t. I, p. 241, note).
5. Réduction de Bruges à l'obéissance du roi d'Espagne, 20 mai 1584, d'après les *Mémoires anonymes sur les troubles des Pays-Bas*, t. I, p. 242, note.
6. Damm, à une lieue de Bruges.
7. Marie de Brimeu, comtesse de Meghem, veuve de Lancelot de Berlaymont.

D'une autre part, Zutphen fut surpris de jour par l'intelligence d'un soldat de la ville, qui, ayant esté abandonné en prison, promit à ses maistres de leur faire saisir un corps de garde; sur quoi ils le laissèrent aller, et exécuta ce qu'il avoit dit[1]. Deventer[2], voisine de là, fut bien tost incommodée par divers forts, lesquels encor, estans blocquez, furent tellement circuis des forces espagnoles que les assiégeants se rendirent à composition.

Au commencement de l'année suivante, ceux des Estats tastèrent Zutphen[3], mais l'assiégèrent au mois de mai de plus près, estans fortifiez par les bandes qu'Henri de Brunsvich[4] amenoit de la guerre de Coulongne. Lors Verdugo, qui ne vouloit pas laisser perdre Taxis[5], assiégé dans la ville, ayant joint Manriquez et le comte d'Aremberg[6], fit lever le siège[7] d'effroi. Le Parmezan, méditant ce qu'il appelloit *le grand œuvre* (c'estoit Anvers), attacqua en mesme temps, du costé de la Flandres, Liefkenstronck, par le vicomte de Gand, qui, après un assaut, repoussé par les feux qu'il fit jetter à la bresche, l'emporta de

1. Surprise de Zutphen par les Espagnols, 23 septembre 1583.
2. Deventer, au confluent de l'Yssel et de la Schipbeck.
3. Philippe de Marnix, s. de Sainte-Aldegonde, assiégea Zutphen au mois de septembre 1584.
4. Henri de Brunswick, troisième fils d'Ernest, duc de Lunebourg, né le 4 juin 1533, mort le 17 janvier 1598.
5. Jean-Baptiste de Tassis, chevalier de Saint-Jacques, conseiller et gentilhomme de la maison du roi, surintendant général des vivres, serviteur fidèle du roi d'Espagne.
6. Charles de Ligne, comte puis prince d'Arenberg, un des lieutenants du prince de Parme.
7. Levée du siège de Zutphen, septembre 1584.

force, fit tout tuer et de sa main poignarda des principaux, comme on les lui amenoit[1].

De l'autre costé de la rivière fut assiégé le fort de l'Islò[2], que ceux d'Anvers emplirent de leurs meilleurs hommes. Puis y mirent Teligni[3], fils de La Noue; et le capitaine Gau, gascon[4], avec sa compagnie, en deffit cinq à la première sortie. Le colomnel Balfour[5] se jetta aussi dans ce siège, qui, à une sortie, prit des prisonniers, desquels les assiégez apprirent par où on les vouloit miner et battre; dont avint qu'eux-mesmes eurent une mine preste à l'endroit de la bresche. Mais, pour y avoir mis le feu trop tost, ils firent sauter trente de leurs meilleurs hommes.

Les Espagnols, ayans bien recognu la force de ceste place, après trois sepmaines de siège, la quittèrent, se contentans de semer la rivière et le pays de quelques forts. Ceux qui avoyent défendu l'Islo se mutinèrent pour leur non-payement, chassèrent Teligni leur chef et contraignirent ceux d'Anvers à leur payement, de peur qu'ils ne livrassent le fort[6].

Comme Anvers et les autres villes commençoyent à appréhender leur mauvaise condition, leur arriva la mort du prince d'Oranges, tué le dixième de juillet

---

1. Prise de Liefkenshoeck, sur l'Escaut, par Robert de Melun, marquis de Roubaix, capitaine espagnol, 10 juillet 1584.

2. Le fort de Lillo, sur l'Escaut, près d'Anvers.

3. Odet de la Noue, s. de Téligny, fils de François de la Noue, capitaine et poète, mort en août 1618.

4. Var. de l'édit. de 1618 : « ... *capitaine Gau,* gasain, *avec sa compagnie...* »

5. Jacques Balfour, jurisconsulte écossais, membre du conseil privé de la reine en 1565, mort en 1583.

6. Sur le siège de Lillo par les Espagnols, voyez de Thou, liv. LXXX.

à Delf, où il demeuroit depuis un an, par un Balthazard Girard[1], haut Bourguignon; lequel, s'estant fait cognoistre et faisant semblant de vouloir faire signer un passeport, donna un coup de pistolet au prince dans l'estomach. Ses dernières paroles furent : « Mon Dieu, aye pitié de mon âme et de ce pauvre peuple! »

Ainsi mourut[2] ce grand homme de guerre et d'Estat, qui, ayant esté grand instrument des victoires de Charles le Quint, donna le bransle à la liberté de sa patrie.

L'histoire des Pays-Bas descrit les confessions et le supplice du criminel; par où il parut qu'Assonville[3] avoit esté chargé du duc de Parme pour mesnager cet affaire, auquel il fut conforté par un Jésuite de Trèves[4], qui lui promit qu'il seroit au catalogue des saincts martyrs.

Le prince d'Oranges avoit depuis peu espousé la vefve de Teligny[5], de laquelle est nay le comte Henri Federic[6].

1. Balthazar Gérard, né à Villefaus dans la Franche-Comté, était au service de M⁵ Pierre Loiseleur, dit de Villiers, ministre protestant.

2. Assassinat du prince d'Orange, 10 juillet 1584. M. Gachard a publié dans la *Correspondance de Guillaume le Taciturne* (t. VI, p. 3 et suiv.) un grand nombre de pièces, mémoires, lettres et relations relatives à la mort de ce prince.

3. Christophe d'Assonville était le chef du conseil du prince de Parme.

4. Les conférences de Balthazar Gérard avec le jésuite de Trèves avaient eu lieu, dit de Thou, au mois de mars précédent (liv. LXXIX).

5. Louise de Coligny, veuve de Charles de Téligny, quatrième femme du prince d'Orange.

6. Henri-Frédéric de Nassau, fils de Guillaume de Nassau et de Louise de Coligny, sa quatrième femme, né le 28 février 1584.

LIVRE DIXIÈME, CHAP. XXII.   355

Les Estats esleurent promptement le prince Maurice[1], son second fils, pour capitaine général; élection qui a réussi, comme nous verrons.

Sur ceste mort, le duc de Parme assiégea Ruremonde[2], où la capitulation[3] fut faussée par la mort des deux ministres, chose qui n'est guères arrivée à ce prince. Il receut aussi Willeworde[4]. Par ce moyen, Bruxelles demeurant sans navigation, ce fut aux Estats à despescher en France[5] et en Angleterre, d'où ils n'eurent que des promesses générales. Leurs despesches se firent de Delf, où ils estoyent assemblez. Des Pruneaux[6] y fut de la part du roi. Il y vint aussi un ambassadeur, de la part de deux évesques électeurs, mais ils le chassèrent, disants : « Qu'ils avoyent assez d'espions sans lui. »

mort le 14 mars 1647. — L'édition de 1618 ne donne pas le prénom de ce prince.
1. Maurice de Nassau, prince d'Orange, fils de Guillaume le Taciturne, né à Dillembourg en 1567, était élève de l'université de Leyde lorsque son père fut assassiné. Malgré son jeune âge, il prit en main le gouvernement des Provinces-Unies et tint tête, avec de faibles ressources, à toute la puissance espagnole pendant plus de trente ans. Maurice fut un des plus grands généraux de son siècle et mériterait tous les éloges si la fin de sa vie avait été marquée par autant de modération que ses débuts. Il mourut à la Haye, victorieux de ses ennemis, le 23 avril 1625.
2. Aubigné confond ici Ruremonde et Dendermonde. La ville de Dendermonde fut assiégée par les Espagnols le 10 août 1584. — Var. de l'édit. de 1618 : « ... *assiégea* Lobek, *où la capitulation*... »
3. La capitulation de Dendermonde fut signée le 17 août 1584.
4. Prise de Wilvorde par les Espagnols, 7 septembre 1584.
5. L'ambassade des Pays-Bas, dont le prince d'Épinoy était le chef, partit de la Brille, au commencement de janvier 1585, et arriva à Senlis dans le même mois, où elle attendit Henri III.
6. Roch des Sorbiers, s. des Pruneaux, autrefois conseiller intime du duc d'Anjou.

Nous sommes au siège d'Anvers, pour le commencement duquel la rivière fut bordée de quatre-vingts pièces de gros canon et quarante bastardes [1] ; cela sous la tutelle de divers forts. Les navires de Zélande ne laissans pas de passer avec quelques risques, le duc pressa la rivière par d'autres forts des deux costez. Les ennemis en maintenoyent d'autres, notamment ceux d'Austerveel et de Thoulouze, pour les foudroyer.

Ceux d'Anvers édifièrent un chasteau flottant, qui fut nommé *Fin de guerre*. Les parapets en estoyent espais de cinq pieds, et ceux de quatre petits boulevards de dix ; les hunes, à preuve du mousquet. Il y avoit dedans quarante canons de grosse batterie et autre menue artillerie ; pour garnison, cinq cents mousquetaires. Ceste lourde pièce, de grand coust, se perdit à son premier exploit, demeurant assablée et sur le costé, près des forts ennemis [2] ; si bien que ceux d'Anvers eurent à grand gain d'en sauver l'artillerie, avec leurs autres vaisseaux. Ils eurent recours à percer la digue au-dessus du Burcht [3], pour noyer l'environ de Caloo [4]. Mais, faute d'avoir laissé garde au pertuis, comme depuis ils y firent le fort de Teligni, mais trop tard, le duc fit passer grand'quantité de pleites, qui venoyent de Gand, et tout l'équippage du pont, qu'il machinoit faire pour passer Gordan [5], à Baloo ; et cela à deux fins, l'une pour oster le secours

1. Commencement du siège d'Anvers par le duc de Parme, septembre 1584.
2. Ces détails techniques sont tirés de de Thou (liv. LXXX).
3. Brucht, dans la Flandre orientale, près de Saint-Nicolas.
4. Calloo, dans le Waës, sur l'Escaut.
5. Le capitaine Gordon, Écossais, fut tué au combat d'Austrewel.
— Var. de l'édit. de 1618 : « ... *pour passer* d'Haorden *à Caloo*... »

de Zélande et aussi afin qu'une partie de l'armée peust secourir l'autre.

Dès lors commença la rumeur d'Anvers, pour demander la reddition. Mais Saincte-Aldegonde, ayant r'allié les plus fermes, harangua, sans oublier le rude traittement que recevoyent desjà ceux de Gand, et puis fit mettre cinquante-quatre prisonniers, qui avoyent osé présenter requeste pour la capitulation.

En peu de temps le prince acheva son pont[1], duquel au commencement il ne fit lier les pleites qu'avec des cables, dont avint que sept ou huict petits garçons, sur le point de la marée, allèrent de nuict scier les cables : ce qui fit que huict ou neuf batteaux du pont furent emportez jusques à Anvers. Cela fut bientost raccoustré.

Les Anglois, qui estoyent logez au fauxbourg de Burgerhout[2], se desroboyent par troupes pour aller trouver le duc, qui les recevoit avec présents.

Teligni, allant vers Convestein pour une entreprise de percer la digue (ce que les bouchers de la ville empeschèrent mal à propos), fut pris[3], et, ce jour mesme, un espion, que le prince renvoya à Anvers, lui donnant la vie pour raconter ce qu'il avoit veu.

Encor falut-il que ceste ville eust soin de Bruxelles. Mais deux de leurs convois furent deffaicts et les Bru-

---

1. Les Espagnols terminèrent le pont sur l'Escaut en mars 1585. Ils l'avaient commencé en octobre 1584. Voyez la description du pont dans de Thou, liv. LXXXIII.

2. Borgherout. Cette place fut prise un peu plus tard par les Espagnols, juin 1585.

3. Odet de la Noue, s. de Téligny, fut pris et emmené prisonnier à Tournai par Gaspard de Robles, s. de Billy.

xellois réduits à telle faim que, peu de jours après, ils composèrent[1] presques comme ceux de Gand.

En Frise, Niewenoort s'empara d'Auterdom[2], sur la rivière d'Ems. Verdugo, qui l'avoit voulu fortifier, l'assiégea en vain.

De ce temps fut l'entreprise[3] de Bois-le-Duc par le comte d'Hohenloo. Cinquante hommes s'estoyent coulez entre le tappecul et le pont-levis, lesquels, ayans au poinct du jour surpris ceux qui vouloyent faire la descouverte, saisirent le corps de garde et firent entrer le comte, qui ne faillit pas de laisser quarante hommes sur la porte, pour favoriser l'entrée de toutes les forces. Ces quarante, ayans laissé pour mort un vieillard qui gardoit la herse, quittèrent leur place pour aller prendre leur part du pillage.

Le soir d'auparavant s'estoit retiré dans la ville une compagnie de chevaux-légers, et quelques arquebuziers employez pour un convoi. Ces gens, voulans partir au poinct du jour, se trouvèrent le cul sur la selle comme on prenoit la ville. Ils courent à l'alarme. Les gens du comte, qui estoyent desjà à la place, voyent venir à eux quarante lances. Pource qu'ils sçavoyent bien que la ville estoit sans garnison, ils prennent cela pour une attrape. Ce fut à *sauve qui peut*, et le vieillard demi-mort abbattit la herse et reprit vie, pour la faire perdre à plus de trois cents hommes. Le comte

---

1. Le duc de Parme se rendit maître de Bruxelles le 13 mars 1585. De Thou a rapporté les conditions du traité (liv. LXXXIII).
2. Prise d'Ordam par Nienvort, commencement de mai 1585.
3. Coup de main du comte d'Hohenlohe sur Bois-le-Duc, 19 janvier 1585, à la persuasion de Julien de Cleerhage, officier dans le régiment d'Iselstein.

et l'amiral de Hollande[1] se sauvèrent avec grandes difficultez.

Cependant que ceux d'Anvers travailloyent, les uns pour la capitulation, les autres à l'empescher, par harangue, sermens et rigueurs, le pont estant bien parfaict sur trente et un bateaux, liez avec ancres, tout si commodément que les chevaux et l'artillerie pouvoyent passer, il le falut armer d'une liaison de masts de navires, défendus encor de plusieurs paux, que les Italiens appellent *Stecchi;* et de là ceste ceincture fut appellée *Steccata* et non pas *l'Estocquade*, qu'ont escrit les Flamens, par le mesme erreur qui a fait donner ce nom aux duels.

Ceux d'Anvers, par l'invention de Saincte-Aldegonde, firent, dedans un grand navire, comme une cave voûtée de briques[2]. Et cela encores environné de plusieurs meules de moulin et pierres pesantes; tout cela bien farci de poudres avec quelques pertuis, pour faire tomber des mesches, quand elles auroyent bruslé l'attache de filet. Il fut mis à la Drive le quatriesme d'avril[3]. Et, par le moyen d'un grand bois, servant de gouvernail lié, ceste machine alla briser le pont et la stecade, ne se contenta pas de mettre tout en pièces, alla tuer dedans les deux forts, des deux costez et sur la rive, de sept à huict cents hommes;

---

1. Justin de Nassau, fils naturel de Guillaume de Nassau, prince d'Orange.
2. Philippe de Marnix, s. de Sainte-Aldegonde, confia le soin de cette construction à Frédéric Jenibelli, de Mantoue.
3. Cette date est empruntée à de Thou, qui fait une description détaillée de la machine de guerre des défenseurs d'Anvers (liv. LXXXIII).

entr'iceux le vicomte de Gand, Gaspar Robles[1], et Torchies, capitaines signalez; ces deux premiers appellez bourreaux par les soldats.

A l'effroi de ce coup, les Holandois et Zélandois emportèrent les forts de Liefkenshoëk et du Doël[2]; le capitaine du premier puni de mort par le duc à cause de sa lascheté. Ceux d'Anvers n'entreprirent rien sur cet estonnement. On dit qu'ils eussent fait merveilles, en prenant l'occasion. Là-dessus, ils reçoivent nouvelles comment Nieumeghe, gardée par les deux religions, s'estoit prise elle-mesme et donnée à l'Espagnol, comme aussi Nievembeech en Frise et Doesbourg sur Yssel[3].

La Frise estoit gourmandée à tour de roolle par Verdugo, qui se saisit de Recterlem et Ruiemberg et emporta par composition Schulembourg[4], et cependant Guillaume de Nassau en assiégea et prit d'autres, et notamment Slykembourg[5].

Je ne vous dirai plus que la reddition de Malines[6], presque pareille aux autres, avant que d'achever le faict d'Anvers, à qui toutes choses succédoyent de mal en pis, comme de seize pleites accommodées pour porter le feu au pont, et les stecades refaictes, cinq navires qui estoyent en garde au-devant, comme aussi

1. Gaspard de Robles, s. de Billy.
2. Prise des forts de Liefkenshoeck et du Doël, 3 avril 1585.
3. Prise de Nimègue, Nievembeeck et Duysbourg par les Espagnols, fin janvier 1585.
4. François Verdugo s'empara de Reichteren, de Ruytemberg et de Schuylembourg à la fin de mai 1585.
5. Prise du fort de Slykembourg, entre Kuynder et Steenwyck, par Guillaume de Nassau, 23 mai 1585.
6. Malines se rendit aux Espagnols le 18 juin 1585.

des autres navires, pour le mesme effect, desquels mesmes ils eurent la poudre.

Or, pource que les réformez avoyent esté une fois repoussez, en pensant percer la digue à Convestein[1], les Holandois et Zélandois, qui avoyent perdu quelques navires à feu, qu'ils vouloyent aussi faire monter à la marée, donnèrent au poinct du jour avec cent trente vaisseaux, et firent une si furieuse batterie, à fleur de la digue, qu'ils la firent quitter, ensemble les ridotes aux Espagnols[2]. Cela faict, mettent pied à terre, fortifient les deux costez à double retranchement, l'un pour couvrir les pionniers qui faisoyent le principal. Ils eurent quand et quand les Espagnols sur les bras, qu'ils arrestèrent sur le cul, si bien qu'en trois heures ils eurent fait passage à leurs batteaux pour porter du bled dans Anvers.

Le duc de Parme, trouvant ses gens refroidis, pour la quantité d'hommes qui estoyent morts en ceste petite bataille, et entre ceux-là Pedro de Padille[3], fut secouru par Charles de Mansfeld; lequel, repoussé par deux fois, l'emporta à la troisiesme par la ruine que trois canons lui firent, et cela en donnant avantage aux bandes allemandes sur les espagnoles. Là, ceux qui, de la digue, s'estoyent sauvez dans les navires, firent leur retraicte si à regret que trente de leurs navires, desgarnis comme ils peurent, y demeurèrent.

1. Entreprise de Philippe, comte de Hohenlohe, et du colonel Iselstein sur le fort de Conwenstein, 7 mai 1585.
2. Les troupes de Hollande et de Zélande attaquèrent le fort de Conwenstein le 26 mai 1585. De Thou (liv. LXXXIII) donne de nombreux détails sur ce combat.
3. De Thou le nomme Simon de Padilla.

Ce combat cousta aux uns et aux autres 1,500 hommes. Le lendemain, ceux de la ville perdirent encores un grand batteau et trois galères, pource que le prince, ayant esté averti, y envoya Mansfeld et ses meilleurs navires. Un autre dessein de Zélande, avec de grandes hourques toutes rompues, vint à rien par faute de vent. Ces assiégez receurent froidement une autre grande invention pour brusler le pont; et puis, en mesme temps, sachant la desroute du comte de Meurs[1], attiré par Taxis en une embuscade, où il avoit perdu quatre cornettes et quatre cents hommes de pied, voyant aussitost encores le fauxbourg de Burgerhout[2] et plusieurs forts et retranchements, qui estoyent dedans, emportez à bon marché, sachans aussi, en mesme temps, deux compagnies de Malines battues à la campagne et puis la ville rendue, après avoir encor'essayé quelques navires foudroyans, que ceux du pont laissèrent passer; enfin, le 23 de juillet, ils entrèrent en un traicté[3] qui dura jusques au 17 d'aoust. Et, dix

1. Adolphe de Newenar, comte de Meurs et d'Alpen.
2. Prise de Borgherhout par les Espagnols, juin 1585.
3. Le 6 juillet 1585, le conseil de la ville d'Anvers autorise les négociations de Marnix de Sainte-Aldegonde avec le prince de Parme. Le 9, Marnix et les autres députés sont reçus au camp espagnol et ouvrent des négociations qui n'amènent aucun résultat. Le 23 juillet, elles sont reprises. Le 10 août, le conseil donne à Marnix les pouvoirs nécessaires pour capituler. Le 12, Marnix retourne au camp du prince de Parme. Le 17, il signe l'acte de capitulation. Le 27 août, le général espagnol fait une entrée solennelle à Anvers. Telles sont les péripéties de cet événement d'après les témoignages originaux. Nous devons ajouter que la faiblesse de la défense, surtout dans les derniers jours du siège, a été reprochée à Marnix de Sainte-Aldegonde comme une trahison. L'acte de capitulation d'Anvers a été imprimé dans les *Mémoires de la Ligue*, t. I, p. 201.

jours après, le duc de Parme fit son entrée en la ville[1]; où, se rencontrant La Noue, qui venoit d'estre délivré pour le duc d'Egmont[2], comme le prisonnier eut dit : « Je vous conseille de combler ici vos victoires et de pendre vostre espée au croc, » le prince respondit : « Vous dites vrai, Monsieur de la Noue, mes amis et moi en disons autant; mais le service du roi, à qui je suis engagé, ne me permet de choisir. »

La Noue avoit esté pris à Engelmontier[3] à une rencontre fortuite, où, selon sa coustume, il aima mieux estre prisonnier que fuyard; ce fut l'an 1580; d'où il sortit au bout de cinq ans[4], avec promesse de ne faire la guerre au Pays-Bas, pleigée par le duc de Lorraine[5] et contrepleigée par le roi de Navarre.

1. De Thou décrit les préparatifs de réception du prince de Parme à Anvers (liv. LXXXIII).

2. Philippe, comte d'Egmont, avait été pris à Ninove par François de la Noue, le 20 mars 1580, et amené prisonnier d'abord à Gand, puis au fort de Rammekens, en Zélande (De Thou, liv. LXXI).

3. François de la Noue avait été pris à Ingelmunster, sur le Mandelbeke, le 10 mai 1580, par Pierre de Melun, marquis de Richebourg, et amené prisonnier au château de Limbourg. Traité d'abord en espion, il n'obtint les égards dus à un prisonnier de guerre que sur une déclaration particulière du duc d'Anjou. Cette déclaration, datée du 20 mai, est conservée aux Archives nationales, K 1558, n° 128.

4. L'accord passé entre François de la Noue et le prince de Parme, à la suite duquel La Noue fut mis en liberté, est daté du 28 juin 1585 et imprimé dans la *Correspondance de François de la Noue*, in-8°, 1854, p. 233.

5. Une lettre du duc de Lorraine au roi de France, datée de Nancy du 9 septembre 1585, énumère et explique ces conditions (Orig., Ve de Colbert, vol. 9, f. 318).

Chapitre XXIII.

DE L'ÉDICT DE JUILLET.

Première paix avec les Liguez.

Sans enfler nostre ouvrage du style des édicts, nous nous contenterons que, par celui de juillet[1], premièrement : tous autres édicts, de quelque sorte qu'ils soyent, donnez en faveur des réformez, sont entièrement révoquez et annullez ; et cela après un narré, duquel le style estoit plus à l'apparence qu'à faire foi.

Commandement à tous ministres, docteurs et prédicateurs de ladite religion de vuider promptement le royaume sur peine de mort.

A tous autres de ladite religion d'en venir faire abnégation dans six mois et profession ouverte de la catholique ou bien dans ledict temps sortir hors toutes les terres de l'obéyssance du roi, avec un ordre exprès pour les perquisitions et poursuittes, tant par la justice ordinaire que prévosts des mareschaux.

Les armées des Lorrains, leurs commissions et exploits de guerre avouez et validez, comme ayant esté toutes leurs levées faites pour le pur service du roi ; à la charge, toutesfois, qu'ils poseront les armes partout, le mesme jour de la publication, et qu'ils se départiront de toutes ligues et associations, tant dehors le royaume que dedans.

---

1. L'édit de juillet 1585, signé par le roi après le traité de la reine avec les ligueurs, dit *traité de Nemours,* est publié par Fontanon, t. IV, p. 343. Voyez les notes du chap. xii de ce livre.

Voilà des clauses tant inespérées aux réformez que, comme ils s'estoyent fomentez de bonne espérance, se vantans partout qu'ils parleroyent comme les sergens de par le roi, chacun s'estant promis, en une paix asseurée, ou un repos ou une guerre sans les incommoditez huguenotes, les esprits n'ayans point pris leur résolution à quitter bien et familles, comme de coustume. Ce coup non attendu et bientost redoublé par un second édict[1], qui accourcissoit les termes de moitié, donna un tel effroi par toutes les parts du royaume qu'il fit aller à la messe trois fois plus de refformez que n'avoit faict la Sainct-Barthélemi.

Les gens de guerre, qui s'estoyent meslez dans les bandes catholiques, furent bien contens d'y garder leurs places et faire la guerre à leurs compagnons.

Le roi de Navarre, voyant son cousin qui jouoit le personnage du mauvais hors de France, perdit le ris de son désastre[2] pour le fardeau qui lui demeuroit sur la teste; la rigueur de l'édict se prattiquant plus exactement par ses voisins de Bourdeaux[3] qu'en nul autre lieu. Ce fut là où les Jésuites dressèrent la forme d'abjuration que nous avons alléguée au second livre du premier tome.

Les Rochelois se virent le desbris de leurs restes venir crier à la faim dans leurs fossez, n'y ayant dans le Poictou aucun poulce de terre tenu par leur parti.

Les nouvelles d'Allemagne et des refformez, entiè-

---

1. Ce second édit est analysé dans le *Journal de L'Estoile* sous la date du 16 octobre 1585.
2. Allusion à la déroute du prince de Condé à Angers. Voyez ci-dessus, chap. xv.
3. Le parlement de Bordeaux.

rement chassez de l'archevesché de Colongne, et puis toutes les misères que nous avons dépeinctes au Pays-Bas; tant de villes excellentes et presques toute la terre ferme perdue; leur chef assassiné, et, qui arrachoit plus d'espérance que tout, un grand naufrage des courages et volontez; tout cela réduisit ce parti en une si ruineuse consternation que, sans tourner les succès en miracles desquels doit estre sobre l'historien, tous les gentils esprits, et qui ont le palais bon pour la lecture, doivent se préparer avec plaisir pour voir remonter les abattus du précipice, refleurir les vertus opprimées et monstrer en l'inconstance de fortune, ainsi qu'on l'appelle, qu'elle est constante en sa profession.

Attache aux deux premiers tomes[1] de l'Histoire universelle.

Vous avez, mes lecteurs, en ces deux tomes fort petits, une histoire fleurissante de tant de mouvemens et de variétez que les plus impatiens esprits accuseront ma brièveté, quoi qu'en faveur d'elle je n'aye retranché aucune pièce qui appartînt à l'ouvrage, comme j'ai peu estimer. Peut-estre que les clauses, entées l'une dans l'autre pour rendre le style plus concis, contraindront un œil courant de rebrousser chemin. Mais j'obtiendrai mon pardon quand, en desnouant le nœud, on y trouvera quelques perles ou quelque fruict oublié.

La distinction et l'haleine que nous prenons avant le troisiesme tome sont ordonnées sur les raisons qui s'ensuivent.

Premièrement, il a esté bon de s'accommoder à la pluspart des François qui, pour avoir oublié les trois premières, et peu ou point senti celles du second tome, ne datent leurs troubles que des barricades[2], quoiqu'à ce poinct les provinces occidentales du royaume, sans jouir de repos, ayent senti diminuer leurs travaux.

Secondement, nous trouvons une face nouvelle d'affaires, lors que le roi se rendit par force ennemi des Bourbons et des réformez, et, se couchant de peur

---

1. Avec le chapitre précédent se termine le tome II des deux éditions de l'*Histoire universelle* de 1618 et de 1626.

2. La Journée des barricades (12 mai 1588), que d'Aubigné racontera dans le volume suivant, inaugure en effet la guerre ouverte que la Ligue fit au roi.

d'estre abbatu, se fit chef de ses ennemis pour donner par le dedans le premier bransle à leur destruction.

Ce fut aussi un estat nouveau, quand la ligue formée monstra ses cornes, en desployant ses tiltres et ses forces armées, à cru de toutes les functions et autoritez d'un parti, pour nous fournir une guerre de plus d'estendue, saignante de plus d'endroits, encor plus hérissée de combats, de surprises, d'infidélitez et, à la fin, de laschetez d'une part, et, de l'autre, de félicitez sans mesure au roi qui conquéroit le sien.

J'ose adjouster que ce prince, ayant perdu sur ce besoin son désir des choses petites, affriandé au travail par la beauté de sa besongne, ou vestit une nouvelle hautesse de cœur, ou la desploya encores mieux qu'auparavant.

C'est ici que tous les voisins ont les mains au sein, pource que nous allons fournir de théâtre et de personnages à ravir leurs regards et leurs pensées vers nous, horsmis le Septentrion d'où nous verrons esclorre et espanouir un Orient cramoisi, plein d'esclairs, qui produira ses orages violents.

Nous trouvons là un chef nouveau, une forme nouvelle et des succès de guerre, auxquels la fortune a trouvé ses maistres, qui lui ont fait souffrir quelques reigles de la vertu ; cinquiesme raison que nous apportons, pour là distinguer nos fureurs sans loi d'avec les valeurs bien employées, les brigands des soldats, et les troubles de populace d'avec la vraye milice, qui donne à sa guerre et à ses capitaines un nom honorable et bien acquis.

En ce discours destaché de mon histoire, franc de la loi, qui me défendoit les avis de louange et de blasme, je me permets de rendre l'honneur deu à celui qui l'a restauré, rendu son nom plein d'effect et en son ancienne splendeur. C'est le comte Maurice de Nassau[1], très excellent fils d'un incomparable père, son héritier en l'amour de Dieu, protection de sa patrie, prudence et valeur sans mesure, grâces naturelles et sciences acquises, héritier encores des amitiez et des haines, fardeaux et desseins paternels, marques de la grâce, qui, pour ces causes, selon sa promesse, a prolongé les jours d'un tel fils sur la terre, parmi tant d'assassins et les périls de tant de combats.

Ses vertus naturelles et sciences acquises ont esté bien nécessaires pour inventer, oser et parfaire une face nouvelle au mestier des armes, rendre nos soldats autres qu'eux-mesmes, les remettre à l'A B C de leurs pas et paroles, et, qui estoit le plus difficile, leur faire oublier tout ce qu'ils sçavoyent. Car, nous lui avons envoyé de France, d'Angleterre et d'Allemagne des hommes endurcis au brigandage et aux rebellions contre leurs chefs, qui n'estimoyent avoir gibbier que les paysans leurs nourrissiers, desquels ils faisoyent les quintaines de leurs umanitez, qui sans honte abandonnoyent les armées et leurs enseignes à la veille d'un combat, et qui en un mot devoyent avoir pour titre : *Espouvantaux des hostes et jouets des ennemis*.

Il nous les a renvoyez, maistres et docteurs de nostre jeunesse, confirmez en leur théorie, par essais et victoires prattiquées en toutes façons ; circonstances remarquables, que nos bisongnes[2] n'ont pas appris

---

1. Maurice de Nassau. Voyez les notes du chapitre XXII.
2. *Bisongnes*, recrue, de l'espagnol *bisoño*.

ces leçons dures et malaisées dans le repos où se façonnent les Terses[1] d'Italie; mais tel ordre, plus désiré qu'espéré, a esté appris et esprouvé tout d'un temps dedans l'eschole fumeuse des sièges et combats.

L'envie des rois, princes et capitaines généraux environna de traverses une si haute entreprise, comme jettans les serpents sur le berceau d'Hercule. Nous avons veu plusieurs années nos courtisans, juges de tout, exécuteurs de rien, entretenir les licts et les tables des rois de fades plaisanteries aux despens des termes qu'ils appelloyent pædantesques et nouveaux.

Le dernier mareschal de Biron, craignant que sa témérité fust autre que brutale, ne vouloit pas que le mot de *discipline* sortist de la bouche d'un capitaine. Presques tous les François disoyent que sans tout ce manège ils savoyent bien se battre, et, quand ils eussent adjousté *voire se deffaire*, ils n'eussent pas menti.

Un jour, le sieur de la Noue, voyant contrefaire les controverses du comte Maurice et de son cousin Guillaume de Nassau, qui a la seconde part en la gloire que je décris, oyant mespriser ces petites armées de plomb, par lesquelles ces deux chefs d'armées[2] prenoyent les modelles de celles que depuis ils ont afrontées à Nieuport et ailleurs; cet homme, outré de cholère, me tira par la cappe, ne pouvant souffrir diffamer ce qu'on a depuis tant estimé. Encores, avons-nous veu les capitaines de picorée et de pétrinsaux à ce

---

1. *Terces*, régiments, de l'italien *tercio*.
2. Var. de l'édit. de 1618 : « ... *par lesquelles ces deux* capitaines *prenoyent...* »

poinct de brutalité que, quand nous osasmes faire porter des picques en nos régiments, ils appelloyent nos soldats *abbateurs de noix*. Il falut[1] imposer à telles gens silence de la main et aux grands qui s'y ameutoyent monstrer leur faute par l'expérience.

Enfin, ces restaurateurs de l'honneur ont vaincu et emporté pour avoir sagement commencé et constamment poursuivi ; si que nul prince n'estime plus aucun digne de commandement qui n'ait fait son apprentissage en Holande; et le duc d'Espernon, colonnel de France, après avoir longtemps déclamé contre la nouveauté, a souffert que ses vétérans se soyent enfin faicts tyrons[2] des moindres des Pays-Bas.

Henri le Grand a couronné ses expériences et grandeurs de l'amour de cet ordre, donné le gantelet au restaurateur et prononcé de sa bouche que : « Nous avions plus combattu que les Holandois et eux mieux fait la guerre que nous. » J'eusse voulu : « eux fait la guerre et non pas nous. »

Je m'estonne que nos faiseurs de panégyrics, ou, pour le moins, quelqu'un d'eux, n'a pris ce sujet véritable pour exercer leurs styles fleuris au lieu des louanges prophétiques, par lesquelles ils exaltent leur bien dire et diffament les grands, sur les louanges desquels il faut estre historien de l'avenir. Et bien souvent qui s'enfle de paroles bien agencées à la louange d'autrui, monstrant sans estoffe beaucoup de façon, cerche sa gloire au mespris de son sujet.

Les capitaines holandois sont remarquables en leur

---

1. Cette phrase manque à l'édition de 1618.
2. *Tyrons,* apprentis, élèves.

sçavoir, pour avoir sçeu conoistre un pays maritime avec une avantageuse situation ; un peuple que les persécutions avoyent poussé presques trop tard à la résolution des labeurs non cerchez mais imposez par force, à qui le désespoir avoit donné les armes, unis par les intérests, reliez par la religion. Ceux-là, d'agneaux devenus lyons, de marchands capitaines, de chiches libéraux, d'esclaves souverains, doivent la merveille de la délivrance à l'extrême misère et rien à la gayeté de cœur.

Il s'est présenté en trente ans aux rois de France et d'Angleterre plusieurs des occasions qui font entreprendre sur les voisins, asçavoir les grandes offenses et les bresches pour entrer. Je di cela pour l'Espagne, en considération des grandes ruines d'armées qui lui sont arrivées et pour la foiblesse du cœur, qui remue tant de membres, esprouvée par le comte d'Essex[1], quand, avec si peu d'hommes, il fit un si long séjour à Cadis[2]. Mais, aussitost qu'une bouche fidèle à sa patrie faisoit dans les conseils royaux une ouverture pour prendre le favorable temps, aussitost la troupe des conseillers abusée, ou abusante, s'escrioit : « Ce grand corps d'Espagne, ce grand corps d'Espagne ! » Et ce vaste corps a esté contraint, par la vertu du capitaine que j'exalte et celles de ses fidèles seconds,

1. Robert Devereux, comte d'Essex, favori de la reine Élisabeth d'Angleterre, né à Netherwood le 10 novembre 1567, exécuté à Londres le 25 février 1601.
2. En 1596, la reine d'Angleterre envoya contre les côtes méridionales d'Espagne, en représailles de l'*Invincible Armada*, une expédition sous le commandement du comte d'Essex. Cadix fut pris et pillé le 1er août 1596 par les Anglais. De Thou a raconté cette campagne (liv. CXVI).

à laisser perdre une de ses jambes et mesmes à ne l'avouer plus.

Voilà ce qui nous donne une cinquiesme et notable différence de nos deux premiers tomes au tiers, dans lequel nous espérons, sous la faveur de Dieu, d'estendre avec plus de profit et de plaisir la fin du siècle belliqueux.

Que si, en divers endroits, nous n'avons peu exprimer à nostre gré quelques exploits conséquentieux[1], regardez d'où est datté le livre; c'est d'un désert, refuge ordinaire de la pauvreté comme de la vérité. Là, il a falu travailler sans pupitre, sans conseil de doctes, avec peu de mémoires et peu exprès.

Je ne puis vous celer que le roi Henri le Grand m'avoit promis les excellents et laborieux escripts[2] de Monsieur de Villeroi[3], à la charge de prendre loi de ses

1. Var. de l'édit. de 1618 : « ... *conséquentieux,* ou s'il a fallu répéter quelque chose par les derniers mémoires corrigeant les premiers, comme au fait de Menerbe, ça esté faute de mémoires exprès, quoiqu'il n'y ait province en France où nous n'ayons fait voiager. » — La fin de cet alinéa, l'alinéa suivant et le commencement du troisième, jusqu'à *ces dospenses,* manquent à l'édition de 1618.

2. D'Aubigné ne parle sans doute ici que de la correspondance de Villeroy, car il ne serait pas explicable que l'auteur de l'*Histoire universelle* n'ait pas eu connaissance des *Mémoires* qui avaient été publiés en 1622, au moins en extraits. Peut-être connaissait-il l'existence du reste. Nous avons, en effet, la certitude qu'une grande partie de ces *Mémoires,* et peut-être la plus intéressante, est encore inédite.

3. Nicolas de Neufville, s. de Villeroy, né en 1542, gendre du secrétaire d'État Claude de l'Aubespine, secrétaire d'État lui-même en 1567, un des ministres les plus employés par Charles IX, Henri III, Henri IV et Marie de Médicis. Il a laissé des Mémoires qui ont été recueillis dans toutes les grandes collections sur l'histoire de France et des recueils de minutes et de notes qui font

corrections, lesquelles je voulus essayer sur quelques pièces où j'avoi le moins usé de mes libertez. Mais, ayant trouvé que cet esprit n'approuvoit rien, qui n'eust pour but les louanges de la cour, le blasme de ceux qui n'en dépendoyent et faisoit crime de l'æquanimité, je quittai le profit pour la charge, lequel, pour le service des hommes, eût destruit celui de la vérité, aimant mieux estre manque en quelques poincts qu'à estre esclave en tous.

J'eu donc recours à dépescher par toutes les provinces à mes frais, et ces dépenses peu utiles me permettront un juste courroux[1] sur les capitaines plus curieux de rescriptions durant leur vie que d'inscriptions après leur mort. Et encor, ma plus grande et juste colère s'espandra sur les héritiers, je ne dis pas enfans, des chefs plus eslevez sur le théâtre de l'histoire, qu'il faut inutilement prier de ce qu'ils devroyent cercher avidément et qu'ils laissent périr par leur poltronne lascheté.

Vous diriez, en ce siècle dégénéré, que la brillante[2] vertu de nos devanciers nous donne mauvais lustre, que la gloire du père rend le fils honteux, et que, de peur d'estre obligez aux excellents traicts et perfaictes beautez de nos ayeuls, nous en voulons supprimer la mémoire et jetter au feu les tableaux.

Tendez-moi la main, vous qui ne faites et ne recevez

---

le désespoir, par leur écriture, des érudits qui se vouent à l'étude de l'histoire du xvie et du xviie siècle.

1. Var. de l'édit. de 1618 : « ... *courroux* contre les héritiers des capitaines les plus eslevez sur le théâtre de l'histoire et contre les ingrats qui refusent de rendre honneur aux noms qui leur offrent un véritable honneur. *Vous diriez...* »

2. Var. de l'édit. de 1618 : « ... *dégénéré,* que le trop de *vertu...* »

honte des paternelles eslévations ; qui les suivez par approches et ne les cachez pas de peur de reproches ; qui les ressemblez du cœur comme des visages, et qui de lumières si proches aimez mieux estre esclairez qu'esblouis.

Donnez à mon entreprise, qui sera la vostre, la recherche de ce qui aura manqué en mes premiers discours, et[1] les éditions qui se referont en vostre faveur, avec plus de soin et de commodité, feront que nulle autre histoire n'ayant esté bastie avec tant de soin et de patience de l'autheur, cette-ci approchera de la perfection.

Sinon, sachez[2] que ceux qui ont voulu dépeindre un historien lui ont mis à chasque main une branche, celle de la gauche avec son fueillage, pour en faire des marques d'honneur aux triomphants. Celle de la droicte est effucillée pour les chastimens ; et ceste gaule fait des playes, desquelles la cicatrice demeure encores après l'ulcère fermé. C'est celle-là que je fai pour ceste heure siffler aux aureilles des paresseux, en promettant et menaçant que, ci-après, elle appuyera son coup pour rabattre ceux qui rejettent mes avis sans crainte.

Ils verront arborer leur apocagine[3] en proportionnant leurs infâmes et infimes hontes à la hautesse de leur race, de laquelle ils ne peuvent porter que le nom,

---

1. Var. de l'édit. de 1618 : « ... *premiers discours,* et j'espère en vostre faveur faire une seconde édition avec plus de soin et de comoditez, *sinon sachez...* »

2. Var. de l'édit. de 1618 : « ... *sachez que,* pour bien peindre un historien, on lui devroit mettre en chacune main une branche, l'une avec sa verdure, pour en donner les *marques d'honneur...* »

3. *Apocagine,* dans le sens de déshonneur. Ce mot figure dans les deux éditions (*apoca* en italien signifie *pièce d'un acte notarié*).

et ce nom, qui les devoit couronner de gloire, les comblera de honte et de mespris. Entre autres choses, je demande aux mémoires les actions qui sortent du commun et les noms de plusieurs simples soldats, lesquels, sans pouvoir nommer, j'ai désignez pour avoir commencé l'impression dans un combat, servi de guide à une bresche, mis le premier genou sur les créneaux des retranchements ou arresté une desroute par leur vertu. Que ceux qui sçauront les noms de telles gens les donnent à ma bonne affection, sans avoir esgard aux pauvres conditions ou basses extractions, pource que ceux-là montent d'avantage, qui commencent de plus bas lieu.

Je n'ai que faire à ceux à qui nature a donné le ventre pour délices, l'esprit pour fardeau et le cœur pour tout craindre. Eux aussi n'ont point de part avec moi, n'ayant point soif de louanges, cachez derrière eux-mesmes et le[1] ciel, défavorable à leur naissance, les ayant condamnez à pourrir moisis sur le puant fumier d'une sale oisiveté. Mais je traitte avec vous, courages flamboyants, non de l'ambition blanchie et tournoyante à l'entour de la vertu[2], mais rayonnans et, comme fidèles miroirs, représentans en vos visages comme en vos actions la beauté naïfve et les traits naturels de la vertu qui porte en soi-mesme son prix et son loyer. N'ayez pas honte du juste désir des choses méritées, ayez[3] le soin d'arracher de bonne heure vostre renommée des ombres de la mort. Faites soi-

1. Ce membre de phrase manque à l'édition de 1618.
2. Var. de l'édit. de 1618 : « ... *de la vertu*, mais de la vertu mesme, empanachée de ses plumes naturelles, *et qui porte...* »
3. Le reste de l'alinéa manque à l'édition de 1618.

gneusement et sans honte ce que vous faites justement. On appelle les âmes viles et le sang vil qui se perdent et se versent sans la solde du renom. Ceste oubliance appartient justement à ceux qui font jonchée et fange de leurs hoyries, vendues aux choses vilaines et indignes de l'honneur. Mais les âmes et le sang s'appellent non viles et de haut prix, quand elles sont employées pour la patrie, pour le bon prince et surtout pour celui qui nous a rachetez de son sang.

Ceux qui ne veulent jouir que du gré présent sont mercenaires à journée et valets à l'œil des vivants. Mais ceux qui vont plus loin et embrassent plus d'un siècle, par espérance desjà se sentent de l'immortalité, et, partant, le noble soin de la bonne renommée est à l'âme fidèle marque d'une vie sans mort et certain gage de la résurrection.

TABLE DES CHAPITRES

Livre Neuvième *(Suite)*.

(Livre IV du tome II des éditions de 1616 et de 1626.)

Chapitres		Pages
VI.	Prise des armes à la guerre qu'on appella de Montaigu	1
VII.	De la Gascongne et prise de Cahors	8
VIII.	Suitte de guerre en Guyenne.	18
IX.	De Languedoc.	22
X.	De l'entreprise de Blaye et autres	30
XI.	Envoy du vicomte de Turenne en Languedoc; escarmouche de Nérac	42
XII.	Surprise de la Fère	47
XIII.	Siège et reprise de la Fère	53
XIV.	Surprise, siège et reprise de Menerbe	63
XV.	De ce qui se passa en Poictou jusques à la paix .	69
XVI.	Du siège de Montaigu	76
XVII.	Liaison des troubles de France avec ceux des quatre voisins.	91
XVIII.	De l'Orient	96
XIX.	Du Midi	109
XX.	De l'Occident	121
XXI.	Du Septentrion	132
XXII.	Conclusion de la paix	145

Livre Dixième.

(Livre V du tome II des éditions de 1616 et de 1626.)

I.	Voyage du duc de Mayenne et estat du Daulphiné.	148
II.	Suite de la paix refusée en Languedoc. Négociation pour le roi de Portugal. Entrevue des princes. .	154
III.	Brouillerie de la cour.	167

TABLE DES CHAPITRES.

Chapitres		Pages
IV.	Premier emploi de la Ligue	173
V.	De deux périls qu'eschappa le roi de Navarre . .	178
VI.	Prise de Mont-de-Marsan; mort de Monsieur et de Bussy	187
VII.	Prise des armes	194
VIII.	De ce que fit le roi de Navarre	201
IX.	Diverses rencontres en Poictou	212
X.	Prise de Tules; voyage du duc de Mercœur en Poictou et présentation de bataille	219
XI.	Siège de Brouage	231
XII.	Affaires de la cour	236
XIII.	Surprise du château d'Angers.	243
XIV.	Voyage et exploict d'Angers	249
XV.	Retraicte et desroute d'Angers	259
XVI.	Mauvaise rencontre du siège de Brouage	272
XVII.	Des provinces méridionales de la France	275
XVIII.	Affaires meslées avec les quatre voisins	282
XIX.	De l'Orient	293
XX.	Du Midi	300
XXI.	De l'Occident	309
XXII.	Du Septentrion.	323
XXIII.	DE L'ÉDICT DE JUILLET. — Première paix avec les Liguez	364
	Attache aux deux premiers tomes de l'Histoire universelle	367

Nogent-le-Rotrou, imprimerie DAUPELEY-GOUVERNEUR.

Ouvrages publiés par la Société de l'Histoire de France *depuis sa fondation en* 1834.

In-octavo, 9 francs le volume, 7 francs pour les Membres de la Société.

Ouvrages épuisés.

L'Ystoire de la Normandie. 1 vol.
Lettres de Mazarin. 1 vol.
Villehardouin. 1 vol.
Histoire des Ducs de Normandie. 1 vol.
Beaumanoir. Coutumes de Beauvoisis. 2 vol.
Mémoires de Coligny-Saligny. 1 vol.
Mémoires et Lettres de Marguerite de Valois. 1 vol.
Comptes de l'Argenterie des rois de France au XIVe s. 1 v.
Mémoires de Daniel de Cosnac. 2 vol.
Journal d'un Bourgeois de Paris sous François Ier. 1 v.
Chroniques des Comtes d'Anjou. 1 vol.

Ouvrages épuisés en partie.

Grégoire de Tours. Histoire ecclésiastique des Francs. 4 v.
Œuvres d'Eginhard. 2 vol.
Barbier. Journal du règne de Louis XIV. 4 vol.
Mémoires de Ph. de Commynes. 3 vol.
Registres de l'Hôtel de Ville de Paris pendant la Fronde. 3 vol.
Procès de Jeanne d'Arc. 5 v.
Histoire de Charles VII et de Louis XI, par Th. Basin. 4 vol.
Grégoire de Tours. Œuvres diverses. 2 vol.
Chroniques de Monstrelet. 6 vol.
Chroniques de J. de Wavrin. 2 vol.
Journal et Mémoires du Mar. d'Argenson. 9 vol.
Œuvres de Brantôme. 11 v.
Commentaires et Lettres de Blaise de Monluc. 5 vol.

Ouvrages non épuisés.

De Puybusque (rend.) 1 v.
Od. Vital. 5 vol.
Correspondance de Mazarin. 1 vol.

Lettres de Marguerite d'Angoulême. 2 vol.
Chronique de Guillaume de Nangis. 2 vol.
Richer. Hist. des Francs. 2 v.
Le Nain de Tillemont. Vie de Saint Louis. 6 vol.
Bibliographie des Mazarinades. 3 vol.
Choix de Mazarinades. 2 vol.
Mém. de Mathieu Molé. 4 v.
Miracles de S. Benoit. 1 vol.
Chronique des Valois. 1 vol.
Mém. de Beauvais-Nangis. 1 v.
Chronique de Mathieu d'Escouchy. 3 vol.
Choix de pièces inédites relatives au règne de Charles VI. 2 vol.
Comptes de l'Hôtel des Rois de France. 1 vol.
Rouleaux des morts. 1 vol.
Œuvres de Suger. 1 vol.
Joinville. Hist. de S. Louis. 1 vol.
Mém. et correp. de Mme du Plessis-Mornay. 2 vol.
Chroniques des Églises d'Anjou. 1 vol.
Introduction aux chroniques des comtes d'Anjou. 1 vol.
Chroniques de J. Froissart. T. I à VIII. 10 vol.
Chronique d'Ernoul et de Bernard le Trésorier. 1 vol.
Annales de S. Bertin et de S. Vaast d'Arras. 1 vol.
Mém. de Bassompierre. 4 vol.
Histoire de Béarn et de Navarre. 1 vol.
Chron. de Saint Martial de Limoges. 1 vol.
Nouveau recueil de comptes de l'Argenterie. 1 vol.
Chanson de la Croisade contre les Albigeois. 2 vol.
Chron. du duc Louis II de Bourbon. 1 vol.
Chronique de Le Fèvre de Saint Remy. 2 vol.
Hist. d'un ministre de Reims au XIIIe siècle. 1 v.
Lettres d'Antoine de Bourbon et de Jeanne d'Albret. 1 vol.

Mém. de La Huguerye. 3 vol.
Anecdotes et apologues d'Étienne de Bourbon. 1 vol.
Extraits des auteurs grecs concern. la géographie et l'hist. des Gaules. T. I à V.
Histoire de Bayart. 1 vol.
Mémoires de N. Goulas. 3 v.
Gestes des évêques de Cambrai. 1 vol.
Les Établissements de Saint Louis. 4 vol.
Chron. normande du XIVe s. 1 vol.
Relation de Spanheim. 1 vol.
Œuvres de Rigord et de Guillaume le Breton. 2 v.
Mém. d'Ol. de la Marche. 4 v.
Lettres de Louis XI. T. I à IV.
Mémoires de Villars. T. I à IV.
Notices et documents, 1884. 1 vol.
Journal de Nic. de Baye. 2 v.
La Règle du Temple. 1 vol.
Hist. univ. d'Agr. d'Aubigné. T. I à VI.
Le Jouvencel. 2 vol.
Chroniques de Louis XII, par Jean d'Auton. T. I et II.
Chronique d'Arthur de Richemont. 1 vol.
Chronographia regum Francorum. T. I.
L'Histoire de Guillaume le Maréchal. T. I.
Mémoires de Du Plessis-Besançon.

SOUS PRESSE :

Chron. de J. Froissart. T. IX.
Extraits des auteurs grecs. T. VI.
Lettres de Louis XI. T. V.
Chroniques de Louis XII, par Jean d'Auton. T. III.
Brantôme, sa vie et ses écrits.
Mémoires de Villars. T. V.
Chronographia regum Francorum. T. II.
Hist. univ. d'Agr. d'Aubigné. T. VII.
L'Histoire de Guillaume le Maréchal. T. II.
Éphéméride de La Huguerye.

Bulletins, Annuaires et Annuaires-Bulletins (1834-1891),

in-18 et in-8°, à 3 et 5 francs.

(Pour la liste détaillée, voir à la fin de l'Annuaire-Bulletin de chaque année.)

Nogent-le-Rotrou, imprimerie Daupeley-Gouverneur.

www.ingramcontent.com/pod-product-compliance
Lightning Source LLC
Chambersburg PA
CBHW060600170426
43201CB00009B/848